Pädagogik der Naturwissenschaften

Ulrich Gebhard · Dietmar Höttecke
Markus Rehm

Pädagogik der Naturwissenschaften

Ein Studienbuch

Ulrich Gebhard
Universität Hamburg
Deutschland

Markus Rehm
Pädagogische Hochschule Heidelberg
Deutschland

Dietmar Höttecke
Universität Hamburg
Deutschland

ISBN 978-3-531-19545-2   ISBN 978-3-531-19546-9 (eBook)
DOI 10.1007/978-3-531-19546-9

Die Deutsche Nationalbibliothek verzeichnet diese Publikation in der Deutschen Nationalbibliografie; detaillierte bibliografische Daten sind im Internet über http://dnb.d-nb.de abrufbar.

Springer VS
© Springer Fachmedien Wiesbaden GmbH 2017
Das Werk einschließlich aller seiner Teile ist urheberrechtlich geschützt. Jede Verwertung, die nicht ausdrücklich vom Urheberrechtsgesetz zugelassen ist, bedarf der vorherigen Zustimmung des Verlags. Das gilt insbesondere für Vervielfältigungen, Bearbeitungen, Übersetzungen, Mikroverfilmungen und die Einspeicherung und Verarbeitung in elektronischen Systemen.
Die Wiedergabe von Gebrauchsnamen, Handelsnamen, Warenbezeichnungen usw. in diesem Werk berechtigt auch ohne besondere Kennzeichnung nicht zu der Annahme, dass solche Namen im Sinne der Warenzeichen- und Markenschutz-Gesetzgebung als frei zu betrachten wären und daher von jedermann benutzt werden dürften.
Der Verlag, die Autoren und die Herausgeber gehen davon aus, dass die Angaben und Informationen in diesem Werk zum Zeitpunkt der Veröffentlichung vollständig und korrekt sind. Weder der Verlag noch die Autoren oder die Herausgeber übernehmen, ausdrücklich oder implizit, Gewähr für den Inhalt des Werkes, etwaige Fehler oder Äußerungen. Der Verlag bleibt im Hinblick auf geografische Zuordnungen und Gebietsbezeichnungen in veröffentlichten Karten und Institutionsadressen neutral.

Gedruckt auf säurefreiem und chlorfrei gebleichtem Papier

Springer VS ist Teil von Springer Nature
Die eingetragene Gesellschaft ist Springer Fachmedien Wiesbaden GmbH
Die Anschrift der Gesellschaft ist: Abraham-Lincoln-Str. 46, 65189 Wiesbaden, Germany

Inhalt

1 **Pädagogik der Naturwissenschaften** 1

2 **Was ist Naturwissenschaft?** 7
   2.1 Was ist Naturwissenschaft und was nicht? –
Das Demarkationsproblem 7
   2.2 Einige wissenschaftstheoretische Positionen 12
   2.3 Historische Entwicklungslinien der Naturwissenschaften 13
   2.4 Naturwissenschaften als soziales System 17
   2.5 Beobachten, Messen, Experimentieren 24
   2.6 Die Rolle der Fachsystematiken in den Naturwissenschaften 28

3 **Naturwissenschaft und Bildung** 33
   3.1 Der Beitrag der Naturwissenschaft zur Bildung 33
   3.2 Was ist Bildung? 35
   3.3 Bildung und gesellschaftliche Teilhabe 38
   3.4 Scientific Literacy 39
   3.5 Naturwissenschaft und Menschenbildung: Erkennen und Erleben .. 41
   3.6 Naturwissenschaftlicher Unterricht und Persönlichkeitsbildung ... 43

4 **Bildungsstandards und Kompetenzorientierung** 47
   4.1 Kompetenz und Bildung 47
   4.2 Kompetenzfacetten 49
   4.3 Kompetenz und Handeln 51
   4.4 Bildungsstandards und Kompetenzen 52
   4.5 Kompetenzstufenmodelle – die Idee der Niveaustufung
von Kompetenz 57
   4.6 Unterrichtskultur im Zeitalter von Bildungsstandards und
Kompetenzen 62

5   Die politische Dimension der Naturwissenschaft im Unterricht – Bewerten, Urteilen und Entscheiden 65
    5.1 Forderungen der Nationalen Bildungsstandards 66
    5.2 Innerfachliches und überfachliches Bewerten 69
    5.3 Drei unterschiedliche Bewertungsperspektiven 70
    5.4 Modelle des Urteilens und Entscheidens 72
    5.5 Bezugspunkte einer Didaktik der Bewertungskompetenz 76
    5.6 Themen zur Förderung von Bewertungskompetenz 79
    5.7 Unterrichtsmethodische Aspekte der Förderung von Bewertungskompetenz 80

6   Die Natur der Naturwissenschaft 85
    6.1 Was kann es heißen, sich mit Naturwissenschaften eine Meinung zu bilden? Beispiele 86
    6.2 Begründungen für das Lernen über Natur der Naturwissenschaften 93
    6.3 Elementarisierung der Natur der Naturwissenschaften 96
    6.4 Unterricht über die Natur der Naturwissenschaften gestalten 99

7   Naturwissenschaft und Sprache 107
    7.1 Spracherwerb und -gebrauch in den Naturwissenschaften 107
    7.2 Naturwissenschaftlicher Unterricht und durchgängige Sprachbildung 115
    7.3 Sprachlich-kulturelle Heterogenität im naturwissenschaftlichen Fachunterricht 118

8   Interesse an Naturwissenschaft 125
    8.1 Was ist Interesse? 126
    8.2 Was ist Motivation? 128
    8.3 Interessen im naturwissenschaftlichen Unterricht 131
    8.4 Kontextualisierung als Interessenförderung 134
    8.5 Genderaspekte des Interesses an den naturwissenschaftlichen Fächern 136

9   Schülerperspektiven auf die Naturwissenschaften 143
    9.1 Alltägliche Vorstellungen entsprechen oft nicht wissenschaftlichen Konzepten 143
    9.2 Ein Plädoyer für Zweisprachigkeit 145

- 9.3 Falsch oder alternativ? – Vom richtigen Umgang mit Schülerperspektiven 149
- 9.4 Alltagsvorstellungen – Beispiele 152
- 9.5 Konstruktivismus 155
- 9.6 Conceptual change 156
- 9.7 Alltagsphantasien 160

10 Naturbeziehung und Naturerfahrung 167
- 10.1 Selbst und Welt: Die psychische Bedeutung der nicht-menschlichen Umwelt 168
- 10.2 Naturerfahrungen in der Kindheit 169
- 10.3 Freizügigkeit und Unkontrolliertheit 171
- 10.4 Anthropomorphe Naturinterpretation 172
- 10.5 Naturerfahrung, Umweltbewusstsein und Intuition 175
- 10.6 Naturerfahrung und Gesundheit 176
- 10.7 Natur als salutogenetischer Faktor 177

11 Verstehen im naturwissenschaftlichen Unterricht 181
- 11.1 Verstehen und Naturwissenschaft 181
- 11.2 Verstehen als Begriff 186
- 11.3 Verstehen als kognitiv-verständnisvolles Lernen 189
- 11.4 Verstehen als Erfahrungslernen 190
- 11.5 Verstehen als Bildung 192
- 11.6 Verstehen als sinnkonstituierendes Lernen 194

12 Die Naturwissenschaften disziplinär oder integriert unterrichten? ... 201
- 12.1 Drei Fächer Biologie, Chemie, Physik versus ein Fach Naturwissenschaften (Science) 202
- 12.2 Die wechselvolle Geschichte des integrierten Naturwissenschaftlichen Unterrichts im deutschsprachigen Raum 203
- 12.3. Wie „gut" und wie „effektiv" kann ein integrierter naturwissenschaftlicher Unterricht sein? 209

Literaturverzeichnis 217
Die Autoren 247

1 Pädagogik der Naturwissenschaften

Wir haben dieses Buch *Pädagogik der Naturwissenschaften* genannt und lehnen uns damit an eines der Hauptwerke von Martin Wagenschein an: *Die Pädagogische Dimension der Physik* (Wagenschein, 1965). Mit Martin Wagenschein besitzt der mathematisch-naturwissenschaftliche Unterricht seinen zumindest im deutschen Sprachraum einzigen großen Pädagogen (Kutschmann, 1999, S. 271). Wir erweitern Wagenscheins Physik-Perspektive auf die Naturwissenschaften und meinen im Kern, dass es dem naturwissenschaftlichen Unterricht nicht nur um gelingendes Lernen und erfolgreiche Kompetenzentwicklung, sondern auch um Bildung, Erziehung und Sozialisation und damit um die Gesamtheit aller pädagogischen Perspektiven gehen soll. Naturwissenschaftlicher Unterricht verpflichtet sich somit einem Allgemeinbildungskonzept. Er kann einen Möglichkeitsraum eröffnen, um Beiträge zur Selbstaufklärung und Selbstfindung zu leisten und zugleich einen Anstoß zu moralischer Reflexivität zu geben (vgl. Kap. 5, Kutschmann, 1999). Naturwissenschaftlicher Unterricht kann zusätzlich Anlässe schaffen, die eigenen Menschen- und Weltbilder zu reflektieren. Indem die Beschäftigung mit naturwissenschaftlichen Themen vor diesem Hintergrund sowohl auf das Subjekt als auch auf die Kultur der Naturwissenschaften bezogen ist, kann der naturwissenschaftliche Unterricht als subjektiv sinnkonstituierend erfahren werden. Dieser Prozess kann und soll krisenhafte Züge tragen, um aus einer genuin bildungstheoretischen Perspektive (vgl. Kap. 3) wirksam zu sein. Die Beschäftigung mit den Naturwissenschaften kann im Kontext von Schule und Unterricht als Teilhabe an einem wesentlichen Aspekt unserer Kultur verstanden werden, in die ein junger Mensch hineinsozialisiert wird. Naturwissenschaft kann in diesem Zusammenhang auch dazu dienen, Erfahrungen zu machen, diese zu reflektieren und zu teilen. Mit dieser pädagogischen Dimension der Naturwissenschaften sind sinn- und identitätskonstituierende Prozesse verbunden. So können Interessen ausgebildet und entwickelt werden, nicht nur, damit Schülerinnen und Schüler eine Berufswahl im Bereich MINT treffen, sondern auch, weil interessiert zu sein, an sich ein entwickeltes Verhältnis zur Welt bezeichnet.

Diese Aspekte bildet der Begriff der Pädagogik trotz aller Unschärfe präziser ab als der Begriff der Didaktik. Faktisch findet naturwissenschaftlicher Unterricht, ob gewollt oder ungewollt, immer innerhalb eines Spannungsverhältnisses aus fachlichem Lerngegenstand und subjektiver Verarbeitung und Sinnkonstitution statt. Der Begriff des Pädagogischen akzentuiert, dass ein allgemeinbildender naturwissenschaftlicher Unterricht auf die Entwicklung der Lernsubjekte zielt und nach dem spezifischen Beitrag des naturwissenschaftlichen Unterrichts dabei fragt.

Dieser Gedanke hat eine lange Tradition. Bereits Georg Kerschensteiner (1914) legitimierte „Wesen und Wert des naturwissenschaftlichen Unterrichts" mit seinem erzieherischen Potenzial, denn dieser könne „Verantwortlichkeit", „Wahrheitsliebe" und „Gewissenhaftigkeit" im Denken, also insgesamt ein „naturwissenschaftliches Ethos" stärken. Dabei ging er allerdings von einem extrem induktivistischen Verständnis naturwissenschaftlicher Arbeitsweisen aus, das heute so nicht mehr haltbar erscheint, und betrachtete die Lernenden weit stärker als Objekte denn als Subjekte einer Pädagogik der Naturwissenschaften. Für Wagenschein selbst war der Bezug zu Theodor Litt bedeutsamer. Litt (1959) betonte, dass für die Naturwissenschaften ein spezifisches Subjekt-Objekt-Verhältnis konstitutiv ist: „Der Mensch wird Subjekt [der Forschung; die Autoren], indem er sich nach Anweisungen der Methode auf das Objekt hin ausrichtet. Das Wirkliche wird Objekt, indem es sich nach Anweisung der Methode dem Subjekt entgegenformt" (Litt, 1959, S. 59). Der Bildungswert des naturwissenschaftlichen Unterrichts besteht dann in der transzendental-kritischen Reflexion, Aufklärung und Kritik dieses Subjekt-Objekt-Verhältnisses (Benner, 1990), denn der Zuständigkeits- und Gültigkeitsbereich naturwissenschaftlicher Wissensbestände und Methodik sind notwendigerweise beschränkt und ebenso muss sich das forschende Subjekt begrenzen und sogar zurichten, um naturwissenschaftlich forschen zu können. Der Mond kann eben entweder als Ursache eines Gravitationsfeldes oder als Erscheinung betrachtet werden, die uns zu romantischen oder ästhetischen Empfindungen anregt. Die Naturwissenschaften können nur ein beschränktes, einseitiges Angebot der Weltdeutung machen und ein Wissen darum ist besonders dann bedeutsam, wenn neben einem genuin naturwissenschaftlichen auch ein verantwortlicher, ästhetischer, sinnlicher, hermeneutischer oder expressiver Welt- und Naturbezug kultiviert werden soll (vgl. Kap. 9).

Wagenschein nimmt Litts Perspektive ein. Er stellt aus pädagogischer Perspektive die Fragen nach dem Wesen der Physik (für uns eher der Naturwissenschaften) und der Stellung des Menschen zu ihr und zur Natur. Litt argumentiert allerdings aus einer innerwissenschaftlichen Perspektive. Man muss daher über Litt hinausgehen, um die ökonomischen und gesellschaftspolitischen Voraussetzungen, Implikationen und Folgen der Naturwissenschaften zu berücksichtigen, denn erst innerhalb dieses Rahmens erhält Litts Argumentation ihren angemessenen Stellenwert (Klafki, 1982).

Die Fächer Physik und Chemie sind unter Schülerinnen und Schülern nicht beliebt. Andererseits erfreuen sich die Naturwissenschaften einer gesteigerten Beliebtheit, sobald sie außerhalb von Schule und Unterricht dargeboten werden. Kein Wunder, dass die Anzahl an außerschulischen Lerngelegenheiten für Kinder und Jugendliche in Mathematik, Informatik, Naturwissenschaften und Technik in den letzten Jahren stark angestiegen ist. Zahlreiche Schülerlabore, Schülerforschungszentren, Science Center und Wettbewerbe wie *Schüler Experimentieren* oder *Jugend Forscht* sollen letztlich gemeinsam mit dem Schulunterricht dazu beitragen, sowohl Kompetenzen zu entwickeln als auch Sachinteressen und positive Einstellungen den einzelnen Bezugsdisziplinen gegenüber zu entwickeln. Dahinter steht oft die Hoffnung, dass nur, wenn Jugendliche sich in ausreichendem Maße für die sogenannten MINT-Fächer interessieren, positive Erfahrungen sammeln und erste Kompetenzen aufbauen, auch der Mangel an MINT-Fachkräften in der Wirtschaft beseitigt werden kann. Dieses ökonomische Argument greift aber angesichts der kulturellen Bedeutung der Naturwissenschaften und angesichts des besagten pädagogischen Anspruchs zu kurz, wenn man begründen will, warum sich Kinder und Jugendliche überhaupt mit den Naturwissenschaften befassen sollen. Dem naturwissenschaftlichen Unterricht der Schule kommt insgesamt eine besondere Bedeutung zu, denn für sehr viele Schülerinnen und Schüler stellt der Schulunterricht die einzige systematische Begegnung mit Naturwissenschaften in ihrem Leben dar, eine Chance, die nicht verpasst werden sollte.

Über viele Jahrzehnte hinweg wurden in allgemeinbildenden Schulen die drei naturwissenschaftlichen Unterrichtsfächer Biologie, Chemie und Physik weitgehend fächergetrennt unterrichtet. Dieses Vorgehen wurde u. a. durch die gefächerte Struktur der akademischen Bezugsdisziplinen gerechtfertigt. Eine lange und anhaltende Diskussion über Sinn und Zweck der getrennten Fächerstruktur ist geführt worden und trennt die Lager der Fachdidaktiken bis heute. Die Trennung hat sich auch in der Ausbildung von Lehrerinnen und Lehrern niedergeschlagen. Fächerübergreifende oder –integrierende Ausbildungsanteile in der Lehrerausbildung über Biologie, Chemie und Physik hinweg sind zumindest in Deutschland noch selten. Die Lehrerausbildung an den Pädagogischen Hochschulen und Universitäten läuft der schulischen Wirklichkeit hinterher, denn das Fach „Naturwissenschaften" hat als Teil des Sachunterrichts schon eine lange Tradition und als Unterrichtsfach in der Sekundarstufe I ist es zumindest in den Jahrgängen 5-6, teilweise und je nach Schulform sogar bis einschließlich Jahrgang 10 fest etabliert. Die Lehrerausbildung in den Naturwissenschaften muss sich daher auf die neue Situation einstellen und fachübergreifende fachdidaktische Prämissen erarbeiten. Für die jeweiligen disziplinären Teildidaktiken liegen zwar Einführungswerke vor, sie verhandeln aber kaum das Gemeinsame der Naturwissenschaften und ihrer Fachdidaktiken.

Dieses Buch will daher dazu beitragen, die Lücke im Angebot an Standard-Einführungen für die Lehrerbildung im Bereich der deutschsprachigen Naturwissenschaftsdidaktik zu schließen. Anders und vielleicht ergänzend zur Naturwissenschaftsdidaktik von Labudde (2010) ist es als ein „Lese- und Studienbuch" konzipiert. Es will kein umfassendes Nachschlagwerk naturwissenschaftlicher Fachdidaktik sein. Wir wollen nicht alle bedeutsamen Diskurse in den naturwissenschaftlichen Fachdidaktiken einschließlich ihrer aktuellen Forschungsstände nachzeichnen. Vielmehr sollen die wesentlichen, theoretisch gehaltvollen Elemente einer gleichermaßen kritischen wie modernen Naturwissenschaftsdidaktik dargestellt und diskutiert werden. Die Lektüre dieses Buches soll die pädagogisch-didaktische Haltung von Fachdidaktikerinnen und -didaktikern, Studierenden und Lehrkräften inspirieren und theoretisch unterfüttern. Daher akzentuieren wir wesentliche Prämissen, theoretische Grundlegungen und Ziele des naturwissenschaftlichen Unterrichts. Aus dieser integrativen Perspektive werden zentrale Problemstellungen der Naturwissenschaftsdidaktik bearbeitet. Dabei steht ein klarer Theoriebezug in einem ausgewogenen Verhältnis zu empirischen Forschungsbefunden und zu Praxisempfehlungen.

Wir beginnen in Kapitel 2 mit einer Klärung des Gegenstandes „Naturwissenschaft" und zeigen anhand wissenschaftshistorischer, -soziologischer und -theoretischer Bezugspunkte, wie man sich den Prozess des Naturwissenschaft-Treibens denken kann.

In Kapitel 3 wird das bildungstheoretische Fundament einer Pädagogik der Naturwissenschaften gelegt. Die historische Frage nach dem Bildungswert der Naturwissenschaften wird mit modernen Literacy-Konzepten in Verbindung gebracht. Hier soll deutlich werden, dass es dem naturwissenschaftlichen Unterricht nicht nur um den Kompetenzaufbau, sondern auch um die Entwicklung des Menschen selbst und seines Verhältnisses zur Welt geht. Komplementär dazu diskutieren wir in Kapitel 4 die aktuelle Kompetenzorientierung des naturwissenschaftlichen Unterrichts. Zwar liegen zumindest in Deutschland allen drei naturwissenschaftlichen Unterrichtsfächern ähnlich strukturierte Kompetenzmodelle zugrunde, der Kompetenzbereich *Bewertung-Urteilen-Entscheiden* gilt aber als besonders schwer zu interpretieren. Weil sich mit diesem Kompetenzbereich ein emanzipatorischer Bildungsanspruch im besonderen Maße verbindet, ist ihm ein eigenes Kapitel 5 gewidmet.

Das Kapitel 6 berührt die Fragen, wie und wozu ein angemessenes Verständnis, ein eigenständiges „Verstehen" der Naturwissenschaften durch Unterricht erreicht werden kann. Auch darin sehen wir eine Querschnittaufgabe aller Naturwissenschaften. Da alles Lernen und Verstehen sprachlich bedingt und mediiert wird, diskutieren wir in Kapitel 7 die Rolle der Sprache aus einer breiten Perspektive.

Die Förderung von Sach- und Fachinteressen stellt sich für die drei naturwissenschaftlichen Unterrichtsfächer in unterschiedlicher Weise. Hier zeigt die Forschung, dass der Biologieunterricht es verglichen mit Chemie und Physik vermeintlich einfacher hat. Befunde der Interessenforschung werden daher anhand von Beispielen aus allen drei Naturwissenschaften in einem Kapitel 8 aufgearbeitet, so dass Vergleiche möglich werden. Ein wichtiger Teilaspekt dieses Kapitels sind die auffälligen genderspezifischen Unterschiede bezüglich des Interesses an den Naturwissenschaften und deren Hintergründe.

In den folgenden beiden Kapiteln werden Lernvoraussetzungen für gelingenden naturwissenschaftlichen Unterricht betrachtet. Dabei zeigt das Kapitel 9 in besonderer Weise, dass explizite und implizite Alltagsvorstellungen das Lernen in den Naturwissenschaften präformieren. Der gemeinsame Gegenstand der Naturwissenschaften ist selbstredend die Natur, auch wenn die drei Disziplinen ihren Gegenstand auf unterschiedliche Weisen formen. Schülerinnen und Schüler haben schon vor jedem Unterricht eine Beziehung zur Natur. In Kapitel 10 wird diese Beziehung analysiert, um Konsequenzen für gelingendes fachliches Lernen, aber auch für Gesundheit und die Entwicklung positiver Umwelteinstellungen zu ziehen.

Alle Kapitel bis hierhin haben mehr oder weniger vorausgesetzt, dass ein eigenständiges Verstehen der Naturwissenschaften sinnvoll sei. In Kapitel 11 soll daher systematisch geklärt werden, was es eigentlich bedeuten kann, etwas in oder über die Naturwissenschaften zu verstehen.

Auch curricular liegt uns eine integrative Perspektive auf naturwissenschaftlichen Unterricht nahe. Sie wird in Kapitel 12 entfaltet, um einen integrierten naturwissenschaftlichen Unterricht nicht nur zu begründen, sondern auch in der noch jungen Geschichte der Fachdidaktiken historisch zu verorten.

Wir wünschen uns, dass unser Buch nicht nur als Einführung in die Pädagogik der Naturwissenschaften gelesen werden kann, sondern auch aus der Perspektive der Teildidaktiken der Biologie, Chemie und Physik von Interesse sein wird. Die in den einzelnen Kapiteln diskutierten Aspekte halten wir für alle naturwissenschaftlichen Unterrichtsfächer gleichermaßen bedeutsam. Ihre Akzentuierung ist der Perspektive der Autoren auf die Naturwissenschaften und den naturwissenschaftlichen Unterricht geschuldet und wurde im Rahmen einer gemeinsamen Vorlesung über die Didaktik der Naturwissenschaften an der Universität Hamburg entwickelt. Die einzelnen Kapitel sind dabei so konzipiert, dass sie sowohl in linearer Abfolge als auch als in sich schlüssige Teilkapitel gelesen werden können.

Eine inspirierende Lektüre wünschen die Autoren
Ulrich Gebhard, Dietmar Höttecke und Markus Rehm

Was ist Naturwissenschaft? 2

In diesem Kapitel wird der Versuch einer Eingrenzung des Begriffs Naturwissenschaft vorgenommen. Zunächst wird gezeigt, dass die Abgrenzung zwischen Naturwissenschaft und Nicht-Naturwissenschaft keineswegs einfach gelingt. Ferner werden die Naturwissenschaften, wie wir sie heute kennen, als etwas historisch Gewachsenes knapp nachgezeichnet. Ferner wird die bedeutende Rolle von Wissenschaftlergemeinschaften gezeigt, um besser zu verstehen, wie naturwissenschaftliches Forschen motiviert ist und vonstatten geht. Ein weiterer Teil dieses Kapitels ist der Frage gewidmet, was Experimentieren als naturwissenschaftliche Praxis bedeutet. In Curricula und Schulbüchern erscheint uns Naturwissenschaft oft als hoch strukturierte Systematik. Daher wird abschließend geklärt, worin die Rolle einer Systematik von Inhalten und Methoden der Naturwissenschaften besteht, aber auch wo Fallstricke für das Lernen entstehen können.

2.1 Was ist Naturwissenschaft und was nicht? – Das Demarkationsproblem

Oft werden Natur- und Geisteswissenschaften als stark voneinander unterschieden dargestellt. Die starke Unterscheidung geht auf Wilhelm Dilthey zurück, der die Geisteswissenschaften Ende des 19. Jahrhunderts in scharfer Entgegensetzung zu den Naturwissenschaften konzipierte. Die Naturwissenschaften beziehen sich auf Objekte der Natur und Technik und wollen diese mittels Kausalbeziehungen aus Ursachen und ihren Wirkungen erklären (z. B. ein Stein fällt, *weil* er mit dem Gravitationsfeld wechselwirkt). Den Geisteswissenschaften geht es dagegen um Subjekte, den Geist, den Sinn und das Verstehen. Demnach zeichnen sich Naturwissenschaften durch erklärende Theorien (z. B. Evolution, Gravitation), die bedeutende Rolle von Konzepten (z. B. Atombindung, Magnetpol, Gen), das Feststellen empirischer

Regelmäßigkeiten (Gesetze, Regeln) und ihre empirische Basis (Beobachtung, Experiment, Evidenz) aus. Die Geisteswissenschaften werden durch die Methode des Verstehens (Hermeneutik) charakterisiert, die sich auf menschliche Äußerungen (z. B. eine historische Quelle) bezieht, deren Sinn gedeutet werden soll.

Die Kulturen der Natur- und Geisteswissenschaften haben sich weitgehend unabhängig voneinander ausdifferenziert. Ihre Trennung manifestiert sich an Universitäten und in Schulgebäuden dadurch, dass Institute und Fachräume räumlich voneinander getrennt sind. In einigen Schulen haben die Naturwissenschaftslehrkräfte sogar eigene Lehrerzimmer. Ob die Trennung substantiell berechtigt oder „nur" ein Produkt eines historischen disziplinären Ausdifferenzierungsprozesses ist, wird heute durchaus gefragt, denn auch in naturwissenschaftlichen Experimenten werden ja Zeichen (z. B. Messwerte, Graphen, bildgebende Verfahren) hervorgebracht, deren Sinn gedeutet werden muss (Latour & Woolgar, 1979 [1986]).

Aber auch innerhalb des engeren Rahmens der Naturwissenschaft ist nicht ganz klar, wie man ihre Grenzbereiche definieren soll. Sollen vielleicht Parawissenschaften zu den Naturwissenschaften zählen, die „Psi-Phänome" wie Telekinese untersuchen? Es gibt keinen festen Maßstab, den man zweifelsfrei anwenden könnte, um Naturwissenschaften von solchen Unternehmungen abzugrenzen, die sich möglicherweise nur einen wissenschaftlichen Anschein geben. Kandidaten für eine klare Demarkation zwischen Naturwissenschaft und Nicht-Naturwissenschaft wären die besondere Objektivität naturwissenschaftlicher Erkenntnisse, ein klarer Regelapparat, den man beim Forschen befolgen muss, um nicht vom Zuspruch wissenschaftlicher Autoritäten abhängig zu sein, oder prinzipielle Widerlegbarkeit wissenschaftlicher Aussagen (vgl. Smith & Scharmann, 1999), aber so einfach ist es nicht.

Objektivität ist kein klares Demarkationskriterium. Tatsächlich können auch Naturwissenschaftler/innen nicht immer vollständig objektiv denken und handeln. Sie neigen vielleicht bestimmten Theorien nicht nur aus rationalen Gründen zu, sondern weil sie einer bestimmten Schule oder Denkrichtung angehören. Oder sie müssen sich einer bestimmten Institution gegenüber loyal verhalten und eine Denkrichtung nach innen und außen vertreten. Auch die Rezeption wissenschaftlicher Publikationen erfolgt im Hinblick auf das akademische Ansehen ihrer jeweiligen Autorinnen und Autoren, sofern man sie als Gutachter erraten kann. Schlussendlich ist Objektivität selbst kein fixer Maßstab, sondern historisch gewachsen (Duston & Gallison, 2007). Wissenschaftshistorische Untersuchungen zeigen, dass es so etwas wie Denkzwänge innerhalb einer Wissenschaftlergemeinschaft geben kann, die in Form wissenschaftlicher Revolutionen überwunden werden können. Ludwig Fleck (1994 [1934]) hat dafür den Begriff des *Denkstils* und Thomas Kuhn (1974) den des *Paradigmas* geprägt. Die Begriffe machen deutlich, dass Denkrahmen oder -zwänge auch eine konstitutive Rolle für funktionierende Naturwissenschaft spielen.

2.1 Was ist Naturwissenschaft und was nicht?

Das Widerlegbarkeits- oder Falsifikationsprinzip wurde von dem Philosophen Karl Raimund Popper (1934) prominent vertreten. Er geht davon aus, dass es prinzipiell nicht möglich ist, mit Sicherheit von einem bestimmten Fall auf ein allgemeines Gesetz induktiv zu schließen. Eine Aussage wie „Alle Schwäne sind weiß" kann selbst dann nicht als sicher gelten, wenn bisher immer nur weiße Schwäne beobachtet worden sind, weil die Möglichkeit nicht ausgeschlossen werden kann, in einem verborgenen Teil der Welt irgendwann einen schwarzen Schwan zu finden.[1] Tatsächlich gründen naturwissenschaftliche Gesetze i. d. R. dennoch auf diesem Induktionsprinzip und das durchaus erfolgreich. Popper ging dagegen davon aus, dass nur die Falsifikation wissenschaftlicher Aussagen erkenntnistheoretisch abgesichert sei. Ein Gesetz wie „Alle Schwäne sind weiß" kann zwar nicht bestätigt, aber durch die Beobachtung eines schwarzen Schwans widerlegt werden. Er forderte daher als normative Grundlage guter Wissenschaft, dass sie nur falsifizierbare Sätze hervorbringen dürfe. Gute wissenschaftliche Praxis besteht danach darin, wissenschaftliche Aussagen exakt und im Hinblick auf ihre Falsifizierung zu prüfen. Faktisch spielt dieses Prinzip in den Naturwissenschaften eine untergeordnete Rolle. Wie Popper auch selbst einräumte, lassen sich Theorien nicht endgültig falsifizieren. Es wäre überdies illusorisch zu glauben, dass Naturwissenschaftler sich damit befassten, die eigenen Befunde zu widerlegen oder Theoriegebäude zum Einsturz zu bringen, die ihnen selbst ein hohes Maß an Aufmerksamkeit und Reputation garantieren. Darüber hinaus sind einige Grundlagen naturwissenschaftlichen Arbeitens selbst nicht falsifizierbar. Zum Beispiel basieren die Naturwissenschaften darauf, dass allen Phänomenen und Prozessen Ursachen zugrunde liegen. Dieses Kausalitätsprinzip ist selbst aber nicht falsifizierbar. Falsifizierbarkeit scheitert nach dem Wissenschaftstheoretiker Imre Lakatos praktisch auch daran, dass Naturwissenschaftler besonders bedeutende Theorien gegen empirische Widersprüche mit sogenannten Hilfshypothesen absichern können, um den harten theoretischen Kern zu retten. Weitere wichtige Mechanismen, die Falsifikation in Frage stellen, sind das Ignorieren von Phänomenen oder häretischer Kollegen oder die vielleicht sogar friedliche Parallelexistenz widersprüchlicher Theorien. Vermeintlich falsifizierende empirische Befunde lassen auch eher Zweifel an den Fähigkeiten der Experimentatorinnen und Experimentatoren aufkommen, als dass Theoriegebäude vorschnell eingerissen würden.

Das Definitions- und Demarkationsproblem der Naturwissenschaften lässt sich daher nur auf eine pragmatische, dafür aber einfache Formel bringen: Naturwissenschaften sind das, was Naturwissenschaftler/innen qua Profession tun. Das Definitionsproblem verschiebt sich dann auf leichter zu klärende Kriterien wie

---

1 Ironie der Geschichte: Tatsächlich gibt es schwarze Schwäne. Sie heißen Trauerschwäne und waren in Europa lange Zeit unbekannt.

z. B. der Zugehörigkeit zu einem Fachbereich Biologie, Chemie oder Physik einer Universität oder zu einem Forschungsinstitut. Der Wissenschaftsgeschichte und -soziologie ist daher eher an der Erarbeitung von Fallstudien gelegen als an einer „großen Erzählung" darüber, was Naturwissenschaft ist.

Didaktisch ist das Demarkationsproblem zwischen Naturwissenschaft und Pseudowissenschaft bedeutsam (Kötter & Hammann, 2016). Naturwissenschaftlich gebildete Menschen sollen schließlich die Vertrauenswürdigkeit von Aussagen prüfen können, deren Wissenschaftlichkeit in Frage steht. Nicht, dass nur wissenschaftliches Wissen Vertrauen beanspruchen dürfte, aber ihre spezifischen Normen sichern zumindest ab, dass ihre Resultate im hohen Maße robust sind und sich einer kritisch-skeptischen Kontrolle unterziehen mussten. Soll man dagegen den Vorhersagen der Astrologie trauen, in Fragen der Gesundheit einen Homöopathen konsultieren oder Wasseradern von einem Wünschelrutengänger aufspüren lassen?

Die Wirkung von Wünschelruten wird über unbekannte Strahlungsarten erklärt, mit denen sich die sogenannte Radioästhesie befasst. Es gibt zumindest wissenschaftlich glaubhafte Berichte über die Wirkung solcher Wünschelruten (vgl. Rieß & Höttecke, 2008). Obwohl ihr Wirkmechanismus unbekannt bzw. im Bereich des Obskuren angesiedelt ist, stellt sich die Frage, wann wir etwas obskur, un- oder pseudowissenschaftlich nennen dürfen.

Die folgende Merkmalsliste kann hilfreich sein, Naturwissenschaften besser von Pseudowissenschaften abgrenzen zu können (vgl. Smith & Scharmann, 1999). Man darf sie nicht als Sammlung klarer Abgrenzungskriterien missverstehen, denn über eine eindeutige Definition von Naturwissenschaft herrscht selbst unter Wissenschaftsphilosophen, -historikern, -soziologen oder Naturwissenschaftlern kein Konsens. Selbst etablierte Arbeitsbereiche in den Naturwissenschaften würden nicht unbedingt allen Standards zugleich genügen.

- Naturwissenschaftliche Aussagen kann man im Prinzip testen. Wenn man sie (noch) nicht testen kann (z. B. weil Instrumente fehlen), braucht man gute Gründe, um ihre Validität zu behaupten.
- Beobachtungen lassen sich unabhängig wiederholen. Das wird, wie oben gezeigt, schon schwierig, wenn nur singuläre Ereignisse (z.B. eine Supernova) beobachtet werden.
- Naturwissenschaftliches Wissen ist vorläufig und offen dafür, verändert oder verworfen zu werden. Das gilt natürlich auch für heutiges Wissen und stellt den Charakter des unumstößlich Faktischen naturwissenschaftlicher Erkenntnisse grundsätzlich in Frage.
- Naturwissenschaften sind Mechanismen der Kritik und Skepsis eigen, sodass sie sich fortwährend selbst korrigieren können. Das gilt für viele Pseudowissenschaf-

ten wie den Kreationismus nicht. Der vertritt basierend auf der Autorität der Bibel die Auffassung, alles Leben sei in einem einmaligen Schöpfungsakt entstanden. Selbst wenn der Kreationismus mit wissenschaftlicher Evidenz aufwartet (z. B. Intelligent Design), bleibt ihm die Autorität der Bibel über jede Kritik erhaben. Gute Wissenschaft muss aber in der Lage sein, selbst fundamentale Prämissen der Forschung und Theoriebildung zu hinterfragen.
- Kritik und Skepsis erfordern eine Wissenschaftlergemeinschaft. Naturwissenschaftler können keine Alleinarbeiter sein.
- In den Naturwissenschaften werden Theorien favorisiert, die möglichst einfach konstruiert, kohärent sind und möglichst große Erklärungskraft entfalten.
- Logisches Schließen, Vernunft und Unvoreingenommenheit genießen einen hohen Stellenwert, auch wenn sie Einschränkungen unterliegen.

Als ein weiteres Charakteristikum der Naturwissenschaften wird oft das Experimentieren betrachtet, allerdings gibt es wichtige Arbeitsbereiche wie die theoretische Physik oder theoretische Chemie, die, sieht man von Computersimulationen ab, selbst kaum empirisch arbeiten.

In den naturwissenschaftlichen Didaktiken werden aktuell Listen von Charakteristika naturwissenschaftlichen Wissens kontrovers diskutiert. Nach Lederman (2007) ist naturwissenschaftliches Wissen

- vorläufig, wenngleich oft recht robust
- empirisch, da auf Beobachtungen beruhend
- subjektiv, da persönliche Hintergründe und Voreingenommenheit von Forschern/innen bedeutsam sind und Wissen immer theorie-geladen ist
- basierend auf schlussfolgerndem, einfallsreichem und kreativem Denken
- sozio-kulturell eingebettet.

Weiterhin hält Lederman für bedeutsam, dass

- Beobachtungen und Schlussfolgerungen als auch
- Theorien und Gesetze

zu unterscheiden sind. Diese Liste der „Lederman Seven" des naturwissenschaftlichen Wissens wurde allerdings in mehrfacher Hinsicht kritisiert. Sie ist zunächst einmal recht unspezifisch für Naturwissenschaft und könnte auch auf andere Arten des Wissens sinnvoll angewendet werden (van Dijk, 2011). Weiterhin ist sie didaktisch von zweifelhaftem Wert, da z. B. das schlichte Wissen um die Vorläufigkeit naturwissenschaftlichen Wissens keine Kompetenz darstellt, die dazu befähigt, an aktuellen, wissenschaftshaltigen und zugleich kontroversen Debatten zu partizipieren. Das Wissen um Vorläufigkeit leitet ja an sich noch keine Entscheidung darüber an, welchen Vertretern welchen naturwissenschaftlichen Wissens im Fall aktueller Kontroversen mehr oder weniger Vertrauen entgegen gebracht und Glaubwürdigkeit zugestanden werden soll (vgl. Allchin, 2011). Aus didaktischer Perspektive muss man wohl in Kauf nehmen, dass das Demarkationsproblem nicht einfach und auch nicht über solche Listen zu lösen ist.

2.2 Einige wissenschaftstheoretische Positionen

Die Wissenschaftstheorie als Teil der Philosophie umfasst Theorietraditionen, die wissenschaftliche Praxis und normative Grundorientierungen unterschiedlich einschätzen. Hier werden einige wissenschaftstheoretische Positionen zusammengefasst (vgl. Höttecke, 2008):

Empirismus und Induktivismus: Die beiden eng verknüpften Sichtweisen gehen davon aus, dass empirische Daten, wie man sie durch Beobachtung und Experiment gewinnen kann, die Grundlage der Naturwissenschaften darstellen können. Auf der Basis einer hinreichenden Anzahl von Einzelfällen (die Nicht-Metalle A, B und C sind Nicht-Leiter) wird vom Besonderen auf das Allgemeine (alle Nicht-Metalle sind Nicht-Leiter) induktiv geschlossen. Die Schlussweise birgt ein logisches Problem, denn man kann immer auch Einzelfälle (Graphit ist ein Nicht-Metall und Leiter) finden, die der Regel widersprechen. Die Position wird von der Tatsache geschwächt, dass Beobachtungen kein „reiner" Anfang der Wissenschaft sein können, weil sie immer schon theoretisch vorbestimmt sind. Ferner umfassen Theorien oft einen empirisch gar nicht abgesicherten Überschuss.

Falsifikationismus: Ein namhafter Vertreter ist K.R. Popper (1934). Wissenschaftler/innen stellen Hypothesen auf, um Probleme zu lösen. Mit Experimenten lasen sich Hypothesen zwar widerlegen, aber nicht zweifelsfrei verifizieren. Mit (noch) nicht falsifizierten Hypothesen arbeitet man weiter, bis sie eventuell auch widerlegt werden. Widerlegbarkeit gilt als normatives Kennzeichen guter wissenschaftlicher Praxis. Problematisch ist, dass Wissenschaftler/innen verständlicherweise wenig daran interessiert sind, die eigenen Hypothesen zu widerlegen. Vielmehr werden falsifizierte Hypothesen oft mit ad-hoc aufgestellten Hypothesen „gerettet" (s. o.).

Realismus: Die Welt ist gemäß dieser Position im Grunde wirklich und erkennbar. Forschung kann sich der Wahrheit zumindest annähern. Problematisch ist, dass selbst die für Naturwissenschaft relevanten Beobachtungsaussagen die Dinge nicht einfach wiedergeben können, wie sie wirklich sind.

Instrumentalismus: Theorien müssen nicht wahr sein, sondern wie Werkzeuge funktionieren. Wenn man auf der Basis der Gravitationstheorie zum Mond und heil wieder zurück fliegt, dann funktioniert die Theorie. Entscheidend ist ihr Nutzen und kein nur vermuteter Wahrheitsgehalt.

(Sozialer) Konstruktivismus und Relativismus bezweifeln die Möglichkeit objektiven Wissens, was aber nicht bedeuten muss, dass wissenschaftliches Wissen nicht trotzdem erfolgreich und robust sein kann. Die Rolle von Denkzwängen, kulturellen Einflüssen und sozialen Prozessen auf die „Konstruktion" von Wissen wird betont.

2.3 Historische Entwicklungslinien der Naturwissenschaften

Die Ursprünge der modernen Naturwissenschaften werden geographisch mit Europa verbunden und zeitlich in die Renaissance eingeordnet. Ihre Entwicklung basierte bereits auf älteren Wissensbeständen, die aus vielen Teilen der Welt zusammengetragen worden waren (vgl. Fara, 2010; Mason, 1997).

Die vorsokratische griechische Antike hat beispielsweise die Atomlehre entwickelt und damit einen bedeutenden ideengeschichtlichen Anteil an den zentralen Konzepten der Chemie und Physik von einer „körnigen" Struktur der Materie. Die Atomisten, namhaft v. a. Demokrit, vertraten eine mechanistische Weltsicht, nach der die wahrnehmbare Welt durch eine unendliche Anzahl an unterschiedlichen Atomen konstruiert würde. Die Ordnung der Dinge spiegelte sich auch in der antiken Elementelehre.

Das im antiken Athen erblühende Handwerk führte zu wichtigen Entwicklungen wie Blasebalg, Töpferscheibe, Wasserwage, Lineal, Drehbank oder Schlüssel. Das griechische Wort *sophia* bedeutete damals noch handwerkliche Geschicklichkeit und noch nicht Gelehrsamkeit und Weisheit (Mason, 1997, S. 43). Trotz des hoch entwickelten Standes der griechischen Feinmechanik war die antike Philosophie von einer Geringschätzung alles Praktisch-Handwerklichen gekennzeichnet. Platon, der Schüler des Sokrates, zog eine scharfe und wertende Grenze zwischen Nachdenken und körperlichem Tun. Angesichts der Tatsache, dass die antiken Hochkulturen

Sklavenhaltergesellschaften waren und Sklaven als dienstbare Werkzeuge galten, wundert die Geringschätzung von Handwerk, Technik und körperlicher Arbeit nicht (vgl. Teichmann, 1985). Das antike wissenschaftliche Denken lässt sich als hierarchisch, teleologisch, kontemplativ und ästhetisch charakterisieren (Teichmann, 1985, S. 173).

Das hierarchische Denken spiegelt sich in der Bewertung der Theologie, die höher als Mathematik und Naturphilosophie stehen sollte. Der Kosmos wurde als Verschachtelung unterschiedlicher, hierarchisch angeordneter Sphären gedacht. Der Fixsternhimmel war in der obersten Sphäre angebracht und galt als ewig. Aristoteles entwickelte eine konsistente Bewegungslehre mit einem „ersten Beweger", der auf dieser obersten, ewigen Sphäre angesiedelt war. Die Rezeption antiker Weltbilder im europäischen Mittelalter identifizierte diesen ersten Beweger mit Gott.

Im Rahmen der aristotelischen Bewegungslehre fiel ein Stein deshalb zu Boden, weil ihm eine Zweckursache – ein Telos – innewohnte, den Erdboden als seinen natürlichen Ort anzustreben. Erst Galilei untersuchte im 17. Jahrhundert die Gesetzmäßigkeit der Fallbewegung, die den Anfangs- und Endpunkt der Bewegung dezidiert einschloss.[2] Newton konstatierte später die Gravitationskraft als äußere Wirkursache des freien Falls.

Das denkende Betrachten, die Kontemplation, galt dem Eingreifen in die Natur gegenüber als überlegen. Entsprechend wurde das Beobachten und nicht das eingreifende Experimentieren favorisiert, denn ein Verständnis der Natur sollte sich nicht ergeben können, wenn man in sie eingreift. Das Denken war ästhetisch in dem Sinne, dass es sich an Harmonie, Symmetrie und Ordnung orientierte. Plato entwickelte z. B. eine Theorie des Universums, die auf mathematisch-geometrischen Grundlagen beruhte.

In China hatte sich bereits eine handwerklich-technische Kultur entwickelt, deren Bedeutung und Einfluss auf die Entwicklung der Naturwissenschaften die eurozentrische Wissenschaftsgeschichtsschreibung lange unberücksichtigt gelassen hat. Heute gehen wir davon aus, dass technische Innovationen wie Druckkunst, der Magnetkompass und das Schießpulver erstmals in China entwickelt worden sind. Im arabischen Sprachraum bildeten Observatorien und Schulen Einheiten mit namhaften Bibliotheken. Diese Zusammenschlüsse fungierten bereits vor der europäischen Renaissance als bedeutende geistige Zentren. Aus der islamischen Welt zur Zeit des europäischen Mittelalters wurden z. B. bedeutende wissenschaftliche Erkenntnisse über Optik und Astronomie überliefert. Wichtige Begriffe wie Alkohol, Zucker oder Alkali gehen auf Avicenna, einen auch später in Europa anerkannten

---

2 Vgl. die Fallstudie für den Schulunterricht zum Vergleich des antiken aristotelischen mit dem neuzeitlich Galilei'schen Denken (Höttecke, Henke & Rieß, 2011).

muslimischen Gelehrten, zurück. Die Idee, dass der Sehvorgang auf dem Empfangen von Licht beruht, basiert auf dem islamischen Gelehrten Alhazan (10./11. Jahrhundert). Die seit dem 11. Jahrhundert sich in Mitteleuropa entwickelnden Universitäten förderten den gelehrten Disput, der den Zweifel kultivierte und dadurch zu einer Weiterentwicklung hin zu den späteren Naturwissenschaften beitrug.

Im Mittelalter und bis in das 16. Jahrhundert hinein waren intellektuell-methodische und handwerkliche Ausbildungen und Praktiken voneinander getrennt. Diese Trennung war auch für frühere Kulturen typisch (Mason, 1997). Mit der Renaissance setzt ein Prozess sozialer Ausdifferenzierung ein, in dessen Rahmen Standesunterschiede zwischen Ingenieuren, Ärzten und zunftfreien Künstlern einerseits und Humanisten und traditionellen Gelehrten andererseits angeglichen wurden. Dieser sozial-historische Prozess ermöglichte es erst, dass intellektuelles Schlussfolgern und Textauslegen und praktisches Experimentieren von den gleichen Akteuren veranstaltet werden konnte (vgl. Felt, Nowotny & Taschwer, 1995). Die Ausdifferenzierung der Wissenschaft entsprach einer Entdifferenzierung der Gesellschaft (Schimank, 2012).

Die Entwicklung der Naturwissenschaften seit der Renaissance verbindet sich wesentlich mit den Namen Descartes, Bacon und Galilei und führt zur Aufwertung empirisch gestützter, in Experimenten gewonnener Erfahrung und der sich entwickelnden Rolle abstrakt-mathematischer Naturbeschreibung und -erklärung. Sie lässt sich grob in drei historische Phasen unterteilen (vgl. Felt, Nowotny & Taschwer 1995):

Die **Phase der Amateure und Handwerker** 1600-1800 ist davon geprägt, dass Männer von Stand, sogenannte *Gentleman of Science*, experimentelle Naturphilosophie betreiben. Unter ihnen verschaffen sich auch einige Lehrer und Instrumentenmacher einen wissenschaftlichen Ruf. Während dieser Phase ist die Ausbildung noch nicht formalisiert. Die Elektrizitätslehre entwickelt sich unter großer öffentlicher Aufmerksamkeit v. a. der adligen und aristokratischen Oberschicht zur ersten Wissenschaft, die ihre Forschungsgegenstände, Funken, Anziehungs- und Abstoßungsphänomene fast ausschließlich in Experimenten herstellt und untersucht. Experimente werden vorwiegend in privaten Wohnräumen durch- und vorgeführt. Es etabliert sich das Validitätskriterium öffentlicher Zeugenschaft durch andere Naturphilosophen, die durch ihren Stand und ihre Expertise ausgewiesen sein müssen (Shapin, 1994). In diese Zeit fällt die Gründung wichtiger wissenschaftlicher Gesellschaften wie der Royal Society in London (1662) und der Académie de Sciences in Paris (1666), sowie die Gründung erster wissenschaftlicher Journale. Diese Umstände tragen dazu bei, dass sich ein sozialer Mechanismus wissenschaftlicher Wahrheitsfindung herausbildet, der auf wissenschaftliche Öffentlichkeit angewiesen ist. Publikationen über neue Instrumente, experimentelle Befunde oder Naturphänomene müssen in einem Stil verfasst werden, der die öffentliche Zeugenschaft z. B. einer Experimentaldemonstration ersetzt. Detailliertes Protokollieren experimenteller Arbeitsschritte und Befunde wird zum Publikationsstandard, wie er noch heute im Schulunterricht in Form von Experimentier-Protokollen eingeübt wird.

Die folgende **akademische Phase** endet etwa mit dem Beginn des Zweiten Weltkriegs. Während des 19. Jahrhunderts differenzieren sich die Naturwissenschaften stark in Subdisziplinen aus, ein Prozess, der bis heute anhält. Den Universitäten kommt in diesem Prozess eine bedeutende Stellung zu. Sie sind die Orte, an denen formale Ausbildungsstrukturen etabliert werden, wie wir sie noch heute kennen. Glaubwürdigkeit und Expertise werden zunehmend über Abschlusszertifikate und akademische Positionen abgesichert. Glaubwürdigkeit wird nicht mehr über Zeugenschaft exponierter Personen, sondern über Institutionen und ihre Angehörigen erzeugt (Franzen, Rödder & Weingart, 2012). Naturwissenschaftliche Forschung organisiert sich wesentlich um den Beruf des Universitätsprofessors herum, der für seine Lehrleistung honoriert wird, bezüglich seiner Forschung aber weitgehend frei ist. Der Begriff Naturwissenschaft löst den der Naturphilosophie ab. Der englischsprachige Begriff *scientist* (Naturwissenschaftler) wird von William Whewell (1874-1866) eingeführt und etabliert sich bis heute.

Der Beginn der **industriellen Phase** der Naturwissenschaften datiert mit dem Zweiten Weltkrieg. Zwar hat die an einzelnen universitären Lehrstühlen betriebene Forschung nach wie vor große Bedeutung. Parallel dazu etabliert sich aber eine Art naturwissenschaftliche Großforschung, die man als *big science* bezeichnen kann (de Solla Price, 1974). Militärische Großforschung wie das US-amerikanische *Manhattan Project*, das zum Bau und zum Abwurf der ersten Atombomben führte, können nur noch arbeitsteilig in großen Teams durchgeführt werden. Großprojekte, die an Teilchenbeschleunigern wie dem Genfer CERN (seit 1954) durchgeführt werden, sind so ressourcenintensiv, dass sie nur noch von Staatenverbünden finanziert werden können. Dabei kann *big science* auch wesentlich in der großangelegten Koordination internationaler Forschungsaktivitäten bestehen. Die Kartierung des menschlichen Genoms (*Human Genom Project*) von 1990-2003 ist dafür ein Beispiel. Ihren hohen Finanzbedarf speist *big science* zu namhaften Teilen aus öffentlichen Mitteln und der Industrie. Entsprechend wird Großforschung im verstärkten Maße von politischen Entscheidungen und Aufträgen abhängig und ist weniger autonom als noch in den vorangegangenen Phasen. Dieser Umstand führt einerseits dazu, dass Naturwissenschaftler/innen heute auf Anerkennung und Förderung von politischer Seite angewiesen sind und Lobbyarbeit leisten müssen, um auf Forschungspläne (z. B. der EU) Einfluss zu nehmen. Andererseits müssen sie sich auch der Anerkennung der mittelbar finanzierenden Öffentlichkeit vergewissern, um Forschungsförderung und Nachwuchsrekrutierung zu sichern. Wissenschaftskommunikation wird heute von den Naturwissenschaften zunehmend als wichtige Aufgabe erkannt. Während der industriellen Phase hat sich auch die Bedeutung des deutschsprachigen Raums in der internationalen Forschungslandschaft verschoben. Galt Deutschland noch Ende des 19. Jahrhunderts als wichtigster Forschungsstandort, ist diese Rolle spätestens nach dem Zweiten Weltkrieg auf die USA übergegangen. Die dominierende Stellung Europas und Nordamerikas wird aktuell wiederum durch die wachsende Forschungsaktivität in den Schwellenländern, allen voran China, herausgefordert.

Die Naturwissenschaften wachsen gemessen an der Anzahl an Fachkräften, Publikationen und Fachjournalen in exponentieller Weise. Die Verdopplungszeit der Weltbevölkerung liegt z. Z. bei ca. 60 Jahren, die Verdopplungszeit der Anzahl wissenschaftlicher Beiträge liegt dagegen lediglich bei 10-20 Jahren. Die rasante Entwicklung naturwissenschaftlich-technischer Forschungsaktivitäten lässt sich an der Anzahl ihrer Publikationen gut ablesen. Weltweit wurden in Biologie, Biomedizin, Chemie, Medizin, Geowissenschaften, Ingenieurwesen, Technik, Mathematik und Physik im Jahr 2002 733.305 Fachartikel publiziert, im Jahr 2008 waren es schon 986.099 (Deutsche UNESCO Kommission, 2010). Mit dieser Informationsexplosion geht einher, dass 80-90 % aller Wissenschaftler/innen, die je gelebt haben, in unserer Gegenwart leben (de Solla Price, 1974 [1963]). Wissenschaft funktioniert daher der Evolution vergleichbar, indem verschwenderisch zahlreiche Publikationen verfasst werden, von denen nur wenige den Rang und die Bedeutung erlangen, um in die Hand- und Lehrbücher einer Disziplin einzugehen und ihre Weiterentwicklung nachhaltig zu prägen (Schimank, 2012).

2.4 Naturwissenschaften als soziales System

Forscher und Forscherinnen in den Naturwissenschaften kommunizieren miteinander, sie tauschen sich formell und informell aus, sie gründen Institute, bilden Gesellschaften und Verbände, verleihen einander Auszeichnungen und Ehrungen, sie laden einander zur Vorträgen ein oder bilden informelle Netzwerke bis hin zu Zitierkartellen. Mit anderen Worten, die Naturwissenschaften können nicht nur über typische intellektuelle oder experimentelle Praktiken, ihre Naturgesetze, Prinzipien und Theoriegebäude charakterisiert werden, sondern auch als eine soziale Praxis. Die Analyse sozialer Praktiken innerhalb der Wissenschaftlergemeinschaft kann dazu beitragen, die inneren Mechanismen besser zu verstehen, die bewirken, dass Naturwissenschaften sich immer weiter entwickeln und ihre Wissensbestände sich verändern. Ein wissenschaftssoziologischer Blick darauf, wie wir uns wissenschaftlichen Fortschritt und die Motive von Menschen zur Naturwissenschaft denken, zeigt einige treibende Kräfte auf.

Als treibende Kraft der Naturwissenschaften wird oft und gerade in den Selbstattributierungen von Naturwissenschaftlern/innen ein Wissens- oder Erkenntnisdrang benannt. Diese Sichtweise findet man auch in Untersuchungen über Schülervorstellungen über die Motive zur Naturwissenschaft wieder (Höttecke, 2001). Dass Naturwissenschaften zu betreiben aber gleichsam eine anthropologische Größe darstellt und eine Kulturleistung ist, wird von Schülern/innen weitgehend bestritten (z. B. Chalmers, 1999), auch wenn man einräumen muss, dass Naturwissenschaftler/innen im besonderen Maße an ihren Forschungsgegenständen interessiert sind. Eine dazu ergänzende Sichtweise legt nahe, dass ein wichtiger „Motor" der Naturwissenschaften in Nützlichkeitserwägungen und Verwertungsinteressen besteht. Tatsächlich hat bereits Francis Bacon im 17. Jahrhundert, ein Ahnherr der experimentellen Methode der Naturwissenschaften, diese Sichtweise vertreten. In seiner Utopie einer wissenschaftsorientierten Gesellschaft namens „Neu Atlantis" betont er den Zweck der Naturforschung, *„die Ursachen des Naturgeschehens zu ergründen, die geheimen Bewegungen in den Dingen und die inneren Kräfte der Natur zu erforschen und die Grenzen der menschlichen Macht so weit auszudehnen, um alle möglichen Dinge zu bewirken"* (vermutl. 1624 [1997], S. 43). Forschung wird heutzutage oft von industriellen Abnehmern in Auftrag gegeben. Selbst Grundlagenforschung wird durch die Erwartung ihrer Nützlichkeit in der Zukunft legitimiert. Das ökonomische Zweckmoment in den Naturwissenschaften ist daher unübersehbar.

Die Wissenschaftssoziologie legt einen weiteren Mechanismus wissenschaftlichen Fortschritts nahe. Wissenschaftlerinnen und Wissenschaftler streben wie Menschen in anderen Professionen auch nach Anerkennung und Reputation. Anerkennung und Reputation stellen eine Form symbolischen Kapitals dar, das sich in andere Kapitalformen wie z. B. soziales oder ökonomisches Kapital transformieren lässt (Bourdieu, 1971). Wer innerhalb der Wissenschaftlergemeinschaft besonders anerkannt wird, wird um so leichter in Kommissionen und Beiräte berufen, um dort Beratungs- und Steuerungsaufgaben wahrzunehmen und eigene Interessen durchzusetzen. Reputation unter Kolleginnen und Kollegen führt zu einem höheren Maß an wissenschaftlicher Glaubwürdigkeit. Sie schlägt sich z. B. darin nieder, dass wissenschaftlich hochgestellte Personen, die also über ein hohes Maß an sozialem Kapital verfügen, Direktoren- und Herausgeberposten bekleiden. Sie werden ferner in Beiräte wissenschaftlicher Zeitschriften eingeladen, sodass die Zeitschriften selbst ihre Reputation über bekannte Namen steigern.

Reputation kann sich positiv auf die Akquise von Forschungsmitteln (ökonomisches Kapital) auswirken, sodass eine angesehene Wissenschaftlerin oder ein angesehener Wissenschaftler einen großen Mitarbeiterstab anführt, zahlreiche

2.4 Naturwissenschaften als soziales System

Forschungsprojekte betreibt und zentrale Forschungsprobleme definieren darf. Hier wird sichtbar, dass Ansehen, Macht und Reputation als soziologische Kategorien sich gleichsam mit epistemologischen Kategorien (Vertrauen in naturwissenschaftliche Konzepte, Begriffe, Modelle und Theorien) zu einem Kreislauf verschränken. Wissenschaftliche Kreativität und Fähigkeit bedingen erfolgreiche Antragstellung auf Forschungsmittel. Die wiederum sorgen dafür, dass über umfangreichere Ressourcen wie z. B. einem besonders teuren Laser verfügt werden kann, was weitere Forschung ermöglicht, neue wissenschaftliche Argumente hervorbringt und die Reputation weiter steigert (vgl. Latour & Woolgar, 1979 [1986]). Ein solcher Kreislauf kann als Mechanismus verstanden werden, innerhalb dessen das symbolische Kapital wissenschaftlicher Reputation transformiert und akkumuliert wird. Das Produkt dieses Kreislaufes ist aber weder eine irgendwie geartete „pure" wissenschaftliche Wahrheit oder Reputation und Ansehen allein. Vielmehr führt der Kreislauf zu einer Vermehrung der Produktion wissenschaftlicher Erkenntnisse und zugleich des wissenschaftlichen Ansehens. Diesen Akkumulationsprozess könnte man auch als wissenschaftlichen Kapitalismus bezeichnen (Hodson, 2008, S 140).

Die Bedeutung wissenschaftlicher Reputation wird auch im Rahmen der gefürchteten Plagiatsvorwürfe sichtbar. Wird eine Wissenschaftlerin oder ein Wissenschaftler des Plagiats bezichtigt, so geht es um mehr als den Vorwurf des Abschreibens. Hier hat sich jemand eines bedeutenden Normverstoßes schuldig gemacht, denn es gilt, dass nur das eigene Gedankengut oder die eigenen empirischen Daten auch die eigene Reputation steigern dürfen. Hätte wissenschaftliche Reputation nicht die Bedeutung einer Triebkraft der Naturwissenschaften, wären Plagiatsvorwürfe in ihrer oft medienwirksam vorgetragenen Schärfe kaum nachvollziehbar. Abschreiben könnte dann nämlich als Maßnahme gewertet werden, wissenschaftliches Gedankengut effektiv zu verbreiten, anstatt es als Diebstahl sogenannten geistigen Eigentums zu brandmarken. Tatsächlich muss beim wissenschaftlichen Arbeiten geistiges Eigentum sorgfältig und unter Angaben der Fundstellen exakt zitiert werden. Zitieren dient einerseits dazu, die wissenschaftlichen Gedanken und Resultate ihren Urheberinnen und Urhebern eindeutig zuzuordnen. Zugleich sichert korrektes Zitieren die eigene Glaubwürdigkeit ab. Andererseits bedeutet Zitieren immer auch eine Form symbolischer Zahlungsleistung für das „Benützen" fremder Ideen, ist also selbst eine Form der Belohnung durch Anerkennung (Felt, Nowotny & Taschwer 1995, S. 67).

Die Bedeutung wissenschaftlicher Reputation wird immer dann besonders sichtbar, wenn in den Naturwissenschaften wichtige Ergebnisse parallel entwickelt werden. Arbeiten zwei Arbeitsgruppen zeitgleich an einem wissenschaftlichen Problem, so wird eine der beiden Gruppen ihre Ergebnisse zuerst publizieren und als ihr geistiges Eigentum reklamieren können. Sollte die zweite Arbeitsgruppe eine gleiche, aber unabhängig entwickelte Problemlösung auch nur Tage später publizieren, dann würden ihre Mitglieder bestenfalls als Verlierer, schlechtestenfalls als Plagiatoren dastehen. Wem es nicht gelingt, seine Resultate zuerst zu veröffentlichen, dessen persönlicher Wissensdrang mag zwar dennoch befriedigt sein, die verpasste Chance, seine Reputation zu steigern, ist aber dahin und löst mitunter große Enttäuschung aus. Forschungsergebnisse z. B. einer Forschergruppe sind eben nicht nur für diese selbst, sondern vor allem für die *scientific community* bedeutsam.

Den vielleicht bedeutendsten Mechanismus der Aushandlung von Bedeutungen stellt die naturwissenschaftliche Publikationspraxis dar. Anders als in den Geisteswissenschaften hat die Buchpublikation schon in frühen Phasen der historischen Entwicklung der Naturwissenschaften stark an Bedeutung eingebüßt. An die Stelle des Buchs trat der wissenschaftliche Zeitschriftenaufsatz, heute auch gern mit dem Anglizismus *paper* bezeichnet. Über die Qualität eines *papers* entscheidet keine zentrale Instanz. Reicht eine Wissenschaftlerin oder ein Wissenschaftler ein *paper* bei einer Fachzeitschrift ein, so wird es einem doppelblinden Begutachtungsprozess durch andere Wissenschaftlerinnen oder Wissenschaftler unterzogen. Im Rahmen dieses sogenannte *Peer-Reviews* sollen Relevanz und Qualität der jeweiligen Forschungsbeiträge abgesichert werden. Die Anonymität der Autoren/innen und Gutachtenden soll gewährleisten, dass der Einfluss einer möglichen Voreingenommenheit der Gutachtenden den Autoren/innen gegenüber möglichst gering bleibt und dass Gutachtende keine Sanktionen fürchten müssen, weil sie vielleicht eine sehr kritische Position zum eingereichten Manuskript eingenommen haben. Gerade in kleineren naturwissenschaftlichen Subdisziplinen ist es aber sehr schwer, Anonymität zu wahren. Als Gutachterin oder Gutachter kann man leicht auf die Autorinnen oder Autoren schließen, wenn man z. B. über Forschungsmethoden gutachten soll, die nur an einem bestimmten Standort besonders etabliert sind, oder wenn wissenschaftliche Instrumente eingesetzt wurden, über die nur bestimmte Arbeitsgruppen verfügen. Das *Peer-review*-Verfahren stellt eine Art Kommunikation wissenschaftlicher Ergebnisse auf Probe dar, innerhalb derer wissenschaftliche Qualität nicht einfach nur festgestellt wird, sondern durch das Feedback von Gutachtenden und Herausgebern gesteigert werden kann. Zugleich stellt *Peer-Review* eine Art Filter dar, der die Anzahl an Publikationen auf das für den Forschungs- und Entwicklungsstand einer *scientific community* Angemessene einschränkt und Forschungsergebnisse auf das Lesenswerte reduziert (vgl. Nielsen, 2013). Das klappt zwar nicht auf unfehlbare Weise, denn Gutachtende können fehlerhaft arbeiten, Manuskripte begünstigen, weil sie ihnen theoretisch oder methodisch nahe stehen, oder sogar Fälschungen übersehen. Dennoch hat sich *Peer-Review* als Mechanismus einer sozialen Wechselwirkung und Steuerung zwischen einzelnen Forschenden oder Arbeitsgruppen und der *scientific community*

2.4 Naturwissenschaften als soziales System

bewährt, weil die Relevanzsetzungen der *scientific community* über zentrale Forschungsfragen, angemessene Theoriebezüge oder geeignete Forschungsmethoden den wissenschaftlichen Forschungsprozess bereits vor der Publikation beeinflussen.

Der Wettbewerb unter Wissenschaftlern/innen um Anerkennung und Ressourcen stellt einerseits eine produktive Triebkraft der Naturwissenschaften dar. Andererseits kann Wettbewerb auch zu einer künstlichen Aufblähung des Publikationsaufkommens führen. Durch den großen Druck, möglichst viele *papers* in möglichst renommierten Fachzeitschriften zu publizieren, werden Forschungsergebnisse zu möglichst kleinen „Päckchen" geschnürt, um die Anzahl an Publikationen bezogen auf die Forschungsleistung in die Höhe zu treiben. Ein solches „leeres" Größenwachstum (Ash et al., 2015) birgt die Gefahr, dass die Forschung sich an den kleinsten publizierbaren Einheiten orientiert, die den Zusammenhang aus einzelnen Erkenntnissen nicht mehr ausreichend sichtbar werden lassen und den Rezeptionsaufwand erhöhen. Weiterhin bewirkt der Wettbewerbsdruck, dass gerade empirische Forschungsergebnisse der Gefahr ausgesetzt werden, vorschnell und nicht ausreichend abgesichert publiziert zu werden. Die Qualität der Forschungsergebnisse ist von Gutachterinnen und Gutachtern allein auf der Basis eingereichter *papers* aber nicht immer leicht zu beurteilen. Starker Wettbewerb in den Naturwissenschaften kann also die Qualität der Forschung auch gefährden.

Die Praxis naturwissenschaftlicher Forschung ist wie in anderen gesellschaftlichen Subsystemen kaum durch verbindliche Normen reguliert. Es gibt keine Mosaischen Tafeln oder eine Art Grundgesetz der Naturwissenschaften, die Qualitätsmaßstäbe von Forschung festlegen könnten. Selbst die Regeln guter wissenschaftlicher Praxis der Deutschen Forschungsgemeinschaft (2013) sind sehr weit gefasst, wenn z. B. davor gewarnt wird, wissenschaftliche Autorenschaft ehrenhalber zu vergeben, oder wenn empfohlen wird, Primärdaten für mindestens zehn Jahre zu konservieren. Normen werden oft lokal konstituiert und informell vermittelt. Nachwuchswissenschaftler/innen werden mit den für ihre jeweilige Teildisziplin typischen Denkweisen, Fallbeispielen, Techniken, Methoden, Instrumenten und Problemlösemustern, aber auch mit Kommunikationspraktiken wie dem wissenschaftlichen Publizieren bekannt gemacht. Sie werden dabei in naturwissenschaftliche Praktiken eingewöhnt. Was gute wissenschaftliche Praxis auszeichnet, wird an unterschiedlichen Stellen innerhalb der *scientific community* immer wieder aufs Neue ausgehandelt. Neben der Publikationspraxis über *papers* werden die Maßstäbe guter wissenschaftlicher Praxis über die Zuweisung von Ressourcen, Positionen, Renommee und Einfluss sichtbar, stehen aber nicht auf Dauer fest. Forschungspraktiken gelten v. a. dann als besonders anerkennungs- und nachahmungswürdig, wenn ihre Vertreterinnen und Vertreter herausragen, weil sie z. B. in Kommissionen und Beiräte gewählt oder zu wichtigen Plenarvorträgen eingeladen werden, ihr wissenschaftlicher

Nachwuchs auf Lehrstühle berufen oder ihnen im besonderen Maße Einfluss auf Forschungsrahmenprogramme zugestanden wird.

Die Rolle wissenschaftlicher Autoritäten hängt von der Verfügung über das oben erörterte symbolische Kapital aus Aufmerksamkeit und Reputation ab. Autoritäten oder auch wissenschaftliche „Kapazitäten" spielen auch in den Naturwissenschaften eine wichtige Rolle. Es macht einen großen Unterschied, ob eine junge Nachwuchswissenschaftlerin oder ein Nachwuchswissenschaftler, der/die seine jüngsten Forschungsergebnisse auf einer Tagung präsentiert, vom Direktor eines wichtigen Forschungsinstituts gelobt oder kritisiert wird oder nur von einem anderen Doktoranden. Autorität sichert hier Expertise und Vertrauenswürdigkeit qua sozialem Status ab. Dennoch spielt Autorität in den Naturwissenschaften eine weit geringere Rolle als in anderen Institutionen wie z. B. der Kirche oder dem Parlament.

Als sozialem System liegen den Naturwissenschaften Normen sozialen Handelns zugrunde, die Wertmaßstäbe mehr oder weniger guter Praxis festlegen und wissenschaftliches Handeln regulieren sollen. Auch wenn solche Normen in der Forschungspraxis schwer zu fassen sind, lassen sie sich normativ festlegen. Einen solchen Versuch unternahm der amerikanische Soziologe Robert Merton (1942 [1978]) unter dem Einfluss problematischer Entwicklungen der Wissenschaft während des deutschen Nationalsozialismus, indem er ein System aus Normen guter wissenschaftlicher Praxis formulierte. Es kann als Versuch verstanden werden, parteiische oder sogar rassistische Einfärbungen wissenschaftlicher Praxis anhand normativer Prinzipien zu demaskieren (vgl. Felt, Nowotny & Tascher, 1995; Zimann, 2000).

Das Prinzip der **Gemeinschaftlichkeit** bezeichnet die Verpflichtung der Wissenschaftler/innen, ihre Arbeit durch Publikation der *scientific community* zugänglich zu machen. Man kann allerdings dagegen halten, dass Wissenschaftlerinnen und Wissenschaftler unter Wettbewerbsdruck stehen und ihre Resultate daher zeitweise sogar geheim halten. In einigen Forschungsbereichen sind sie stark an der Entwicklung von Patenten und weniger an Publikationen interessiert. Forschungsaufträge werden u. U. mit bestimmten Erwartungen verbunden. Sollten die wissenschaftlichen Ergebnisse den Erwartungen der Geldgeber nicht entsprechen, kann es durchaus sein, dass Publikationen zurückgehalten oder sogar unterbunden werden.

Das Prinzip des **Universalismus** fordert, dass wissenschaftliche Erkenntnisse nicht von Rasse, Geschlecht, Religion, sozialem Status oder Nationalität der Forschenden abhängen dürfen. Dieses Prinzip fordert gleichsam, dass jeder gleich fähige Mensch vor der Wissenschaft gleich sein soll. Faktisch ist dies kaum der Fall, denn gerade die „harten" Naturwissenschaften Physik und Chemie gelten noch weitgehend als männliche Domänen. Die erheblichen Anstrengungen in den Didaktiken der Naturwissenschaften, die mitunter unterschiedlichen Interessen von Mädchen und

2.4 Naturwissenschaften als soziales System

Jungen im Unterricht zu berücksichtigen (Kap. 8), können als ein Versuch gedeutet werden, nicht nur für den Unterricht, sondern auch für die Naturwissenschaften selbst ein höheres Maß an Geschlechtergerechtigkeit herzustellen.

Gemäß des Prinzips der **Uneigennützigkeit** sollen Naturwissenschaftlerinnen und -wissenschaftler am Fortschritt der Wissenschaft selbst und nicht am eigenen Fortkommen orientiert sein. Betrachtet man aber die Rolle von Anerkennung, Renommee, Reputation und Wettbewerb als Motoren der Wissenschaft, so ist dieses Prinzip kaum geeignet, Naturwissenschaften zu beschreiben, wie sie tatsächlich funktionieren. Als moralische Orientierung kann dieses Prinzip dennoch bedeutsam sein.

Das Prinzip des **organisierten Skeptizismus** besagt, dass Mechanismen systematischer Kritik in den Forschungsprozess integriert sein sollen. Dies ist mit den o. g. Einschränkungen beim *Peer-Review* durchaus der Fall. Auf der anderen Seite gibt es z. B. in der Physik Forschungsergebnisse, die sich auf singuläre Ereignisse, beispielsweise die Beobachtung einer Supernova, beziehen, sodass beispielsweise eine kritisch-skeptische Wiederholung einer Beobachtung gar nicht möglich ist. Faktisch gilt dies auch für Messungen, die an besonders teuren und seltenen Instrumenten der Großforschung vorgenommen worden sind. Publiziert eine Autorengruppe solche Messergebnisse, dann ist eine kritische Wiederholung einer Messung durch außenstehende Forscherinnen und Forscher kaum möglich. Das gleiche gilt, wenn der Erfolg eines Experiments von Wissen und Fähigkeiten abhängen, die nur an einem bestimmten Ort verfügbar sind.

Dem Prinzip des organisierten Skeptizismus liegt die Idee zugrunde, dass über die Geltung einer wissenschaftlichen Aussage ein Konsens innerhalb der Wissenschaftlergemeinschaft hergestellt werden soll. Zumindest über kanonisierte Wissensbestände muss ein weitgehender Konsens hergestellt worden sein. Sie werden von bedeutenden Lehrwerken der Biologie, Chemie und Physik in der Nachwuchsausbildung und in Teilen auch durch Schulbücher repräsentiert. Wissenschaftliche Aussage, theoretische Idee oder experimentelle Befunde müssen sich der kollegialen Skepsis innerhalb der Wissenschaftlergemeinschaft aussetzen und dort bewähren. Dabei wird die Skepsis umso größer sein, wenn die jeweiligen Aussagen etablierte Theoriegebäude der Naturwissenschaften im besonderen Maße herausfordern. Als Mitte der 1970er Jahre in einem Experiment angeblich ein magnetischer Monopol gemessen wurde, konnte man am experimentellen Aufbau keine wesentlichen Probleme erkennen. Hätte man die Existenz eines magnetischen Monopols vorschnell anerkannt, hätte man weite Teile der Physik neu schreiben müssen. Die Befunde konnten schlussendlich nicht reproduziert werden. Dennoch lässt sich nicht mit letzter Sicherheit ausschließen, dass möglicherweise der ganz und gar unwahrscheinliche Fall eingetreten war, einen der wenigen magnetischen

Monopole im Universum gemessen zu haben (Hering, 2007). Nichtsdestotrotz kann ein einzelnes Experiment ein etabliertes Theoriegebäude nicht zu Fall bringen.

Skeptizismus sorgt einerseits dafür, dass Naturwissenschaften etwas Konservatives anhaftet, andererseits unterscheidet es die robusteren Ideen von den weniger robusten. Faktisch betrifft das Konsensprinzip aber nicht nur die Geltung von Evidenz oder theoretischen Ideen, sondern auch den akademischen Status und das Renommee der jeweiligen Wissenschaftlerinnen und Wissenschaftler. Das hat Vorteile, denn die Anerkennung, die sich eine Wissenschaftlerin oder ein Wissenschaftler durch positiv evaluierte Forschungsbeiträge erarbeitet hat, lässt ja die begründete Hoffnung zu, dass auch die folgenden Beiträge wissenschaftlich wertvoll sein werden. Skepsis und Kritik sind daher auch nicht gleich verteilt, sondern treffen weniger etablierte Wissenschaftlerinnen und Wissenschaftler stärker als die „großen Namen". Man sieht, auch wenn Geltungsansprüche über ein Konsensprinzip eingelöst werden müssen, kann man Wissenschaft deshalb nicht demokratisch nennen.

Auch wenn die tatsächliche Relevanz der Merton'schen Prinzipien der Naturwissenschaften nur eingeschränkt ist, können sie einer moralischen Orientierung an guter naturwissenschaftlicher Praxis dienen. Als Kriterien zur Abgrenzung von guter Wissenschaft von Nicht- oder Pseudowissenschaft sind sie aber nur eingeschränkt nützlich.

2.5 Beobachten, Messen, Experimentieren

Naturwissenschaften sind empirisch arbeitende Wissenschaften. Eine entscheidende Innovation des neuzeitlichen Naturwissenschaftsverständnisses war das Experiment. Auch im naturwissenschaftlichen Unterricht wird häufig experimentiert. Dabei dienen Experimente oft dazu, ein Phänomen oder eine Gesetzmäßigkeit zu demonstrieren, wissenschaftliche oder wissenschaftsähnliche Arbeitspraxen einzuüben. Experimentieren ist zugleich eine wissenschaftliche Methode. Empirische Untersuchungen über die Vorstellungen von angehenden Lehrkräften zeigen, dass das naturwissenschaftliche Experimentieren von ihnen nicht ausreichend verstanden wird (Gyllenpalm & Wickmann, 2011). Es wird undifferenziert als etwas herauszufinden, auszuprobieren oder zu testen gedeutet. In der Schule wird das Experimentieren sehr oft allein in einem unterrichtspraktischen Kontext als Unterrichtsmethode, aber kaum als eine naturwissenschaftliche Methode des Forschens verstanden. Lehrkräfte denken über das Experimentieren eher durch die Brille des Fachwissens und seiner Vermittlung als durch die Brille des wissen-

2.5 Beobachten, Messen, Experimentieren

schaftlichen Prozesses nach. In diesem Abschnitt wird daher geklärt, was unter dem empirischen Zugang in den Naturwissenschaften verstanden werden kann.

Selbst in der Wissenschaftsphilosophie wurde das Experimentieren gegenüber der Frage der Entwicklung und Rechtfertigung theoretischer Geltungsansprüche lange Zeit vernachlässigt. Erst zu Beginn der 1980er Jahre wird dem naturwissenschaftlichen Experimentieren parallel zur Theorieentwicklung eine gewisse eigenständige Bedeutung zugestanden (Hacking, 1996). Experimentieren charakterisiert die Naturwissenschaften als eine ihrer wichtigsten Methoden. Von *DER Methode der Naturwissenschaften* kann aber angesichts der zahlreichen unterschiedlichen Arbeitsweisen und Methoden keine Rede sein (Höttecke & Rieß, 2015).

Mit der wissenschaftlichen Revolution des 17. Jahrhunderts wird das Experimentieren als Charakteristikum der entstehenden Naturwissenschaften bedeutsam. Der Name des englischen Philosophen Francis Bacon (1561-1626) ist mit dieser Entwicklung prominent verbunden. Nach Bacon besteht das Ziel der Naturwissenschaften darin, Natur zu beherrschen, indem man empirisch fundiertes Wissen über sie erarbeitet. Von Emanuel Kant stammt die Metapher, dass ein Experimentator die Natur wie ein Richter in den Zeugenstand ruft, um sie eingehend zu befragen. Auch im Schulunterricht wird das Experiment gern als „Frage an die Natur" eingeführt. Wir gehen heute eher von einem anderen Verständnis des Experimentierens aus. Schließlich wird „Natur" in Experimenten nicht passiv befragt, sondern aktiv hervorgebracht. Ein Blick in ein modernes Labor macht dies schnell klar: Experimentieren bedeutet aktives Eingreifen. Entsprechend kann man Experimentieren weniger als eine Aussage der Natur verstehen, die man ihr abgerungen hat, sondern eher als aktives Tun (Hacking, 1996).

Naturwissenschaftlicher Fortschritt kann durch vielerlei Faktoren begünstigt werden. Es können neue theoretische Ideen sein, die eventuell schon bekannte empirische Befunde erklären oder neu strukturieren. Einsteins Idee des äußeren Photoeffekts, die Darwin'sche Evolutionstheorie oder die Lavoisiers Oxidationstheorie der Verbrennung sind dafür Beispiele. Der Theorieentwicklung können aber auch technische Entwicklungen weit vorangehen. Die Entwicklung der Dampfmaschine und der Thermodynamik sind dafür beispielgebend. Die theoretische Thermodynamik sattelte hier auf eine weit fortgeschrittene technische Entwicklung von Dampfmaschinen auf. Experimente können auch Theorieentwicklung nachhaltig stimulieren. Die Entwicklung der Ampèr'schen Theorie molekularer Kreisströme kurz nach der Entdeckung des Oerstedt-Effekts ist dafür ein Beispiel. Daneben können experimentelle und theoretische Entwicklung auf glückliche Weise parallel verlaufen. Die Theorie der kosmischen Hintergrundstrahlung entwickelte sich etwa zeitgleich zu den experimentellen Befunden einer merkwürdig quellenlosen Strahlung aus dem Weltraum, die einer Temperatur von 3°K entsprach. Andererseits können Theorien, wie z. B. Einsteins Allgemeine Relativitätstheorie auch Voraussagen machen, die erst später empirisch geprüft werden. So geschehen zum Beispiel vier Jahre nach Einsteins Publikation 1915, als die Ablenkung von Licht in Gravitationsfeldern, die Einstein prognostiziert hatte, verifiziert werden konnte.

Das Verhältnis von Theorie und Experiment ist also vielgestaltig und kaum zu entflechten. Experimente können zwar auch weitgehend unabhängig von Theorieentwicklung sinnvoll sein, ganz unabhängig sind sie davon aber nie. Der Wissenschaftstheoretiker N.R. Hanson formulierte 1959, dass jedwede Beobachtung immer schon theoriebeladen sei. Wir können nicht ohne theoretische Begriffe auskommen, um sinnvoll zu beobachten. Wir nehmen die Welt im Lichte von Theorien wahr. Dass unser Denken notwendig strukturiert sein muss, macht schon ein einfaches Beispiel klar. Wenn ich einen Baum beobachte, dann muss ich nicht rätseln, was sich dort vor dem Horizont so merkwürdig braun und grün abhebt, sondern ich verfüge über eine mentale Repräsentation des Baumartigen. Sie ermöglicht es mir erst, einen Baum tatsächlich als solchen zu erkennen. Das mentale Schema Baum und meine Netzhauteindrücke gehen ein für mich nicht mehr aufzulösendes Amalgam ein. Es ist also nicht zutreffend, dass Beobachtungen in den Naturwissenschaften die Qualität einfach gegebener Sinneseindrücke haben. Selbst wenn man die Sterne betrachtet, sind die Sterne nicht an sich als Sterne beobachtbar, sondern werden im Akt der Beobachtung vom Beobachter je nach kosmologischem Konzept unterschiedlich wahrgenommen. Die gilt erst recht, wenn der Blick in den Kosmos zum Beispiel mit einem Radioteleskop erfolgt. Dann sind es Messreihen und Graphen, die zu den mentalen Repräsentationen unterschiedlicher kosmischer Objekte in Bezug gesetzt werden.

Beobachtungsdaten der Naturwissenschaften sind in aller Regel schon von den Instrumenten, die sie registrieren, in Symbolsysteme transformiert worden. Computer dienen der Erfassung umfangreicher Datenmengen und verfügen über Algorithmen zu ihrer Weiterverarbeitung. Ähnliches gilt selbst für ein analoges Amperemeter, wie man es in der Physiksammlung finden kann. Ein Zeigerausschlag soll die Stromstärke angeben können. Ein Symbol (z. B. ein Zeiger weist auf „20" während der Messbereich „100 mA" für Gleichstrom eingestellt ist) wird mit einer theoretischen Idee (Strom einer Anzahl diskreter Trägerteilchen elektrischer Ladung geteilt durch ein Zeitintervall) in Zusammenhang gebracht. Das Wissenschaftswirkliche wird von Registrier-Apparaturen hervorgebracht, die selbst schon von theoretischen Ideen durchdrungen sind, die ihren Messprinzipien zugrunde liegen. Wissenschaftsobjekte wie eine Gensequenz, ein Orbital oder ein Myon manifestieren sich im Experiment bereits im Rahmen symbolischer Repräsentationen. Ein prominentes Beispiel stellen Aufnahmen von Rastertunnelelektronenmikroskopen dar, die einzelne Atome vermeintlich sichtbar macht.

Den empirischen Kern der Naturwissenschaften macht der Begriff der Evidenz aus. Der Evidenz-Begriff erschöpft sich nicht in rohen Daten, sondern schließt Aushandlung und Anerkennung ihrer jeweiligen Bedeutung vor dem Hintergrund theoretischer Annahmen und experimenteller Expertise ein. Hier kommt die oben diskutierte Rolle der *scientific community* wieder ins Spiel. Zeigerausschläge, Graphen oder Messwerttabellen repräsentieren wissenschaftliche Objekte ja nicht von sich aus und an sich, sondern nur vor dem Hintergrund theoretischer Annahmen, etablierter Experimentierprozeduren, wissenschaftlicher Instrumente und ihres sachkundigen Gebrauchs und der Anerkennung innerhalb der Gruppe berufener Expertinnen und Experten im jeweiligen Fach.

Das bedeutet noch lange nicht, dass in Experimenten mit beliebigen Instrumenten und beliebigen Hintergrundtheorien auch beliebige Evidenz hervorgebracht werden könnte. Die „Natur" wird zwar nicht befragt, zeigt aber doch im Rahmen des Experiments eine gewisse „Widerständigkeit". Die Problematik naturwissenschaftlichen Experimentierens besteht daher darin, dass Interpretationen von Messdaten immer davon abhängen, welche mentalen Repräsentationen vom Objekt bereits vorliegen und wirksam sind, wie die Instrumente verstanden und gehandhabt und wie die zu vermessenden Objekte manipuliert und verändert werden. In Experimenten hervorgebrachte Evidenz lässt sich als das Ergebnis eines Bemühens verstehen, Instrumentverstehen (z. B. Theorie der Abbildung mittels optischer Linsen bei einem Mikroskop), Theorieverstehen (z. B. Theorie des Aufbaus organischer Materie aus Zellen) und konkrete Manipulationen (ein Objekt auf einem Objektträger wird eingefärbt) in ein kohärentes und sinnbildendes Verhältnis zu bringen (Pickering, 1993). Die Idee, dass naturwissenschaftliche Evidenz das Ergebnis solch eines Kohärenzbemühens ist, schränkt die Aussagekraft von Experimenten ein. Ein *experimentum crucis*, also ein eindeutig zwischen Theorien entscheidendes Experiment, wie es einige Schulbücher immer noch propagieren, kann es so nicht geben. Experimentelle Befunde sind schließlich immer schon das Ergebnis von möglicherweise mehrdeutigen, fehlbaren oder revisionsbedürftigen Interpretationen. Theoretische Kerne wichtiger naturwissenschaftlicher Theorien lassen sich gegen empirische Einwände mit Ad-hoc-Hypothesen absichern (Lakatos, 1982). Dabei werden Hilfshypothesen für einen der Theorie nicht folgenden Einzelfall ad hoc aufgestellt, um einen „Angriff" auf eine Theorie abzuwehren. Der widersprüchliche Einzelbefund kann dann erklärt werden, ohne die Theorie zu verwerfen (s. o.).

Der Physiker Dürr (2000) hat in Anlehnung an den Astrophysiker Sir Arthur Eddington dieses letztlich erkenntnistheoretische Problem mit einem anschaulichen Gleichnis illustriert: Ein Fischwissenschaftler fängt mit einem Netz Fische und gelangt zu zwei Gesetzen. Das erste Gesetz besagt, dass alle Fische länger als 5cm sind, das zweite besagt, dass alle Fische Kiemen haben. Das zweite Gesetz lässt sich

u. U. widerlegen. Das erste Gesetz ist erkenntnistheoretisch interessanter, denn seine Formulierung hängt offensichtlich nicht nur von den Fischen selbst, sondern auch von der Maschenweite des Netzes ab. Das Gleichnis zeigt, dass wissenschaftliche Objekte wesentlich von den Instrumenten und Maßstäben abhängen, mit denen sie hervorgebracht, manipuliert und vermessen werden. Das wissenschaftliche Wissen gleicht einer Projektion, ist eingeschränkt, von seinen Entstehungsbedingungen abhängig und repräsentiert keine objektive Realität und Wahrheit. Zugleich ist das Netz aber ohne Meer und Fische gar nicht denkbar. Dürr spricht hier von einer Rückkopplung, denn das Netz ist weder von der Wirklichkeit unabhängig noch ist es zwingend erforderlich, wenn man Fische erforschen will (man könnte ja auch mit Steinen auf Fische werfen). Vielmehr hat sich das Netz einfach bewährt.

In den Naturwissenschaften kann streng genommen von DEM Experimentieren keine Rede sein. Zu zahlreich sind die verschiedenen Strategien (Höttecke & Rieß, 2015). Dennoch lassen sich einige auch für schulisches Experimentieren bedeutsame Experimentalstrategien benennen:

- Die Ableitung einer Hypothese aus theoretischen Überlegungen oder bereits gesicherten empirischen Befunden und ihre kontrollierte Prüfung. Methoden der Variablenkontrolle sind hier besonders bedeutsam;
- beim explorativen Experimentieren werden experimentelle Bedingungen so variiert, dass empirische Regelmäßigkeiten sichtbar werden;
- Aufspüren systematischer Fehler in einer Apparatur;
- Verwendung unterschiedlicher Instrumente oder Detektortypen, um die Evidenz einer empirischen Aussage abzusichern;
- sich überlagernde Phänomene identifizieren, erwünschte Phänomene verstärken, andere reduzieren oder vermeiden;
- die experimentellen Bedingungen so reduzieren und vereinfachen, dass das Grundlegende an einem Phänomen deutlich zutage tritt.

2.6 Die Rolle der Fachsystematiken in den Naturwissenschaften

Für Lehrkräfte, Schülerinnen und Schüler sind Schulbücher eine wichtige Quelle um im Unterricht zu lehren und zu lernen. Oft orientieren sich Schulbücher an einem systematischen Aufbau des für die jeweilige Disziplin bedeutsamen Wissens. Lehrbücher der Hochschule verfahren dabei prinzipiell nicht anders. Dabei zeichnen sie kaum ein authentisches Bild von naturwissenschaftlicher Forschungspraxis.

Werden dort z. B. Experimente vorgeschlagen, um ein Phänomen zu demonstrieren (z. B. die Zunahme der Masse beim Oxidieren von Magnesium), so dient das Experiment als Medium eines in den Naturwissenschaften bedeutsamen Phänomens oder Sachzusammenhangs (z. B. Oxidationstheorie der Verbrennung). Diese Funktion als Medium muss von der Funktion, naturwissenschaftliche Praxis didaktisch zu rekonstruieren, sorgfältig unterschieden werden. Anderenfalls kann es geradezu zur Mythenbildung über naturwissenschaftliche Forschungsprozesse kommen (Höttecke & Rieß, 2015).

Schul- und Lehrbücher stellen die disziplinäre Inhaltsstruktur jeweils der Biologie, Chemie oder Physik dar. Die Inhalte sind oft systematisch miteinander verzahnt. Inhalte in Schulbüchern sollen im Rahmen eines Spiralcurriculums schrittweise und in ihrem Zusammenhang entwickelt werden. Die Systematik eines Faches ist aber gerade nicht seine Historie. Vielmehr dient eine Fachsystematik der Selbstvergewisserung einer Wissenschaftlergemeinschaft im Hinblick darauf, welche Begriffe, Konzepte, Theorien, grundlegenden Experimente, Problemlösemuster und Arbeitsweisen die jeweilige Disziplin konstituieren. Eine Fachsystematik dient den Experten/innen einer Disziplin als ein „Werkzeugkasten" des Problemlösens, mit dessen Hilfe wissenschaftliche Probleme identifiziert, kategorisiert und unter Anwendung problemtypischer Prozeduren gelöst werden können. Die Ausbildung zum naturwissenschaftlichen Problemlöser umfasst die Einführung in die Kenntnis und Handhabung dieses Werkzeugkastens. Es sei hier angemerkt, dass Lehrkräfte in den Naturwissenschaften nicht unbedingt Probleme lösen, sondern Verstehen fördern sollen. Für sie ist die Kenntnis und Handhabung dieses Werkzeugkastens daher weniger bedeutsam als ein tiefes Verständnis der grundlegenden Ideen, Konzepte, Methoden und Prozesse, die eine naturwissenschaftliche Domäne konstituieren, und ihres systematischen und historischen Zusammenhangs.

Den Naturwissenschaften, so wie sie sich in Schul- und Lehrbüchern darstellen, scheint bezüglich ihrer eigenen Entstehungsbedingungen eine gewisse Selbstvergessenheit eigen zu sein. Wie Naturwissenschaften „gemacht" werden, wird kaum sichtbar (vgl. Kap. 6). Dieser Umstand betrifft bereits die Publikationspraxis in den Naturwissenschaften. In den Naturwissenschaften besteht ein Forschungs-*paper* oft aus mehreren geradezu standardisierten Elementen. In einem Theorieteil soll der Forschungsstand zum jeweiligen Thema geklärt werden. In einem Methoden-Teil werden die Apparaturen dargestellt und bezüglich ihrer Hintergrundannahmen gerechtfertigt. Im Ergebnis-Teil werden schließlich Messergebnisse in ihren jeweiligen Symbolsprachen aufbereitet und es wird der Nachweis der Forschungsgüte geführt. Eine abschließende Diskussion demonstriert noch einmal die Stichhaltigkeit und Relevanz der Forschung, bettet die Ergebnisse in größere Zusammenhänge ein und benennt Limitationen und Forschungsdesiderate.

Wie schon oben gezeigt, ist das *paper* eine Kommunikationshandlung an die Wissenschaftlergemeinschaft, aber keinesfalls ein Abbild dessen, was in Forschungsinstituten und ihren Laboren tatsächlich geschieht. Während ein *paper* Forschungsgüte und Gewissheit demonstriert, sind Prozesse im Labor eher von Praktiken geprägt, ein Phänomen im Rahmen der o. g. Dreiheit *Theorie verstehen – Instrument verstehen – konkrete Manipulation* zu stabilisieren. Die Gewissheit über einen empirischen Befund steht daher bestenfalls am Ende langer Forschungsarbeit, das Charakteristikum von Forschung im Prozess ist eher Ungewissheit als Gewissheit. Dies wird besonders deutlich, wenn die Existenz von Messobjekten theoretisch vorhergesagt, selbst aber noch unsicher ist. Ein Beispiel: Einsteins allgemeine Relativitätstheorie prognostiziert 1916 die Existenz von Gravitationswellen. Bis heute wurden unterschiedliche Prinzipien zur terrestrischen Messung von Gravitationswellen entwickelt. Erfolg oder Misserfolg der Experimente wurde kontrovers diskutiert. Das Grundproblem besteht darin, einen Detektor mit bestimmten Eigenschaften (Empfindlichkeit, Resonanzfrequenz etc.) zu konstruieren, sodass ein Signal sich klar vom immer vorhandenen Messrauschen unterscheidet. Entwicklung, Kalibrierung und Eichung eines solchen Detektors gelingen mit Hilfe definierter Test-Signale. Ein Test-Signal zu erzeugen, setzt aber eigentlich die Technik voraus, Gravitationswellen mit Bestimmtheit identifizieren zu können. Fast einhundert Jahre nach Einsteins Prognose der Gravitationswellen, im September 2015, gelang es mit zwei unabhängigen Detektoren die vom Kollaps zweier schwarzer Löcher ausgehende Verzerrung der Raum-Zeit zu identifizieren. Die Messapparate bestanden im Wesentlichen aus Interferometern, die die Laufzeitunterschiede unterschiedlicher Lichtstrahlen mit hoher Präzision bestimmen können. Für eine direkte Messung der Gravitationswellen mussten Längenänderungen der Interferometer im Bereich von einem Zehntausendstel eines Protondurchmessers messbar werden.

In der Regel wird Forschung mit etablierten und gut verstandenen Instrumenten betrieben. Das Deutungsproblem empirischer Evidenz bleibt aber im Prinzip bestehen. Forschung haftet prinzipiell ein Moment von Unsicherheit an. Unsicherheit kann dabei selbst Generator des Neuen in den Naturwissenschaften sein, indem immer neue Forschungsfragen aus Gemengelagen aus Sicherheit und Unsicherheit hervorgehen. Der „Werkzeugkasten" der Fachsystematik der Biologie, Chemie oder Physik demonstriert aber gerade nicht, dass Naturwissenschaften unsicher, vorläufig und kontrovers sein können.

Weiterführende Literatur

Chalmers, A.F. (2001). *Wege der Wissenschaft. Einführung in die Wissenschaftstheorie.* Berlin u. a.: Springer-Verlag.
Fara, P. (2010). *4000 Jahre Wissenschaft.* Heidelberg: Spektrum-Verlag.
Felt, U., Nowotny, H., & Taschwer, K. (1995). *Wissenschaftsforschung. Eine Einführung.* Frankfurt, New York: Campus.
Hacking, I. (1996). Einführung in die Philosophie der Naturwissenschaften. Stuttgart: Reclam.
Höttecke, D. & Rieß, F. (2015). Naturwissenschaftliches Experimentieren im Lichte der jüngeren Wissenschaftsforschung – Auf der Suche nach einem authentischen Experimentbegriff der Fachdidaktik. *Zeitschrift für Didaktik der Naturwissenschaften*, 21(1), 127-139.
Ziman, J. (2000). *Real Science. What it is, and What it means.* Cambridge: Cambridge University Press.

3 Naturwissenschaft und Bildung

Die Naturwissenschaften sind faszinierend und sie berühren viele zentrale Themen des modernen menschlichen Lebens. Naturwissenschaftliche Erkenntnisse und Forschungen haben unsere Welt- und Menschenbilder ganz wesentlich beeinflusst und verändert, vom kopernikanischen Weltbild über die darwinsche Evolutionstheorie bis zur modernen Molekulargenetik und Neurobiologie. Es ist ein Unterschied, ob sich der Mensch als Mittelpunkt der Welt wähnt oder nicht, ob er das Ergebnis eines zufälligen Evolutionsprozesses oder Gottes Geschöpf ist, ob das aufgeklärte, autonome Subjekt eine neurobiologisch zu erklärende Illusion bzw. sein freier Wille nur eine nachträgliche Interpretation ist.

3.1 Der Beitrag der Naturwissenschaft zur Bildung

Bildung durch die Naturwissenschaften ist deshalb wichtig, weil die Naturwissenschaften einen Teil menschlicher Kultur darstellen, zum Verständnis der Lebenswelt beitragen und ein reflexiver naturwissenschaftlicher Unterricht gesellschaftliche Partizipation ermöglicht. Damit verbunden ist ein rational fundiertes Selbst- und Weltverständnis, wozu auch ein verstehender Zugang zu Phänomenen der belebten und unbelebten Natur gehört (vgl. Kap. 11). Diese Einsicht spiegelt sich in den Bildungsstandards wieder, genauso wie in der internationalen Diskussion über Scientific Literacy. Auch in der MNU-Schrift von 2012 wird von einer „Grundbildung in den naturwissenschaftlichen Fächern" gesprochen, ebenso in der Denkschrift der GDNÄ-Bildungskommission der Gesellschaft Deutscher Naturforscher und Ärzte (2007): Allgemeinbildung durch Naturwissenschaften.

Indes: Die damit verbundenen Begründungen und die vor diesem Hintergrund angestrebten Kompetenzen, die auch kaum – schon gar nicht kontrovers – diskutiert werden, fokussieren sehr auf die Ebene der naturwissenschaftlichen Inhalte.

Bei Bildungsprozessen geht es jedoch nicht in erster Linie um die Übernahme von (naturwissenschaftlichen) Inhalten, sondern um eine Berührung, Konfrontation und Transformation des Subjekts (Combe/Gebhard, 2012). Dass und in welcher Hinsicht die Naturwissenschaften hierzu Anlass geben könnten, ist die zentrale bildungstheoretische Frage. Das naturwissenschaftliche Wissen allein begründet noch nicht deren Bildungsanspruch, denn Wissenschaft und Bildung sind nicht ohne weiteres in einander überführbar. Mit Benner (1990, S. 598) kann Bildung aufgefasst werden als die Möglichkeit des Menschen, „zu sich selbst und zu seinem Handeln in ein Selbstverhältnis zu treten und in einem expliziten Sinne nach der Verantwortlichkeit des eigenen Denkens und Tuns zu fragen". Wissenschaft dagegen zielt eher auf einen „Erkenntnisfortschritt, der tendenziell alles Gegebene, Natur, Gesellschaft und Geschichte, in eine vom menschlichen Verstand konstruierte Ordnung bringt und menschlicher Herrschaft und Willkür unterwirft." Diese Spannung zwischen Wissenschaft und Bildung ist der zentrale Grund, dass auch der naturwissenschaftliche Unterricht einer bildungstheoretischen Rahmung bedarf.

Der Gedanke, dass es bei Bildung weniger auf Inhalte ankommt, sondern eher auf pädagogische Aspekte, wird sehr pointiert von Klafki formuliert: „Das Wesentliche der Bildung ist nicht Aufnahme und Aneignung von Inhalten, sondern Formung, Entwicklung, Reifung von körperlichen, seelischen und geistigen Kräften" (Klafki, 1970, S. 33). Damit klingt die deutsche bildungstheoretische Tradition an: „Der wahre Zweck des Menschen [...] ist die höchste und proportionierlichste Bildung seiner Kräfte zu einem Ganzen" (Humboldt, 1903, S. 283). Auch vor diesem Grund sprechen wir von einer „Pädagogik der Naturwissenschaften" – so der Titel dieses Buches.

Natürlich ist damit nicht gesagt, dass es auf inhaltsbezogene Bildung gar nicht ankommt. Und natürlich ist es eine wesentliche Aufgabe naturwissenschaftsdidaktischer Theoriebildung und Forschung, naturwissenschaftliche Inhalte auf ihren Bildungsgehalt hin zu untersuchen. Jedoch ist es mit einer reflektierten Auswahl und Aufarbeitung von Inhalten nicht getan.

Dem Bildungsbegriff haftet ein starkes Pathos an. Indem dieses Pathos auf die „großen Themen" wie Reflexivität, Persönlichkeit, Mündigkeit, Partizipation zielt, ist der Bildungsbegriff gleichermaßen emanzipatorisch wie diffus (vgl. Ricken, 2007). Vielleicht ist diese Diffusität ein Grund dafür, warum in den naturwissenschaftlichen Fachdidaktiken auf eine bildungstheoretische Fundierung, wie sie seit Humboldt die geisteswissenschaftliche Pädagogik ausmacht und wie sie von Klafki (1994) zu einer emanzipatorischen Erziehungswissenschaft gewendet wurde, weitgehend verzichtet wird. Zudem werden die Naturwissenschaften oft gar nicht richtig als bildungsrelevant angesehen. Zu einem gebildeten Menschen gehören aus dieser Sicht eher Zugänge zur Sprache, Geschichte, Literatur, überhaupt zu den

Künsten. So werden in einem populären Bestseller über „Bildung" (Schwanitz, 1999) nur die geisteswissenschaftlichen Gebiete angesprochen: „Naturwissenschaftliche Kenntnisse müssen zwar nicht versteckt werden, aber zur Bildung gehören sie nicht" (Schwanitz, 1999, S. 482). Diese fachkulturelle Verengung bzw. geradezu „Unbildung" ist seit dem „Zwei-Kulturen-Streit" (Snow, 1959) ein Dauerbrenner in der bildungspolitischen wie auch bildungstheoretischen Diskussion. Danach lassen sich zwei unterschiedliche wissenschaftliche Kulturen – die naturwissenschaftliche und die geisteswissenschaftliche – unterscheiden, die unterschiedliche Sprachen verwenden, die unterschiedliche Wirklichkeitsbezüge haben und deren Angehörige zudem auch noch unterschiedliche Persönlichkeitsstrukturen (Gebhard 1988) ausbilden. Snow (1959) zufolge verstehen sich die beiden Kulturen nicht sehr gut. Dazu bemerkt die Lyrikerin Hilde Domin: „Eher als zwei Kulturen werden wir gar keine haben" (Domin, 1969, S. 110).

Insofern ist mit Benner (1990, S. 605) das Verhältnis von Wissenschaft und Bildung „jenseits des Dualismus von Natur- und Geisteswissenschaften" zu reflektieren. Auch deshalb muss man sich aus Sicht einer bildungstheoretisch ambitionierten Naturwissenschaftsdidaktik gegen die „populäre Ansicht von der grundsätzlichen Unvereinbarkeit von Naturwissenschaft und Bildung" (Kutschmann, 1999, S. 10) wehren, und das kann vor allem durch zwei Argumentationsfiguren geschehen: Wir müssen angesichts des objektivierenden Anspruchs der Naturwissenschaften die Subjektperspektive stark machen, und wir müssen die Naturwissenschaft als kulturelles Erzeugnis reformulieren, was beispielsweise im Nature of Science-Ansatz geschieht (vgl. Kap. 6; Hößle et al., 2004; Höttecke, 2001).

3.2 Was ist Bildung?

Bei Bildung geht es um die Entwicklung eines subjektiv bedeutsamen Selbst- und Weltbildes in Auseinandersetzung mit der gesellschaftlichen Realität. Bildung ist dabei sowohl ein Prozess als auch ein Ergebnis. Eine bildungstheoretisch fundierte Didaktik kann sowohl das Verstehen naturwissenschaftlicher Gegenstände befördern (vgl. Kap. 11) als auch den Erziehungsauftrag von Schule und damit emanzipatorische Bildungsprozesse im Blick behalten. Mit der Hereinnahme eines wohlverstandenen Bildungsbegriffs, der weder nur bildungsbürgerliche Verzierung ist noch auf die kanonisierten „Bildungsgüter" der Naturwissenschaften abzielt, wird sowohl ein gesellschaftlicher Bezug als auch eine glaubwürdige Orientierung am Subjekt gewährleistet. Es geht bei Bildung gewissermaßen um eine bestimmte Art, in der Welt zu sein, es geht um ein aufgeklärt-reflexives Verhältnis zur Welt und zu sich selbst und eine entsprechende Haltung. Eine bildungstheoretische Fundierung des naturwissenschaftlichen Unterrichts führt insofern zu einer Wiedergewinnung des Subjekts, ohne die fachliche Dimension und ohne den gesellschaftlichen Bezug von wichtigen naturwissenschaftlichen Inhalten zu vernachlässigen.

In bildungstheoretischer Hinsicht kann man Lernprozesse als die erfolgreiche Aufnahme neuer Informationen interpretieren, während der Begriff Bildung zusätzlich auf die besagte Berührung und Transformation der Person zielt, wobei Lernen und Bildung eng zusammenhängen. Man wird durch Bildung nicht nur kompetent, sondern gewissermaßen ein anderer Mensch. „Wir haben uns angewöhnt", so Helmut Peukert, „zwei Weisen des Lernens zu unterscheiden. Die eine Art ist eher ein additives Lernen, d. h. im Rahmen eines gegebenen Grundgerüsts von Orientierungen und Verhaltensweisen lernen wir immer mehr Einzelheiten, die aber diese Grundorientierungen und die Weisen unseres Verhaltens und unser Selbstverständnis nicht verändern, sondern eher bestätigen. Daneben gibt es auch Erfahrungen, die, wenn wir sie wirklich zulassen, unsere bisherigen Weisen des Umgangs mit der Wirklichkeit und unser Selbstverständnis sprengen, die unsere Verarbeitungskapazität überschreiten. Wollen wir solche Erfahrungen wirklich aufnehmen, so verlangt dies eine Transformation der grundlegenden Strukturen unseres Verhaltens und unseres Selbstverhältnisses" (Peukert, 2003, S. 10).

Thema der Bildungstheorie seit Humboldt ist die „Verknüpfung unseres Ichs mit der Welt zu der allgemeinsten, regesten und freiesten Wechselwirkung" (1903, S. 283). Bildung ist nicht im ständigen Kreisen um sich selbst zu haben, sondern hat einen äußeren Gegenstand zur Bedingung, an dem das Subjekt sich abarbeiten kann. Wichtig ist aber auch der Nachsatz: die Verknüpfung soll nämlich „zu der allgemeinsten, regesten und freiesten Wechselwirkung" (ebd.) stattfinden. Hier ist das bis heute aktuelle Motiv der Freiheit und der Notwendigkeit der Selbstbildung bereits angelegt. Humboldt hat mit seiner Bildungsutopie viel angestoßen und viele Bildungsentwürfe nehmen zu Recht immer noch Bezug auf ihn. Was den Humboldtschen Ansatz jedoch ergänzungsbedürftig macht, ist zum einen der fehlende gesellschaftliche Bezug (vgl. Kap. 5 und Kap. 6) und zum anderen die Vorstellung, Bildung komme als Entfaltung eines in sich ruhenden Subjekts gleichsam von innen heraus.

Die Kategorie der Bildung war und ist insofern in die Diskussion um Autonomie, Selbstbestimmung und die Möglichkeit der Selbst-Bildung eingebunden (vgl. z. B. Meyer-Drawe, 2005). Allerdings muss die Geschlossenheit des Identitätsbegriffs, in der eine individuelle Synthese der verschiedenen Lebensbereiche vorausgesetzt oder zumindest angestrebt wird, heute in Frage gestellt werden. Identität meint auf der Basis zahlreicher geglückter Konfliktlösungen des sich bildenden Bewusstseins das Sich-Selbst-Gleich-Sein und Sich-Selbst-Gleich-Bleiben durch den Fluss der

3.2 Was ist Bildung?

äußeren Veränderungen hindurch. Aber das einst im deutschen Idealismus so glanzvoll gefeierte bürgerliche Subjekt, das sich an einer Einheit von Charakter, Berufsentwurf und Lebensform ausrichtete, ist angesichts der Kontingenz von (post-)modernen Biographiekonstruktionen so nicht mehr denkbar (Keupp, 2008). Wenn also das Subjekt der Bildung nicht mehr schlicht als ein mit sich identisches zu denken ist, rückt das Prozesshafte von Bildung in den Vordergrund.

Trotzdem geht es auch darum „als ein Selbst zu existieren, das angesichts radikaler Kontingenz und Widerspruchserfahrungen nicht in sich selbst zerfällt, sondern fähig ist, die Belastungen durch globale Probleme, die in den Alltag hineinreichen, nicht zu verdrängen, sondern auszuhalten und sogar produktiv und gemeinsam mit anderen nach Lösungen zu suchen" (Peukert, 1998). Für eine sensible Pädagogik und auch Didaktik bedeutet dies, „eine Ahnung davon zu haben, was es bedeutet, verletzbarer Mensch zu sein und in verletzbaren kommunikativen Strukturen Mensch zu werden" (Peukert, 1998).

Im Zusammenhang mit diesen bildungstheoretischen Betrachtungen kann die Krise Anlass bzw. Herausforderung für Bildungsprozesse sein. Damit wird der potenziell konflikthafte Charakter von Bildungsprozessen etwa im Verhältnis zum Harmonisch-Ausgleichshaften bei Humboldt deutlicher in den Blick genommen (vgl. Combe & Gebhard, 2012). Eine Krise kann insofern bildungswirksam werden, als dass sie als eine Situation verstanden wird, „in die ein Mensch gerät, wenn er Erfahrungen macht, für deren Bewältigung seine bisherigen Orientierungen nicht ausreichen" (Koller, 2007, S. 56). Bildung wäre dann die Transformation „grundlegender Figuren des Welt- und Selbstverhältnisses angesichts der Konfrontation mit neuen Problemlagen" (Koller, 2011, S. 17).

Von zentraler Bedeutung für derartige Transformationen ist, dass man dafür Zeit hat. Insofern ist die Entlastung von unmittelbarem Handlungsdruck eine wichtige Bedingung für Bildungsprozesse. In diesem Zusammenhang sei daran erinnert, dass das griechische Wort für Schule „scholae" in der wörtlichen Bedeutung „Muße" heißt.

Dass sich derartige krisenhafte Momente lohnen, konnte mit den empirischen Arbeiten zum Ansatz der Alltagsphantasien (Gebhard, 2007, 2015) gezeigt werden (siehe Kap. 9.7). Die Beschäftigung beispielsweise im Genetikunterricht mit Themen, die auf den ersten Blick fachfremd erscheinen – wie z. B. „Unsterblichkeit", „Heiligkeit des Lebens" oder mit der Vorstellung von „Natur als sinnstiftender Idee" –, führt zwar auf Ab- bzw. Umwege und auch zu veritablen Irritationen bzw. Krisen (Oschatz, 2011), aber eben auch zu einem vertieften Verstehen naturwissenschaftlicher Zusammenhänge, zu einem – wenn man so will – „fruchtbaren Moment im Bildungsprozess" (Copei, 1930).

3.3 Bildung und gesellschaftliche Teilhabe

Diese subjektorientierten fruchtbaren Momente müssen jedoch an einer ernsthaften Orientierung am Ziel der gesellschaftlichen Teilhabe angebunden sein. Im Allgemeinbildungskonzept von Klafki (1994) werden die soeben diskutierte Subjektorientierung und kulturelle Teilhabe aufeinander bezogen. Ähnlich wie beim transformatorischen Bildungskonzept braucht es für Bildung gleichsam einen Motor. Bei Klafki sind es nicht die individuellen Problemlagen – um nicht zu sagen Krisen –, sondern gesellschaftliche Problemlagen: die vielzitierten „epochaltypischen Schlüsselprobleme".

In diesem Kontext ist Bildung notwendig „auf die politische Existenz des Menschen bezogen" (Klafki, 1970, S. 94) und soll „Modell einer demokratischen mobilen Gesellschaft der sozial Gleichwertigen" werden (ebd.). Die Bezogenheit auf die politische Existenz bedeutet die Notwendigkeit der Teilhabe an gesellschaftlichen Entscheidungsprozessen, und dazu muss auch im naturwissenschaftlichen Unterricht befähigt werden (vgl. Kap. 5). Dies kann zum Beispiel geschehen bei Umweltfragen (Ökologie, Nachhaltigkeit), bei der Friedensfrage (Aggression) und auch bei der gesellschaftlich produzierten Ungleichheit (Menschen mit und ohne Behinderung, sogenannte Rassen, Gender) – um nur einige der „epochaltypischen Schlüsselprobleme" anzusprechen.

Wesentlich für eine Befähigung zur Partizipation ist der „Zusammenhang dreier Grundfähigkeiten": die „Fähigkeiten der Selbstbestimmung, der Mitbestimmung und zur Solidarität" (Klafki, 1994, S. 52). Angesichts des zentralen Bildungsziels der Mündigkeit ist es v. a. die Selbstbestimmung, die für Bildungsprozesse essentiell ist, sollen sich entsprechende Bildungsbemühungen nicht in ihr Gegenteil verkehren. „Allgemeinbildung bedeutet (…) ein geschichtlich vermitteltes Bewusstsein von zentralen Problemen der Gegenwart und – soweit voraussehbar – der Zukunft zu gewinnen, Einsicht in die Mitverantwortlichkeit aller angesichts solcher Probleme und Bereitschaft, an ihrer Bewältigung mitzuwirken" (Klafki, 1994, S. 56).

Um an die Subjektorientierung des Humboldtschen Bildungsbegriff anzuschließen: Es geht bei den auf die Gesellschaft bezogenen Aspekten nicht nur um Wissen, Kenntnisse bzw. kognitive Fähigkeiten. Für die Teilhabe des mündigen Bürgers an gesellschaftlichen Fragen reicht es nicht, eine informierte und logisch saubere ethische Analyse beispielsweise zu Problemen wie Pränataldiagnostik, Stammzellforschung, Atomenergie oder Konsumentscheidungen hinzulegen. So wichtig, wie die damit verbundenen Kompetenzen zweifellos sind, für die bildungsbezogene Dimension des naturwissenschaftlichen Unterrichts müssen sie in eine entsprechende Grundorientierung eingebettet sein. In diesem Sinne ist Bildung also auch eine Art von moralischer Sensibilität (Ricken, 2007).

3.4 Scientific Literacy

Trotz vielfältiger bildungstheoretischer Präzisierungsversuche ist die bereits angedeutete Diffusität und Vieldeutigkeit des Bildungsbegriffs weiterhin ein viel beklagtes Problem, auch wenn „Bildung" meist positiv konnotiert ist. Dazu kommt, dass der Bildungsbegriff historisch oft das Gegenteil von dem bewirkt hat (Bildungseliten, Selektion, Kanonwissen), was eigentlich damit intendiert war. Die dennoch verbreitete eher positive Bewertung des Bildungsbegriffs führt dazu, dass Bildung oft als eine Art „Traditionslogo" (Ricken, 2007, S. 16) dient.

Fragen nach der Legitimation naturwissenschaftlichen Unterrichts (Rehm et al., 2008) werden insofern oft weniger bildungstheoretisch als vielmehr pragmatisch mit der besonderen Bedeutung der Naturwissenschaften im 21. Jahrhundert beantwortet. Der Ansatz der Scientific Literacy (Gräber, Nentwig, Koballa & Evans, 2002) spielt hier eine wichtige Rolle. Allerdings entzieht sich der angelsächsische Begriff Scientific Literacy einer direkten Übersetzung ins Deutsche. Der Einfachheit halber wird er als „Naturwissenschaftliche Grundbildung" übersetzt. Am häufigsten begegnet man diesem Begriff in der OECD-Version: Das OECD-Projekt PISA-2012 definiert Scientific Literacy als „die Fähigkeit einer Person,

- naturwissenschaftliches Wissen anzuwenden, um Fragestellungen zu erkennen, sich neues Wissen anzueignen, naturwissenschaftliche Phänomene zu beschreiben und aus Belegen Schlussfolgerungen zu ziehen,
- die charakteristischen Eigenschaften der Naturwissenschaften als eine Form menschlichen Wissens und Forschens zu verstehen,
- zu erkennen und sich darüber bewusst zu sein, wie Naturwissenschaften und Technik unsere materielle, intellektuelle und kulturelle Umwelt formen,
- sowie die Bereitschaft, sich mit naturwissenschaftlichen Ideen und Themen zu beschäftigen und sich reflektierend mit ihnen auseinanderzusetzen" (Prenzel, Sälzer, Klieme & Köller, 2013, S. 192).

Der Begriff Scientific Literacy hat sich von der PISA-Studie 2000 bis zur PISA-Studie 2015 immer weiter ausdifferenziert. Heute beinhaltet eine angemessene naturwissenschaftliche Grundbildung der oben zitierten Definition folgend vorwiegend drei Teilbereiche: (1) das Erklären naturwissenschaftlicher Phänomene (explain phenomena scientifically), (2) das Bewerten und Entwickeln naturwissenschaftlicher Untersuchungen (evaluate and design scientific enquiry) sowie (3) das Interpretieren naturwissenschaftlicher Evidenz (interpret data and evidence scientifically).

Das Erklären und Verstehen naturwissenschaftlicher Phänomene (1) zielt eher auf inhaltliches Wissen, das so genannte *content knowledge*. Die beiden anderen

Kompetenzbereiche 2 und 3 gehen darüber hinaus und fokussieren Konzeptionen wie zum Beispiel *nature of science* (Lederman, 2006), *ideas about science* (Millar & Osborne, 1998) oder *scientific practices* (National Research Council, 2012). Es geht hierbei um das Kennenlernen der naturwissenschaftlichen Methoden und Praktiken (*procedural knowledge*), umgesetzt als forschendes Lernen oder *inquiry-based learning*, aber auch um ein Verständnis der naturwissenschaftlichen Grundlagen sowie das Wissen um den Stellenwert naturwissenschaftlichen Wissens (*epistemic knowledge*). Die PISA-Studie 2015 hat den Begriff *Scientific Literacy* damit stärker in drei Bereiche ausdifferenziert: *content knowledge, procedural knowledge, epistemic knowledge* (Rehm & Parchmann, 2015). Scientific Literacy bezieht sich also seit der PISA-Studie 2000 nicht nur auf bestimmte Wissensbestände, sondern auch auf die Struktur dieses Wissens, auf die Methoden der Wissensproduktion und die Verbindungen zwischen Entdeckung und Anwendung, d. h. auf die Wissenschaft, ihre Methoden und deren kritische Reflexion. Mit der Metapher „Literacy" (im Deutschen Literalität) verbindet sich die Idee, naturwissenschaftlichem Wissen den Status einer Kulturtechnik zu verleihen, wie zum Beispiel Lesen, Schreiben und Rechnen, die die Teilhabe an einer modernen technologisierten Gesellschaft ermöglichen soll und insofern kulturelle Teilhabe fördert. Man sollte aber das E in der Kürzel OECD im Gedächtnis behalten: Eine *Organisation for Economic Cooperation and Development* wird die Absicherung der wirtschaftlichen Interessen von Politik und Gesellschaft zwangsläufig durch eine Funktionalisierung des Literacykonzepts gewährleisten wollen. Das bedeutet: zuerst an das wirtschaftliche Wohlergehen und erst an zweiter Stelle an die Entwicklung des einzelnen Menschen denken. Die synonym verwendeten Begriffe Scientific Literacy und Science Literacy bestimmen seit dem Projekt *Science for All Americans* der einflussreichen *American Association for the Advancement of Science* (AAAS) in den achtziger Jahren des 20. Jahrhunderts die bildungspolitische Diskussion der USA. Science Literacy – sie umfasst Mathematik und Technik ebenso wie die Natur- und Sozialwissenschaften – hat danach viele Facetten: Sie beinhaltet ein Vertrautsein mit der Welt und ein Respektieren ihrer Einheit. Sie bedeutet, sich der wichtigen Zusammenhänge zwischen Mathematik, Technik und den Naturwissenschaften bewusst zu sein, einige Schlüsselbegriffe und wissenschaftliche Prinzipien zu verstehen, naturwissenschaftlich denken zu können, zu wissen, dass die Naturwissenschaften, die Mathematik und die Technik menschliche Unternehmungen sind und dass das Stärken und Grenzen der Naturwissenschaften, Mathematik und Technik zur Folge hat. Science Literacy bedeutet auch, dass naturwissenschaftliches Wissen und Denken zu persönlichem und gesellschaftlichem Nutzen verwendet werden kann (vgl. AAAS, 1989, S. 20; ins Deutsche übersetzt). Im Projekt 2061 „Science for All Americans" (AAAS), das als nationales Programm in den USA mit großer finanzieller Unterstützung durchgeführt wurde (American Association for the Advancement of Science, 2001, 2007), hatten die Inhalte einen hohen, wenngleich nicht ausschließlichen Stellenwert. Das Projekt legte zwölf, durch Grundbegriffe strukturierte, Inhalts- und Zielkataloge vor, deren Zielrichtung durch Standards („benchmarks") beschrieben wurden. Der Inhalts- und Zielkatalog „The Nature of Science" enthält beispielsweise nahezu 60 umfangreiche und anspruchsvolle Benchmarks, die US-amerikanische Schülerinnen und Schüler am Ende der Klasse 12 erreicht haben sollen. Der Bildungsbegriff, der dem Projekt 2061 zugrunde liegt, erscheint aus der Sicht der deutschen Bildungstradition als ein materiales Bildungsverständnis (s. o.). Das Programm „The Next Generation Science Standards" legt die aktuellen Standards der USA von 2013 vor. Hier lassen sich für alle Klassenstufen, alle Disziplinen und alle Themen die Standards abrufen (NGSS, 2013).

In Deutschland wird seit den großen Schülervergleichsuntersuchungen TIMSS und PISA Scientific Literacy als Bildungsziel für den naturwissenschaftlichen Unterricht intensiv diskutiert (s. o.). Seit der Veröffentlichung der PISA-Studie (2000) hat die Debatte um die Qualität von Bildung und Schule in Deutschland eine seit langem nicht mehr erlebte Intensität und Breite angenommen. Scientific Literacy ist ein Teil dieser Debatte, die allgemein die Entwicklung und Einführung von Bildungsstandards zum Inhalt hat (ausführlich vgl. Kap. 4).

3.5 Naturwissenschaft und Menschenbildung: Erkennen und Erleben

Das besagte bildungstheoretische Pathos ist – wie der Abschnitt zur Scientific Literacy gezeigt hat – den naturwissenschaftlichen Fachdidaktiken eher fremd. Allerdings hat – wenn auch im Kontext der Allgemeinen Erziehungswissenschaften – Theodor Litts „Naturwissenschaft und Menschenbildung" (1959) viel Beachtung gefunden.

Nach den Erfahrungen im Dritten Reich und nach dem „Versagen" einer Bildung, die sich durch Kultur auszeichnen wollte, schlägt Litt vor, die Verabsolutierung der Trennung in naturwissenschaftlichen Objektivismus und geisteswissenschaftlichen Subjektivismus aufzugeben und beide als zwei „Pole" der Naturzugänge des Menschen anzuerkennen. Litt spricht von einer Dualität zweier Naturzugänge und also zweier Verhaltensweisen des Menschen zur Natur. Er sieht darin eine Antinomie von Bildung: Dem Menschen begegnet die Natur in zwei gleichwertigen Konstellationen, in der Erkenntniskonstellation und in der Erlebniskonstellation. In der Erkenntniskonstellation wird die Natur zum Objektiven, zum Abstrakten, man entledigt sich aller theoretischer Vorannahmen. Die Natur wird in dieser

Konstellation zur Sache, die zu einem Mittel innerhalb vorweg gewählter Zwecke wird. In der Erlebniskonstellation wird die Naturerfahrung zur Sinnerfahrung: Der Mensch erfährt die Natur auf diese Weise in einer Du-Beziehung. Nach Litt sind beide Konstellationen in deutlich unterschiedlicher Blickrichtung für den Prozess der Bildung relevant. Die Erfahrungskonstellation ist für eine Bildung an Natur maßgeblich, die Erkenntniskonstellation für eine Bildung durch Naturwissenschaft unverzichtbar. Beide Pole haben ihre Berechtigung, dürfen aber nicht jeweils absolut gesetzt werden. Die eine Position darf nicht auf Kosten der anderen dominieren. Weder der „Imperialismus der naturwissenschaftlichen Methode" noch eine falsche Innerlichkeit soll überhand nehmen (Litt, 1959, S. 11). Der Bildungsbegriff bei Litt geht vielmehr von einer dialektischen Verschränkung beider Pole aus: „Als Bildung dürfen wir jene Verfassung des Menschen bezeichnen, die ihn in den Stand setzt, sowohl sich selbst als auch seine Beziehung zur Welt in Ordnung zu bringen" (Litt, 1959, S. 11). Wendet man seine Bildungstheorie auf die heutigen gesellschaftlichen Gegebenheiten an, so stellt sich Bildung durch Naturwissenschaft als Sub-Kategorie eines übergeordneten Anspruchs, nämlich als Bildung durch Kultur dar. Aus dieser Position heraus ergibt sich unter Berücksichtigung der Bedeutung der Naturwissenschaft in einer technologisch orientierten Gesellschaft Folgendes: Bildung durch Naturwissenschaft dient in der modernen, von der Technik im Lebensvollzug und der Naturwissenschaft in ihrem rationalen Denkzugriff geprägten Gesellschaft der aktiven gesellschaftlichen Teilhabe. Unter Bezugnahme auf Litt hat Benner in diesem Zusammenhang die Frage gestellt, „ob und wie neuzeitliche Wissenschaft nicht nur an Schulen und Universitäten gelehrt und gelernt, sondern zugleich in einem bildungstheoretisch ausgewiesenen und haltbaren Sinne vermittelt und angeeignet werden kann" (Benner 1990, S. 597). Ein zentrales und wichtiges Moment für die Notwendigkeit, die Beschäftigung mit den Naturwissenschaften auch bildungstheoretisch auszuweisen, ist, dass aus den Wissenschaften allein keine Verantwortung für die Folgen von Naturwissenschaft und Technik erwächst, wohl aber durch deren bildungsbezogene Vermittlung. „Die Physiker, Chemiker und Biologen, die heute vor den Leistungen ihrer eigenen Disziplinen warnen, wissen als Physiker, Chemiker und Biologen ja nur um diese Errungenschaften und Gefahren, nicht wie man mit ihnen in einem gesellschaftlich-konstruktiven Sinne verantwortlich umgehen kann" (Benner 1990, S. 600).

3.6 Naturwissenschaftlicher Unterricht und Persönlichkeitsbildung

Mit der kulturpsychologischen Unterscheidung von Subjektivierung und Objektivierung (Boesch, 1980) kann diese Litt'sche Begrifflichkeit aufgenommen werden und zu einem Bildungs- und Sinnkonstituierungsmodell verdichtet werden (siehe Kap. 10).

Mit der Verknüpfung der Subjekt- und der Objektseite ist eine Verbindung der subjektiven Bedingungen des Sich-Bildens mit äußeren „objektiven" Gegenständen gemeint. Das Sich-Bilden ist nicht nur eine subjektivistische Innensicht, sondern zugleich explizit eine Bezogenheit auf die Welt und das Bedürfnis nach Verstehen der Welt (Objektivierung). Diese Doppelstruktur von Bildung, die die subjektive Haltung und auch die subjektiven Bedingungen der Weltaneignung (das Litt'sche „Erleben") mit den objektivierbaren Bedingungen und Strukturen der materiellen und kulturellen Welt (das Litt'sche „Erkennen") in Beziehung hält, ist im Blick zu behalten, wenn wir Bildungsprozesse initiieren wollen.

Beide Aspekte – Subjektivierung und Objektivierung – beziehen sich zwar auf dieselben „Sachen", sie sprechen jedoch in einer je eigenen Sprache und setzen unterschiedliche Akzente. In Momenten, in denen es gelingt, beide Aspekte gleichsam auf einen Tisch zu legen, sie aufeinander zu beziehen, kann die Beschäftigung mit (Lern-) Gegenständen als sinnvoll interpretiert werden (Gebhard, 2003). Es geht darum, spielerisch zwischen beiden Seiten vermitteln zu können, die aufkommende Spannung nicht nur auszuhalten, sondern geradezu zu genießen. Für einen solchen Genuss ist allerdings Bedingung, dass man dieser dialektischen Spannung nicht auf irrationale Weise ausgeliefert und damit in Gefahr ist, sie zu verleugnen. Wichtig ist, dass die Spannung aufgenommen und zum Gegenstand bewusster Reflexion gemacht wird. Die Vermittlung von subjektivierenden und objektivierenden Deutungsmustern bzw. „Sprachen" erfordert, dass man beide Seiten ernst nimmt und kultiviert, sie erfordert die Fähigkeit der „Zweisprachigkeit" (Gebhard, 2003). Das ist gerade für den naturwissenschaftlichen Unterricht eine besondere Herausforderung, weil die objektivierende „Sprache" der Naturwissenschaft und die subjektivierende „Sprache" des Alltags oft sehr unterschiedlich sind (siehe ausführlich Kap. 9.2).

Die demgegenüber eher als pragmatisch zu charakterisierende Position in den naturwissenschaftlichen Fachdidaktiken hat den Vorteil, dass diese bei der empirischen Überprüfung ihrer Bildungsziele schon relativ weit gekommen sind. Die damit einhergehende Kompetenzorientierung und die besagte bildungstheoretische Abstinenz haben allerdings den Nachteil, dass wichtige Bildungsanliegen wie Sinn,

Bedeutung, Verstehen, Erfahrung, Persönlichkeitsentwicklung, Mündigkeit, Partizipationsfähigkeit, Horizontverschmelzung vielleicht zu wenig in den Blick geraten. Letztlich kann auch der Anspruch von „Scientific Literacy" in einem weiten Sinn als kulturelle und politische Bildung interpretiert werden, die zudem als Erziehungsauftrag allgemeinbildender Schulen anzusehen ist. Denn nach Klieme beschreiben auch die Bildungsstandards „nichts anderes, also solche Fähigkeiten der Subjekte, die auch der Bildungsbegriff gemeint und unterstellt hatte (…). Man erkennt damit unschwer, dass auch Kompetenzmodelle, theoretische Beschreibungen der Struktur dieser spezifischen Fähigkeiten und der Stufen ihres Erwerbs, als Antwort auf typisch moderne Problemlagen konzipiert sind" (Klieme et al., 2003, S. 65).

Mit der Bildungstheorie ist insofern auf den Bildungsauftrag von Schule zu insistieren und damit in naturwissenschaftsdidaktischer Perspektive zugleich auf die pädagogische Dimension des naturwissenschaftlichen Unterrichts (vgl. Wagenschein, 1965). Hier gibt es durchaus eine Reihe von zweifelnden und skeptischen Stimmen, ob Schule damit nicht in einen Überforderungsdruck gerät. Wir dürfen jedoch auf die Vision von Bildung nicht von vornherein verzichten. Bildung als „Transformation der grundlegenden Strukturen unseres Verhaltens und unseres Selbstverhältnisses" (Peukert, 2003, S. 10) kann natürlich kein alltägliches Geschehen sein. Auch wenn Bildungsprozesse in diesem Sinne nicht in jeder Unterrichtsstunde möglich sein werden, sind sie doch gleichsam als „Inseln der Intensität im Meer der Routine" (Ziehe, 1996, S. 940) denkbar. Und damit diese Inseln möglich werden oder bleiben, bedarf es eben einer bildungstheoretischen Fundierung – und zwar sowohl für die fachdidaktische Theoriebildung als auch zur Anbahnung einer entsprechenden Haltung bei Lehrerinnen und Lehrern (Dittmer, 2010).

„Bildung ist das, was übrig bleibt, wenn man alles wieder vergessen hat", sagt der Philosoph Hans Blumenberg (1998, S. 24). Eine bildungstheoretische Fundierung des naturwissenschaftlichen Unterrichts kann die Chancen erhöhen, dass davon etwas übrig bleibt.

Weiterführende Literatur

Benner, D. (1990). Wissenschaft und Bildung. Überlegungen zu einem problematischen Verhältnis und zur Aufgabe einer bildenden Interpretation neuzeitlicher Naturwissenschaft. *Zeitschrift für Pädagogik*, 36 (4), S. 597-620.
Klafki, W. (2007). *Neue Studien zur Bildungstheorie und Didaktik: Zeitgemäße Allgemeinbildung und kritisch-konstruktive Didaktik* (6., neu ausgestattete Aufl.). Weinheim, Basel: Beltz.
Koller, H.- C. (2011). *Bildung anders denken: Eine Einführung in die Theorie transformatorischer Bildungsprozesse*. Stuttgart: Kohlhammer.
Kutschmann, W. (1999). *Naturwissenschaft und Bildung. Der Streit der „Zwei Kulturen"*. Stuttgart: Klett-Cotta
Litt, T. (1959). *Naturwissenschaft und Menschenbildung*. Heidelberg: Quelle und Meyer

4 Bildungsstandards und Kompetenzorientierung

Die meisten Artikel zu Bildungsstandards und Kompetenzen beginnen mit einem Verweis auf die PISA-Studien, da diese Art von Überprüfungsstudien, zu denen im naturwissenschaftlichen Bereich auch TIMSS zählt, zum Wechsel des Jahrtausends das deutsche Schulsystem stark beeinflusst haben. Vor diesem Hintergrund gehen wir im folgenden Kapitel auf die deutschen nationalen Bildungsstandards und auf die daraus resultierende und inzwischen zum Paradigma gewordene *Kompetenzorientierung* ein: nach einer Einführung und Abgrenzung der beiden Begriffe *Kompetenz* und *Bildung* beleuchten wir unterschiedliche Kompetenzfacetten, um zu erläutern, wie sich eine Kompetenz zusammensetzen kann. Im Weiteren werden die nationalen Bildungsstandards mit ihren Kompetenzbereichen Umgang mit *Fachwissen, Erkenntnisgewinnung, Kommunikation* und *Bewertung*, wie sie von der deutschen Kultusministerkonferenz im Jahr 2004 erlassen wurden, vor dem Hintergrund des Kompetenzbegriffs beleuchtet. In einem weiteren Schritt gehen wir auf die Bildungsstandards betreffende Kompetenzmodelle und auf die Idee der Niveaustufen einer Kompetenz näher ein. Das Kapitel schließt mit Überlegungen und Ideen zu einer kompetenzorientierten Unterrichtskultur in einem Zeitalter, in dem Bildungsstandards und Kompetenzen Schule und Unterricht einflussreich prägen.

4.1 Kompetenz und Bildung

Zur Legitimation und theoretischen Fundierung von Inhalten, die in die Bildungsplanung der deutschen Bundesländer aufgenommen wurden, diente – von der Kritik am Bildungsbegriff in den 1970er und 1980er Jahren abgesehen – bis in die 2000er Jahre hinein der Bildungsbegriff deutscher Tradition (vgl. Kap. 3). Ein Beispiel hierfür ist der Bildungsplan des Bundeslandes Baden-Württemberg, der mit einem bildungstheoretisch fundierten Vorwort von Hartmut von Hentig in den Jahren 2004-2016 gültig war.

Vor allem die geisteswissenschaftliche Pädagogik hat den philosophischen Bildungsbegriff kontinuierlich weiterentwickelt und nahm damit in der deutschen Pädagogik über Jahrzehnte eine Vorreiterrolle ein. Die Essenz zur bildungstheoretischen Legitimation von Unterrichtsinhalten für die praktische Unterrichtsplanung war letztlich die sogenannte „didaktische Analyse" (Klafki, 1996).

Mit der Teilnahme an TIMSS und PISA orientiert(e) sich die deutsche Bildungspolitik nun an einem internationalen Bildungsdiskurs. In diesem Diskurs wird der Begriff „Bildung" in einem anderen Sinn verwendet, nämlich im Sinne einer institutionalisierten Bildung. Damit ist einerseits vor allem die Bildungsrealität in einer Gesellschaft adressiert und andererseits „wer welche Qualifikationen und Kompetenzen im Bildungssystem erwirbt, wovon dieser Qualifikations- und Kompetenzerwerb abhängig ist, und welche Auswirkungen er hat" (Gräsel, 2011, S. 13). TIMSS und PISA lag und liegt damit das sogenannte Literacy-Konzept zu Grunde, ein Konzept das sehr pragmatisch auf den Erwerb der Schriftsprache, der Lesefähigkeit sowie auf mathematische und naturwissenschaftliche Grundfähigkeiten setzt, um Schülerinnen und Schüler letztlich in (spät-) modernen Gesellschaftszusammenhängen handlungsfähig zu machen (vgl. Kap. 3). Mit (spät-) modernen Gesellschaftszusammenhängen sind hier beispielsweise hoch individualisierte und säkularisierte Handlungszusammenhänge gemeint, die die Autonomie der handelnden Subjekte sichern und erfordern.

Die PISA-Studie wird von der OECD ausgerichtet. Neben weltwirtschaftlichen Interessen ist das erklärte Ziel der OECD, die Leistungsfähigkeit der Bildungssysteme zu verbessern. Aus diesem Grund will die OECD mit der PISA-Studie die Leistungsfähigkeit von Schülerinnen und Schülern international vergleichbar machen, um hierdurch den teilnehmenden Staaten ihren Entwicklungsbedarf zurückzumelden. Da aber der Begriff „Leistung" im Bildungsbereich nicht unumstritten und auch nicht klar definiert ist, wurde „vorgeschlagen, den vieldeutigen Leistungsbegriff generell durch das Konzept der Kompetenz zu ersetzen" (Weinert, 2014, S. 27).

Die PISA-Studie, wie auch andere Schulleistungsstudien, wendet nun den Kompetenzbegriff nach Weinert (2014) an. Es wird untersucht, ob fünfzehnjährige Schülerinnen und Schüler das in der Schule erworbene (deklarative und prozedurale) Wissen in konkreten Aufgaben, die lebensweltliche bzw. gesellschaftliche Handlungszusammenhänge simulieren, auch anwenden können. Für diese Art des Anwenden-Könnens verwenden die „Macher" der PISA-Studie den Begriff Kompetenz. Der Begriff Kompetenz wird nach Franz E. Weinert definiert als „die bei Individuen verfügbaren oder durch sie erlernbaren kognitiven Fähigkeiten und Fertigkeiten, um bestimmte Probleme zu lösen, sowie die damit verbundenen motivationalen, volitionalen [die willentliche Steuerung von Handlungen und Handlungsabsichten] und sozialen Bereitschaften und Fähigkeiten, um die Problemlösungen in variablen Situationen erfolgreich und verantwortungsvoll nutzen zu können" (Weinert, 2014, S. 27-28).

Viele Bildungspolitiker/innen haben das pragmatische Konzept des „Kompetenzerwerbs" und auch dessen Vergleichbarkeit aufgegriffen. Das Bundesministerium für Bildung und Forschung (BMBF) hat über dessen theoretischen Hintergrund, dessen Verwendung und Erforschung eine Expertise (Klieme et al., 2003) anfertigen lassen und das Konzept durch die Vergabe von Forschungsgeldern gestützt. Kompetenz konnte sich daher im Bildungsbereich leicht als Leitidee durchsetzen.

Ein anderes Konzept von „Kompetenz" wird häufig mit Noam Chomsky (1969) in Verbindung gebracht, der den Begriff für die Linguistik fruchtbar machte. Chomsky unterscheidet die Ebene der Kompetenz – als universalistische latente Fähigkeit – von der Ebene der Performanz – der Realisierung. Während Kompetenzen bei Chomsky unabhängig von äußeren Bedingungen in das Subjekt veranlagt werden, ist die Ebene der Performanz von äußeren Faktoren abhängig, wie der Biografie, der Handlungsmotivation, der Rollenerwartungen etc. sowie von institutionellen Bedingungen. Kompetenz ist nach diesem Konzept ein latentes Können, das in den Subjekten schlummert. Die Performanz ist die in Handlung umgesetzte Kompetenz. Ob es zu einer Handlung kommt, hängt einerseits von Willen der Subjekte ab (vgl. 4.3) sowie von der Beurteilung der jeweiligen Handlungssituation (vgl. Kap. 5).

4.2 Kompetenzfacetten

Eine Kompetenz ist immer etwas Komplexes und baut sich aus mehreren Teilen auf, die wir hier Facetten nennen. Eine Kompetenz entfaltet sich dann durch die Wechselwirkung dieser Kompetenzfacetten. Das heißt: Eine Kompetenz zeichnet sich durch sogenannte Kompetenzfacetten aus. Zu den Kompetenzfacetten gehören: „Fähigkeit, Wissen, Verstehen, Können, Handeln, Erfahrung, Motivation" (Weinert zitiert nach Klieme et al., 2003, S. 73). Die Ausprägung dieser Facetten bestimmt die Kompetenz. Zum Tragen kommt eine Kompetenz grundsätzlich in Anforderungssituationen. Anforderungssituationen haben einen bestimmten Kontext, so zum Beispiel die Anforderung, den Einsatz der gentechnischen Veränderungen für die Erzeugung von Lebensmitteln zu bewerten. Je nach Ausprägung der einzelnen Kompetenzfacetten ist ein Individuum in der Lage, diese Anforderung zu meistern. Eine Anforderung kann in unterschiedlicher Qualität bewältigt werden (die Qualität der Performanz). Die Qualität hängt in hohem Maße von der Ausprägung der einzelnen oben genannten Facetten und ihrer Wechselwirkung ab. Verfügt das Individuum über nur wenig Motivation oder mangelndes Wissen bezüglich der einzelnen Sortiermaßnahmen der Mülltrennung, so kann die Anforderung zwar gemeistert werden, aber es mangelt möglicherweise an zeitlicher Effizienz oder notwendiger Genauigkeit etc.

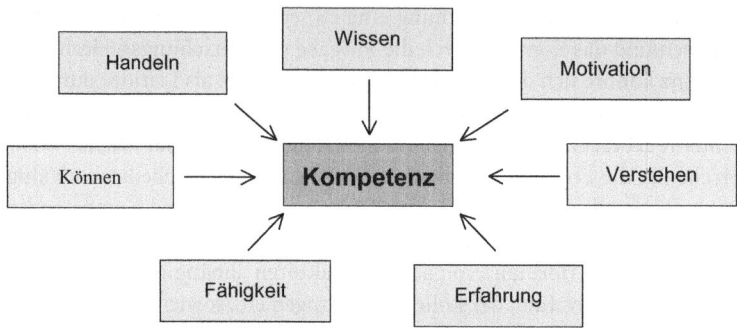

Abb. 4.1 Kompetenzfacetten (Klieme et al., 2003, S. 73).

Die in Publikationen am häufigsten genannten Kompetenzfacetten sind „Wissen" und „Motivation". Ein Grund für die Dominanz dieser beiden Facetten ist die lange Forschungstradition, auf die die beiden Konstrukte in den Fachdidaktiken und Bildungswissenschaften zurückgreifen können. Während die Erforschung der Motivation weitestgehend durch die Psychologie geleistet wurde, fokussierten die Fachdidaktiken das Wissen als ein Teil von Kompetenz. Kompetenzfacetten wie beispielsweise das Verstehen wurden bislang nur marginal erforscht. Wir widmen der Kompetenzfacette „Verstehen" ein ganzes Kapitel in diesem Buch (vgl. Kap. 11). Hier gehen wir nun auf die Kompetenzfacette „Wissen" näher ein:

Ein derzeit gängiges Modell für die Kompetenzfacette „Wissen" geht auf Anderson & Krathwohl (2001) zurück, die unterschiedliche Wissensaspekte von Kompetenz beschreiben. Sie unterscheiden zwischen dem Faktenwissen, dem konzeptionellen Wissen, dem prozeduralen Wissen und dem metakognitiven Wissen. Zusammen heißen das Faktenwissen und das konzeptuelle Wissen auch deklaratives Wissen: Während der Schwerpunkt beim Faktenwissen auf dem Wissen um Begriffe und Fakten liegt (zum Beispiel die konkreten Teilschritte des Zitronensäurezyklus), meint konzeptuelles Wissen ein Wissen um Kategorien, Strukturen, Theorien, Modelle etc. (zum Beispiel die Kenntnis über die Anwendung des Konzepts der chemischen

Reaktion). Prozedurales Wissen ist ein Wissen über Prozesse (zum Beispiel Abläufe in Systemkreisläufen, forschungsmethodische Verfahren). Das metakognitive Wissen ist ein Wissen über das eigene Wissen bzw. ein Wissen darüber, wie Wissen entsteht, wie Wissen nachhaltig Bestand hat etc. (zum Beispiel ein Wissen über Ziele und Vorgehensweisen der naturwissenschaftlichen Erkenntnisgewinnung).

Ausgehend von Paris, Lipson und Wixson (1983) werden die Wissensarten bei Anderson & Krathwohl (2001) oft auch durch das konditionale Wissen ergänzt (z. B. Tepner et al., 2012). Unter konditionalem Wissen ist das Wissen über die Bedingungen zu verstehen, unter denen eine Entscheidung bzw. ein Urteil und die zugehörige Handlung unter Berücksichtigung der situativen Umstände passend sind. Dementsprechend wird der Aspekt der Situationsabhängigkeit von Entscheidungen, Urteilen und Handlungen berücksichtigt. Diese Wissensart hat einen normativen Charakter, denn es ist ein begründendes Wissen, das dem bzw. der Handelnden Auskunft darüber gibt, warum und unter welchen Umständen eine bestimmte Handlung durchgeführt werden soll, muss oder kann (vgl. Paris et al. 1983, S. 303 nach Tepner et al., 2012, S. 17).

4.3 Kompetenz und Handeln

Letztlich wird eine Kompetenz durch eine entsprechende Handlung „sichtbar". Damit es zu einer Handlung kommt, muss neben den passenden kognitiven Fähigkeiten und der notwendigen Motivation auch der Wille zum Handeln (die Volition) vorhanden sein. In Handlung umgesetzte Kompetenzen werden dann Performanz genannt. Wird eine Handlung, eine Performanz gezeigt, so kann davon ausgegangen werden, dass die entsprechende Person die kognitiven Fähigkeiten und auch die Motivation besitzt, die eigene Kompetenz in einer Anforderungssituation einzusetzen. Wird in einer Anforderungssituation nicht gehandelt, kann nicht ohne Weiteres daraus geschlossen werden, die zur Handlung notwendige Kompetenz sei nicht vorhanden. Denn obwohl alle für eine Kompetenz notwendigen Facetten gut ausgeprägt sind, kann es an der Volition, und also am Willen zur Umsetzung mangeln, so dass es nicht zur Handlung kommt.

Der Zusammenhang von Kompetenz und Handlung wird seit ca. 15 Jahren als Zielsetzung schulischen Lernens unter dem Stichwort Outputorientierung postuliert: Wenn zuvor Schulsysteme vermehrt durch einen gezielten Input in Form von Lehrplänen, Prüfungsbestimmungen für Lehrkräfte etc. gesteuert wurden, orientieren sich outputorientierte Sichtweisen verstärkt an der „Leistung" der Schulen und hier insbesondere an der Leistung von Schülerinnen und Schülern (Klieme et al., 2003). Diese Output-Orientierung und die damit verbundenen Systeme der „neuen Steuerung" (Fend, 2011; Wacker, Maier & Wissinger, 2012) werfen ein verändertes Licht auf die Zielsetzung von Schule und Unterricht. Das Ziel ist die Steuerung der Förderung des Kompetenzerwerbs und dessen Output zu prüfen. Um den Kompetenzerwerb der Schülerinnen und Schüler überprüfen zu können, sind Zielvorgaben erforderlich, die nach einem zeitlich definierten Bildungsabschnitt, zum Beispiel nach drei Schuljahren, erreicht werden sollen. Diese Zielvorgaben werden in Form von Bildungsstandards festgelegt.

4.4 Bildungsstandards und Kompetenzen

Infolge der PISA-Studie 2000 hat sich Deutschland an erfolgreichen Ländern (zum Beispiel Finnland und Kanada) orientiert, die ihr schulisches Bildungssystem auf sogenannten Bildungsstandards aufbauen (Moschner, Kiper & Kattmann, 2003). Um auch in Deutschland Bildungsstandards etablieren zu können, hat das Bundesministerium für Bildung und Forschung unter Federführung des Bildungsforschers Eckhard Klieme und anderen eine „Expertise zur Entwicklung nationaler Bildungsstandards" ins Leben gerufen (Klieme et al., 2003). In dieser Expertise wird beschrieben, was Bildungsstandards sind, und wie sie im Bildungssystem verankert werden: „Bildungsstandards orientieren sich an allgemeinen gesellschaftlichen Bildungszielen. Durch diese Standards wird festgelegt, welche Kompetenzen Schülerinnen und Schüler bis zu einer bestimmten Jahrgangsstufe erreicht haben sollen. Ein Bildungsstandard formuliert zu erreichende Kompetenzen (Kompetenzziele) und beschreibt damit das Ergebnis eines Lernprozesses. Die Kompetenzen, die im Rahmen eines Bildungsstandards festgelegt sind, sollten so konkret beschrieben sein, dass hieraus Aufgabenstellungen entwickelt werden können. Die Aufgabenstellungen dienen einerseits dazu Lernprozesse anzuregen (Lernaufgaben), die zum Kompetenzerwerb beitragen, und andererseits kann das Erreichen eines Standards mithilfe von Testverfahren (Leistungsaufgaben) überprüft werden" (Klieme et al., 2003, S. 9).

Ein Bildungsstandard kann auf unterschiedlichen Niveaus als Mindest-, Regel- oder Maximalstandard formuliert werden. Ein Niveau, unter das kein Lernender zurückfallen sollte, wird durch Mindest- oder Basisstandards festgelegt. Ein Niveau, das durchschnittlich erreicht werden soll, wird durch Regelstandards festgelegt, Maximalstandards formulieren das „Ideal". Um eine Verbindlichkeit für alle Schülerinnen und Schüler schaffen zu können, wird in der Expertise vorgeschlagen, deutsche Bildungsstandards als Mindeststandards bzw. Basisstandards zu formulieren. Zur Intention dieses Vorschlags wird in der Expertise klar Stellung bezogen: „Verbindlichkeit für alle durch ‚Regelstandards', die ein Durchschnittsniveau spezifizieren, enthalten implizit die Botschaft, dass man eine Art Normalverteilung der Kompetenzen erwartet, bei der es im Vergleich zum Regelfall immer Gewinner und Verlierer gibt. Nicht ohne Grund ist man beispielsweise in Schweden von einem solchen Bewertungsmodell dazu übergegangen, für die nationalen Leistungsüberprüfungen ein Mindest-Bestehenskriterium anzugeben. (Und zusätzlich ein Kriterium für „mit Auszeichnung bestanden"). Die für die Stützung leistungsschwächerer Schüler entscheidende Frage, was diese wissen und können müssen, um als erfolgreich gelten zu können, lässt sich mit Regelstandards nicht beantworten – jedenfalls nicht positiv. „Maximalstandards" führen noch stärker dazu, dass Anforderungen an untere Leistungsniveaus bloß negativ, durch den Grad der Abweichung vom Ideal beschrieben werden können." (Klieme et al., 2003, S. 28). Im Anschluss an die hier zitierte Expertise auch die Schweiz zur Entwicklung nationaler Bildungsstandards Basisstandards eingeführt (Labudde & Adamina, 2008).

Nachdem die Expertise zur Entwicklung nationaler Bildungsstandards veröffentlicht und rezipiert war, hat die Kultusministerkonferenz der Länder (KMK) sich zum Ziel gesetzt, Bildungsstandards auch für die naturwissenschaftlichen Fächer Biologie, Chemie, Physik zu entwickeln (KMK, 2005). Dieses Ziel war im Dezember 2004 erreicht. Damit liegen heute 120 Bildungsstandards für Deutschland verteilt über die drei Fächer der Naturwissenschaften vor. In jedem der drei Fächer Biologie, Chemie, Physik gliedern sich die Bildungsstandards in vier Kompetenzbereiche: Umgang mit Fachwissen, Erkenntnisgewinnung, Kommunikation und Bewertung[3].

Für die vier Kompetenzbereiche, Umgang mit Fachwissen, Erkenntnisgewinnung, Kommunikation, Bewertung, legt die KMK (2005) drei Papiere vor, in denen die Bildungsstandards für jedes Fach umfassend dokumentiert sind. Die folgende Tabelle gibt einen Überblick über den spezifischen Inhalt in den einzelnen naturwissenschaftlichen Fächern:

---

3 Quellen:
http://www.kmk.org/fileadmin/veroeffentlichungen_beschluesse/2004/2004_12_16-Bildungsstandards-Chemie.pdf
http://www.kmk.org/fileadmin/veroeffentlichungen_beschluesse/2004/2004_12_16-Bildungsstandards-Biologie.pdf
http://www.kmk.org/fileadmin/veroeffentlichungen_beschluesse/2004/2004_12_16-Bildungsstandards-Physik-Mittleren-SA.pdf

Tab. 4.1 Kompetenzbereiche der KMK Biologie, Chemie, Physik: (2005)

Kompetenzbereiche im Fach Biologie	
Umgang mit Fachwissen	Lebewesen, biologische Phänomene, Begriffe, Prinzipien, Fakten kennen und den Basiskonzepten zuordnen.
Erkenntnisgewinnung	Beobachten, Vergleichen, Experimentieren, Modelle nutzen und Arbeitstechniken anwenden.
Kommunikation	Informationen sach- und fachbezogen erschließen und austauschen.
Bewertung	Biologische Sachverhalte in verschiedenen Kontexten erkennen und bewerten.

Kompetenzbereiche im Fach Chemie	
Umgang mit Fachwissen	Chemische Phänomene, Begriffe, Gesetzmäßigkeiten und Konzepte zuordnen.
Erkenntnisgewinnung	Experimentelle und andere Untersuchungsmethoden sowie Modelle nutzen.
Kommunikation	Informationen sach- und fachbezogen austauschen.
Bewertung	Chemische Sachverhalte in verschiedenen Kontexten erkennen und bewerten.

Kompetenzbereiche im Fach Physik	
Umgang mit Fachwissen	Physikalische Phänomene, Begriffe, Prinzipien, Fakten, Gesetzmäßigkeiten kennen und Basiskonzepten zuordnen.
Erkenntnisgewinnung	Experimentelle und andere Untersuchungsmethoden sowie Modelle nutzen.
Kommunikation	Informationen sach- und fachbezogen erschließen und austauschen.
Bewertung	Physikalische Sachverhalte in verschiedenen Kontexten erkennen und bewerten.

Umgang mit Fachwissen. In diesem Kompetenzbereich dokumentieren die Standards zum einen das von den Schülerinnen und Schülern zu erwerbende Basiswissen. Zum anderen soll dieses Wissen strukturiert werden, um letztlich fachliche Konzepte der Domäne aufbauen zu können. Dieses Wissen soll helfen, fachliche Konzepte aufzubauen. Diese fachlichen Konzepte werden in den Papieren der Kultusministerkonferenz (KMK, 2005) Basiskonzepte genannt. Für die einzelnen Fächer der Naturwissenschaften sind die folgenden Basiskonzepte festgelegt worden:

4.4 Bildungsstandards und Kompetenzen

Tab. 4.2 Basiskonzepte der naturwissenschaftlichen Unterrichtsfächer

Biologie	Chemie	Physik
Lebewesen, biologische Phänomene, Begriffe, Prinzipien, Fakten	*Chemische Phänomene, Begriffe, Gesetzmäßigkeiten*	*Physikalische Phänomene, Begriffe, Prinzipien, Fakten, Gesetzmäßigkeiten*
• System • Struktur und Funktion • Entwicklung	• Stoff-Teilchen-Beziehungen • Struktur-Eigenschafts-Beziehungen • chemische Reaktion • energetische Betrachtung bei Stoffumwandlungen	• Materie • Wechselwirkung, • System, • Energie

Erkenntnisgewinnung. Zentral für diesen Kompetenzbereich sind naturwissenschaftliche Untersuchungen (z. B. das Beobachten, das Experimentieren), der Umgang mit naturwissenschaftlichen Modellen sowie die wissenschafts- und erkenntnistheoretische Reflexion.

Im Kompetenzbereich Erkenntnisgewinnung zielen die Bildungsstandards auf den Erwerb naturwissenschaftlicher Denk- und Arbeitsweisen. Spezifische Arbeitsweisen wie das hypothesengeleitete Experimentieren sowie das rationale Schlussfolgern sollen laut KMK-Standards erkannt und verstanden werden. Darüber hinaus sollen die Schülerinnen und Schüler Lösungsstrategien für fachliche Probleme erstellen und die Bedeutung des Experiments in den Naturwissenschaften erkennen können. Diese Kompetenzen sollen die Schülerinnen und Schüler dazu befähigen, adäquat zu beobachten, zu vergleichen, experimentelle und andere Arbeitstechniken und Untersuchungsmethoden sowie Modelle zu nutzen bzw. Modelle aus gewonnenen Erkenntnissen zu entwickeln. Das Experimentieren und das Arbeiten mit Modellen unterscheiden sich innerhalb der drei Domänen der Naturwissenschaften.

Kommunikation. Im Kompetenzbereich Kommunikation zielen die Bildungsstandards auf die Fähigkeit Information fachgerecht erschließen, verwenden und kritisch bewerten zu können. Es soll die Fähigkeit erworben werden, Alltagssprache und Fachsprache unterscheiden zu können, sodass kontextabhängig sachgerechte Argumente abgewogen werden können. Hierbei spielen Zusammenhänge zwischen naturwissenschaftlichen Sachverhalten und Alltagserscheinungen eine wichtige Rolle. Es wird darauf Wert gelegt, Fachsprache in Alltagssprache und umgekehrt „übersetzen" zu können. Die Schülerinnen und Schüler tauchen hier in ein „Sprachbad" ein (Stäudel, 2014, S. 134). In diesem Sinne sind die Anforderungen an die

Schülerinnen und Schüler ähnlich wie die Anforderungen beim Erlernen einer Fremdsprache. Angestrebt wird das flexible Nebeneinander der Alltagssprache und der Fachsprache sowie die entsprechenden Wechselbeziehungen der beiden Sprachspiele, die sogenannte „Zweisprachigkeit" (Combe & Gebhard, 2012) (vgl. Kap. 7).

Das naturwissenschaftlich Argumentieren und die Übertragung in eine adressatengerechte Dokumentation und Präsentation (den Wissenschaftstransfer einüben), das Recherchieren mit unterschiedlichen Quellen, der wissensbasierte und fachlich korrekte Umgang mit Informationen aus den Medien sind Ziele dieses Kompetenzbereichs.

Bewertung. Im Kompetenzbereich Bewertung (vgl. Kap. 5) wird das Ziel verfolgt, Sachverhalte aus verschiedenen naturwissenschaftlichen Kontexten erkennen und bewerten zu können. Der Kompetenzbereich Bewertung enthält Bildungsstandards, die Kompetenzen zum sach- und fachgerechten Urteilen formulieren. Naturwissenschaftliche Kenntnisse sollen genutzt werden, um die gesellschaftliche Bedeutung der Naturwissenschaften in den Blick nehmen zu können. Es ist also die Beziehung von Naturwissenschaft und Gesellschaft, die der Kompetenzbereich Bewertung in den Blick nimmt. In angelsächsischen Konzeptionen, wie zum Beispiel Science, Technology and Society (STS), wurde diese Beziehung bereits in den 1990er Jahren ausführlich thematisiert (Cheek, 1992; Solomon & Aikenhead, 1994). Auch in Deutschland hat dieser Bereich eine lange Tradition (Redaktion SozNat, 1982). Die Chemiedidaktikerin Gerda Freise thematisierte im gleichen Zeitraum die Notwendigkeit für einen „Politischen Unterricht von der Natur" (Freise, 1994). Diese Tradition hat sich bis heute in verschiedenen Ansätzen weiterentwickelt, es existieren politisch- (Rehm, 2007), ethisch- (Dittmer, Gebhard, Höttecke & Menthe, 2016) bzw. gesellschaftlich-konnotierte Ansätze (Belova, Marks & & Eilks, 2014). Ziel ist die Erfassung der individuellen, politischen, ethischen bzw. gesellschaftlichen Bedeutung der Naturwissenschaften. Naturwissenschaftliche Kenntnisse sollen zum Urteilen genutzt werden und Problemlöseprozesse durch die naturwissenschaftliche, experimentelle Herangehensweise mit den Schülerinnen und Schülern bearbeitet werden. Hierbei wird besonders Wert darauf gelegt, dass sich die Schülerinnen und Schüler zu jedem Zeitpunkt im Unterricht mit der zu bearbeitenden Problemstellung identifizieren können. Diese Subjektorientierung ist für den Kompetenzbereich Bewertung vor allem im Hinblick auf die Wechselbeziehung von Subjekt und Gesellschaft ein wichtiger Aspekt (ausführlich dazu Dittmer et al., 2016).

Für die vier Kompetenzbereiche der KMK (2005) *Umgang mit Fachwissen, Erkenntnisgewinnung, Kommunikation* und *Bewertung* wurde oben der inhaltliche Bereich ausgeführt. Bislang ist aber noch nichts darüber gesagt, welche Ausprägungen die Kompetenzen haben können, die in den Bildungsstandards der einzelnen Kompetenzbereiche formuliert sind. Eine grundlegende normative Idee ist, dass eine Kompetenz Niveauausprägungen (sogenannte Kompetenzstufen) hat. Von Niveaustufe zu Niveaustufe wird diese Kompetenz qualitativ gehaltvoller und in ihrer Ausprägung anspruchsvoller. Ob sich eine Kompetenz bei Schülerinnen und Schülern tatsächlich stufenweise entwickelt, ist letztlich eine empirische Frage. Um solche Fragen zu klären, müssen Kompetenzstufenmodelle entwickelt werden, die aus der Domäne heraus zunächst normativ die Stufenabfolge eines solchen Entwicklungsprozesses beschreiben. In einem weiteren Schritt wird dann versucht, mittels fachdidaktischer Untersuchungen die Stufen empirisch zu prüfen (Schecker & Parchmann, 2006).

4.5 Kompetenzstufenmodelle – die Idee der Niveaustufung von Kompetenz

Kompetenzfacetten lassen sich in Niveaustufen im Sinne von Ausprägungen und Schwierigkeitsgraden der Anforderung unterteilen. Die Niveaustufen beschreiben die Ausprägung bzw. die Qualität einer beim Subjekt vorhandenen Kompetenz(-facette). Man geht davon aus, dass Schülerinnen und Schüler, die eine bestimmte Kompetenzstufe erreicht haben, Aufgaben eines bestimmten Schwierigkeitsgrads bewältigen können, zu deren Lösung kognitive Prozesse und Handlungen nötig sind, die dieser Niveaustufe zugeordnet werden. Durch den Einsatz von Lernaufgaben kann ein Lernen auf verschiedenen Niveaustufen, auch Kompetenzstufen genannt, ermöglicht werden. Sobald diese Niveaustufen durch den Einsatz von Leistungsaufgaben bzw. -tests tatsächlich empirisch identifiziert sind, könnten Bildungsstandards so formuliert werden, dass sie ein Niveau für einzelne Schulstufen bzw. Schuljahre festlegen. Hier ist die fachdidaktische empirische Bildungsforschung gefragt, solche Niveaustufen empirisch zu beschreiben. Kompetenzmodelle machen „Aussagen über die Dimensionen und Stufen von Kompetenzen, die prinzipiell mit Hilfe passender Aufgaben [...] empirisch überprüft werden können." (Klieme et al., 2003, S. 22).

Es ergibt sich ein Problem: Kompetenzen sind nicht nur domänenspezifisch, sondern auch in hohem Maße inhaltsabhängig. Aus diesem Grund müssten zu jedem Inhalt Aufgaben auf unterschiedlichem Niveau vorliegen. Das ist, führt man sich die Fülle an naturwissenschaftlichen Inhalten über die Schulstufen hinweg vor Augen, ein sehr umfangreiches Feld. Nicht nur Aufgaben, sondern auch andere differenzierungsbedürftige naturwissenschaftliche Lernbereiche wie zum Beispiel das Experimentieren etc. müssten auf verschiedenen Niveaustufen angeboten werden. Über die empirische Forschung hinaus, müssen vor allem differenzierende Lernmittel beispielsweise ganze Aufgabensets auf verschiedenen Niveaustufen erarbeitet werden.

Eines der ersten Stufenmodelle im Bereich der Naturwissenschaften wurde von Roger Bybee entwickelt. Das Modell will den Erwerb der Kompetenzen, die einer naturwissenschaftlichen Grundbildung (Scientific Literacy, vgl. Kap. 3) zugrunde liegen, in vier Stufen beschreiben. So ist mit dem Titel „*Towards an understanding of Scientific Literacy*" die Absicht von Roger Bybee (2002) umschrieben: Die Stufen des Modells beschreiben unterschiedliche Qualitäten einer rudimentären naturwissenschaftlichen Grundbildung (nominale Stufe) bis hin zu einem multidimensionalen Verstehen der Naturwissenschaften.

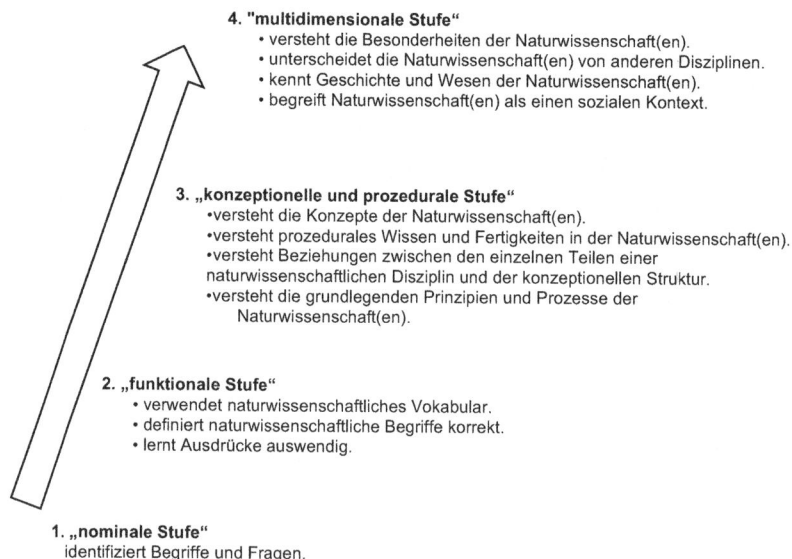

Abb. 4.2 Stufen des Modells „Scientific Literacy" von Roger Bybee (2002).

Im Anschluss an das Kompetenzstufenmodell von Bybee erarbeitete das PISA-Konsortium ein eigenes Modell, das ab dem Jahr 2000 herangezogen wurde, um die Aufgaben und Ergebnisse der PISA-Studien in Form von Qualitätsstufen

4.5 Kompetenzstufenmodelle

beschreiben zu können. Dieses Modell wurde im Verlauf der letzten Dekade immer wieder weiterentwickelt.

In Tests zur Überprüfung der Kompetenzausprägung wie z. B. dem PISA-Test werden Handlungsanforderungen durch Leistungsaufgaben simuliert. Idealerweise zielen Leistungsaufgaben auf eine Kompetenzfacette ab und haben auch unterschiedliche Schwierigkeitsgrade. Diese Schwierigkeitsgrade werden, wie oben beschrieben, in Kompetenzstufen eingeteilt. Dies kann theoretisch und empirisch stattfinden. Theoretisch wird die Schwierigkeit über die zugrunde liegende Theorie und die dadurch entstehenden Aufgaben normativ eingeschätzt. In einem weiteren Schritt sollte dann empirisch geprüft werden, ob sich die Schwierigkeitsgrade bestätigen. Sind die Handlungsanforderungen für einen Kompetenzbereich bekannt und wurden hierzu entsprechende Leistungsaufgaben entwickelt, von denen u. a. die Schwierigkeitsgrade nachweislich geprüft wurden, so kann nun ein empirisch gestütztes Kompetenzmodell entwickelt werden.

Kompetenzmodelle, die über die bloße Stufenabfolge von Kompetenzniveaus hinausgehen, werden in der Regel in drei Dimensionen gegliedert: Dies können beispielsweise sein (1) Handlungsanforderungen für einen bestimmten Kompetenzbereich, (2) die Komplexität von Leistungsaufgaben und (3) die daraus entstehenden unterschiedlichen kognitiven Anforderungen.

Als Beispiel wird hier das Kompetenzmodell zu den Bildungsstandards für den Mittleren Schulabschluss der drei naturwissenschaftlichen Fächer Biologie, Chemie und Physik angeführt (Institut für die Qualität im Bildungswesen – IQB). Die drei Dimensionen ergeben sich aus:

1. dem Kompetenzbereich (z. B. Umgang mit Fachwissen, Erkenntnisgewinnung, Kommunikation, Bewertung),
2. aus der gestuften Komplexität eine Aufgabenstellung, die zur Überprüfung der Kompetenz herangezogen werden und
3. den notwendigen kognitiven Prozessen und Anforderungen eine Leistungsaufgabe zu lösen.

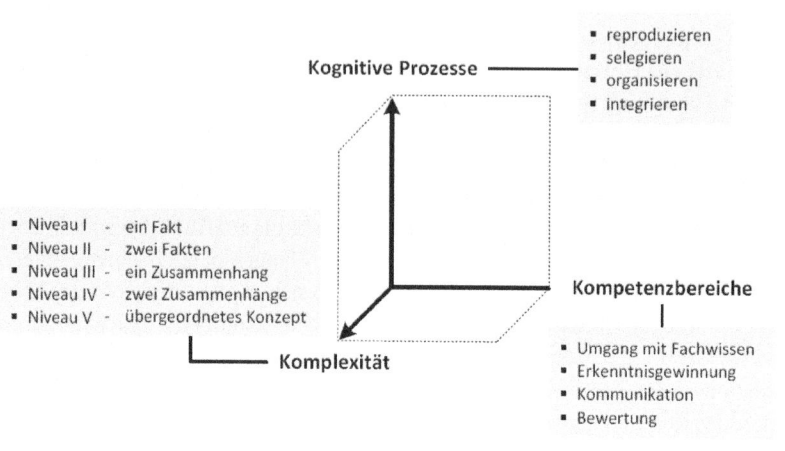

Abb. 4.3 Kompetenzstufenmodelle zu den Bildungsstandards im Fach Chemie für den Mittleren Schulabschluss- Kompetenzbereiche „Fachwissen" und „Erkenntnisgewinnung" – Beschluss der Kultusministerkonferenz (KMK) vom 08.12.2011 (Quelle: https://www.iqb.hu-berlin.de/bista/ksm/KSM_Chemie_1.pdf)

Das Modell zeigt seine fachdidaktischen Bezüge in der Achse „Kompetenzbereiche". Durch die anderen Achsen des Modells sollen die relevanten Aspekte in Dimensionen abgebildet werden, die potenziell Aufgabenschwierigkeit(en) erzeugen können. Wir konkretisieren die Abbildung am Beispiel des Kompetenzbereichs „Erkenntnisgewinnung", der für alle drei Naturwissenschaften nahezu einheitlich definiert wird.

Dimension (1) Kompetenzbereiche:
Der Kompetenzbereich Erkenntnisgewinnung beinhaltet die Teilbereiche *naturwissenschaftliche Untersuchungen, naturwissenschaftliche Modellbildung, wissenschaftstheoretische Reflexion*.

Dimension (2) Komplexität:
Der Schwierigkeitsgrad der Aufgaben erhöht in der Regel auch deren Komplexität. Die Komplexität ist aber nicht identisch mit dem Schwierigkeitsgrad (Bernholt & Parchmann, 2011; Bernholt, Parchmann & Commons, 2009). Die Komplexität einer Aufgabe drückt sich z. B. in der Anzahl der in der Aufgabe zu bearbeitenden Fakten und Zusammenhänge aus, d. h. die Komplexität beeinflusst den Lösungsprozess

4.5 Kompetenzstufenmodelle

und damit die Schwierigkeit einer Aufgabe. Je mehr Fakten, desto mehr kognitive Einzelprozesse sind nötig, desto stärker ist das Arbeitsgedächtnis belastet.

Dimension (3) kognitive Prozesse:
Das Kompetenzmodell unterscheidet vier kognitive Prozesse (*Reproduzieren, Selegieren* bzw. *Auswählen, Organisieren, Integrieren*), die einen maßgebenden Teil zum Schwierigkeitsgrad einer Aufgabe beitragen.

Es wird nun versucht, diese drei Dimensionen mit einer großen Zahl an Testaufgaben gezielt abzudecken. So können beispielsweise Multiple-Choice-Aufgaben, halboffene und offene Aufgaben entwickelt werden. Jede Aufgabe kann dann auf jeder Dimension einer Ausprägung zugeordnet werden. Eine Aufgabe hat dann beispielsweise folgende Eigenschaften:

Aufgabenbeispiel VII: Lego als Modell

Dimension	Ausprägung
Kompetenzbereiche	Erkenntnisgewinnung: naturwissenschaftliche Modellbildung
kognitiver Prozess	Reproduktion
Komplexität	Niveau III (ein Zusammenhang)

„Um die Zusammensetzung einer Verbindung vorherzusagen, kann man sich in der Chemie der Wertigkeit bedienen", erläutert der Chemielehrer und greift in die Legokiste. Schnell baut er ein Modell des Wassermoleküls und erklärt: „*Das Sauerstoffatom* (im Modell der rote Legostein) *ist zweiwertig und verbindet sich daher mit zwei Wasserstoffatomen* (im Legomodell weiß), *die jeweils einwertig sind. Ein dreiwertiges Atom kann sich entsprechend mit drei einwertigen Atomen verbinden.*"

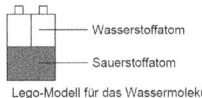

Lego-Modell für das Wassermolekül

Thomas hat folgendes Modell gebaut, der weiße Legostein stellt wieder das einwertige Wasserstoffatom dar.

Welche Wertigkeit hat das im Legomodell grün dargestellte Atom? Kreuze an.

☐ Wertigkeit 1
☐ Wertigkeit 2
☐ Wertigkeit 3
☐ Wertigkeit 4

Quelle: Kompetenzstufenmodelle zu den Bildungsstandards im Fach Chemie für den Mittleren Schulabschluss – Kompetenzbereiche „Fachwissen" und „Erkenntnisgewinnung" Beschluss der Kultusministerkonferenz (KMK) vom 08.12.2011, Seite 18

Über das Erstellen von Leistungsaufgaben und das Entwickeln von Testverfahren stellt sich auch für den naturwissenschaftlichen Unterricht „die Frage, wie deren Inhalte nicht nur auf Kompetenzziele hin formuliert, sondern auch kompetenzbezogen gelehrt werden können. […] Es ist offensichtlich, dass die für die Überprüfung von Standards konzipierten testdiagnostischen Instrumente und Verfahren dazu nicht ausreichen." (Oelkers & Reusser, 2008, S. 28). Daher wird im letzten Abschnitt auf eine notwendig zu verändernde Unterrichtskultur im Sinne eines kompetenzorientierten naturwissenschaftlichen Unterrichts eingegangen.

4.6 Unterrichtskultur im Zeitalter von Bildungsstandards und Kompetenzen

Kompetenz entwickelt sich in Anforderungssituationen. Dies sind vor allem Situationen, in denen ein oder mehrere Probleme gelöst werden müssen. Diese Situationen verlangen die Anwendung der für eine Kompetenz erforderlichen Fähigkeiten. Ein kompetenzförderlicher Unterricht wird sehr oft über Lernaufgaben gesteuert. Im Sinne von Weinert (2014) muss sich ein kompetenzfördernder Unterricht am „Bewähren im Leben" ausrichten. Entscheidend ist, dass von Lernenden Denk- *und* Handlungsoptionen gefordert werden, die auch in Realsituationen ihrer Lebenswelt vorkommen, so dass die Lernenden durch ihren Kompetenzerwerb handlungsfähig werden. Das Ziel eines kompetenzfördernden Unterrichts ist es, den Prozess des Kompetenzaufbaus bei Schülerinnen und Schülern so zu gestalten, dass die Schülerinnen und Schüler Schritt für Schritt die Niveaustufen der entsprechenden Kompetenzmodelle durchlaufen (können). Gefördert werden die Schülerinnen und Schüler, indem die unterrichtlichen Anforderungssituationen individuell auf den Lernprozess der Schülerinnen und Schüler zugeschnitten werden. Die individuelle Förderung setzt voraus, dass der Lernprozess durch die Lehrkraft anknüpfend an die Schülerperspektiven gesteuert wird (Beck et al., 2008). Hierzu ist es notwendig den Unterrichtsprozess ständig zu evaluieren (Heritage, 2007). Dies kann formativ oder summativ erfolgen: Die formative Evaluation kann mit prozessorientiert und rückmeldend, die summative Evaluation kann mit rückblickend und bewertend umschrieben werden. Das Ziel einer ständigen formativen Evaluation ist es, die Lernfortschritte und den Lernstand der Schülerinnen und Schüler ständig im Blick zu behalten, um das Unterrichtsangebot bzw. die Aufgaben an die Lernvoraussetzungen (z. B. an das Schülervorwissen, an die Schülerperspektiven) anzupassen. In diesem Fall sprechen wir von einem adaptiven kompetenzfördernden Unterricht (Wilhelm, Wespi, Luthiger & Rehm, 2015). Um einen solchen Unterricht zu gewährleisten, ist es notwendig, den tatsächlichen Lernerfolg der Schülerinnen und Schüler mit den von der Lehrkraft gewünschten Lehrzielen immer wieder abzugleichen. Die Lernangebote können dann auf das tatsächliche Kompetenzniveau der Schülerinnen und Schüler abgestimmt werden. Hierdurch soll gewährleistet werden, dass die Schülerinnen und Schüler sich in der „Zone der nächsten Entwicklung" (Vygotski) befinden (können) und d. h. dass sie sich dem nächsten (höheren) Kompetenzniveau durch einen weiteren Entwicklungsschritt nähern bzw. dieses erreichen können. In einem weiteren Schritt ist es notwendig, den Schülerinnen und Schüler ein angemessenes Feedback über den Fortschritt auf ihrem Lernweg zu geben. Für einen lernwirksamen und kompetenzfördernden Unterricht ist die Lehrkraft dann gefordert, den Weg vom derzeitigen Lernstand der Schülerinnen und Schüler hin zum gewünschten Kompetenzerwerb schrittweise planen und durchführen zu können. Darüber hinaus sieht kompetenzförderlicher Unterricht die Einbeziehung der Schülerinnen und Schüler in den Bewertungsprozess des Lernweges vor (Heritage, 2007).

Weiterführende Literatur

Bernholt, S., Parchmann, I., & Commons, M. L. (2009). Kompetenzmodellierung zwischen Forschung und Unterrichtspraxis: Modelling Scientific Competence between Research and Teaching Practice. Zeitschrift für Didaktik der Naturwissenschaften, 15, 219-245.
Klieme, E., Avenarius, H., Blum, W., Döbrich, P., Gruber, H., Prenzel, M., . . . Vollmer, H. J. (Eds.). (2003). Bildungsforschung: Vol. 1. Zur Entwicklung nationaler Bildungsstandards: Eine Expertise (Unveränd. Nachdr). Bonn: BMBF. Retrieved from https://www.bmbf.de/pub/Bildungsforschung_Band_1.pdf
Pant, H. A., Stanat, P., Schroeders, U., Roppelt, A., Siegle, T., & Pöhlmann, C. (Eds.). (2013). IQB-Ländervergleich 2012. Mathematische und naturwissenschaftliche Kompetenzen am Ende der Sekundarstufe I. Münster: Waxmann. https://www.iqb.hu-berlin.de/laendervergleich/lv2012/Bericht
Walpuski, M., & Sumfleth, E. (2013). Chemiekompetenzen von Schülern messen. Nachrichten aus der Chemie, 61(4), 500-502. doi:10.1002/nadc.201390151

5 Die politische Dimension der Naturwissenschaft im Unterricht – Bewerten, Urteilen und Entscheiden

Naturwissenschaften und Technik bestimmen unser Leben nicht nur in erheblichem Maße, sondern prägen auch unsere kulturelle Identität. Dabei liegen Fluch und Segen naturwissenschaftlich-technischer Innovationen oft nah beieinander. Die Erfindung und ständige Weiterentwicklung des Autos hat zu einem Mehr an Mobilität und wirtschaftlichem Wachstum geführt, zugleich leiden Menschen heute nicht nur unter Verkehrslärm, sondern das ständig wachsende Verkehrsaufkommen trägt zu einem großen Teil zum anthropogenen Treibhauseffekt bei. Handys und Smartphone erleichtern die Kommunikation und Informationssuche, zugleich kann sich Handynutzung zur Sucht entwickeln. Die „Energiewende" ermöglicht eine nachhaltige und ressourcenschonende Energiewirtschaft, zugleich wirft sie Fragen nach der „Verspargelung" der Landschaft durch Windkraftanlagen, negative Folgen für Zugvögel und mögliche gesundheitliche Risiken beim Energietransport durch Hochspannungstrassen auf. Die Reproduktionsmedizin trägt bislang unerfüllten Kinderwünschen Rechnung, zugleich eröffnen Gentechnik und pränatale Diagnostik Möglichkeiten, die den Menschen Urteile darüber abverlangen, welches Leben als mehr oder weniger wünschenswert gelten soll.

Um Problemlagen der persönlichen Lebensführung und gesellschafts-politischen Entscheidung beurteilen und Entscheidungen fundiert treffen zu können, bedarf es oft mehr als naturwissenschaftlichen Wissens, selbst wenn die Probleme auf den ersten Blick naturwissenschaftlicher oder technischer Art sein sollten. Vielmehr benötigt man die Kompetenz, solche Probleme einschließlich ihrer ethischen, politischen und gesellschaftlichen Implikationen zu reflektieren. Diesen Umstand spiegelt der Begriff der ethischen Bewertungskompetenz (Dittmer, Gebhard, Höttecke & Menthe, 2016).

Die Forderung, dass naturwissenschaftlicher Unterricht Fähigkeiten des Bewertens, Urteilens und Entscheidens fördern solle, ist nicht neu und war länger schon mit dem Leitziel von Schule verbunden, Schülerinnen und Schüler zur mündigen Partizipation an Gesellschaft zu erziehen und zu befähigen. Bereits in der amerikanischen Curriculumtheorie der 1960er Jahre galt „Gesellschaftsrelevanz" neben Wissenschafts- und Schülerrelevanz als ein wichtiger Bezugspunkt für naturwissenschaftlichen Unterricht (Robinsohn, 1967). Die Idee, dass der naturwissenschaftliche Unterricht, selbst wenn es vermeintlich nur um Fachinhalte geht, von Wertfragen durchzogen ist, wird seit langem diskutiert (z. B. Ewers, Kremer u. Stäudel, 1989). Im Sinne von Demokratieerziehung (Becker, 2008) und dem damit verbundenen Überwältigungsverbot kann es nicht darum gehen, zu bestimmten Werthaltungen hin zu erziehen oder sogar zu indoktrinieren, sondern darum, moralisch-ethische Urteilsfähigkeit zu entwickeln (Dittmer et al., 2016). Forderungen nach einer kritisch-emanzipatorischen Funktion des naturwissenschaftlichen Unterrichts haben den fachdidaktischen Diskurs der 1970-90er Jahre stark politisiert (z. B. Ewers, 1975; Redaktion, Soznat 1982; Freise, 1994; Klafki, 1996). Im Buchtitel Freises (1994) „Für einen politischen Unterricht von der Natur" kommt dieser Anspruch emphatisch zum Ausdruck.

5.1 Forderungen der Nationalen Bildungsstandards

Mit Einführung der Nationalen Bildungsstandards (KMK, 2005) wurde gefordert, dass in allen naturwissenschaftlichen Unterrichtsfächern die Kompetenz „Bewertung" als gleichberechtigter Kompetenzbereich neben Fachwissen, Erkenntnisgewinnung und Kommunikation gefördert werden solle (Kap. 4). Bildungsdokumente wie die Bildungsstandards reklamieren für naturwissenschaftlichen Unterricht, dass ein kritisch-emanzipatorisches Bildungsziel eingelöst werden soll. Ein Vergleich der Nationalen Bildungsstandards über alle drei naturwissenschaftlichen Unterrichtsfächer hinweg zeigt, dass jeweils gefordert wird, physikalische, chemische oder biologische „Sachverhalte in verschiedenen Kontexten erkennen und bewerten" zu können. Was mit der Kompetenz Bewertung im Detail gemeint ist, wird für die drei naturwissenschaftlichen Unterrichtsfächer auf unterschiedliche Weise spezifiziert und standardisiert (Tabelle 5.1).

Schon die unterschiedliche Anzahl an Teilkompetenzen macht deutlich, dass die mit dem Kompetenzbereich Bewertung verbundenen Erwartungen an das Fach Biologie am höchsten sind. Während in Chemie und v. a. in Physik fachspezifische Sichtweisen, Wissen und Erkenntnisse und ihre Auswirkungen im Vordergrund stehen, haben die Bildungsstandards für Biologie klare Bezüge zu ethischen Aspekten und zum Kompetenzbereich nachhaltige Entwicklung hergestellt. Fraglich ist allerdings, ob Bewertungskompetenz nicht mindestens über die drei naturwissenschaftlichen Schulfächer hinweg besser hätte einheitlich konzipiert werden

5.1 Forderungen der Nationalen Bildungsstandards

Tab. 5.1 Standards für den Kompetenzbereich Bewertung im Vergleich der drei naturwissenschaftlichen Unterrichtsfächer

Physik	Chemie	Biologie
Die Schülerinnen und Schüler ...	Die Schülerinnen und Schüler ...	Die Schülerinnen und Schüler ...
B 1 zeigen an einfachen Beispielen die Chancen und Grenzen physikalischer Sichtweisen bei inner- und außerfachlichen Kontexten auf,	B 1 stellen Anwendungsbereiche und Berufsfelder dar, in denen chemische Kenntnisse bedeutsam sind.	B 1 unterscheiden zwischen beschreibenden (naturwissenschaftlichen) und normativen (ethischen) Aussagen,
B 2 vergleichen und bewerten alternative technische Lösungen auch unter Berücksichtigung physikalischer, ökonomischer, sozialer und ökologischer Aspekte,	B 2 erkennen Fragestellungen, die einen engen Bezug zu anderen Unterrichtsfächern aufweisen und zeigen diese Bezüge auf.	B 2 beurteilen verschiedene Maßnahmen und Verhaltensweisen zur Erhaltung der eigenen Gesundheit und zur sozialen Verantwortung,
B 3 nutzen physikalisches Wissen zum Bewerten von Risiken und Sicherheitsmaßnahmen bei Experimenten, im Alltag und bei modernen Technologien,	B 3 nutzen fachtypische und vernetzte Kenntnisse und Fertigkeiten, um lebenspraktisch bedeutsame Zusammenhänge zu erschließen.	B 3 beschreiben und beurteilen Erkenntnisse und Methoden in ausgewählten aktuellen Bezügen wie zu Medizin, Biotechnik und Gentechnik, und zwar unter Berücksichtigung gesellschaftlich verhandelbarer Werte,
B 4 benennen Auswirkungen physikalischer Erkenntnisse in historischen und gesellschaftlichen Zusammenhängen.	B 4 entwickeln aktuelle, lebensweltbezogene Fragestellungen, die unter Nutzung fachwissenschaftlicher Erkenntnisse der Chemie beantwortet werden können.	B 4 beschreiben und beurteilen die Haltung von Heim- und Nutztieren,
	B 5 diskutieren und bewerten gesellschaftsrelevante Aussagen aus unterschiedlichen Perspektiven.	B 5 beschreiben und beurteilen die Auswirkungen menschlicher Eingriffe in einem Ökosystem,
	B 6 binden chemische Sachverhalte in Problemzusammenhänge ein, entwickeln Lösungsstrategien und wenden diese an.	B 6 bewerten die Beeinflussung globaler Kreisläufe und Stoffströme unter dem Aspekt der nachhaltigen Entwicklung,
		B 7 erörtern Handlungsoptionen einer umwelt- und naturverträglichen Teilhabe im Sinne der Nachhaltigkeit.

sollen. Schließlich sind es die gleichen Schülerinnen und Schüler, die in den naturwissenschaftlichen Unterrichtsfächern bewerten lernen sollen (Höttecke, 2013). Für Lehrkräfte bedeutet dies, dass sie diese Koordinationsarbeit über die naturwissenschaftlichen Fächer hinweg selbst und in Absprache mit benachbarten Fachgruppen leisten müssen.

Einige Curricula und auch die PISA-Studie beziehen sich heute auf ein Konzept naturwissenschaftlicher Grundbildung, das Bewertungskompetenz in ihrem Kern enthält und den funktionalen Charakter von Wissen und Fähigkeiten für Entscheiden deutlich macht (vgl. Kapitel 3): Naturwissenschaftliche Kompetenz wird als System von Wissens- und Könnens-Facetten wie folgt konzeptualisiert (Prenzel et al., 2007, S. 65):

- „naturwissenschaftliches Wissen anzuwenden, um Fragestellungen zu erkennen, sich neues Wissen anzueignen, naturwissenschaftliche Phänomene zu beschreiben und aus Belegen Schlussfolgerungen zu ziehen,
- die charakteristischen Eigenschaften der Naturwissenschaften als eine Form menschlichen Wissens und Forschens zu verstehen,
- zu erkennen und sich darüber bewusst zu sein, wie Naturwissenschaften und Technik unsere materielle, intellektuelle und kulturelle Umwelt formen,
- sowie die Bereitschaft, sich mit naturwissenschaftlichen Ideen und Themen zu beschäftigen und sich reflektierend mit ihnen auseinanderzusetzen."

Eine (naturwissenschaftliche) Fragestellung zu erkennen, setzt die Fähigkeit voraus, Fragestellungen hinsichtlich ihrer Naturwissenschaftlichkeit zu bewerten. Aus Belegen Schlussfolgerungen zu ziehen, kann das Urteil über Sachverhalte vorbereiten, absichern und belegen. Charakteristika von Naturwissenschaften zu erkennen (vgl. Kap. 2, 6) ermöglicht eine Bewertung naturwissenschaftlicher Evidenz. Den Zusammenhang aus Naturwissenschaft und Um- und Lebenswelt zu erkennen, kann die Bereitschaft fördern, naturwissenschaftliche Evidenz beim Bewerten zu berücksichtigen.

Bewertung schließt ein, das eigene Urteil und die eigene Entscheidung anderen gegenüber argumentativ rechtfertigen zu können (Höttecke, 2013.) Bewertungskompetenz ist daher eng mit der Förderung von Kommunikationskompetenz, v. a. Argumentationskompetenz, verbunden. Argumentieren bezeichnet eine Kommunikationshandlung mit dem Ziel, andere durch eigene Sprachhandlungen zu überzeugen. Die Schnittmenge mit Bewertungskompetenz besteht also darin, dass Schülerinnen und Schüler Argumente generieren und zur Entwicklung, Fundierung und Rechtfertigung eines Urteils nutzen. Umgekehrt ist auch Bewertungskompetenz ein Teilaspekt von Argumentationskompetenz, in dem Sinne, dass beim

Argumentieren eigene Positionen entwickelt und gerechtfertigt und Positionen anderer antizipiert, eingeschätzt und beurteilt werden sollen.

5.2 Innerfachliches und überfachliches Bewerten

Bewertung ist verglichen mit anderen Kompetenzbereichen für naturwissenschaftlichen Unterricht der am schwierigsten zu interpretierende Kompetenzbereich (Schecker & Höttecke, 2007). Forschung über die Vorstellungen von Lehrkräften zu diesem Kompetenzbereich hat gezeigt, dass der Begriff „Bewertung" zu Missverständnissen einlädt (Mrochen & Höttecke, 2012). Bewertung wird von Lehrkräften z. B. rein innerfachlich interpretiert. Diese innerfachliche Sichtweise auf Bewertung ist für das Lernen naturwissenschaftlicher Begriffe und Konzepte unbestritten bedeutsam, greift aber im Sinne eines kritisch-emanzipatorischen Verständnisses von Bewertungskompetenz zu kurz. Man muss allerdings einräumen, dass zumindest die Bildungsstandards für Physik und in Grenzen auch der Chemie eine solche beschränkte Sichtweise nahegelegt haben (Höttecke, 2013). Bewertung wurde von einigen Lehrkräften auch als eine Art Illustration naturwissenschaftlicher Sachverhalte verstanden (z. B. im Sinne eines Anwendungsbeispiels zu einem physikalischen Gesetz). Schlussendlich kann der Bewerten-Begriff bei Lehrkräften sogar starke Assoziationen zur Leistungsbewertung (Notengeben) auslösen, was aber gar nicht gemeint ist.

Um der Komplexität dieses Kompetenzbereichs gerecht zu werden, ist die Unterscheidung zwischen innerfachlichem und überfachlichem Bewerten hilfreich (Höttecke, 2013). Ethische und moralische Bezüge sind eher im Bereich des überfachlichen Bewertens relevant. Abbildung 5.1 illustriert diese Unterscheidung an exemplarischen Beispielen.

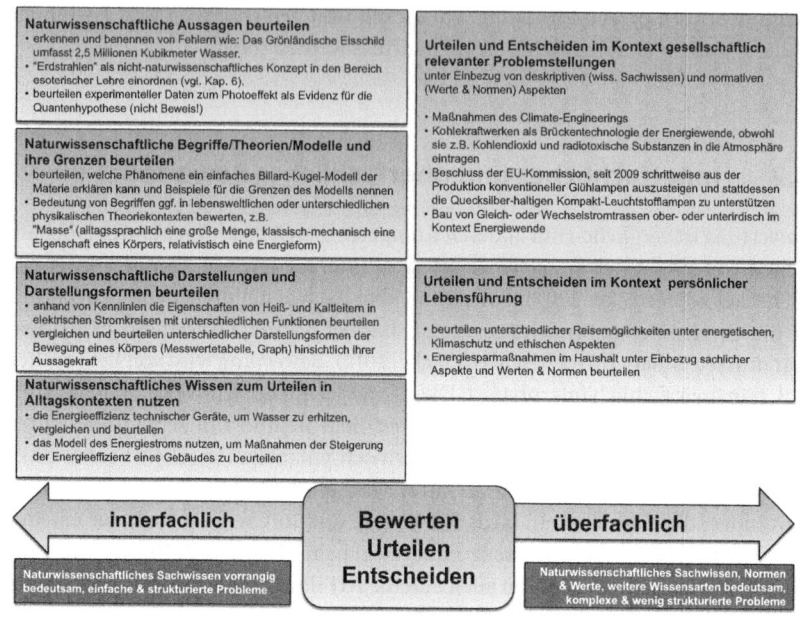

Abb. 5.1 Innerfachliches und überfachliches Bewerten

5.3 Drei unterschiedliche Bewertungsperspektiven

Nach Kant bedient sich das Subjekt seiner praktischen Vernunft, wenn es vor der Frage steht: Was soll ich tun? Handlungsalternativen sollen in konkreten Anforderungssituationen generiert und bewertet werden, um sich für eine Handlungsalternative zu entscheiden und sie in die Tat umzusetzen. Habermas (1991) unterscheidet innerhalb (spät-)moderner Lebenszusammenhänge drei Anwendungsformen der Kantischen praktischen Vernunft, ihren pragmatischen, ethischen und moralischen Gebrauch. Der Grund für diese Differenzierung liegt darin, dass sich in (spät-)modernen, hochtechnisierten Lebenszusammenhängen Autonomiespielräume herausgebildet haben, die für handlungsfähige Subjekte moralische Zwänge auslösen können. In einer hochtechnisierten und an Wissenschaft orientierten Gesellschaft sind es eben auch Fragestellungen, die durch naturwissenschaftliche und technische Sachverhalte geprägt sind, die strittig sein können und des Urteils und der Entscheidung bedürfen. Ein und dieselbe Situation kann von einem Subjekt, das seine praktische Vernunft gebraucht, je anders bewertet werden, je nachdem welche der folgenden drei Bewertungsperspektiven eingenommen wird:

Der *pragmatische* Gebrauch der praktischen Vernunft wird herausgefordert, wenn eine Handlungssituation unter zweckrationalen Aspekten bewertet wird. Unter zweckrationaler Perspektive „geht es wesentlich um die Klärung von empirischen Fragen und um Fragen rationaler Wahl. Terminus ad quem eines entsprechenden pragmatischen Diskurses ist die Empfehlung einer geeigneten Technologie oder eines durchführbaren Programmes" (Habermas, 1991, S. 108). Die Erschließungsmethode wäre die instrumentelle Vernunft (Zweckrationalität). Handlungsanforderungen, die naturwissenschaftlich-technisch konnotiert sind, werden oftmals unter diesem Aspekt bewertet. So kann die Frage nach dem Einsatz von Gentechnologie in der Landwirtschaft vor dem Hintergrund eines möglichst effizienten Einsatzes von Saatgut und der Steigerung der Ernte zur Versorgung der Bevölkerung bearbeitet werden. Die Bewertungsperspektive ist dann eine *pragmatisch-zweckrationale*.

„Sobald freilich die Werte selbst problematisch werden, weist die Frage: Was soll ich tun? über den Horizont der Zweckrationalität hinaus" (Habermas, 1991, S. 103). Nun stehen Zwecke und Ziele selbst in Frage. Hier steht ein Mensch vor *ethischen* Entscheidungen (der Begriff „Ethik" lehnt sich hier an das Konzept von Aristoteles an), z. B.: Was macht mich langfristig glücklich? Wie finde ich meine autarke, ihren Wert in sich tragende Lebensführung? Wie sieht mein Lebensentwurf aus? Diese Entscheidungssituationen lassen sich letztlich auf die Frage zurückführen: „Wer bin ich?" oder „Wer möchte ich sein?". Vor dem Hintergrund dieser Perspektiven können Fragestellungen bearbeitet werden, die naturwissenschaftlich-technisch aufgeladen sind (z. B. Nahrungsmittelproduktion, Medizin, Wahl des Stromanbieters). Im Falle der Gentechnologie stellt sich aus der ethischen Bewertungsperspektive beispielsweise die Frage, ob sie zur Vorstellung des eigenen „guten Lebens" passt und ob diese Technologie mit allen ihren Möglichkeiten und Risiken unterstützt oder auch bekämpft werden soll. Es sind Fragen der Lebensführung wie z. B. Konsumentscheidungen oder Fragen der Berufswahl, die eine ethische Bewertungsperspektive erfordern und die das Selbstverständnis und die Identität einer Person betreffen. Ihre Beantwortung bedarf vor allem Methoden, die Menschen befähigen, sich selbst besser zu verstehen (Selbstreflexion), Selbsttäuschungen aufzulösen und die normativen Grundlagen der eigenen Lebensführung und -planung selbstkritisch zu prüfen. Ein vertieftes Selbstverständnis verändert die Einstellungen, die einen normativ gehaltvollen Lebensentwurf tragen oder zumindest implizieren" (Habermas, 1991, S. 104). Die Bewertungsperspektive ist dann eine *ethische*.

Die Gentechnologie kann die Frage aufwerfen, ob ihre Anwendung in der Landwirtschaft nicht ausgebaut werden soll, um z. B. angesichts der wachsenden Weltbevölkerung dem Hunger in der Welt besser begegnen zu können. Damit können ökologische Gefahren verbunden sein. Zugleich stellen sich patentrechtliche und ökonomische Fragen nach den „Besitzrechten" an genetisch kodierter Information. Hier kommt eine weitere Bewertungsperspektive ins Spiel, denn es soll eine auf rationaler Basis gewonnene, gerechte und akzeptable Lösung für möglichst alle Betroffenen gefunden werden. Diese Bewertungsperspektive wird relevant, „sobald meine Handlungen, die Interessen anderer berühren und zu Konflikten führen, die unparteilich, also unter moralischen Gesichtspunkten geregelt werden sollen" (Habermas, 1991, S. 105). Eine adäquate Bewertungsmethode wäre ein möglichst alle Perspektiven einschließender, beratschlagender Aushandlungsprozess in Fragen der Gerechtigkeit. Die Bewertungsperspektive ist dann eine *moralische*.

Im naturwissenschaftlichen Unterricht muss eine Lehrkraft die drei Bewertungsperspektiven (pragmatisch-zweckrational, ethisch, moralisch) im Blick behalten. Im Kompetenzbereich Bewertung ergibt sich das Ziel, die drei beschriebenen Bewertungsperspektiven nebeneinander zu stellen, vergleichend zu beschreiben, normative Hintergründe aufzuklären und die Notwendigkeit des naturwissenschaftlichen Hintergrundwissens für eine adäquate Bewertung aufzuzeigen, um die Autonomie der Schülerinnen und Schüler im Sinne einer rationalen Bewertungskompetenz zu fördern.

5.4 Modelle des Urteilens und Entscheidens

Je nachdem, ob ein Mensch ausreichend Zeit und kognitiven Aufwand investieren will, kann er rational urteilen. Bevor man einen neuen Handyvertrag abschließt, wird man einige Angebote einholen und nach unterschiedlichen Attributen bewerten. Dabei werden der Preis, die Vertragslaufzeit, die Netzqualität und vieles mehr nach ihren jeweiligen Ausprägungen befragt, um entlang dieser Attribute am Ende eine angemessene Entscheidung zu treffen, die den eigenen Interessen am besten entspricht.

Unter den kognitiv aufwendigen Entscheidungsstrategien wurden in den Fachdidaktiken der Naturwissenschaften sogenannte Nutzenwert-Theorien rezipiert (z. B. Eggert & Bögeholz, 2006). Danach wendet ein Entscheider ein rationales Kalkül an, identifiziert Entscheidungsoptionen, generiert und gewichtet Bewertungskriterien und bestimmt die Wahrscheinlichkeit ihres Eintreffens. Dabei ist die MAU-Theorie (Multi-Attribute-Utility) hervorzuheben (z. B. Jungermann, Pfister & Fischer, 2005). Diese Theorie geht davon aus, dass der Nutzenwert jeder Option über eine festgelegte Anzahl bekannter Attribute, die in ihrer jeweiligen Bedeutung gewichtet werden, berechnet werden kann. Die MAU-Theorie setzt voraus, dass alle Informationen

5.4 Modelle des Urteilens und Entscheidens

einschließlich der Folgen jeder Handlungsoption bekannt sind. Dieses Vorgehen kennt man von der Stiftung Warentest. Soll z. B. eine Kaufentscheidung für einen neuen Staubsauger getroffen werden, dann werden die verfügbaren Kaufoptionen nach Attributen wie Preis, Saugleistung, Gewicht, Betriebslautstärke, Kabellänge oder Zubehörumfang beurteilt. Die Attribute sind, je nach Staubsaugermodell, unterschiedlich ausgeprägt und können auch unterschiedlich bedeutsam sein, was sich in einem Gewichtungsfaktor der Attribute ausdrückt. Vielleicht ist der Preis bedeutsamer als die Kabellänge. Nun lässt sich für jede Kaufoption ein Nutzenwert berechnen oder – wie bei der Stiftung Warentest – einer Optionen-Attribute-Matrix entnehmen.

Im Prinzip lässt sich eine solche Nutzenwertberechnung ohne weiteres mit einer Tabellenkalkulation simulieren und auch auf Entscheidungsprobleme in naturwissenschaftlich-technischen Kontexten übertragen. Es gibt sogar Entscheidungshilfe-Programme wie ADELE[4], die auf einem solchen Kalkül basieren. Für einige überschaubare Entscheidungsprobleme ist dieses Modell durchaus angemessen. So konnte z. B. gezeigt werden, dass bei der Entscheidung für eine Wohnung ein zunächst getroffenes holistisches Gesamturteil eine hohe Korrelation mit einem gemäß der MAU-Theorie getroffenen Urteil hat (Jungermann, Pfister & Fischer, 2005, S. 126). Die MAU-Theorie geht allerdings von der Grundannahme aus, dass relevante Informationen vorliegen. Für Urteils- und Entscheidungsprozesse unter realen Bedingungen ist diese Annahme oft unrealistisch. Der Urteilsprozess wird komplizierter und unüberschaubarer, wenn z. B. nicht feststeht, ob alle Optionen bekannt, die Attribute vollständig und angemessen sind und ihre Ausprägungen korrekt bestimmt werden. Entscheidungen, die sich mit Nutzenwerttheorie berechnen lassen, dürften für zahlreiche Problemtypen schlicht zu aufwändig sein.

Tatsächlich handeln Menschen beim Urteilen und Entscheiden oft nicht rational. Selbst wenn es um Probleme geht, die naturwissenschaftlich aufgeladen sind, wird naturwissenschaftliches Sachwissen wenig genutzt (Bell & Lederman, 2003; Kolstø, 2006; Menthe, 2012). Urteile werden sehr oft spontan und intuitiv gefällt und erst post hoc durch rationale Argumente gerechtfertigt. Für den Bereich moralischen Urteilens hat der amerikanische Moralpsychologe Jonathan Haidt (2001) an einem Beispiel gezeigt, wie wirkungsmächtig solche intuitiven Urteilsheuristiken sein können: Wenn Bruder und Schwester im geschlechtsreifen Alter miteinander Sex haben möchten, dann widerspricht ihr Wunsch einem Inzesttabu und setzt bei den meisten Menschen stark aversive moralische Gefühle frei. Die Gefühle ändern sich kaum, selbst wenn man vorschlägt, dass die beiden Geschwister ja verhüten oder sich sterilisieren lassen könnten. Der Prozess der Urteilsbildung ist hier keineswegs

---

4   http://www.entscheiden.de/ecflyer.pdf (15.09.2016)

langwierig und kognitiv aufwendig. Vielmehr stellt sich ein Urteil spontan ein und ist affektiv stark aufgeladen (vgl. Kap. 9).

Kognitiv entlastende, einfache und wenig rationale Urteilsheuristiken sind im Alltag unentbehrlich. Würden wir bei jeder Alltagsentscheidung alle Optionen des jeweiligen Entscheidungsproblems im Hinblick auf Attribute und ihre Ausprägungen rational analysieren und vergleichen, bevor wir zu einem Urteil gelangen, wären wir handlungsunfähig. Entscheidungen, die auf einfachen Heuristiken beruhen, können u. U. sogar zu besseren Ergebnissen führen als komplexe, rationale Entscheidungsstrategien. Das eigene Verhalten im Supermarkt folgt i. d. R. einfachen Heuristiken, denn man kauft oft die billigeren Bananen (take-the-best-Regel), wählt den ersten Tee mit fairtrade-Logo in der 250g-Packung (satisficer-Regel) oder greift beim Rotwein mal wieder zum Riocha, weil man den bereits gut kennt (Rekognitionsheuristik) (Gigerenzer & Todd, 1999; Betsch, Funke & Plessner, 2011). Entscheidungsmodelle, die von einer unbegrenzten Rationalität, gesicherter, gegebener und vollständiger Informationslage und hinreichend langer Zeit für die Entscheidungsprozesse ausgehen, haben ein wesentliches Problem: Sie beschreiben nicht, wie Menschen beim Entscheiden tatsächlich vorgehen (Gigerenzer & Todd, 1999).

Menschliches Urteilen und Entscheiden lässt sich unter der Annahme zweier unabhängiger Prozesse verstehen (Betsch, Funke & Plessner, 2011; Evans, 2007). Unter der Prämisse der Geltung eines Zwei-Prozess-Modells des Urteilens können Menschen Informationen entweder auf eine systematische, rationale, kontrollierte, langsame, bewusst ablaufende, kognitiv aufwendige Art und Weise verarbeiten (z. B. Wahl eines Handyvertrages). Oder sie tun dies auf intuitive, unbewusste, schnelle und automatisch ablaufende Weise (z. B. Urteil über Verletzung des Inzesttabus). Beide Prozesse sind je nach Situation und Anforderung mehr oder weniger sinnvoll.

In gesellschaftlich relevanten Problemkontexten, in denen naturwissenschaftliches Wissen eine wichtige Grundlage des Urteilens darstellt, ist dieses Wissen nicht immer gesichert, wie wir es als Lehrpersonen aus Schulbüchern gewohnt sind. Ganz im Gegenteil haben wir es oft mit Forschungsfronten zu tun, in denen Naturwissenschaftler/innen keineswegs klare und eindeutige Ratschläge geben können (vgl. Kap. 2). Zum Beispiel sind die wissenschaftlichen Befunde zu gesundheitlichen Folgewirkungen von Mobilfunk derzeit widersprüchlich. Klimamodelle geben unterschiedliche Prognosen ab. Die Langzeitwirkungen des Eintrags von Radioaktivität durch konventionelle Kraftwerkstechnologien sind nicht vollständig bekannt usf. Fachdidaktische Forschung kann zeigen, dass die Urteils- und Entscheidungsprozesse von Schülerinnen und Schülern bei wissenschaftlichen Kontroversen von ihrem eigenen Wissenschaftsverständnis abhängen (Albe, 2008). Dabei zeigt sich, dass im Horizont der Lernenden naturwissenschaftliche Kontroversen nicht als etwas Normales angesehen werden. Die Rolle empirischer Evidenz zur Beilegung wissenschaftlicher Kontroversen wird tendenziell überbewertet. Aber auch unter wissenschaftlich kontroversen oder unsicheren Bedingungen müssen Entscheidungen getroffen werden. All diese Aspekte betreffen übrigens das Unterrichtziel, über die Natur der Naturwissenschaften zu lehren und zu lernen (vgl. Kap. 6). Da Urteils- und Entscheidungsprobleme oft unter solch komplexen Bedingungen stattfinden müssen, stellt sich letztlich die Frage, ob Nutzenwerttheorien überhaupt anwendbar sind und der nötige kognitive Aufwand realistisch ist.

Aus didaktischer Perspektive gibt die MAU-Theorie durchaus ein Schema ab, dass den eigenen intuitiven Urteilsstrategien der Schülerinnen und Schüler zunächst einmal als Alternative vorgestellt werden kann. Dabei kann ein Phasenmodell des Entscheidens auch zur Phasenstruktur des Unterrichts werden.

Die Entscheidungspsychologie konzipiert das Entscheiden als Treffen einer Wahl zwischen mindestens zwei Optionen. Dem Entscheider wird das Ziel unterstellt, unerwünschte Konsequenzen zu vermeiden und erwünschte Konsequenzen zu erreichen. Entscheidungsprozesse werden innerhalb eines Rahmenmodells aus drei Phasen modelliert (Betsch et al., 2011). In der prä-selektionalen Phase muss eine Entscheidungssituation zunächst einmal erkannt werden. Dann werden nötige Informationen gesammelt, um Optionen festzulegen. In der selektionalen Phase werden die Optionen hinsichtlich ihrer Konsequenzen beurteilt, um eine Entscheidung zu fällen, was ggf. die Intention zum Handeln auslöst. In der post-selektionalen Phase spielen Prozesse eine Rolle, die nach der eigentlichen Entscheidung stattfinden. Wurde eine Entscheidung gefällt, dann wird z. B. das Feedback der Mitmenschen ausgewertet oder die Konsequenzen, die die Entscheidung ausgelöst hat, werden bewertet. Diese Phase beeinflusst zukünftiges Urteilen und Entscheiden im Hinblick auf strukturell ähnliche Entscheidungsprobleme.

Ferner ist die Unterscheidung zwischen kompensatorischer und nicht-kompensatorischer Entscheidungsstrategie bedeutsam. Im Rahmen einer kompensatorischen Strategie werden einzelne Attribute einer Option verglichen. Eine geringe Ausprägung hinsichtlich eines Attributs kann durch eine hohe Ausprägung eines anderen Attributs kompensiert werden. Entscheidungen entlang der MAU-Theorie sind kompensatorisch, weil die Attribute und ihre jeweiligen Ausprägungen in die Berechnung eines Gesamtnutzenwertes einer Option eingehen. Der hohe Preis eines Fahrrades kann z. B. durch eine hervorragende Lichtanlage kompensiert werden. Demgegenüber können Ausprägungen eines Attributs auch zum sofortigen Ausschluss einer Option führen, weil die Ausprägung einen bestimmten Schwellwert über- oder unterschreitet und dann als nicht kompensierbar eingeschätzt wird. Ein Beispiel einer solchen nicht-kompensatorischen Strategie wäre, wenn beim Fahrradkauf alle Kaufoptionen verworfen werden, die auf der Merkmalsdimension „Verkehrssicherheit" einen kritischen Schwellwert unterschreiten (z. B. fehlende

Bremsen wie bei einigen Single-Speed-Rädern). Studien zeigen, dass die Vermittlung von Bewertungsstrukturwissen über Entscheidungsmodelle und -strategien im Hinblick auf die Förderung von Bewertungskompetenz wirksam sind (Gresch, Hasselhorn & Bögeholz, 2013; Sander, 2012). Die Vermittlung von Bewertungsstrukturwissen kann danach Schülerinnen und Schüler dabei unterstützen, über Fähigkeiten rationalen Entscheidens zu verfügen. Eine andere Frage ist es allerdings, ob alle Typen von Entscheidungsproblemen denn überhaupt ein so hohes Maß an Rationalität und kognitivem Aufwand erfordern.

5.5 Bezugspunkte einer Didaktik der Bewertungskompetenz

Mit Bezug auf Habermas (1991) konnte bis hierhin gezeigt werden, dass drei unterschiedliche Perspektiven praktischer Vernunft eingenommen werden können, wenn ein Problem bewertet und ggf. eine Entscheidung getroffen werden soll: eine pragmatisch-zweckrationale, eine ethische und eine moralische. Die Wahl der Perspektive setzt eine Problemanalyse voraus, die klärt, welche Perspektive angemessen ist. Sind Fragen des guten und richtigen Lebens berührt, bedarf es der ethischen Perspektive, sind Fragen der Gerechtigkeit betroffen, soll eine moralische Perspektive eingenommen werden. Eine pragmatisch-zweckrationale Perspektive kann wohl nur dann eingenommen werden, wenn das jeweilige Problem keine wesentlichen ethisch-moralischen Implikationen besitzt und allein auf Basis instrumenteller Vernunft geklärt werden kann. Für die oben bezeichneten innerfachlichen Typen von Bewertungsproblemen dürfte dies der Fall sein.

Entscheidungspsychologische Modelle wie z. B. das MAU-Modell gehen von der Möglichkeit aus, Optionen entlang von Attributen und ihren Ausprägungen zu beurteilen. Aus der ethischen oder moralischen Perspektive Habermas' würden ethische Kategorien wie handlungsleitende Werte oder Normen im Sinne verbindlicher Sollensanforderungen solche Attribute darstellen können.

Wie mit Bezug zu Zwei-Prozess-Modellen gezeigt wurde, handeln Menschen aber keineswegs rational. Menschen wählen mehr oder weniger bewusst entweder einfache Entscheidungsheuristiken oder kognitiv aufwändige, rationale Strategien. Daraus erwachsen im Prinzip zwei didaktische Anforderungen:

a. die Förderung der Fähigkeit, sich der eigenen Intuitionen und Emotionen, die ein Entscheidungsproblem auszulösen vermag, gewahr zu werden, um den

kognitiven Aufwand, den aufwendige Entscheidungsstrategien erfordern, auf sich zu nehmen (Dittmer et al., 2016).
b. die Förderung der Fähigkeit und Bereitschaft zu rationalem, kognitiv aufwändigem Entscheiden – sofern ein Entscheidungsproblem dies erfordert – und damit verbunden die Fähigkeit, Entscheidungsprobleme dahingehend einzuschätzen, ob aufwändige Strategien erforderlich sind.

Ad a): Ein Gewahr-Werden der eigenen Voreingenommenheit ist als didaktische Figur aus der Schülervorstellungsforschung bekannt (Dittmer et al., 2016). Eine Umstrukturierung von Schülervorstellungen im Unterricht (z. B. konstante Kraft bewirkt konstante Geschwindigkeit) hin zu fachlichen Vorstellungen (konstante Kraft bewirkt gleichmäßige Beschleunigung) macht es erforderlich, dass Lernende sich ihrer eigenen vorunterrichtlichen Vorstellungen bewusst werden (Widodo & Duit, 2005). Für die bewusste Wahl einer Urteils- und Entscheidungsstrategie gilt Ähnliches, denn wenn die Chance bestehen soll, dass Lernende sich der Mühe eines reflektierten, rationalen und aufwändigen Urteilsprozesses unterziehen, dann müssen spontane und intuitive Urteilsimpulse zunächst einmal bewusst gemacht und reflektiert werden (Menthe, 2012; Dittmer et al., 2016). Naturwissenschaftlicher Unterricht, der Reflexion im Hinblick auf die subjektiven Urteils- und Entscheidungsstrukturen fördert und die sich automatisch einstellenden Intuitionen thematisiert, bietet Gelegenheiten zum Lernen über sich selbst. Wie auch aus der Schülervorstellungsforschung bekannt ist, kann dieses Nachdenken über die eigenen Vorstellungen, Emotionen, Intuitionen und Impulse krisenhaft und damit sogar bildungswirksam verlaufen (Combe & Gebhard, 2007; Dittmer et al., 2016; vgl. Kap. 3). In diesem Sinne kann naturwissenschaftlicher Unterricht, der Bewertungskompetenz fördern will, auf Bildungsprozesse des Subjekts abzielen.

Ad b): Wann lohnt sich der Aufwand einer kognitiv aufwändigen Bewertungsstrategie oder wann ist eine solche Strategie von der Sache her geboten? Um diese Frage zu beantworten, bedarf es einer Klassifikation von Situationstypen und ihren Rahmenbedingungen (Hößle & Menthe, 2013; Dittmer et al., 2016). Die Frage betrifft z. B. die Tragweite und Bedeutung eines Entscheidungsproblems. Zum Beispiel hat es sicherlich ethische-moralische Implikationen, ob man im Supermarkt biologisch oder konventionell angebaute Möhren kauft. Aber wenn man hier nicht rational entscheidet, hat das nur geringe Konsequenzen, die vorrangig den einzelnen Konsumenten betreffen.

Anders verhält es sich bei Entscheidungsproblemen mit mittlerer Tragweite. Soll man in den Herbstferien mit dem Zug zum Wandern ins Sauerland oder mit dem Flugzeug an den Algarvestrand reisen? Die Vermeidung von Flugreisen gilt als eine Option, die Emission von Treibhausgasen zu reduzieren. Allerdings werden

Folgen des Klimawandels erst in einer fernen Zukunft und zunächst auch nur an Orten spürbar werden, an denen die potenziellen Algarve-Reisenden selbst gar nicht leben. Befunde der Umweltpsychologie weisen darauf hin, dass Folgen von Entscheidungen, die an entfernten Orten und in einer entfernten Zukunft wirksam werden, eine Präferenz für eine gemeinwohlorientierte Entscheidung schwächen (z. B. Kuckartz, 2010). Eine rationale und gemeinwohlorientierte Entscheidung aus der moralischen Perspektive nach Habermas wird hier durch den psychischen Mechanismus einer Zeit- und Raumfalle blockiert. Sollte an einem solchen Beispiel eine kognitiv aufwändige Urteils- und Entscheidungsstrategie im Unterricht eingeübt werden, müssten die Lernsubjekte diesen Mechanismus, der sehr wahrscheinlich in ihnen wirkt, erst einmal reflektieren.

Situationstypen unterscheiden sich auch hinsichtlich des Zeit- und Handlungsdrucks, den die Entscheidung erfordert. Unter Druck können unbewusste Gründe eine erhebliche Rolle spielen, während reflektiert-rationale Strategien nur unter Druck-Entlastung eine Chance haben (Dittmer et al., 2016). Didaktisch bedeutsam ist weiterhin, ob die Attribuierung von Handlungsoptionen überhaupt unter Bedingungen (auch naturwissenschaftlich-technischer) Sicherheit oder nur unter Unsicherheitsbedingungen möglich ist. Die Entscheidung darüber, ob die Windenergie von Nord- nach Süddeutschland über Stromtrassen mit Wechsel- oder Gleichspannung ober- oder unterirdisch transportiert werden soll, wurde z. B. von der Bundesregierung getroffen, ohne dass die medizinische Befundlage über gesundheitliche Folgen vollständig klar und eindeutig gewesen wäre. Gesellschaftliche Problemstellungen, die zugleich naturwissenschaftlich-technisch relevant sind (sog. *socio-scientific issues*, vgl. Kap. 6), sind oft auf wissenschaftliches Wissen angewiesen, das noch im Entstehen ist. Dennoch ist für diesen Situationstyp wegen der hohen Tragweite möglicher Folgen für viele Menschen ein rationales und aufwändiges Entscheidungskalkül geboten. Dabei ist ständig zu beachten, dass sich Antworten nicht allein auf der Basis naturwissenschaftlicher Evidenz oder Theoriebildung geben lassen, sondern immer auch Werte und Normen betreffen. Entsprechend bedeutsam ist es, dass Unterricht Fähigkeiten fördert, zwischen naturwissenschaftlichem Sachwissen und ethischen Aspekten wie Normen und Werten zu unterscheiden.

Unterricht zur Förderung von Bewertungskompetenz kann sich also nicht darin erschöpfen, Bewertungsstrategien nur einzuüben. Vielmehr geht es auch darum, dass Schülerinnen und Schüler diskutieren, für welchen Situationstyp welche Strategie oder Heuristik überhaupt angebracht ist.

5.6 Themen zur Förderung von Bewertungskompetenz

Welche Themen eignen sich, um Bewertungskompetenz zu fördern? Die folgenden Kriterien können eine Auswahl unterstützen (vgl. Menthe & Parchmann, 2006):

Fachlich eingrenzbar und zugänglich: Das Thema sollte sich angemessen elementarisieren lassen. Das Thema Climate-Engineering lässt sich am Beispiel des Eintrags von Schwefeldioxid in die Stratosphäre thematisieren, um den Albedo zu erhöhen: Strahlung wird von der Sonne direkt in den Weltraum zurückgestrahlt. Dieser Effekt ist in seinen Grundzügen mit elementaren Kenntnissen der Optik verstehbar und damit auf der Sekundarstufe I fachlich zugänglich.

Sinnhaftigkeit: Die Schülerinnen und Schüler sollten das Thema mit Sinn besetzen können. Ob dies gelingt, hängt auch vom Alter der jeweiligen Lerngruppe ab.

Interessantheit: Interesse ermöglicht es, dass die Schülerinnen und Schülern sich selbst zu einem Thema in Beziehung setzen (vgl. Kap. 8). Das Thema Energieeffizienz hat z. B. starke Bezüge zur Lebenswelt und ist für eigenes Handeln relevant.

Bezüge zum Handeln der Schülerinnen und Schüler: Das Thema ermöglicht nicht nur Urteile, sondern auch echte Entscheidungen. Wenn z. B. das Thema Elektrosmog im Unterricht bearbeitet wird, kann dies unmittelbare Auswirkungen auf den Umgang der Schülerinnen und Schüler mit elektrischen Geräten zu Hause haben. Dies betrifft den SAR-Wert eines Handys, der bei der nächsten Kaufentscheidung als Attribut berücksichtigt werden kann.

Eindeutige Bezüge von Fachinhalten zu Urteilsfragen: Das Fachwissen, was gelernt wird, kann tatsächlich beim Urteilen und Entscheiden verwendet werden. Zum Beispiel könnten im Physikunterricht die fachlichen Grundlagen der Transmutation radioaktiver Abfälle gelegt werden. Je nach Lerngruppe kann es auch genügen, dass man überhaupt von der Existenz einer Technologie weiß, die Radionuklide mit langer Halbwertszeit im Bereich 10^5 Jahre in andere mit kürzerer Halbwertszeit im Bereich 10^2-10^3 Jahren umwandelt. Mit diesem Fachwissen könnte die Optionenmenge für eine Entscheidung über den Umgang mit radioaktiven Abfällen erweitert werden.

Urteile und Entscheidungen sind tatsächlich offen: Ein Urteil, das die Schülerinnen und Schüler erarbeiten sollen, sollte nicht schon von der Lehrperson, und sei es auch nur heimlich, festgelegt worden sein. Ferner sollte der Beutelsbacher Konsens gelten, wie er in der Politikdidaktik zur Richtschnur geworden ist: Was gesellschaftlich kontrovers diskutiert wird, sollte auch im Unterricht kontrovers sein dürfen. Dies trifft für viele Themen tatsächlich zu (Glühlampenverbot, Technologien der Energieversorgung, Geschwindigkeitsbegrenzung auf Autobahnen, Maßnahmen des Klimaschutzes, Bestrahlung von Lebensmitteln etc.).

Ausgewogenes Verhältnis von Fachinhalt zur Urteilsfrage: Es sollte vermieden werden, dass sehr komplexe Fachinhalte im Rahmen vieler Unterrichtsstunden angeeignet werden müssen, um am Ende in kurzer Unterrichtszeit vergleichsweise triviale Urteile zu fällen.

5.7 Unterrichtsmethodische Aspekte der Förderung von Bewertungskompetenz

Im Folgenden werden einige exemplarische Beispiele zur Förderung von Bewertungskompetenz im Unterricht vorgestellt.

Bewerten lernen entlang eines Kompetenz- und eines Phasenmodells

Ein Strukturmodell „ethischer Urteilskompetenz" aus der Biologiedidaktik unterscheidet eine Reihe von Teilkompetenzen (Reitschert & Hößle, 2007, S. 127):

- Wahrnehmen und Bewusstmachen moralisch-ethischer Relevanz eines Problems
- Wahrnehmen und Bewusstmachen der Quellen der eigenen Einstellungen
- Folgenreflexion auf ein Urteil
- Beurteilen unter Berücksichtigung von Fakten, Gründen und Werten
- Bereich ethischen Basiswissens
- Fällen des Urteils selbst
- Argumentieren
- Fähigkeit des Perspektivwechsels, um Sichtweisen anderer auf ein Problem nachzuvollziehen und zu berücksichtigen.

Das Modell schließt neben kognitiven Dimensionen des Kompetenzkonstrukts auch motivationale, volitionale und soziale Aspekte ein. Der Unterricht selbst (Alfs & Hößle, 2010) gibt ein Phasenmodell vor:

1. Problembeschreibung, Zielbestimmung, und Informationsbeschaffung,
2. Bewertung von Optionen anhand von Sach- und ethischen Kriterien,

3. persönliche Urteilsfällung.

Das Kompetenzstrukturmodell weist deutlich darauf hin, dass die Wahrnehmung der (moralisch-ethischen) Relevanz eines Entscheidungsproblems nicht selbstverständlich ist und eine Art von Sensibilität und Aufmerksamkeit erfordert, die man bei Schülerinnen und Schülern nicht einfach voraussetzen darf. Mit der Teilfähigkeit der Wahrnehmung und Bewusstmachung der Quellen der eigenen, sich mitunter intuitiv einstellenden Einstellungen und Urteile umfasst eine selbstreflexive Komponente, wie sie oben eingefordert wurde. Am Beispiel des kontrovers diskutierten Einsatzes von gentechnisch veränderten Nutzpflanzen im Freiland erlernen die Schülerinnen und Schüler zwischen Sachkriterien (Funktionsfähigkeit, Wirtschaftlichkeit, Sicherheit) und ethischen Kriterien (Human-, Umwelt-, Sozial- und Zukunftsorientierung) zu unterscheiden und diese Kriterien anzuwenden, um vorgegebene Positionen zu bewerten und eigene Positionen zu entwickeln und zu begründen.

Die Wirksamkeit des Unterrichts konnte besonders für die Fähigkeit der Schülerinnen und Schüler, Perspektiven zu wechseln und Folgen von Optionen zu reflektieren gezeigt werden (Alfs & Hößle, 2013).

Explizites Bewertungstraining mit dem Bewertungskreislauf

Unterricht zur Förderung von Bewertungskompetenz kann Phasen umfassen, die Bewertungsstrukturwissen explizit fördern. In einem Unterricht zur Bewertung von Photovoltaikanlagen (Knittel & Mikelskis-Seiffert, 2013) erarbeiten sich die Schülerinnen und Schüler zunächst die fachlichen Grundlagen. Darauf folgt ein Training über Bewertungsstrukturen. Die Schülerinnen und Schüler lernen, dass Handlungsoptionen sich anhand von Attributen vergleichen und bewerten lassen. Sie lernen ferner, dass Attribute je nach Bedeutung gewichtet werden können und unterscheiden zwischen kompensatorischen und non-kompensatorischen Entscheidungen. Ein im Fach- oder Klassenraum durchgängig sichtbarer Bewertungskreislauf ermöglicht es, den kompensatorischen Entscheidungstyp für die Schülerinnen und Schüler kleinzuarbeiten. Die Phasen des Kreislaufes umfassen:

- Beschreiben der Problemsituation
- Aufzählen der Handlungsmöglichkeiten
- Analyse von Gründen für oder gegen Handlungsmöglichkeiten
- Gewichtung der Gründe, die für oder gegen eine Handlungsmöglichkeit sprechen
- Fällen des Urteils
- Nennung der Folgen des Urteils

Die Anordnung der Phasen in einem Kreislauf macht deutlich, dass Urteile unter Umständen revidiert werden müssen und dann eine weitere Kreislaufrunde erforderlich wird. Die Unterrichtseinheit schließt mit einer Anwendungsphase, in der die Kenntnisse und Fähigkeiten des Bewertens auf konkrete Fälle (z. B. Photovoltaikanlage auf dem Schuldach, Bewertung von Pressenachrichten) angewendet werden.

Rollen- und Planspiele

Methoden des Rollen- und Planspiels können dabei helfen, dass Urteilen und Entscheiden lehr- und lernbar zu machen. Es sind Lernformen, die den Umstand berücksichtigen, dass Urteilen und Entscheiden individuell oder kollektiv verantwortet, sachlich und ethisch komplex, medial vermittelt, dilemmaartig strukturiert, emotional bestimmt, in sich widersprüchlich und intuitiv verfasst sein können. Der Vorteil rollenbasierter Spielverfahren liegt darin, dass konkrete Spielsituationen erprobt, Komplexität in Form von Rollen sichtbar und erfahrbar gemacht und Widersprüche auf der intra-, inter-personellen und gesellschaftlich-systemischen Ebene aufgedeckt werden können (Höttecke, 2013).

Die Lernformen des Rollen- und Planspiels ermöglichen es, unter Anleitung Realitätsmodelle sozialer Entscheidungssituationen zu erzeugen. Ihre Inszenierung erfolgt unter pädagogischer und didaktischer Absicht. Im Rahmen vorgegebener oder miteinander vereinbarter Regeln werden „Als-ob-Realitäten" (Manteufel & Schiepek, 1998) simuliert, erfahrbar, analysierbar und letztlich gestaltbar gemacht. Rollenspiele machen Entscheidungsprozesse innerhalb von Gruppen sichtbar. Sie sollen die innere Seite einer Rolle und ihre äußere Verkörperung in einer sozialen Situation erkundbar und reflektierbar gestalten. Haltungen, Einstellungen, Gefühle und entsprechendes Verhalten werden aus einer Rolle heraus aktiviert, erprobt und analysiert. Spieler schlüpfen in eine Rolle hinein, handeln und kommunizieren in vorgestellten Situationen. Rollenspiele machen daher v. a. die innere und soziale Seite von Kommunikations-, Konflikt- und Entscheidungssituationen auf der Basis konkreter Spielszenen sichtbar und bearbeitbar (Oulton, Dillon & Grace, 2004). In Spielsituationen können sich spontane Gedanken und Empfindungen äußern, die mit intuitionistischen Urteilen in Zusammenhang stehen.

Planspiele zielen auf eine institutionell-systemische Ebene von Urteils- und Entscheidungsprozessen. Sie sind aus nicht-pädagogischen Kontexten bekannt wie Feuerwehrübungen, Unternehmenssimulationen oder Manövern der Bundeswehr. Ähnlich wie im Rollenspiel werden soziale Situationen szenisch simuliert, erkundet, erprobt und reflektiert. Planspiele simulieren aber das konflikthafte Handeln von Gruppen unter institutionellen Bedingungen, so dass Verhandlungs- und Entscheidungsprozesse und die Perspektiven und Aktionen unterschiedlicher

Interessen-Gruppen in ihrem Zusammenspiel sichtbar werden. Die Problem– und Konfliktfälle können sich z. B. auf Ökonomie, Politik oder Ökologie und ihre jeweiligen Wechselwirkungen beziehen.

Eine besondere Form des Planspiels stellen Konsens-Konferenzen dar (Kolstoe, 2000). Die Lerngruppe wird in Experten und Laien aufgeteilt. Die Experten bereiten Sachaspekte des Entscheidungsproblems vor. Die Laien diskutieren relevante Normen und Werte. Die Experten beraten die Laien, damit diese eine abgewogene Entscheidung treffen können und dabei ggf. unsicheres Wissen sowie widersprüchliche Werte und Normen berücksichtigen. Die Konferenzen können sich mit unterschiedlichen, naturwissenschaftlich-technisch aufgeladenen Problemstellungen befassen. Die Bestrahlung von Lebensmitteln mit ionisierender Strahlung, das Clonen von Lebewesen oder der Klimawandel sind Beispiele dafür, dass auch naturwissenschaftliches Sachwissen unsicher und kontrovers sein kann (vgl. Kap. 2, 6).

Planspiele zu Themen der Nachhaltigkeit im Kontext Klimawandel und Energieversorgung haben z. B. Janetzki und Kuhn (2004), Steinhübl und Menacher (2010), Eilks et al. (2011), Wodzinski und Werkmeister (2013) und Kuhn (2001) entwickelt.

Pro-Contra-Diskussion

Bewertungskompetenz kann mit Pro-Contra-Diskussionen gefördert werden (Wodzinski, 2013), die in Form eines Rollenspiels durchgeführt werden können. Bei einer Pro-Contra-Diskussion geht es darum, mit Rollenschutz (falls Rollenspiel) oder auch aus der realen Schülerperspektive heraus Mitspielende und Zuhörende von der eigenen Position zu überzeugen. Pro-Contra-Diskussionen können innerfachlich geführt werden. Dann besetzen die Schülerinnen und Schüler unterschiedliche fachliche Positionen. Sie können auch überfachlich geführt werden. Dann müssen neben Sachinformationen auch Werte, Normen und Interessenlagen erkundet werden. Die Schülerinnen und Schüler können Informationen vor der Diskussion selbstständig oder Leitfragen- und Aufgaben-gestützt recherchieren und aufbereiten. Alternativ können Sachinformationen, Normen, Werte und zentrale Positionen und ihre Eigenschaften auch vorgegeben werden.

Die Diskussionspartner/innen in einer Pro- und Contra-Diskussion sollen zugewiesene Positionen so klar und überzeugend wie möglich vertreten. Die Zuhörenden haben den Auftrag, Argumente wahrzunehmen und zu bewerten, um eine eigene Position zu entwickeln und zu fundieren.

In einer Pro-Contra-Diskussion kann deutlich werden, dass die besseren Sachargumente sich nicht unbedingt durchsetzen, sondern weitere Faktoren (z. B. Macht, Interesse, Gefühle, Überzeugungskraft) eine Rolle spielen. Wie bei allen Methoden zur Förderung von Bewertungskompetenz schließt eine Pro-und Contra-Diskussion mit einer Reflexion. Als Beispiele für Pro-Contra-Diskussionen nennt Wodzinski (2013)

- Soll der Ausbau von Gezeitenkraftwerken unterstützt werden?
- Soll die Windenergie weiter ausgebaut werden?
- Sollen Lebensmittel radioaktiv bestrahlt werden?
- Kann zum Kauf eines Autos mit Elektromotor geraten werden?
- Sollen auf dem Schuldach Solarzellen installiert werden?

Weiterführende Literatur

Dittmer, A., Gebhard, U., Höttecke, D. & Menthe, J. (2016). Ethisches Bewerten im naturwissenschaftlichen Unterricht: Theoretische Bezugspunkte für Forschung und Lehre. *Zeitschrift für Didaktik der Naturwissenschaften.*
Höttecke, D. (2013). Bewerten, Urteilen, Entscheiden – ein Kompetenzbereich im Physikunterricht. Naturwissenschaften im Unterricht – Physik, 134, S.4-12.
Ratcliffe, M. (1997). Pupil decision-making about socio-scientific issues within the science curriculum. *International Journal of Science Education*, 19(2), 167–182.

Die Natur der Naturwissenschaft 6

Wissenschaft und v. a. die Naturwissenschaften sind auf unterschiedliche Weise im Alltag präsent. In der Werbung suggerieren vermeintliche Experten in weißen Kitteln die Vertrauenswürdigkeit und Wirksamkeit von Produkten. Eine Analyse der Werbung in der Italienischen Presse 2002-2003 (Pitrelli, Manzoli & Montolli, 2006) zeigt exemplarisch, dass Werbung für pharmazeutische Produkte sich in 96 % aller untersuchten Fälle auf Wissenschaft bezieht. Bei Körperpflegeprodukten sind es noch 55 % gefolgt von Nahrungsmitteln mit 19 %. Die wichtigsten wissenschaftlichen Disziplinen, auf die Werbung Bezug nimmt, sind Biomedizin, Chemie und Biologie. Physik spielt kaum eine Rolle. Das Bild der Naturwissenschaften in der Werbung ist positiv und erzählt von einer wissenden und über Zweifel erhabenen Autorität.

Anders verhält es sich mit der Filmindustrie, denn auch sie erzeugt Bilder von typischen Naturwissenschaftlern. Wissen und Methoden der Forschung sind problematische Elemente populärer Kultur, denn – wie Filmanalysen zeigen – lässt die Beschreibung von Wissenschaft im Film eine Beunruhigung, ein Misstrauen, sogar eine Mystifizierung der Wissenschaft erkennen (Weingart, 2003): Die dargestellten Charakterprofile aus Medizin, Physik, Chemie und Psychologie werden besonders ambivalent dargestellt und stellen am ehesten den *mad scientist* dar, dem es um verbotenes Wissen, den eigenen Ruhm und darum geht, ethische Grenzen seiner Forschung zu sprengen. Die Geisteswissenschaften sind dagegen eher unverdächtig und verdienen das Vertrauen des Publikums.

Werbung und Unterhaltungsindustrie erzeugen vermutlich wirksamere Bilder von Naturwissenschaften als die Naturwissenschaften selbst. Sie erzeugen unterschiedliche Erzählungen über Naturwissenschaften, denen gemeinsam ist, dass die Personen, ihr Wissen und ihr vermeintliches Image für die jeweiligen Botschaften funktionalisiert werden. Von der tatsächlichen Praxis der Naturwissenschaften erfährt man nichts. Bemerkenswert ist in jedem Fall, dass ein Image von Naturwissenschaft nicht durch sie selbst und nicht durch Unterricht, sondern von Medien- und Kommunikationsexperten erzeugt wird, die den Naturwissenschaften fern stehen. Das Ergebnis sind Zerrbilder über Naturwissenschaften, die einer Kritik und Korrektur bedürfen, eine Aufgabe, der sich die Naturwissenschaften selbst stellen müssen, die im Kern aber eine naturwissenschaftsdidaktische Aufgabe ist.

Im naturwissenschaftlichen Unterricht der allgemeinbildenden Schule begegnen Schülerinnen und Schüler den Naturwissenschaften i. d. R. zum ersten Mal in ihrem Leben auf systematische Weise. Für viele Schülerinnen und Schüler bleibt es bei dieser Begegnung, weil sie im Leben andere Präferenzen setzen. Gerade für diese Klientel ist es bedeutsam, bereits in ihrer Schulzeit Lerngelegenheiten genutzt zu haben, die ihnen den Aufbau adäquater Vorstellungen davon, was Naturwissenschaften sind, womit sie sich befassen und wie und warum man dort forscht und arbeitet, zu entwickeln (vgl. Kapitel 2). Schule hat hier bezüglich der Darstellung der Naturwissenschaften in den Medien u. U. sogar eine kompensatorische Funktion. Schließlich sind ganz unabhängig von den zukünftigen Berufswünschen und Berufen alle Menschen in eine wissenschaftsbestimmte Welt eingelassen, die es zu verstehen und zu gestalten gilt.

6.1 Was kann es heißen, sich mit Naturwissenschaften eine Meinung zu bilden? Beispiele

„Naturwissenschaftliche Bildung ermöglicht dem Individuum eine aktive Teilhabe an gesellschaftlicher Kommunikation und Meinungsbildung über technische Entwicklungen und naturwissenschaftliche Forschung und ist deshalb wesentlicher Bestandteil von Allgemeinbildung." (KMK, 2005, S. 6) Dieses Zitat findet sich gleichlautend in den Nationalen Bildungsstandards aller naturwissenschaftlichen Unterrichtsfächer. In den landesspezifischen Bildungsplänen und Kerncurricula liest man Ähnliches. Naturwissenschaftlicher Unterricht soll Wissen und Fähigkeiten für einen handelnden Umgang mit Naturwissenschaft bereitstellen. Richtziele, die unter der Überschrift gesellschaftlicher Teilhabe und Meinungsbildung stehen, sind komplex und nur langfristig erreichbar.

Worüber könnte man sich denn als informierter Bürger oder Bürgerin, der oder die vielleicht viele Jahre naturwissenschaftlichen Unterricht erhalten hat, eine Meinung bilden? In der fachdidaktischen Literatur firmieren gesellschaftliche Probleme, die einen Bezug zu den Naturwissenschaften aufweisen, als sogenannte *socio-scientfic issues*, kurz SSI (Zeidler, 2015). Etwas frei übersetzt bedeutet das so viel wie gesellschaftlich bedeutsame und naturwissenschaftlich relevante Probleme. Ein paar Beispiele:

- Soll das Klonen von Tieren oder sogar Menschen erforscht und erlaubt werden?
- Soll pränatale Diagnostik betrieben, unterstützt, befürwortet, eingeschränkt oder verboten werden?
- Welche Risiken entstehen durch Kernenergie und Endlagerung radioaktiver Abfälle und unter welchen Umständen dürfen wir solche Risiken in Kauf nehmen?
- Macht „Handy-Strahlung" krank und soll man Menschen vor ihren eigenen Handys schützen?
- Gibt es den Klimawandel, kann man der Klimaforschung trauen und sollen wir etwas gegen den Klimawandel unternehmen?
- Welche Risiken entstehen durch Offshore-Windparks und müssen wir den Schiffsverkehr und die Natur nicht vor ihren Folgen schützen?

Für eine Entscheidung über ein SSI ist naturwissenschaftliches Sachwissen hilfreich, es genügt allerdings nicht. SSIs sind ethisch aufgeladen, gesellschaftlich relevant, können ökonomische oder ökologische Implikationen haben und werden politisch kontrovers diskutiert. Vor allem aber fällt einem keine selbstverständliche Lösung in den Schoß, da dieser Problemtyp i. d. R. schlecht strukturiert ist (Sadler & Dawson, 2012; Zeidler, 2015). Solche SSIs können auch starke Bezüge zur persönlichen Lebensführung aufweisen.

Um herauszufinden, welches Wissen und welche Fähigkeiten man benötigt, begeben wir uns einmal an die Stelle eines naturwissenschaftlich informierten Bürgers, der sich – wie es die Bildungsstandards vorsehen (vgl. Kap. 4) – eine Meinung bilden möchte.

Beispiel 1

Unter unterschiedlichen Stichworten wie Elektrosmog oder Handystrahlung wird bei Google eine Seite eines sogenannten Sachverständigenbüros von Torsten Mey zuoberst angezeigt[5]. Seine Seite suggeriert dem Betrachter auf bilderreiche und textarme Weise, dass es Erdstrahlen gebe, Wasser Informationen speichern könne und Elektrosmog zahlreiche Erkrankungen verursache. Es werden dafür zwar keine Belege angeführt, allerdings trifft man auf einige Begriffe, die sehr physikalisch klingen wie elektrische und magnetische Wechselfelder oder statische Auflagung. Diese Begriffe stehen in keinem erkennbaren Zusammenhang zu den angeführten beängstigenden Krankheiten. Stattdessen werden Produkte wie „abschirmende Bettwäsche" für 219,90€ angeboten. Die Expertise als Sachverständiger lässt sich

---

5 http://www.torstenmey.de/ (20.06.2016)

Herr Mey von einem „Institut für baubiologische Gesundheitsberatung" zertifizieren. Geht man dem Institut im Internet nach, findet man nichts Substantielles. Worauf gründet sich also die Zuweisung von Expertise? Auf ein Netzwerk von Menschen, die sich gegenseitig kennen?

Beispiel 2

Sogenannte sanfte bzw. komplementäre Medizin gibt in manchen Fällen vor, die Ursachen statt der Symptome von Krankheiten frei von Nebenwirkungen zu behandeln. Bioresonanz-Apparate suggerieren z. B. durch Regler, Bedienelemente und digitale Anzeigen einen hohen technischen Standard. Zunächst nimmt man zwei Elektroden in die Hand. Was dann passiert, ist nicht ganz klar. Auf einschlägigen Internetseiten wird Bioresonanz „erklärt": Materie ist nichts anderes als Energie, so weit konform mit Einsteins Masse-Energie-Äquivalenz. Und weiter: Jede Materie, auch jede Körperzelle, strahlt Energie in spezifischen Frequenzmustern ab. Allerdings wurde mit physikalischen Messmethoden bislang kein solches Schwingungsmuster detektiert (vgl. Wüthrich et al., 2006). Es kommt noch besser: Jede Körperzelle kommuniziert angeblich mit anderen über diese spezifischen Abstrahlungen. Ist das Muster durch störende Einflüsse verzerrt, werden Allergien oder andere Krankheiten ausgelöst. Die Bioresonanz verspricht nun, die spezifischen Frequenzmuster zu detektieren, zu manipulieren und den Körper bei seiner Genesung unterstützen zu können. Angeblich bemerkenswerte Erfolge der Löschung „schlechter" Frequenzen werden berichtet. Als Belege werden anekdotische, knappe Berichte angeführt, substantielle Sachinformation über Bioresonanz fällt aber typischerweise sehr knapp aus.

Was fällt auf, wenn man esoterische und komplementärmedizinische Seiten im Internet besucht?

- Es werden weder Mechanismen benannt, die die Wirkung von Elektrosmog, Bioresonanz, „gestörten Frequenzen" oder ihre vermeintliche Kompensation durch technische Apparate erklären, noch werden wissenschaftliche Theorien angeführt.
- Belege beschränken sich auf Fälle oder anekdotische Erfahrungsberichte, genügen aber keinen wissenschaftlichen Standards.
- Gern wird behauptet, dass die Wissenschaft oder Schulmedizin keine Forschung zu paramedizinischen Methoden anstelle. Im Internet wird man aber schnell fündig und kann zahlreiche Forschungsbefunde nachlesen, die i. d. R. zeigen, dass hier etwas sehr Zweifelhaftes propagiert wird.

6.1 Sich mit Naturwissenschaften eine Meinung bilden?

- Werden wissenschaftliche Studien benannt, handelt es sich um einzelne Studien, die die Aussage der favorisierten Seite stützen. Eine tatsächlich unsichere und unübersichtliche wissenschaftliche Befundlage wird eher verschwiegen und nicht konsequent recherchiert, offengelegt und abgewogen.
- Risiken werden verabsolutiert und nicht im Hinblick darauf dargestellt, unter welchen Bedingungen sie maximiert oder minimiert werden.
- Ursache-Folge-Beziehungen werden als einfach und eindimensional dargestellt. Ein Zusammenwirken höchst unterschiedlicher Ursachen für eine Krankheit wird nicht propagiert, weil sonst komplexitätsreduzierte Erklärungen wie Elektrosmog–bewirkt–Krankheit gefährdet wären.
- Expertise gründet sich auf ominöse Belege. Dass die Akteure Teil einer wissenschaftlichen Gemeinschaft sein könnten, die sich gegenseitig korrigiert und kontrolliert, ist nicht erkennbar (vgl. Kapitel 2).
- Die Sprache ist mit wissenschaftlich-technischem Vokabular gespickt, das beim genaueren Lesen oft wenig Sinn ergibt. Dies gilt erst recht, wenn die Sprache der Wissenschaft mit der Sprache der Esoterik verquickt wird und man z. B. zugleich über elektrische Felder und feinstoffliche Energien liest. Das fällt auch deshalb kaum auf, weil die Sprache der Esoterik starke Anleihen an naturwissenschaftlicher Fachsprache (vgl. Kap. 7) macht, dabei die wissenschaftlichen Bedeutungen aber gar nicht meint.
- Trotz zahlreicher Belege dafür, dass die Verfahren wissenschaftlich nicht haltbar sind, halten ihre jeweiligen Vertreterinnen und Vertreter an den Prämissen ihrer Methoden fest. Man kann zwar nicht nachweisen, dass ein Stoff Information über Zuckermoleküle auf Wassermoleküle übertragen kann (Homöopathie) und man kann nicht zeigen, dass es ein ultrafeines Schwingungsspektrum des Körpers gibt (Bioresonanz), aber man hält dennoch daran fest. Die fundamentalen Annahmen werden als nicht hintergehbare Wahrheiten dargestellt, die sich angeblich empirisch nicht erschüttern lassen.

Alles in allem wird der Anschein von Wissenschaftlichkeit zwar erzeugt, aber auf den zweiten Blick nicht eingelöst. Um sich eine fundierte Meinung über die Angebote z. B. im Internet zu bilden, können nun zwei Kompetenzen weiterhelfen: Man verfügt über wissenschaftliches Fachwissen, das dazu befähigt, die Argumentation als weitgehend unwissenschaftlich zu erkennen. Oder man verfügt über Wissen über die Natur der Naturwissenschaften und weiß, dass Wissenschaft ein sozialer Prozess von Experten/innen ist, die Wissensbestände theoretisch und empirisch fundieren, sozial aushandeln, kritisieren und kontrollieren. Man weiß ebenfalls, dass komplexe Probleme oft eine theoretische und empirische Komplexität nach sich ziehen, die unübersichtlich und widersprüchlich sein kann (vgl. Kap. 2).

Ob Autoren/innen eher der Pseudowissenschaft oder eher seröser Wissenschaft zugeordnet werden können, ist eine Frage ihrer wissenschaftlichen Expertise und Zugehörigkeit zu einer wissenschaftlichen Gemeinschaft (*scientific community*) (vgl. Kap. 2). Nun sind wissenschaftliche Gemeinschaften aber informelle Gebilde. Mitglied wird man nicht auf Antrag, sondern „Mitglied einer wissenschaftlichen Gemeinschaft ist, wer seine Handlungen am Wissensbestand der Gemeinschaft orientiert. Sich als Mitglied einer Gemeinschaft wahrzunehmen heißt also, einen Wissensbestand wahrzunehmen und die Formulierung und Bearbeitung von Forschungsaufgaben daran zu orientieren" (Gläser, 2012, S. 156). Wie erkennt man das von außen? Wissenschaftliche Gemeinschaften sind für die Zuweisung von Ressourcen und Reputation verantwortlich und nehmen damit starken Einfluss auf die Motivation zur naturwissenschaftlichen Forschung (vgl. Kap. 2). Daraus lassen sich ein paar Kriterien ableiten, wie Laien naturwissenschaftliche Expertise erkennen können:

- Verfügen über Forschungsmittel und weitere Ressourcen, z. B. indem Projekte öffentlich gefördert werden (z. B. BMBF, DFG, namhafte Stiftungen)
- Publikationen in bedeutenden wissenschaftlichen Journalen oder Handbüchern, die Peer-Review zur Absicherung der Forschungsgüte einsetzen
- Anerkenntnis der Expertise durch weitere Wissenschaftler/innen, was sich z. B. durch eingeladene Vorträge oder Einladungen zu Forschungsaufenthalten zeigt
- häufiges Zitieren durch andere Wissenschaftler/innen
- Einladungen als Plenarreferent wissenschaftlicher Tagungen und Empfang von Preisen und Auszeichnungen von Fachgesellschaften mit wissenschaftlichem Hintergrund
- guter Ruf innerhalb der Wissenschaftlergemeinschaft und darüber hinaus
- erfolgreiche Zertifizierung über Diplome und Promotionen an öffentlichen Hochschulen

Die Geltung der Kriterien ist nicht immer leicht zu erkennen. Sie sind auch nicht unfehlbar. Wendet man sie an, kann man Mainstream-Wissenschaft deutlich leichter erkennen als Wissenschaft, die in Nischen stattfindet. Aber sie sind vielleicht das Beste, was Laien nutzen können, um qualitätsvolle wissenschaftliche Praxis von anderen Praxen zu unterscheiden. Wenn man sie anwendet, stellt man eher die Frage, wem man Vertrauen entgegen bringen kann, als die Frage nach der Gültigkeit und Wahrheit von wissenschaftlichen oder vermeintlich wissenschaftlichen Aussagen (vgl. Kolstø, 2001).

Beispiel 3

Es ist bemerkenswert, wie unterschiedlich über Treibhauseffekt und Klimawandel berichtet wurde. Man findet Spiegel-Cover, die extreme Untergangsszenarien wie den meerumspülten Kölner Dom heraufbeschwören (Spiegel 33/1986) bis hin zu skeptischen Berichten, die den Zweifel nähren, ob es den anthropogenen Klimawandel überhaupt gibt. Der öffentliche Diskurs oszillierte in den 1980er und 1990er Jahren noch stark zwischen Katastrophismus und Skeptizismus (Weingart, Engels & Pansegrau, 2002; Reusswig, 2010). Ist die Wissenschaft denn so unsicher? Und muss Politik nicht mit ihren Entscheidungen warten, bis die Wissenschaft endlich Sicherheit hergestellt hat?

Beispiel 3 illustriert, um den Klimawandel einzuschätzen, bedarf es unterschiedlichen Wissens und unterschiedlicher Kompetenzen. Man sollte wissen, dass naturwissenschaftliches Wissen an den Forschungsfronten und während seines Entstehungsprozesses oft unsicher und vorläufig ist, das ist normal! Das gilt im Kern auch für lange schon für wahr gehaltenes und in Lehrbüchern kanonisiertes Wissen, obwohl dies sich so gut bewährt hat, dass man es als sehr robust charakterisieren kann. Die Unterscheidung zwischen *science-in-the-making* und *ready-made-science* (Latour, 1987) ist hier sehr hilfreich, denn gerade wenn in gesellschaftlichen und politischen Diskursen mit naturwissenschaftlicher Evidenz argumentiert wird, ist die wissenschaftliche Befundlage oft noch im Entstehen und entsprechend unsicher und kontrovers.

Das Thema Klimawandel erreicht selbst naturwissenschaftlich gebildete Laien v. a. über Massenmedien. Vermittelt über Medien nehmen Laien an politischen Entscheidungsdiskursen teil. Die Diskurslogiken der Medien, der Politik und der Naturwissenschaften sind dabei recht verschieden (Weingarten et al., 2002). Während die Naturwissenschaften an Glaubwürdigkeit orientiert sind, ist die Politik am Handeln und sind die Medien an Aufmerksamkeit orientiert. Die Darstellung naturwissenschaftlicher Wissensbestände durchläuft in den Medien daher Transformationen. Weil Politik entscheiden muss, ist sie an klaren, einfach strukturierten wissenschaftlichen Zusammenhängen interessiert. Weil Medien Aufmerksamkeit erzeugen müssen, sind sie daran orientiert, aus dem Klimawandel Ereignisse zu konstruieren. Es bedarf also eines kritischen Umgangs mit Medien (*media literacy*) als auch eines fundierten Wissens über politische Entscheidungssysteme (*political literacy*) (Hodson, 2013). Naturwissenschaftliches Fachwissen dient dazu, die jeweiligen Problemlagen wie Treibhauseffekt und Klimawandel in ihren Grundzügen nachvollziehen zu können. Mit Wissen über die Natur der Naturwissenschaften kann man darüber hinaus verstehen, dass Wissensbestände theorie- und evidenzbasiert, prinzipiell vorläufig aber fundiert und zunehmend robust sind. Möchte man sich in dem komplexen Diskursgemenge eine Meinung bilden, bedarf es also eines Wissens über die Natur der Naturwissenschaften, über Politik und Medien in ihrem Zusammenhang. Daraus erwächst eher ein Richtziel für Unterricht über einzelne Fächer hinaus, die naturwissenschaftlichen Unterrichtsfächer schaffen das nicht allein.

Wissen über den Zusammenhang aus politischem Entscheidungs-, medialem Aufmerksamkeits- und naturwissenschaftlichen Erkenntnisdiskurs wird dann besonders bitter benötigt, wenn ein kontrovers diskutiertes Problem von sehr unterschiedlichen Überzeugungen und Interessenlagen gekennzeichnet ist.

Beispiel 4

Die in den letzten Jahrzehnten entbrannten und zum Teil auch wieder gelöschten Debatten um sauren Regen, passives Tabakrauchen oder polare Ozonlöcher demonstrieren v. a. eines: Hinter den jeweiligen Problemfeldern wirken in erheblichem Maße wirtschaftliche Interessen, die in den naturwissenschaftlichen Diskurs selbst, zumindest aber in dessen mediale Inszenierung tief eingreifen. Ein wiederkehrendes Muster im öffentlichen Diskurs besteht darin, dass Vertreter der Politik und Wirtschaft, deren Interessenlagen akut bedroht werden, zu groß angelegten Gegenerzählungen anstiften (vgl. Oreskes & Conway, 2010):

Eine mögliche Schädigung der Ozonschicht in der Stratosphäre durch den Einfluss des Menschen wurde erstmals zu Beginn der 1970er Jahre diskutiert. Wissenschaftliche Befunde, die eine schädigende Wirkung von auf Chlor-Verbindungen basierenden Treibgasen auf die Ozonschicht nahelegten, wurden wiederholt und gezielt diskreditiert. Selbst wenn die wissenschaftliche Befundlage längst nahelegte, dass die Schädigung der Ozonschicht mit hoher Wahrscheinlichkeit anthropogene Ursachen hat, wurde in den öffentlichen Medien das Narrativ verbreitet, dass die Befundlage unsicher sei und dass es natürliche Erklärungen für das Ozonloch gebe. Dabei wurde der Versuch unternommen, die Emission von Chlor durch Vulkane als glaubwürdige Erklärung zu etablieren. Zugleich wurden Wissenschaftler durch die Erzählung vom menschengemachten Ozonloch diskreditiert, weil es ihnen angeblich nur darum ginge, Angst und Hysterie zu verbreiten, um sich umso leichter weitere Forschungsmittel zu sichern. Um solche Gegenerzählungen zur naturwissenschaftlichen Befundlage in die Welt zu setzen, bedienen sich die jeweiligen Akteure eher der Massenmedien und kaum wissenschaftlicher Publikationsorgane. Fatal daran ist, dass diese Akteure sogar etablierte Naturwissenschaftler sein können. Fred Singer, ein US-amerikanischer Atmosphärenphysiker und Mitglied der *Heritage*

Foundation, die sich von einer ganzen Reihe von Banken und Unternehmen wie General Motors, Chase Manhatten und Mobile Oil finanzieren ließ, war in den USA der 1980er Jahre für die Verbreitung einer solchen Gegenerzählung verantwortlich. Obwohl seine Argumente bereits dem Arbeits- und Erkenntnisstand eines breiten Teils der *scientific community* widersprachen, vertrat er stellvertretend für die Interessen der Wirtschaft und Teile der konservativen Politik die Meinung, dass FCKW nicht verboten werden müsse. Singer wies dabei strategisch auf die Tatsache hin, dass die wissenschaftliche Befundlage strittig sei (Oreskes et al., S. 125ff). Ähnliche Argumente hört und liest man auch heute noch v. a. aus den USA, wenn es um den anthropogenen Treibhauseffekt geht. Tatsache ist, dass hier ein Charakteristikum der Naturwissenschaften, nämlich an ihren Forschungsfronten unsicher zu sein, für die Durchsetzung einer parteiischen Interessenlage missbraucht wurde.

Natürlich ist wissenschaftliches Wissen oft unsicher, gerade in sehr aktuellen, noch nicht kanonisierten und sowohl theoretisch als auch empirisch strittigen Forschungsbereichen. Aber Unsicherheit ist eben ein Merkmal der Naturwissenschaften an sich, das die Politik keineswegs davon befreit, Entscheidungen auch unter Bedingungen wissenschaftlicher Unsicherheit zu fällen. Für ein Lernen über die Natur der Naturwissenschaften kommt es darauf an zu erkennen, dass die Naturwissenschaften immer wieder Teil gesellschaftspolitischer Auseinandersetzungen sein können, dass sich selbst Naturwissenschaftler/innen hier einspannen lassen, dass Vorläufigkeit und Unsicherheit des Wissens ein Normalzustand jeder Wissenschaft sind, diese Eigenschaften naturwissenschaftlichen Wissens aber in öffentlichen Diskursen allzu gern missbraucht werden, um die eigenen politischen und ökonomischen Interessen durchzusetzen.

6.2 Begründungen für das Lernen über Natur der Naturwissenschaften

Wenn naturwissenschaftlicher Unterricht die Natur der Naturwissenschaften thematisiert, nimmt er eine wissenschaftspropädeutische Funktion wahr (Hößle, Höttecke & Kircher, 2004; Langlet, 2001). Damit ist die Anbahnung wissenschaftlichen Denkens und Handelns gemeint: Schülerinnen und Schüler sollen über Kenntnisse grundlegender naturwissenschaftlicher Inhalte und Methoden verfügen und damit die Möglichkeiten und Grenzen wissenschaftlichen Wissens und Handelns reflektieren können. Die Reflexion geschieht nicht nur im Lichte naturwissenschaftlichen Fachwissens, sondern kann im Lichte erkenntnis- und wissenschaftstheoretischen sowie wissenschaftshistorischen oder -soziologischen Wissens erfolgen.

Eine wissenschaftspropädeutische Funktion wurde bislang eher für den naturwissenschaftlichen Unterricht der gymnasialen Oberstufe empfohlen (Schecker, Fischer & Wiesner, 2004). Aber auch schon in der Sekundarstufe I kann wissenschaftspropädeutischer Unterricht der Orientierung in einer komplexen Welt dienen, die von naturwissenschaftlich-technischem Denken, Erkenntnisbeständen und Methoden bestimmt ist.

Der aus dem Englischen übernommene Begriff *scientific literacy* (vgl. Kap. 3, 5) umreißt eine weite Zielperspektive für naturwissenschaftlichen Unterricht. Man kann Naturwissenschaften einerseits aus einer Innensicht heraus betrachten. Dies ist die Perspektive des Novizen in den Naturwissenschaften, der sich fachtypische Arbeitsweisen, Begriffe, Theorien, Konzepte, Modelle, Experimente, Instrumente und Apparaturen sowie Problemlösemuster anhand einschlägiger Beispiele aneignet. Andererseits kann man Naturwissenschaften aus einer Draufsicht heraus verstehen. Naturwissenschaften werden dann in einem weiteren Kontext im Sinne der SSIs betrachtet. Diese beiden Perspektiven wurden als Vision I und II von *scientific literacy* bezeichnet (Roberts & Bybee, 2014). Vision I entspricht dabei einer eher traditionellen Perspektive fachlichen Lernens, während Vision II Naturwissenschaft als Produkt und Prozess aus einer gesellschaftspolitischen Perspektive beleuchtet und das Ziel verfolgt, den Lernenden zu emanzipieren.

Für beide Visionen von *scientific literacy* ist die Perspektive auf die Natur der Naturwissenschaften essentiell: Beim Lernen fachspezifischen Wissens (Vision I) bedarf es eines begrifflich-konzeptionellen Wissens darüber, wie man über unterschiedliche Wissensarten in den Naturwissenschaften sprechen kann. Was z. B. ist ein Modell, wenn über Atommodelle gelernt wird? Was ist ein Konzept, wenn das Konzept des Gens im Biologieunterricht eingeführt wird? Was ist ein Gesetz, wenn das Gesetz der Erhaltung der Masse in Chemie thematisiert wird? Und was ist eine Theorie, wenn von der speziellen Relativitätstheorie der Physik die Rede ist? Ähnlich fraglich können die Begriffe Erklärung, Wahrheit, Ursache, Wissen, Hypothese, Bestätigung, Evidenz oder Idealisierung sein. Sobald man die Sprache der Naturwissenschaften über ihre eigenen Erkenntnispraxen thematisiert und nach den Bedeutungen der Begriffe fragt, verlangsamt sich der Unterricht und man beginnt im Klassenraum, Wissenschaftsphilosophie zu betreiben (Matthews, 1994, S. 87).

Weiterhin werden im naturwissenschaftlichen Unterricht Arbeitsweisen eingeführt und eingeübt: Fragen stellen, beobachten, vergleichen, ordnen, klassifizieren, bilanzieren, modellieren, mathematisieren, experimentieren usf.. Auch hier befindet man sich mitten im Lernbereich Natur der Naturwissenschaften, sofern man Anlässe schafft, auf naturwissenschaftliches Arbeiten zu reflektieren: Was macht

6.2 Begründungen für das Lernen über Natur der Naturwissenschaften

die Naturwissenschaftlichkeit einer Frage aus? Was unterscheidet naturwissenschaftliches Beobachten vom Hingucken im Alltag? Wie kommt man auf ein so großartiges Ordnungssystem wie das Periodensystem der Elemente? Wie können Taxonomien der Lebewesen aufgestellt und gerechtfertigt werden? Wie kann man die Güte eines Modells in den Naturwissenschaften einschätzen? Welche Arten des Experimentierens gibt es? Und was unterscheidet ein naturwissenschaftliches Experiment vom „Experimentieren" mit Zutaten in der Küche, um ein Kuchenrezept zu verbessern?

Für die Vision II von *scientific literacy* kann die Natur der Naturwissenschaften in folgender Hinsicht relevant sein: Naturwissenschaften und Technik beeinflussen das gesellschaftliche, politische und persönliche Leben in erheblichem Maße. Zahlreiche Entscheidungen, die in diesen Bereichen getroffen werden, haben naturwissenschaftliche Voraussetzungen und Implikationen, die es zu verstehen gilt, um fundierte Entscheidungen nachzuvollziehen, selbst zu treffen und zu vertreten (vgl. Kap. 5). In diesem Sinne dient Wissen über die Natur der Naturwissenschaften dazu, zwischen guter, schlechter oder auch Pseudo-Wissenschaft zu unterscheiden, kritische Urteile darüber zu fällen, was man glauben soll, und wissenschaftliches Wissen dazu zu nutzen, um Entscheidungen im persönlichen Bereich, im Berufsleben oder in der Öffentlichkeit zu fundieren (vgl. die Beispiele oben). In diesem Sinne bezeichnet *scientific literacy* eine kritische „Konsumentenhaltung" den Naturwissenschaften gegenüber (Hodson, 2008, S. 3).

Weitere Argumente für das Lernen über Natur der Naturwissenschaften werden in der fachdidaktischen Literatur herausgestellt (z. B. Driver, Leach, Millar & Scott, 1996; Kircher & Dittmer, 2004):

- *Nützlichkeits-Argument*: unterstützt das Verstehen der Naturwissenschaften v. a. mit Bezug auf technische Prozesse und Objekte im Alltag.
- *Demokratisches Argument*: unterstützt dabei, an gesellschaftlich relevanten und naturwissenschaftlich bedeutsamen Problemen informiert teilhaben und mitentscheiden zu können. Dies ist die Perspektive, die eine an *socio scientific issues* (SSI) orientierte Didaktik einnimmt (s. o.).
- *Kulturelles Argument*: klärt darüber auf, dass Naturwissenschaften ein wichtiger Teil und eine Errungenschaft unserer Kultur sind und unser Selbstverständnis prägen.
- *Moralisches Argument*: verdeutlicht den sittlich-moralischen Wert von Normen wissenschaftlichen Handelns wie Redlichkeit oder Ehrlichkeit, wie sie auch über die Naturwissenschaften hinaus erstrebenswert sind, einschließlich eines Berufsethos (vgl. Kap. 2).

- *Lernpsychologisches Argument*: unterstützt das Lernen naturwissenschaftlicher Begriffe und Konzepte, wenn auf die „Natur" von Wissen und Wissenserwerb in den Naturwissenschaften reflektiert wird. Wenn Wissen z. B. als aktiver Konstruktionsprozess verstanden wird, können Strategien der aktiven Wissensaneignung unterstützt werden. Zusammenhänge zwischen subjektiven Vorstellungen über Wissen und Wissenserwerb und Lernstrategien konnten bereits gezeigt werden (z. B. Edmondson & Novak, 1993; Urhahne, 2006; Stathopoulou & Vosniadou, 2007)

6.3 Elementarisierung der Natur der Naturwissenschaften

Die Elementarisierung der Natur der Naturwissenschaften ergibt sich aus der Analyse einer fachlichen Perspektive (Welche akademischen Perspektiven gibt es auf die Natur der Naturwissenschaften? Vgl. die Position in diesem Band in Kap. 2) unter Berücksichtigung von Schülerperspektiven (Welche Vorstellungen über die Natur der Naturwissenschaften haben Schülerinnen und Schüler?) (Kattmann, Duit, Gropengießer & Komorek, 1997). Für die Schülerperspektiven wurde eine Reihe ernüchternder Befunde berichtet (Überblick Höttecke, 2001). Schülerinnen und Schüler haben eine tendenziell naive Sicht auf Naturwissenschaftler/innen im Sinne comicartiger, männlicher und absonderlicher Stereotype, der mal besonders wissensdurstig, mal gefährlich oder mal besonders hilfreich, immer aber fremd vorgestellt wird. Naturwissenschaftler werden von ihrem diffusen Wissensdrang angetrieben. Schülerinnen und Schüler haben zudem eine Tendenz zu einem naiven ontologischen Realismus und eine naiv-empiristische Vorstellung von naturwissenschaftlichen Arbeitsweisen. Es wird ferner kaum eingesehen, dass Naturwissenschaften eine soziale, in Institutionen verankerte Praxis unter Experten/innen ist, die miteinander aushandeln, was sie für gültiges Wissen erachten und die sich gegenseitig kontrollieren (vgl. Kap. 2). Einer gelingenden Meinungs- und Urteilsbildung im Sinne der Vision II von *scientific literacy* stehen diese Vorstellungen vermutlich entgegen. Allerdings konnte für einige Dimensionen der Natur der Naturwissenschaften gezeigt werden, dass die Vorstellungen von Schülerinnen und Schülern sich im Verlauf der Sekundarstufe I leicht positiv entwickeln, wobei die Befunde zugleich zeigen, dass die Vorstellungen in den unteren Jahrgängen 5 und 6 verglichen mit höheren Jahrgängen der Sek. I noch kaum konsistent sind (Kremer & Mayer, 2013).

Aufbauend auf dieser Befundlage wurden unterschiedliche Vorschläge gemacht, wie man Lehren und Lernen über Natur der Naturwissenschaften strukturieren

6.3 Elementarisierung der Natur der Naturwissenschaften

kann. Ein einheitlicher Vorschlag ist kaum zu erwarten, weil die Art und Weise, wie Wissenschaftsgeschichte, -psychologie, -philosophie und -soziologie in den letzten Jahrzehnten über Naturwissenschaften geforscht haben, zu keinem einheitlichen Bild davon geführt haben, wie man über Naturwissenschaften denken kann. In den letzten Jahren wurden zusätzlich Querverbindungen zur psychologischen Forschung über sogenannte epistemologische Überzeugungen sichtbar. Damit sind Überzeugungen über die Natur des Wissens und Wissenserwerbs (nicht nur in den Naturwissenschaften!) gemeint. Instrumente zur Erhebung von Vorstellungen im Bereich Natur der Naturwissenschaften lehnen sich z. T. an diese Forschung an (vgl. Neumann & Kremer, 2013).

In den naturwissenschaftlichen Fachdidaktiken wurden häufig sogenannte Konsens-Listen zitiert, die auf Analysen von Standard- und Lehrplan-Dokumenten basieren (z. B. McComas, Clough & Almazroa, 1998). Sie stellen eine knappe und dichte Kriterienliste über Naturwissenschaften dar, die Elementarisierung anleiten kann. Solche Listen sollen aber nicht so missverstanden werden, dass sie von Schülerinnen und Schülern gleichsam auswendig gelernt werden sollen (Lederman & Lederman, 2014). Die aktuellen US-amerikanischen Bildungsstandards beschreiben Natur der Naturwissenschaften entlang der folgenden Liste[6]:

- Scientific Investigations Use a Variety of Methods
- Scientific Knowledge is Based on Empirical Evidence
- Scientific Knowledge is Open to Revision in Light of New Evidence
- Scientific Models, Laws, Mechanisms, and Theories Explain Natural Phenomena
- Science is a Way of Knowing
- Scientific Knowledge Assumes an Order and Consistency in Natural Systems
- Science is a Human Endeavor
- Science Addresses Questions About the Natural and Material World

Eine kritische Position zu Konsens-Listen nimmt z. B. Allchin (2011) ein, der generell bestreitet, dass solche Listen überhaupt etwas Relevantes über die Natur der Naturwissenschaften abbilden. Vielmehr geht es ja um den Aufbau eines Wissens- und Fähigkeitsgefüges, dass Schülerinnen und Schüler dazu befähigt, an – wie oben an den SSI gezeigt – naturwissenschaftlich informierten Entscheidungsproblemen erfolgreich partizipieren zu können. Das Problem, so Allchin, besteht für den naturwissenschaftlich informierten Laien eher darin festzustellen, wie man in den Naturwissenschaften Glaubwürdigkeit herstellt.

---

6 http://www.nextgenscience.org

Tatsächlich tut man den Naturwissenschaften immer ein wenig Gewalt an, wenn man knappe Listen über ihre Eigenschaften und Charakteristika verfasst. Wie im Hinblick auf das Demarkationsproblem der Naturwissenschaften in Kap. 2 gezeigt wurde, ist es gar nicht so einfach zu sagen, was Naturwissenschaften sind und was nicht. Dennoch bedarf es einer Konkretisierung, sobald man curriculare Lehrziele formulieren oder auch Testungen von Vorstellungen und Kompetenzständen initiieren möchte.

Einen alternativen Weg zu einer Elementarisierung der Natur der Naturwissenschaften beschreiben Ansätze, die nach Familienähnlichkeiten unterschiedlicher Naturwissenschaften fragen. Dieser Ansatz beruht auf einer Idee Wittgensteins, dass sich Begriffe nicht immer durch Taxonomien exakt klassifizieren lassen. Zum Beispiel ist es mit einer Taxonomie kaum möglich, die notwendigen und hinreichenden Bedingungen dafür anzugeben, was ein Spiel ist. Ähnlich unscharfe Grenzen hat der Begriff Naturwissenschaft. Ein Ausweg bietet die Anwendung globaler Kategorien, die von einer Naturwissenschaft auch nicht notwendigerweise vollständig erfüllt sein müssen, um als Naturwissenschaft zu gelten. Man muss z. B. der Astronomie nicht absprechen, eine Naturwissenschaft zu sein, obwohl das Experiment seit Bacon als entscheidendes Charakteristikum neuzeitlicher Naturwissenschaft gilt und Astronomen zwar beobachten, aber Objekte wie Galaxien nicht in Experimenten manipulieren können. Was Beobachten in den Naturwissenschaften konkret bedeutet, variiert sehr stark. Eine Beobachtung in der Zoologie ist von einer Beobachtung in der Hochenergiephysik sehr verschieden. Die Familienähnlichkeit entlang der Kategorie Beobachtung ist daher notwendigerweise unscharf. Ferner wurde aus der theoretischen Perspektive der Familienähnlichkeit kritisiert, dass Kurzlisten über die Natur der Naturwissenschaften einen monolithischen Blick auf die Naturwissenschaften werfen, der ihren Facettenreichtum, ihre Unterschiedlichkeit, die große Bedeutung forschungsmethodologischer Fragen und die Einbindung von Naturwissenschaft in Kultur und Gesellschaft einebnet (Irzik & Nola, 2011; Erduran & Dagher, 2014).

Im Rahmen des Familienähnlichkeitsansatzes lässt sich ein holistisches Modell globaler Eigenschaften der Naturwissenschaften konzipieren. Erduran und Dagher, (2014) schlagen vor, die kognitiv-epistemischen Praxen von Naturwissenschaftlern/innen ins Zentrum zu stellen. Sie umfassen Ziele, Normen und Werte, nach denen sich Forschung richtet, Methoden und methodologische Regeln, konkrete, materielle und instrumentelle Praktiken (z. B. eine Bakterienkultur anlegen, ein Oszilloskop kalibrieren) und geteilte Wissensbestände. Ihr Modell umfasst darüber hinaus die soziale und institutionelle Dimension der Natur der Naturwissenschaften. Naturwissenschaften sind in komplexe Normen und Werte-Gefüge integriert, verfolgen ein eigenes Ethos, sind durch spezifische professionelle Handlungsmuster gekennzeichnet oder von eigenen Formen der sozialen Auslese, Kontrolle und Belohnung gekennzeichnet. All das geschieht nicht isoliert, sondern ist in ein gesellschaftliches, politisches und ökonomisches System eingelassen, das in enger Wechselbeziehung zur Naturwissenschaft im engeren Sinne gedacht werden muss. Eine solche Sichtweise auf das Problem der Elementarisierung der Natur der Naturwissenschaften ist mit der oben zitierten Forderung, dass *scientific literacy*, *media literacy* und *political literacy* in ihrem Zusammenhang gedacht und letztlich gefördert werden müssen, in hohem Maße kompatibel.

6.4 Unterricht über die Natur der Naturwissenschaften gestalten

Die Frage, wie man Unterricht über die Natur der Naturwissenschaften gestalten kann, stellt sich zwingend, denn man kann ihr nicht entgehen. Selbst, wenn man als Lehrkraft überhaupt nicht die Absicht verfolgt, über dieses Thema zu unterrichten, wird man mit jeder Art naturwissenschaftlichen Unterrichts Vorstellungen über Naturwissenschaften, wissenschaftliche Arbeitsweisen, Wissen, Methoden, Motive etc. entwickeln. Man stelle sich eine klassische Unterrichtssituation vor, in der ein unbekanntes Phänomen oder neues Konzept anhand einer Lehrer-Demonstration eines einschlägigen Schulversuchs vorgenommen wird. Auch ganz ohne expliziten Fokus auf die Natur der Naturwissenschaften könnten unter der Hand zahlreiche Botschaften übermittelt werden (vgl. Höttecke, 2008):

- Naturwissenschaften beginnen mit Experimentieren
- Experimente haben keine theoretischen Voraussetzungen
- Modelle und Erklärungen ergeben sich mehr oder weniger eindeutig aus Experimenten
- Experimente macht man, um etwas herauszufinden
- Erklärungen und Experimente fügen sich widerspruchslos ineinander
- Erklärungen sind eindeutig, andere gibt es nicht
- Vom Einzelfall schließt man auf den allgemeinen Fall
- Man kommt nicht von allein auf solche Phänomene und Erklärungen, Forscher müssen sehr intelligent sein
- Forschung ist frei von Zwecken, sie dient nur sich selbst.

Der Unterricht könnte so selbst zur Quelle problematischer Vorstellungen über Physik, Biologie oder Chemie werden!

Plant man Unterricht, will man eine lernwirksame didaktische Struktur erzeugen. Sie umfasst zahlreiche Planungsentscheidungen, z. B. über zentrale Inhalte, Ziele, Methoden, Medien, Aktionsmuster oder Sozialformen des Unterrichts, die auf der Seite der Lernsubjekte Interessen auslösen oder stabilisieren, motivieren und kognitiv aktivieren sollen. Für die Natur der Naturwissenschaft gilt es ferner zu klären, ob Lernen in diesem Lernbereich

- en passant stattfindet – man lernt es einfach nebenher, selbst ohne Unterricht
- implizit stattfindet – man lernt es in einem Unterricht einfach mit, der hinreichend naturwissenschaftliche Inhalte darstellt und Methoden verwendet
- explizit stattfindet – man lernt es nur, wenn es auch ein transparentes Lernziel ist und eigens eingerichtete Lerngelegenheiten gibt, über die Natur der Naturwissenschaften zu lernen.

Die fachdidaktische Forschungslage ist hier recht eindeutig. Wirksame Lerngelegenheiten zum Lernen über die Natur der Naturwissenschaften sind so angelegt, dass sie explizit sind und vielfältige Reflexionen der Schülerinnen und Schüler ermöglichen (z. B. Khisfhe & Abd-El-Khalick, 2002).

Für einen expliziten Unterricht über die Natur der Naturwissenschaften sind eine Reihe unterschiedlich aufwändiger didaktischer Ideen und Methoden entwickelt worden (vgl. Höttecke, 2008):

Unsichere Evidenz im Klassenraum – Spontanität ist gefragt

Ganz ungeplant können im naturwissenschaftlichen Unterricht Demonstrations- oder Schülerversuche „schief" gehen (Ruhrig & Höttecke, 2015). Beispiele: Zwei Körper mit elektrisch gleichnamigen Ladungen sollen sich elektrostatisch abstoßen, aber die Körper bleiben aneinander haften. Unter dem Mikroskop sollen Pflanzenzellen untersucht werden, aber einige Schülerinnen und Schüler berichten über zwei beobachtete Zellkerne. Magnesium wird verbrannt, aber Schüler berichten, dass das Magnesium vor der Verbrennung mehr gewogen habe als das Oxyd. Für die Lehrkraft lauter erwartungswidrige Befunde!

Solche kritischen Unterrichtsituationen kann man im Sinne des Lernens über die Natur der Naturwissenschaften nutzen, sofern man spontan genug ist und fachliche Lernziele für einen Moment (oder auch länger) zurückstellt. Dann steht die Frage im Raum, was wäre, wenn „echte Naturwissenschaftler/innen" unser Problem hätten? Eine Lehrkraft kann nun darauf hinweisen, dass widersprüchliche Beobachtungen in der Wissenschaft vorkommen und das Wissen unserer Schulbücher viel eindeutiger wirkt, als dies für Wissen an den Forschungsfronten oft gilt. Mit der Klasse kann man diskutieren, wie man möglichst wissenschaftlich mit einer unklaren empirischen Befundlage umgehen soll. Die Schülerinnen und Schüler können dann überlegen, ob und inwiefern ihr eigenes Handeln dem Handeln „echter" Naturwissenschaftler/innen gleicht. Schließlich kann man mögliche Ursachen für die unterschiedlichen Beobachtungen sammeln und systematisieren, um dann zu überlegen, wie man zu eindeutigeren und unzweifelhaften Beobachtungen gelangen könnte. Unterschiedliche Beobachtergruppen könnten das gleiche Experiment beobachten, sodass geprüft wird, ob problematische Befunde überhaupt replizierbar sind. Falls das so ist, muss man Erklärungen überlegen und prüfen. Vielleicht wird man einräumen müssen, dass man sich über ein Phänomen noch weiteres Wissen erarbeiten muss. Das sind alles sehr wissenschaftliche Strategien, die dazu Anlasse geben, darauf zu reflektieren, wie man im Unterricht und in der „echten" Naturwissenschaft Wissen erarbeitet und rechtfertigt!

Forschend-entdeckender Unterricht

Forschend-entdeckendes Lernen zeichnet sich durch offene, komplexe und zunächst unübersichtliche Problemstellungen aus, die die Schülerinnen und Schüler möglichst selbsttätig lösen:

> „Die Lernenden gehen von (selbst) gestellten naturwissenschaftlichen Fragen oder Problemen aus. Sie explorieren Probleme oder Phänomenbereiche, entwickeln und planen auf dieser Basis eigene Untersuchungen, führen Beobachtungen und Experimente durch, stellen Messergebnisse sachgerecht dar, analysieren und diskutieren sie und erschließen weitere Informationsquellen. Sie erklären Phänomene und lösen Probleme im Lichte bereits bekannten Wissens und selbst generierter Evidenz. Sie treffen begründete Vorhersagen und kommunizieren über ihre oft unterschiedlichen Vorgehensweisen und Resultate. Sie generieren und präzisieren neue Fragen oder Probleme, die weiteres forschend-entdeckendes Lernen motivieren" (Höttecke, 2010, S. 5).

Schülergruppen simulieren nach diesem Ansatz naturwissenschaftliche Forschung. Sie bilden im Klassenraum „Wissenschaftlergemeinschaften", die unterschiedliche Strategien und Lösungen entwickeln, präsentieren und gegen Einwände verteidigen. Es muss dabei deutlich werden, dass die Qualität wissenschaftlichen Argumentierens davon abhängt, Evidenz zu nutzen und theoretische Bezüge herzustellen. Falls Forschertagebücher geführt werden, können die eigenen Lern- und Arbeitsprozesse reflektiert und mit den abschließend „publizierten" Arbeitsergebnissen verglichen werden. Die Unterschiede, die dann sichtbar werden, ermöglichen Reflexionen über den Unterschied zwischen Wissenschaft als Prozess und als Produkt (Clough, 1997). Es zeigt sich allerdings, dass geöffnete experimentelle Lernaufgaben kaum wirksam für Lernen über Natur der Naturwissenschaften sind, wenn sie als implizite Lerngelegenheiten konzipiert werden (Hofheinz, 2008).

Black-Box-Experimente

Die Black-Box-Methode wird oft genutzt, um die Problemlösefähigkeiten zu fördern. In einem Kästchen oder Beutel sind Objekte verborgen. Man kann diese Objekte manipulieren, aber sie bleiben verborgen, man weiß nicht, was darin ist. Die Methode kann auch genutzt werden, um auf Erkenntnisprozesse in den Naturwissenschaften zu reflektieren (vgl. Vorschläge von Günther, 2008). Zum Beispiel kann eine optische Black Box vom Lehrer mit mehreren Spiegeln bestückt werden (Woortmann & Höttecke, 2010). Schaut man nun durch seitliche Schlitze in die Box oder leuchtet mit einer Taschenlampe hinein, kommt es zu unterschiedlichen Beobachtungen. Aufgabe der Schülerinnen und Schüler ist es nun, Hypothesen über die innere Struktur der Box zu entwerfen, zu prüfen und zu verfeinern, die mit den Beobachtungen in Einklang stehen. Diese Tätigkeit wird als Anlass genommen, das eigene Vorgehen mit naturwissenschaftlichen Arbeitsweisen zu vergleichen. Die Black Box wird als Analogie zu Erkenntnisproblemen in der Naturwissenschaft, insbesondere dem Problem der Entwicklung von Modellen verwendet. Sie darf nicht geöffnet werden, denn Naturwissenschaftler/innen können z. B. auch nicht in ein Atom hineinschauen, um ein Atommodell zu validieren. Naturwissenschaftler/innen sind – ganz wie bei der Black Box – darauf angewiesen, empirische Evidenz im Lichte ihrer Theorien zu interpretieren. Allerdings können die Lernenden beim Umgang mit Black Boxen Schwierigkeiten dabei haben, das am einzelnen Fall entwickelte Modellverständnis zu erweitern und auf andere Kontexte zu übertragen (Koch, Krell & Krüger, 2015).

Szenische Dialoge

In szenischen Dialogen treffen historische Protagonisten der Naturwissenschaften aufeinander, um sich über ihre widerstreitenden Ideen und Konzepte auszutauschen (z. B. Höttecke, Henke & Rieß, 2011; Kasper, 2008; Leisen 2008). Die Situationen sind erkennbar fiktiv, denn es können sogar Personen unterschiedlicher Epochen aufeinandertreffen. Komplexe Sachzusammenhänge werden in dialogischer Form präsentiert und können erlesen oder auch erspielt werden. Naturwissenschaftliche Ideen erhalten damit ein Gesicht. Szenische Dialoge können Anlass dazu geben, über das Verhältnis von Theorie und Empirie in den Naturwissenschaften nachzudenken. Sie zeigen, dass empirische Evidenz unterschiedlich gedeutet werden kann und dass die Naturwissenschaften etwas ständig Werdendes und kultur-historisch Bedingtes sind.

Historische Fallstudien

Fallstudien ermöglichen authentische Perspektiven auf die Naturwissenschaften als Prozess. Zugleich kann nachvollzogen werden, warum man naturwissenschaftliche Begriffe und Konzepte eingeführt und gegebenenfalls auch verändert hat. Historische Fallstudien können daher sowohl das fachliche Lernen im engeren Sinne als auch Lernen über die Natur der Naturwissenschaften unterstützen. So wird erkennbar, dass naturwissenschaftliche Erkenntnisbestände nicht vom Himmel fallen, sondern Produkte von Menschen in je spezifischen historischen Situationen sind (Höttecke & Barth, 2011).

Fallstudien sollen generalisierbare Aspekte der Natur der Naturwissenschaften exemplarisch aufzeigen. Sie umfassen eine Reihe von Schüleraktivitäten wie z. B. Aufgaben. Sie können eine Reihe von Teil-Erzählungen über die Geschichte der Naturwissenschaften umfassen, die in ihrer chronologischen Ordnung einen roten Erzählfaden ergeben (ebd.). Hofheinz (2008) kann erfolgreich zeigen, dass Schülervorstellungen über Natur der Naturwissenschaften sich in einem Gruppenpuzzle über die historische Genese der Säure-Base-Definition entwickeln, das implizit-vorstrukturierte Lerngelegenheiten enthält.

Die Schüleraktivität kann durch den Einsatz historischer Nachbauten von Experimenten gesteigert werden (Heering & Höttecke, 2014). Ähnlich dem Ansatz des forschend-entdeckenden Lernens werden historische Konfliktsituationen zunächst einmal von den Schülerinnen und Schülern selbst experimentell erforscht. Die Lösungen der „echten" historischen Protagonisten dienen als Vergleichshorizonte der eigenen Arbeit. Da die historischen Originaltexte für Schülerinnen und Schüler oft zu komplex sind oder Befremden auslösen, können sie vereinfacht werden. Alternativ kann die Lehrkraft durch Erzählungen in historische Situationen einführen (Clough, 2011; Kubli, 1998; Metz et al., 2007). Die Lernwirksamkeit von historischen Fallstudien konnte bereits nachgewiesen werden (Irwin, 2000; Galili & Hazan, 2001; Henke, 2016). Allerdings besteht die Gefahr, dass Schülerinnen und Schüler gegenüber der Geschichte eine herablassende Haltung entwickeln, indem sie historische Instrumente und Ideen im Vergleich zur Gegenwart als defizitär wahrnehmen (Henke, 2016).

Fallstudien aus der aktuellen Forschung

Fallstudien aus der aktuellen Forschung kontextualisieren die Natur der Naturwissenschaften auf authentische Weise. Wenn Texte eingesetzt werden, in denen Wissenschaftler/innen ihre Forschung einer breiten Öffentlichkeit darstellen, ergeben sich zahlreiche Reflexionsanlässe auf die Natur der Naturwissenschaften.

Clough (2006, S. 479) gibt das Beispiel einer Pressekonferenz, auf der Forscher/innen die Ergebnisse ihrer Suche nach dem Top-Quark präsentieren. Der Text kann zu Fragen anregen. Was ist überhaupt eine Entdeckung und was motiviert die Forscher zu ihrer Arbeit? Welche Funktionen haben dabei Theorien, Beobachtungen und Experimente?

Vexierbilder und Sinnestäuschungen

In den Naturwissenschaften müssen Beobachtungen und Daten interpretiert werden. Das geschieht immer mit einer gewissen Voreingenommenheit. In die Interpretationen von Beobachtungen und Daten spielen theoretische Annahmen bereits hinein. Vexierbilder und optische Sinnestäuschungen können im Unterricht dazu dienen, über die Möglichkeiten und Grenzen von Sinneswahrnehmungen zu reflektieren (Beispiele s. Grygier, 2008; Langlet & Schnackenberg, 2001). Vexierbilder geben Anlass zur Reflexion darauf, dass Sinneswahrnehmungen in erheblichem Maße Konstruktionen unseres Gehirns sind. Sinnestäuschungen lassen an der Zuverlässigkeit von Sinnesdaten grundsätzlich zweifeln und werfen die Frage nach den Voraussetzungen und der Zuverlässigkeit naturwissenschaftlichen Beobachtens auf. Die Methode regt dazu an, über die Grenzen und Möglichkeiten wissenschaftlicher Beobachtungen nachzudenken.

Explizit wissenschaftstheoretischer Unterricht

Wissenschaftstheorie versteht sich selbst als Methodologie der Wissenschaft. Sie erlaubt es, Verständnisprobleme der Schülerinnen und Schüler zu klären, die den inneren Zusammenhang einer Wissenschaft und ihrer Problemgeschichte betreffen (Witzleben, 2002). Die Lektüre begrenzter wissenschaftstheoretischer Texte kann auch im fächerübergreifenden Unterricht mit Philosophie den naturwissenschaftlichen Unterricht flankieren. Für den Physikunterricht in der Oberstufe wurde gezeigt, dass wissenschaftstheoretische Reflexionen wirksam und motivierend sind (Meyling, 1990). Wenn Schülerinnen und Schüler zum Beispiel experimentell an konkreten fachlichen Problemen arbeiten, dann können Perspektiven der Wissenschaftstheorie ihre eigenen Arbeitsweisen reflektieren helfen. Wissenschaftstheoretische Literatur steigert die Abstraktion. Eigene Vorstellungen von der Natur naturwissenschaftlichen Wissens, von den Mechanismen der Einlösung von Geltungsansprüchen oder naturwissenschaftlichen Prozessen können bewusst gemacht und weiter entwickelt werden. Leider sind geeignete Textsammlungen noch selten (z. B. Pfister, 2016 oder Bird & Ladyman, 2013)

Weiterführende Literatur

Erduran, S. & Dagher, Z.R. (2014). *Reconceptualizing the nature of science for science education. Scientific knowledge, practices and other familiy categories.* Dordrecht u. a.: Springer.

Hodson, D. (2008). *Towards Scientific Literacy: A Teachers' Guide to the History, Philosophy and Sociology of Science.* Rotterdam: Sense Publishes.

Hößle, C., Höttecke, D., & Kircher, E. (ed.) (2004). *Lehren und Lernen über die Natur der Naturwissenschaften – Wissenschaftspropädeutik für die Lehrerbildung und die Schulpraxis.* Baltmannsweiler: Schneider-Verlag Hohengehren.

Höttecke, D. (2008). Was ist Naturwissenschaft? Physikunterricht über die Natur der Naturwissenschaften. *Naturwissenschaften im Unterricht – Physik*, 19(103), 4-11.

Lederman, N.G. & Lederman, J.S. (2014). Research on Teaching and Learning of Nature of Science. In N. G. Lederman & S. K. Abell, *Handbook of research on science education* (pp. 600-620), Vol. II. New York: Routledge.

Matthews, Michael R. (1994). *Science Teaching. The Role of History and Philosophy of Science.* New York, London: Routledge.

McComas, W. F. (ed.) (1998). *The Nature of Science in Science Education. Rationales and Strategies.* Dordrecht [u. a.]: Kluwer Academic Publishers.

7 Naturwissenschaft und Sprache

Naturwissenschaftlicher Unterricht ist kein Sprachunterricht. Und doch ist Sprache für die Naturwissenschaften selbst und das Lernen naturwissenschaftlicher Begriffe und Konzepte sehr bedeutsam. In diesem Kapitel wird die Rolle von Sprache in den Naturwissenschaften aufgezeigt. Laien und Experten in den Naturwissenschaften denken hinsichtlich naturwissenschaftlicher Probleme nicht nur unterschiedlich, sie sprechen auch verschieden und beherrschen fachspezifische Symbolsysteme nicht im gleichen Maße. Beim Lernen wird von Schülerinnen und Schülern oft verlangt, Fachsprache vorschnell zu verwenden, obwohl Fachsprache beim Lernen Überforderung bewirken kann.

Das Sprechen und Schreiben in der Unterrichtssprache Deutsch zu fördern, ist selbst auch Ziel naturwissenschaftlichen Unterrichts. Hier entstehen besondere Probleme, wenn die Unterrichtssprache nicht ausreichend beherrscht wird, wie es für mehrsprachig aufwachsende Schülerinnen und Schüler der Fall sein kann, und sich der Fachunterricht zugleich an einer Norm der Monolingualität orientiert. In diesem Kapitel werden für dieses Problem einige Grundzüge einer naturwissenschaftlichen Fachdidaktik der Mehrsprachigkeit aufgezeigt.

7.1 Spracherwerb und -gebrauch in den Naturwissenschaften

Sprechen und Denken hängen auf unauflösbare Weise zusammen. Wenn man darüber nachdenkt, warum eine Holzkugel, wenn man sie wirft, nicht wieder hochspringt wie ein Fußball, so benötigt man Kategorien, die Eigenschaften der Objekte (z. B. Elastizität) und deren Verhältnis zueinander (elastischer und unelastischer Stoß) bezeichnen. Diese Kategorien sind einerseits kognitiver Art. Ich verfüge über eine mentale Repräsentation einer Holzkugel, weil ich als Kind Erfahrungen mit

Holzkugeln beim Basteln gesammelt habe und weiß, wie sie sich in der Hand anfühlen, wie sie rollen und stoßen. Holzkugeln sind bei mir andererseits sprachlich und zeichenhaft repräsentiert, denn ich kann meine mentalen Repräsentationen mit der Zeichenkette H-O-L-Z-K-U-G-E-L in Verbindung bringen und ausdrücken. Grundsätzlich sind Bedeutungen und sprachliche Zeichen auf eine, wie es der Sprachwissenschaftler de Saussure zu Beginn des 20. Jahrhunderts ausdrückte, arbiträre, also willkürliche Weise miteinander verbunden. Er meint damit, dass es in keiner Weise im Wesen dieser Zeichenkette liegt, dass sie z. B. hölzerne Kugeln zu repräsentieren vermag. Die semiotische Repräsentation ist eine Leistung kompetenter Sprachnutzer. Diese Verbindung von Zeichen und Bedeutung ermöglicht Sprache und erlaubt es, dass Begriffe und mentale Repräsentationen aufeinander bezogen und ausgedrückt werden können. Diese generelle semiotische Einsicht gilt natürlich auch für die Sprache in den Naturwissenschaften. Um gleich im Beispiel zu bleiben: Die mentalen Repräsentationen von Holzkugeln können sich gravierend unterscheiden, je nachdem ob man Physiker/in, Tischler/in oder ein Kind ist. Zwar verwenden alle die gleiche Zeichenkette, ihre Erklärungen zum Springverhalten einer Holzkugel können aber sehr unterschiedlich ausfallen. Dies hat Auswirkungen auf Lernprozesse in den Naturwissenschaften.

Was ist am Zeichen-Charakter sprachlicher Repräsentationen wichtig für das Lernen in den Naturwissenschaften? Wenn ein Kind einen heliumgefüllten Luftballon aufsteigen sieht, dann „sieht" es vermutlich, dass der Ballon nach oben „will". Mentale Repräsentation und sprachlicher Ausdruck sind eng verbunden: „Der Ballon will nach oben!" Befragt man Physiker/innen, erfährt man vermutlich etwas darüber, dass die Wechselwirkung zwischen Ballon und Erde (Gravitationskraft) schwächer ist als die Wechselwirkung zwischen dem umgebenden Medium mit dem Ballon (Auftrieb). Eine Beschleunigung des Ballons ist die Folge, die so lang andauert, wie sie durch eine resultierende Wechselwirkung verursacht wird. Hier „will" der Ballon gar nichts, denn er wird mental als Objekt und nicht als aktives Agens konzipiert. Die Beobachtungen, die man machen kann, werden als kausale Folgen im Rahmen von Naturgesetzen verstanden. Man sieht an diesem Beispiel, wie stark sich kindliche und fachliche Perspektive unterscheiden können und wie relevant die Berücksichtigung einer kindlich-anthropomorphisierenden Perspektive für gelingendes Lernen deshalb sein kann (vgl. Kap. 10).

Für fachliches Lernen im naturwissenschaftlichen Unterricht bedeutet dies, dass Lernende sich Konzepte und Begriffe zugleich aneignen und verstehen müssen. In der Physik, Chemie oder Biologie fachlich zu sprechen setzt domänenspezifisches syntaktisches und semantisches Wissen voraus, das an Vorstellungen von der kausalen Natur der Dinge und ihre mentale Repräsentation gebunden ist. Erfolgreiches Lernen erschöpft sich nicht darin, über naturwissenschaftliche Konzepte

7.1 Spracherwerb und gebrauch in den Naturwissenschaften

in der Alltagssprache zu sprechen. Zwar kann die Alltagssprache recht weit tragen, sie entbehrt aber der fachspezifischen Präzision bei der Ein- und Abgrenzung von Bedeutungen, die erst die Fachsprache ermöglicht. Noch kann es darum gehen, sich mit Fachsprache nur vermeintlich korrekt auszudrücken. Vielmehr ist Lernen dann erfolgreich, wenn es den Lernenden gelingt, Sprechen und Denken eng aufeinander zu beziehen.

Dass dies nicht immer gelingt, hat bereits Martin Wagenschein – ein bedeutender Physikdidaktiker und Pädagoge – an Beispielen gezeigt. Wagenschein moniert, dass Schülerinnen, Schüler und Studierende im naturwissenschaftlichen Unterricht oft nur halb Verstandenes in vagen Fachbegriffen wiedergeben. Der Gebrauch von Fachsprache kann dann Verstehen vortäuschen. Dabei kann adäquat gebrauchte Fachsprache nur das Ergebnis bereits gelungener Lernprozesse sein. Die Entwicklung fachsprachlicher Begriffe kann vom Gebrauch der Alltagssprache kaum losgelöst werden, weil die Semantik der Alltagssprache gerade nötig ist, um sich eine fachliche Semantik anzueignen. Das Lernen über Konzepte in den Naturwissenschaften muss in einer Sprache erfolgen, die den Schülerinnen und Schülern bereits verfügbar ist. Wagenschein meint sogar: „Die Muttersprache ist die Sprache des Verstehens, die Fachsprache besiegelt es, als Sprache des Verstandenen" (1978, S. 319). (Vgl. hierzu auch Kap. 9.). Ob und inwiefern der Übergang vom Gebrauch der Alltags- zur Fachsprache als fließend oder bruchartig betrachtet werden muss, ist eine noch offene Frage (Rincke, 2010).

Wagenschein (1962, S. 131) zitiert aus einer Arbeit von Banholzer (2008, S. 103) einen Dialog zweier Mädchen im Alter zwischen 13 und 14 Jahren. Sie experimentieren mit einem Magneten und einer Stecknadel:

> A: „Da ist etwas drin. Wenn man an die Stecknadel den Magnet bringt, dann ist die auch so. Das wird so gemacht."
> *A versucht eine Stecknadel zu magnetisieren. B hängt einen Schlüssel an das von dem Magneten gehaltene Eisenstück.*
> B: „Das geht ganz durch."
> A: „Das geht von dem (Magneten) bis hinunter. Dann ist dann das Ganze wie angesteckt von dem Magneten."
> B: „Das ist so wie ein elektrischer Draht."
> A: „Das geht bis ans Äußerste. Aber außen ist es schon weniger. Sieh, da kann man bloß noch leichte Sachen hinhängen."
> B: „Je länger man es (=die 'Kette') macht, desto weniger geht vom Magnet aus. Wie beim Sprechen. Das hört man auch schlechter, wenn man weiter weg ist."

Das Beispiel zeigt anschaulich, wie die beiden Schülerinnen beim Experimentieren Sinn in der Sprache konstruieren, die ihnen verfügbar ist. Wagenschein schreibt, sie sind im „ehrwürdigen Stand des Stammelns" (ebd., S. 131) und meint das äußerst positiv. Dazu greifen die Schülerinnen auf der Konzeptebene auf analoge Bereiche aus ihrer Alltagserfahrung zurück (etwas ist drin und geht ganz durch, steckt an, wie ein elektrischer Draht, wie Sprache, die sich ausbreitet). Fachliche Konzepte sollen gemäß Wagenscheins genetischem Lehr-Prinzip von Lernenden für sich selbst entwickelt werden. Fachsprache dient dazu, ein Lernergebnis auszudrücken und hat beim Lernen neuer Konzepte zunächst keine wichtige Funktion. Wenn die Konzepte der Schülerinnen und Schüler schlussendlich den fachlichen Konzepten der Naturwissenschaft nahe kommen und diese von ihnen als sinnstiftend und erhellend erlebt werden, dann wurde erfolgreich gelernt.

Sollte eine Lehrkraft einen Schüler ermahnen, sich weniger alltagssprachlich und stattdessen fachsprachlich korrekt auszudrücken, kann der vielleicht wohlgemeinte Hinweis ins Leere laufen, wenn der Schüler das dazu nötige Konzept- und Begriffswissen noch nicht ausreichend aufgebaut hat. Ein Beispiel: Ein Schüler meint über ein Gewichtsstück: „Der Körper hat ja ganz schön viel Kraft". Kraft-Haben ist für ihn theoriegeladen in dem Sinn, dass er dem Begriff Kraft die Bedeutung eines Mächtig-Seins und eines Verfügen-Könnens des Körpers zuweist. Würde eine Lehrperson nun mahnen: „Das heißt, der Körper übt eine Kraft aus!", wäre das nur eine oberflächliche sprachliche Korrektur, die das Denken über den Körper unangetastet lässt. Tatsächlich sollten Schüler und Schülerinnen lernen, Kraft unter der theoretischen Perspektive der Wechselwirkung zwischen Körpern zu verstehen (vgl. zum Konzeptwechsel Kap. 9).

Schulbuchtexte sind fachsprachlich oft anspruchsvoll. In Schulbüchern kann man eine sehr hohe Dichte an Fachbegriffen feststellen (Merzyn, 1998). Ein Beispiel für einen Schulbuchtext über die Auftriebskraft: „Taucht ein Körper in eine Flüssigkeit ein, so wird seine Gewichtskraft scheinbar kleiner. Diese Erscheinung nennt man Auftrieb. Ursache ist der Schweredruck" (Bredthauer et al., 2002, S. 185). Fachlich wird bereits die Voraussetzung getroffen, dass das Phänomen eine Ursache habe, die außerhalb des Körpers selbst zu verorten ist. Den Schülerinnen und Schülern muss bereits klar sein, dass es kein „Wollen" des Körpers geben kann. Das Konzept der Gewichtskraft wird verwendet, „scheinbar" deutet dabei an, dass sie nicht allein Ursache sein kann. Die Bedeutung des Auftriebs wird auf einer rein fachlichen Ebene als Verringerung der Gewichtskraft konzeptualisiert. Dahinter verbirgt sich bereits die Idee, dass Kräfte sich bilanzieren lassen. An Phänomene, mit dem Kinder zahlreiche leibliche Erfahrungen z. B. im Schwimmbad verbinden können, wird sprachlich nicht angeknüpft. Auf der sprachlichen Ebene werden theoretisch aufgeladene Begriffe verwendet. So bezeichnet beispielsweise der Begriff „Körper"

7.1 Spracherwerb und gebrauch in den Naturwissenschaften

fachsprachlich ein Objekt mit Masse und Volumen. Ob die Zeichenkette K-Ö-R-P-E-R diese Bedeutung bei den Schülerinnen und Schülern auszulösen vermag, dürfte kaum gesichert sein. Als Einstieg in eine Erklärung des Auftriebsphänomens, die es noch zu verstehen gilt, überfordert der Text stark. Das Schulbuch wird den Prozess des Lernens für viele Lernende vermutlich nicht unterstützen können.

Eine fachliche Denk- und Sprechweise kann der Lösung naturwissenschaftlicher Probleme dienen. Die Bewältigung ganz alltäglicher Probleme könnte dagegen behindert werden. Stellen Sie sich vor, ein Gärtner beschneidet Bäume. Äste und Zweige sollen aufgeschichtet und verbrannt werden. Sprach- und situationsangemessen wäre es zu sagen: „Lass uns die Zweige verbrennen, dann sind sie weg!" Unangemessen wäre dagegen: „Lass uns die Zweige durch Oxidation so umwandeln, dass ein großer Teil der Edukte sich in einem gasförmigen und nur ein kleiner Teil sich im feststofflichen Aggregatzustand befinden wird!"

Der sinnvolle Gebrauch naturwissenschaftlicher Fachsprache setzt fachliche Anforderungssituationen voraus, die durch naturwissenschaftliches Denken, Sprechen und Handeln sinnvoll bewältigt werden können. In diesem Sinne heißt erfolgreiches Lernen in den Naturwissenschaften, dass Konzepte und Sprechweisen des Alltags nicht einfach überwunden, sondern durch fachlich angemessene ergänzt werden. Das Ziel naturwissenschaftlichen Unterrichts lautet daher „Zweisprachigkeit" (Gebhard, 2007) zu fördern (vgl. Kap.10, 11).

Zahlreiche naturwissenschaftliche Sprachzeichen zeichnen sich dadurch aus, dass sie in fachlichen Kontexten andere Bedeutungen annehmen als in Alltagskontexten. Das gilt z.B. für Energie. Im Alltag bezeichnet „Energie" eine Art Mangelware, einen politischen Zankapfel, eine Ressource für komfortablen Lebensstil oder die gefürchtete „Kalorie" in Lebensmitteln. Physikalisch bezeichnet Energie eine abstrakte mengenartige Größe, die erhalten bleibt, die sich bilanzieren lässt, die sich umformen lässt und mit deren Hilfe man natürliche und technische Phänomene erklären kann. Sie ist eine Art „Währung" der Natur. Biologisch muss Energie im Zusammenhang mit Entropie betrachtet werden. Dabei werden Organismen als offene Systeme verstanden, deren innere Ordnung durch Abfuhr von Entropie durch Wärme wächst oder aufrecht erhalten bleibt (Kattmann, 2016). Auch Begriffe wie Kraft, Impuls, Verbrennung oder Vererbung besitzen unterschiedliche alltagssprachliche und fachliche Bedeutungen. Die fachlichen Bedeutungen können zusätzlich variieren. Plasma kann physikalisch ein Gemisch aus elektrisch geladenen Teilchen (z. B. Ionen und Elektronen) im Sinne eines vierten Aggregatzustands bezeichnen. In Biologie und Medizin spricht man dagegen von Zell- und Blutplasma. Begriffslernen in den Naturwissenschaften wird daher damit befasst sein, unterschiedliche und kontextabhängige Bedeutungen im Hinblick auf ihre je spezifische Gültigkeit und Leistungsfähigkeit hin zu reflektieren. Dabei kann es sehr wohl sinnvoll sein, im Alltag von Energieverbrauch und Schwung, im Fachkontext aber von Energieentwertung/Entropie und Impuls zu sprechen. Wichtig für das Lernen in den Naturwissenschaften ist es, dass unterschiedliche Bedeutungen in ein Verhältnis gesetzt und problembezogen angewendet werden können.

In Alltagskontexten können Begriffe der Naturwissenschaften eine stark wertende Bedeutung enthalten, die nicht aus den Naturwissenschaften selbst stammt. Die Werbung für Kosmetika, Wandfarbe oder Unkrautvernichtungsmittel wirbt zuweilen damit, dass die Artikel nur aus natürlichen Stoffen hergestellt werden und daher „chemiefrei" seien. Über Lebensmittel, die nicht mit Mitteln der Gentechnik produziert wurden, wird behauptet, sie seien „genfrei". Strahlung in der Physik transportiert oft die Bedeutung des Schädlichen, vor allem, wenn es um „radioaktive" Strahlung geht. Kosmetika werden aber dennoch aus Stoffen unter Anwendung chemietypischer Verfahren hergestellt. Lebensmittel bestehen i. d. R. aus organischen Materialien, deren Zellen genetische Information tragen. Bei Strahlung wird übersehen, dass sie in der Medizin zu diagnostischen und therapeutischen Zwecken eingesetzt wird. Die Denotationen (Hauptbedeutungen) der Fachbegriffe werden in den Beispielen durch abwertende Konnotationen (Mitbedeutungen) stark überlagert und verzerrt (vgl. Kap. 9). Sprache ist Medium des Denkens und Mitteilens von Bedeutungen. Konnotativ eingefärbte Fachbegriffe sind daher in einigen Alltagskontexten nicht unbedingt falsch, da sie dort eine kommunikative Funktion erfüllen sollen, die sich eine bestimmte Konnotation zu Nutze macht. Aus rein fachlicher Perspektive stellen sich diese Konnotationen zumindest als fragwürdig dar.

Konnotationen bezeichnen Mitgemeintes. Wenn Lehrkräfte im naturwissenschaftlichen Unterricht sprechen, wird oft auch Mitgemeintes darüber kommuniziert, wie eine Lehrkraft sich die Natur naturwissenschaftlichen Wissens und den Prozess naturwissenschaftlicher Erkenntnisgewinnung vorstellt. Ein Unterrichtsgespräch kann z. B. von Aussagen einer Lehrkraft durchzogen sein, die das naturwissenschaftliche Wissen als besonders unzweifelhaft und feststehend kennzeichnen. Dies geschieht gleichsam in Nebensätzen: *„Das ist absolut richtig", oder „Wir können nun auf jeden Fall sehen..."* Eine ganz andere mitgemeinte Bedeutung über die Natur naturwissenschaftlichen Wissens treffen Lehrpersonen, die die Vorläufigkeit und Fraglichkeit allen Wissens auch sprachlich ausdrücken. Dazu verwenden sie Unsicherheits- und Vorläufigkeits-Markierungen wie z. B.: *eventuell, vielleicht, ungefähr, näherungsweise, vermutlich, ich meine, dass..., was spricht dafür, dass..., was spricht dagegen*. Solche Unsicherheitsmarkierungen werden dem Charakter naturwissenschaftlichen Wissens gerecht (vgl. Kap. 2, 6), werden aber in Schulbüchern kaum verwendet (Oliveira et al., 2012). Sprachliche Markierungen der Sicherheit können

Lehrkräften auch dazu dienen, sich selbst als Stadthalter „wahren Wissens" und epistemische Autorität (Ruhrig & Höttecke, 2015) zu inszenieren.

In einem weiteren Sinne umfasst Sprache in den Naturwissenschaften unterschiedliche fachtypische Darstellungsformen. Sie können auf gegenständlicher, bildlicher, sprachlicher, symbolischer und mathematischer Ebene angesiedelt sein (Leisen, 2010; Lemke, o. J.). Abstrakte Darstellungsformen – allen voran die mathematische Formelsprache – dienen der Verdichtung fachlicher Bedeutungen, gehen aber zugleich darüber hinaus.

Die Leistung der Verdichtung von Bedeutung lässt sich am Beispiel des Fallgesetzes verdeutlichen. Ein frei fallender Körper fällt nach dem Fallgesetz. Konstante Gravitation vorausgesetzt, unter Vernachlässigung von Reibungskräften und unter Absehung weiterer Anfangsbedingungen gilt

$$s = \frac{1}{2} \cdot g \cdot t^2$$

Im Unterricht wird dieser Zusammenhang gern als *„Esgleicheinhalbgetequadrat"* repetiert. Was beschreibt das Gesetz auf Hochdeutsch? Das Gesetz beschreibt, wie ein Körper fällt, nicht warum er dies tut. Dabei handelt es sich um einen Körper, der ganz sich selbst überlassen wird, den also niemand mehr festhält bzw. aufhält. In diesem besonderen Zustand des Sich-selbst-überlassen-Seins wird er nach einem bestimmten Muster eine zunehmende Fallstrecke zurücklegen und dabei immer schneller. Dieses Muster gilt für alle Körper ganz unabhängig von ihrer Form oder Masse, sofern man von der Luftreibung absieht. Ein solches Muster können wir den Fallbewegungen, die wir im Alltag beobachten, aber nicht ohne Weiteres ansehen. Es lässt sich sprachlich folgendermaßen ausdrücken: Wenn ein Körper in einer bestimmten Zeit einen bestimmten Fallweg zurückgelegt hat, dann wird nach dem weiteren Verstreichen der gleichen Zeit ein Fallwegstück hinzugekommen sein, dass dem Dreifachen des zuerst zurückgelegten Fallweges entspricht. Nach einem weiteren solchen Zeitabschnitt wird ein weiteres Fallwegstück hinzugekommen sein, das dem Fünffachen des zuerst zurückgelegten Fallweges entspricht, dann ein Siebenfaches, dann ein Neunfaches, Elf-, Dreizehn-, Fünfzehnfaches usf.. Das empirische Muster des anwachsenden Fallweges in Abhängigkeit von der Zeit entspricht der Reihe ungerader natürlicher Zahlen. Der Gesetzescharakter und die Rolle von Mathematik (hier als Zahlenreihe) werden auf diese Weise zwar sprachlich umständlich, aber ohne Formel deutlich (Höttecke, Henke & Rieß, 2011). Man darf den Charakter von Mathematik in den Naturwissenschaften also nicht auf den instrumentellen Gebrauch mathematischer Zeichen beschränken (Lemke, o. J.). Die sprachliche Formulierung des Fallgesetzes als Zahlenreihen ist aber im Vergleich zur Formel sehr umständlich.

Mathematische Formelsprache konzentriert nicht nur fachliche Bedeutungen, sondern bringt auch neue Bedeutungen hervor. Dies wird am Begriff Geschwindigkeit deutlich. Geschwindigkeit charakterisiert die Bewegung eines Körpers in Raum und Zeit. Um Geschwindigkeit zu messen, benötigt man ein Maß für Betrag und Richtung eines zurückgelegten Weges und ein Maß für die Zeit, also eine Uhr. Die Messung von Geschwindigkeit bezieht sich entsprechend auf Raum und Zeit. Dennoch ist Geschwindigkeit eine geradezu zeitlose Eigenschaft, die einem Körper in einem zeitlich unausgedehnten Moment zukommt. In der Physik hat sich dafür der Begriff Momentangeschwindigkeit etabliert. Danach ist Geschwindigkeit eine Messgröße, die die Bewegung in Raum und Zeit und zugleich ohne Zeit ausdrückt, denn ein Moment hat keine Ausdehnung, ist also an sich zeitlos. Diesen abstrakten, aber physikalisch bedeutungsvollen Zusammenhang auszudrücken, fällt sprachlich sehr schwer. Die Mathematik bedient sich dazu eines Grenzübergangs, bei dem ein Differentialquotient aus Weg und Zeit gebildet wird:

$$V = \lim_{\Delta t \to 0} \frac{\Delta s}{\Delta t} = \frac{ds}{dt}$$

Der Grenzübergang schafft ein neues mathematisches Objekt, das etwas über die Bewegung eines Körpers in der Zeit ausdrückt, dabei aber keine ausgedehnte Zeit berücksichtigt. Man sieht an diesem einfachen Beispiel, dass Mathematik als abstrakte Formelsprache theoriehaltige Bedeutungen hervorbringen kann, die die gesprochene Sprache kaum oder gar nicht ausdrücken kann. Dies gilt erst recht für die Quantenmechanik, Atomphysik oder die Darstellung von Räumen mit mehr als drei Dimensionen. Darüber hinaus zeigt die Wissenschaftsgeschichte zahlreiche Beispiele dafür, wie mathematisch-physikalische Theorien Objekte vorhersagen konnten, die erst später experimentell nachgewiesen wurden. Die Vorhersage des Positrons 1928 durch Paul Dirac ist dafür ein Beispiel. Das Elementarteilen wurde vier Jahre später experimentell bestätigt.

Eine weitere Leistung der Mathematik besteht darin, unterschiedliche Sätze formal in Beziehung setzen zu können. Bleiben wir im Beispiel: Aus dem zweiten Newtonschen Axiom $F = m \cdot a$ geht hervor, dass ein Körper gleichmäßig beschleunigt wird, wenn er eine konstante äußere Kraft erfährt. Das Zeit-Weg-Gesetz für gleichmäßig beschleunigte Bewegungen umfasst dann die Beschleunigung verursachende Kraft F und die träge Masse m:

$$s = \frac{1}{2} \cdot a \cdot t^2 = \frac{1}{2} \cdot \frac{F}{m} \cdot t^2$$

Die Mathematik leistet hier durch Kombination eines Axioms und eines Gesetzes, dass ein während der Zeit t zurückgelegter Weg s die Ursache der Beschleunigung (Kraft F) und Widerstand gegen Beschleunigung (träge Masse m) in Beziehung gesetzt werden können.

Diese Leistung der Mathematik, Größen miteinander in Beziehung zu setzen, bedarf einer hohen didaktischen Aufmerksamkeit (Redish & Kuo, 2015). Mathematik, wie sie im naturwissenschaftlichen Unterricht eingeführt und verwendet wird, kann Fragen und Lernschwierigkeiten aufwerfen. Das mathematische Objekt eines Quotienten wird im Mathematikunterricht z. B. als Teilungsvorgang eingeführt. Eine Torte oder eine Pizza werden dann in gleich große Teilstücke zerlegt, deren gesamte Anzahl den Nenner eines Bruchs darstellt. Die Idee des Zerlegens ist aber nicht auf Quotienten aus Größen übertragbar. Im Beispiel oben wird Kraft F durch träge Masse m geteilt. Anschaulich meint der Bruch eine Kraft, die aufgewendet wird, pro träge Masse. Der Quotient beschreibt damit physikalisch eine neue Größe (wie z. B. Dichte, Stromstärke). Anders im Mathematikunterricht, wo das Zerlegen nichts daran ändert, dass Torte Torte und Pizza Pizza bleibt (vgl. Karam, Uhden & Höttecke, 2016).

Im Chemieunterricht ist die Entwicklung einer chemischen Formelsprache bedeutsam. Dabei geht es in besonders herausfordernder Art und Weise darum, eine makroskopische Ebene des tatsächlich Beobachtbaren, eine submikroskopische Ebene aus Modellelementen und eine symbolische Ebene der Formelsprache miteinander in Beziehung zu setzen (Johnstone, 1991). Zur Förderung des Verstehens muss die Lehrkraft die jeweiligen Bedeutungen, die auf den drei Ebenen erzeugt werden, kenntlich machen und miteinander vermitteln. Dies bedeutet z. B., dass das Symbol „H_2" kein Wasserstoffmolekül selbst und auch nicht das Gas in einer Knallgasprobe, sondern nur das entsprechende Symbol für ein Wasserstoffmolekül darstellt. Konkrete und anschauliche Vorstellung werden dagegen durch bildliche oder gegenständliche Modelle (submikroskopische Ebene) unterstützt. Man kann die Formelsprache selbst ebenfalls der Modellebene zuordnen. Im Chemieunterricht sollten die drei Ebenen sprachlich gekennzeichnet und voneinander unterschieden werden.

7.2 Naturwissenschaftlicher Unterricht und durchgängige Sprachbildung

Lehrkräfte der Sachfächer sind immer auch Sprachlehrer. Durchgehende Sprachbildung stellt sich als Querschnittaufgabe aller Bildungsstufen und Unterrichtsfächer dar und berücksichtigt die unterschiedlichen Herkunftssprachen der Schülerinnen und Schüler (Gogolin et al., 2011). Sprachbildung kann keinesfalls auf den Deutschunterricht abgeschoben werden.

Sprachliche Kompetenzen über die Vermittlung von Fachsprache hinaus werden von den naturwissenschaftlichen Sachfächern bisher kaum gefördert. Allerdings setzen Lehrkräfte sprachbezogene Fähigkeiten ihrer Schüler und Schülerinnen voraus (Schmölzer-Eibinger, 2013). Dies kann ein Grund dafür sein, dass Fachlehrkräfte auch in den Naturwissenschaften kaum über sprachbezogene Förderkonzepte verfügen und dennoch hohe sprachliche Anforderungen im Unterricht stellen (Tajmel, 2010). Dieser Umstand wird besonders deutlich, wenn man sich Lern- und Prüfungsaufgaben für den naturwissenschaftlichen Unterricht anschaut. Übliche Aufgabenoperatoren zeigen, dass im naturwissenschaftlichen Unterricht durchweg hohe sprachliche Anforderungen gestellt werden: *erkläre, beschreibe, fasse zusammen, erörtere, diskutiere, vergleiche, begründe, bewerte*. Im Unterricht steht dann aber die fachliche Korrektheit im Mittelpunkt und nicht, was eine gelungene Erklärung, Beschreibung oder Begründung sprachlich auszeichnet. Man sieht, dass Schule eigene sprachliche Anforderungen schafft, die fachspezifischer und allgemeinsprachlicher Art sein können (Vollmer & Thürmann, 2013; Feilke, 2012).

Menschen sprechen je nach Kontexten und Anforderungssituation unterschiedlich. Für die Unterscheidung der jeweils angemessenen sprachlichen Repertoires hat sich der Begriff des Sprachregisters durchgesetzt (bildungs-, fachsprachliches, alltagssprachliches Register). Register lassen sich anhand spezifischer syntaktischer und semantischer Ressourcen, Kommunikationsstile und Diskursmuster unterscheiden (Prediger, 2013). Bildungssprache unterscheidet sich von Alltagssprache durch ihre konzeptionelle Schriftlichkeit, einen disziplinierten Ausdruck und fachspezifischen Wortschatz. Das bildungssprachliche Register ist in den Medien (z. B. Tagesschau) und im Unterricht bedeutsam. Normativ betrachtet soll Bildungssprache zwischen Wissenschaft und Alltag vermitteln und von erfolgreichen Schülerinnen und Schülern beherrscht werden (Feilke, 2012). Bildungssprachliche Register zeichnen sich durch Abstraktheit, große Explizitheit, hohe grammatikalische Komplexität und Entpersonalisierung aus. Alltagssprache dagegen ist von konzeptioneller Mündlichkeit und fehlender Explizitheit gekennzeichnet (Prediger, 2013). Fachsprachliche Register in den Naturwissenschaften kennzeichnen das sprachliche Repertoire von Experten/innen in diesem Feld. Während Fachsprachen für Fächer oder Fächergruppen spezifisch sind, gilt Bildungssprache als fachunspezifisch.

Es gibt keinen klaren Konsens darüber, welche Elemente ein fachsprachliches Register umfasst. Auf der Ebene des Wortschatzes nennt Messer (2012) Eindeutigkeit, Neologismen, Komposita, Nominalisierung und Verb-Sinnentleerung sowie Passiv- und Genitivkonstruktionen. Auf der Ebene der Syntax kann Fachsprache über häufig verwendete Hypotaxen und zunehmende Satzlänge charakterisiert werden. Rincke (2010) nennt für den Fall physikalischer Fachsprache den Gebrauch von Funktionsverbgefügen (Arbeit verrichten). Darüber hinaus sind Nominalisierungen

7.2 Naturwissenschaftlicher Unterricht und Sprachbildung

und Nominalisierungsgruppen (die Ermittlung der Wertepaare), die Verwendung von Satzgliedern anstelle von Gliedsätzen (nach Durchführung der Messung) und komplexen Attributen anstelle von Attributsätzen (der auf der Fahrbahn reibungsfrei gleitende Wagen) fachsprachentypisch. Naturwissenschaftlich-technische Fachtextsorten sind darüber hinaus von hoher Präzision, Differenziertheit, Sprachökonomie, Allgemeingültigkeit, expressiver Neutralität, Erwartbarkeit, Folgerichtigkeit, sowie einem Ich-, Erzähl- und Metaphernverbot gekennzeichnet (Göpferich, 1998). Als morphosyntaktische Besonderheiten gelten ein hoher Passivgehalt, der Numerus der 3. Person Singular, der Gebrauch des Präsens Indikativ und ein insgesamt schwacher Personen-Einbezug (Deagentivierung).

In der naturwissenschaftlichen Forschungspraxis entspricht die exakte, abstrakte und Bedeutungen komprimierende Sprache einem Publikationsstil des wissenschaftlichen Fachartikels. In Fachartikeln dient die wissenschaftliche Fachsprache der möglichst neutralen Beschreibung wissenschaftlicher Erkenntnisse möglichst frei von rhetorischen Mitteln. Fachartikel folgen dabei einem etablierten Aufbau aus Einleitung, Materialien und Methoden, Ergebnisse und Diskussion (Niederhauser, 2009). Trotz aller Orientierung an nüchterner Ergebnisdarstellung können auch rhetorische Mittel eine Funktion erfüllen. In populärwissenschaftlichen Darstellungen der Darwin'schen Evolutionstheorie ist z. B. vom Überlebenskampf oder vom Kampf ums Dasein die Rede. Innerhalb der Naturwissenschaften können Metaphern kognitive Prozesse unterstützen, wenn z. B. Begriffe der Kybernetik und Informationswissenschaft wie Code, Information, Alphabet oder Schrift auf die Molekularbiologie übertragen werden (Brandt, 2004). Metaphern verkörpern dabei einen im laufenden Forschungsprozess noch gar nicht abgesicherten theoretischen Überschuss, der der Forschung (z. B. Suche nach den „Buchstaben" des genetischen „Codes") Richtung verleiht.

Exaktheit, Abstraktheit, Komplexität und Deagentivierung sind fachsprachliche Eigenschaften, die deutlich machen, dass Fachsprache zwar feststehende und systematisch geordnete Erkenntnisbestände der Naturwissenschaften symbolisiert, aber nicht die Prozesse, die zu diesen Erkenntnissen geführt haben. Der sinnvolle Gebrauch von Fachsprache darf aber dem Ziel des Lernens über die Natur und Prozesshaftigkeit der Naturwissenschaften (vgl. Kapitel 2, 6) nicht entgegenstehen.

Insgesamt ergeben sich zahlreiche Felder sprachlichen Handelns im Fachunterricht (Vollmer & Thürmann 2010, S. 113ff), die dem Aufbau unterschiedlicher Fähigkeiten dienen:

- Fähigkeit, sich an unterrichtlicher Interaktion/Kommunikation zu beteiligen
- Fähigkeit, Informationen zu beschaffen, zu erschließen und zu verarbeiten
- Fähigkeit, eigenes Wissen zu strukturieren, anzupassen und zu erweitern

- Fähigkeit, Arbeitsergebnisse, Erfahrungen und Positionen zu präsentieren und zu diskutieren
- Fähigkeit, Ergebnisse und Vorgehensweisen kritisch zu reflektieren und zu optimieren

Aus pädagogisch-didaktischer Sicht stellt sich die Aufgabe der Förderung von Bildungssprache allen Unterrichtsfächern. Aus der fachlichen Sicht der Naturwissenschaften stellt sich zusätzlich die Aufgabe, fachsprachliche Kompetenzen zu fördern. Dazu schafft Schulunterricht eigene Textformen, die dem Lernen dienen, die aber außerhalb der Schule keine oder nur geringe Bedeutung haben. Dies gilt z. B. für den Erörterungsaufsatz im Deutschunterricht. In den Naturwissenschaften gilt das Beobachtungsprotokoll als typische und hochstrukturierte Textform. Textarbeit dient im naturwissenschaftlichen Unterricht bisher überwiegend der Leistungsüberprüfung, aber kaum der Sprachbildung (Schmölzer-Eibinger & Langer, 2010). Hier besteht noch erheblicher Entwicklungsbedarf.

7.3 Sprachlich-kulturelle Heterogenität im naturwissenschaftlichen Fachunterricht

Deutschland ist eine Einwanderungsgesellschaft mit einer sprachlich und kulturell heterogenen Bevölkerungszusammensetzung. Heterogenität kann nicht mehr als Besonderheit oder Ausnahme ignoriert, sondern muss als Normallage akzeptiert werden (Sachverständigenrat 2010, S. 97). So plural sich die Gesellschaft entwickelt, so plural entwickeln sich auch die Lerngemeinschaften in Klassenzimmern und naturwissenschaftlichen Fachräumen. Es wird geschätzt, dass etwa ein Drittel aller Schülerinnen und Schüler neben Deutsch eine weitere Sprache als Muttersprache sprechen. Der Anteil der Personen mit Migrationshintergrund ist mit 30 % unter Kindern und Jugendlichen besonders hoch (Sachverständigenrat, 2015). In Großstädten und Metropolregionen geht man sogar von der Hälfte aller Schülerinnen und Schüler aus. Lerngruppen sind heute auch deshalb in Bezug auf sprachlich-kulturelle Hintergründe heterogener, weil in den meisten Bundesländern das dreigliedrige Schulsystem durch ein zweigliedriges ersetzt worden ist und die Bedeutung von Binnendifferenzierung gegenüber äußerer Differenzierung dadurch erhöht wurde. Die sprachliche Vielfalt, mit denen Lehrkräfte heute konfrontiert werden, widerspricht einer heimlichen Erwartung, dass Schülerinnen und Schüler eigentlich alle die gleiche Sprache sprechen sollen. Woher kommt diese Erwartung?

7.3 Sprachlich-kulturelle Heterogenität im Fachunterricht

Es gibt eine historisch gewachsene Norm der Monolingualität. Sie geht auf die Entstehung der Nationalstaaten im 18. und 19. Jahrhundert zurück (Gogolin, 2010). Im Nationalstaat erhält Sprache wichtige Funktionen über Kommunikation hinaus. Nationalsprachen werden aus regionalen sprachlichen Varietäten geschaffen, um Zugehörigkeitsempfinden, nationale Identität und Loyalität gegenüber staatlicher Autorität zu sichern. Fremdsprachen wurden im Nationalstaat des 19. Jahrhunderts als Kennzeichen des Fremden und Anderen abgewertet, was mit einer vermeintlichen Unterlegenheit fremder Völker verbunden wurde. Die Erfindung von Nationalsprachen diente genauso wie die historische Konstruktion einer nationalen Geschichte der Erzählung darüber, dass Nationalstaaten an sich etwas Selbstverständliches darstellen. Die Norm der Einsprachigkeit diente der Abgrenzung zwischen Innen und Außen, Zugehörigkeit und Nicht-Zugehörigkeit, Vertrautem und Fremdem. Mehrsprachigkeit wurde zum gesellschaftlichen Störfall und die Beherrschung einer zweiten oder dritten Sprache wurde allein unter Nützlichkeitserwägungen betrachtet. Ein bildender Wert an sich wurde Mehrsprachigkeit im Gegensatz zur Beherrschung alter Sprachen wie Latein und Altgriechisch nicht zugestanden. In dieser Geschichte liegt zumindest eine Erklärung dafür, dass der mindestens heimliche Anspruch auf Monolingualität im Unterricht auch heute noch vertreten wird.

Unter der Perspektive heterogener sprachlicher Voraussetzungen stellt sich die Aufgabe durchgehender Sprachbildung als eine große Herausforderung für Schulentwicklung, Fachdidaktiken und pädagogisches Handeln dar. Besorgniserregende Befunde werden für Schülerinnen und Schüler mit Migrationshintergrund v. a. in den Naturwissenschaften konstatiert. In keinem anderen Land sind die Kompetenzunterschiede von Jugendlichen mit und ohne Migrationshintergrund so groß wie in Deutschland. Dies gilt im besonderen Maße für Schülerinnen und Schüler der zweiten Generation türkischer Herkunftsfamilien (Walter & Taskinen, 2008).

Zweisprachig aufwachsende Kinder fallen durch einen vergleichsweise geringen Wortschatz in beiden Sprachen auf, die sie sprechen. Die Domänen, in denen diese Kinder aufwachsen, unterscheiden sich im Sprachgebrauch stark voneinander. Obwohl mehrsprachigen Schülerinnen und Schüler insgesamt ein größeres Repertoire an sprachlichen Mitteln zur Verfügung steht als einsprachigen Kindern (Gogolin, 2010), gelingt es nicht, diese Fähigkeiten für Kompetenzzuwächse zu nutzen. Die Problematik verschärft sich insgesamt, wenn zu Hause nur die Herkunftssprache und nicht oder kaum Deutsch gesprochen wird.

Während die Defizite mehrsprachiger Kinder und Jugendlicher im Bereich des Wortschatzes liegen, weisen empirische Befunde (vgl. Gogolin 2010, S. 538) auch auf Vorteile von Mehrsprachigkeit für fachliches Lernen hin. Es zeigt sich, dass der Zusammenhang aus sprachlichen Zeichen und ihren Bedeutungen von mehrsprachigen Lernenden skeptischer betrachtet wird als von monolingualen. Mehrsprachige

Lerner neigen weniger zu der Vorstellung, dass Sprachzeichen und Bedeutungen in eins fallen. Eine solche „semantische Skepsis" könnte für das Lernen im Bereich der Naturwissenschaften durchaus positive Auswirkungen auf das Lernen haben. Wie bereits oben ausgeführt, sind Begriffs- und Konzeptlernen im naturwissenschaftlichen Unterricht eng aufeinander bezogen. Zahlreiche Fachbegriffe haben alltagssprachliche Korrelate, sodass es beim Lernen zu Konfundierungen zwischen den unterschiedlichen Bedeutungsebenen kommen kann. Es ist zumindest eine plausible Annahme, dass solcherart „semantische Skepsis" multilingualer Schülerinnen und Schüler fachliche Lernprozesse begünstigen könnte. Ein empirischer Beleg dieser Annahme steht allerdings noch aus.

Die Forschung zeigt, dass mehrsprachige Schülerinnen und Schüler weitere kognitive Vorteile gegenüber einsprachigen haben. Dies gilt z. B. für den Erwerb von Dritt- und weiteren Sprachen (Hesse & Göbel, 2009). Für den naturwissenschaftlichen Unterricht dürfte wichtiger sein, dass mehrsprachige Schülerinnen und Schüler besser in der Lage sind, ablenkende Informationen zu ignorieren, Aufmerksamkeit zu steuern und zwischen unterschiedlichen kognitiven Anforderungen zu wechseln. Diese Fähigkeiten sind für die Bewältigung komplexer Aufgaben bedeutsam (Bialystok & Poarch, 2014; Blom, Küntay, Messer, Verhangen & Leseman, 2014). Eine Erklärung für diesen Vorteil könnte sein, dass mehrsprachig aufwachsende Menschen immer schon zwischen unterschiedlichen sprachlichen Systemen und Anforderungssituationen hin- und herwechseln mussten. Die Forschungslage ist dazu aber noch nicht ausreichend.

In aller Regel sind mehrsprachige Schülerinnen und Schüler beim Lernen mit zahlreichen Hürden konfrontiert. Zum Beispiel kann ein Tafelbild zur Herausforderung für die Lernenden werden, die Lehrkräfte nicht immer adäquat einschätzen können. Tafelbilder verdichten Unterrichtsergebnisse und werden oft schrittweise entlang fachlicher Erarbeitungsprozesse im Unterricht entwickelt. Sie können Zeichnungen, Tabellen und Graphen umfassen. Tafeltexte sind häufig auf stichwortartige Notizen beschränkt. Wurden die Tafelbilder ins Heft übertragen, um sie für späteres Wiederholen von Unterrichtsinhalten zu nutzen, gelingt es besonders Schülerinnen und Schülern mit Deutsch als Zweitsprache nur schwer, die logischen Zusammenhänge bruchstückartiger Texte zu rekonstruieren (Langer, 2010, S. 92). Texten in Tafelbildern mangelt es i. d. R. an Mitteln zur Herstellung sprachlicher Kohärenz. Zur Rekonstruktion der Textbedeutungen bedarf es daher sprachlicher Fähigkeiten, lückenhafte Textbedeutungen zu vervollständigen. Was den kompetenten Sprachnutzern/innen oft ohne Probleme gelingt, stellt für Lernende mit Migrationshintergrund eine zusätzliche Hürde beim fachlichen Lernen dar.

Welche sprachlichen Hürden Schulbuchtexte Lernenden mit Deutsch als Zweitsprache auferlegen können, macht ein Beispiel von Riedel (2004) anschaulich deutlich.

7.3 Sprachlich-kulturelle Heterogenität im Fachunterricht

Sie analysiert den folgenden Einführungstext aus einem Biologieschulbuch für die 5. Klasse in Bezug auf Schwierigkeiten der Lexik:

> Der Goldhamster kommt aus seinem Schlafhäuschen. Im „Kriechgang" schiebt er sich auf dem Bauch bis zu der Mohrrübe, die Thomas kurz vorher in den Käfig gelegt hat. Halb aufgerichtet hält er sie mit den Vorderpfoten fest, raspelt mit den Zähnen ein Stück ab und drückt es mit den Pfoten in eine Backentasche. Stück um Stück verschwindet darin. Wenig später läuft er in eine Ecke des Käfigs und streicht mehrmals mit den Pfoten von hinten nach vorne über die Backentaschen. (Buddeberg, 1991, zitiert nach Riedel, 2004)

Zwar umfasst der Text keine expliziten Fachbegriffe, eine Reihe von Begriffen könnte den jungen Leserinnen und Lesern aber noch unbekannt sein. Dies betrifft Begriffe, die auf die Fachlichkeit des Textes verweisen (Goldhamster, Schlafhäuschen, Kriechgang, Vorderpfote, Backentasche). Einige Worte besitzen alltagssprachliche Äquivalente, die häufiger verwendet werden als die Begriffe im Text (Möhre, Karotte oder Wurzel statt Mohrrübe, Hamster statt Goldhamster, Backe statt Backentasche). Das Verb „raspeln" wird Kindern mit Deutsch als Zweitsprache mit hoher Wahrscheinlichkeit nicht geläufig sein. Dies könnte zwar auch auf Kinder mit Deutsch als Erstsprache zutreffen. Sie verfügen aber über Kompetenzen, die Wortbedeutung aus dem Kontext zu erschließen, denn sie erkennen leichter, dass der Hamster die Möhre zerkleinert und frisst. Ähnliches gilt für Komposita wie Kriechgang oder Backentasche, deren Bedeutungen von monolingualen Schülerinnen und Schülern aufgrund der Kenntnis der Wortbestandteile (Backe + Tasche, kriechen + Gang) rekonstruiert werden können. Mehrsprachige Schülerinnen und Schüler scheitern daran mit höherer Wahrscheinlichkeit. Einige Verben besitzen Bedeutungen, die den Leser auf ganz falsche Fährten führen können, wenn er die Textbedeutung nicht leicht erfasst. „Schieben" bezieht sich im Alltag eher auf einen Gegenstand, vielleicht ein Fahrrad, wird aber nicht reflexiv verwendet (*schiebt sich auf dem Bauch*). Streichen wird möglicherweise mit dem Auftragen von Farbe assoziiert, ist hier aber eine Tätigkeit des Hamsters, die er mit den Pfoten an seinen Backentaschen verrichtet. Der Text soll den Kindern Vorstellungen von typischen Verhaltensweisen des Goldhamsters ermöglichen. Nach genauerer Betrachtung entpuppt sich der Text aber in sprachlicher Hinsicht als sehr voraussetzungsreich.

Die Entwicklung einer Didaktik der Mehrsprachigkeit unter besonderer Berücksichtigung neuer Konzepte der Sprachförderung im Fachunterricht ist bislang nicht ausreichend entwickelt (KMK, 2006, S. 18; Riebling, 2012). Dabei ist unbedingt zu bedenken, dass die Forderung, sprachliche Heterogenität auch im naturwissenschaftlichen Unterricht zu berücksichtigen, sich keineswegs nur auf Kinder und Jugendliche mit Deutsch als Zweitsprache beschränkt. Schließlich können

Schülerinnen und Schüler, deren Erstsprache Deutsch ist, ebenfalls von Defiziten in der Beherrschung sprachlicher Register für den Fachunterricht (Bildungs- und Fachsprache) betroffen sein, vor allem dann, wenn sie aus anregungsarmen und deprivierten Familien stammen (Vollmer & Thürmann, 2010).

Sprachliche Bildung für den naturwissenschaftlichen Unterricht muss daher explizites Ziel naturwissenschaftlichen Fachunterrichts werden, indem mehr aktive Lernzeit für den Erwerb der Verkehrssprache aufgewendet wird. Dies gilt nicht nur für Kinder und Jugendliche mit Migrationshintergrund. Zurzeit ist dies noch kaum der Fall. Mehrsprachigkeit bleibt im pädagogisch-didaktischen Handeln der meisten Lehrkräfte noch unberücksichtigt (Riebling, 2012). Nach wie vor ist naturwissenschaftlicher Unterricht von lehrer-dominanten Klassengesprächen geprägt. Dabei werden Dialoge vorrangig zwischen einzelnen Schülerinnen und Schülern und der Lehrkraft geführt. Schüler-Schüler-Interaktion ist dagegen selten (Seidel et al., 2002). Diese Art des Klassengesprächs bietet kaum Gelegenheiten für aktives Sprach(-Lern-)Handeln. Stattdessen werden Schülerinnen und Schüler dazu angehalten, Lehrerfragen im schlechten Fall nur mit unvollständigen Sätzen oder sogar nur einzelnen Stichworten zu beantworten. Im schlimmsten Fall „apportieren" (Wagenschein, 1978) sie Versatzstücke aus Lehrbuchtexten und geben sich dabei oft nur den Anschein von Fachlichkeit (Rincke, 2007). Leicht kann es geschehen, dass Schülerinnen und Schüler reproduzierbare, aber für sie bedeutungslose Begriffe nur abspeichern, um die Fragen des Lehrers parieren zu können (Sumfleth & Pitton, 1998). Diese Art des vermeintlich fachlichen Sprechens stellt keine Lerngelegenheit dar, sich selbst fachlich richtig, kohärent und mündlich komplex ausdrücken zu lernen. Dies macht ein Transkript eines Unterrichtsgesprächs (zitiert nach Schmölzer-Eibinger, 2013, S. 29f) sehr deutlich:

L: *Welche Atommodelle kennt der Sergio? (--)*
Sm: *Bitte? (3 sec)*
L: *Alex bitte eines?*
Sw: *Das Bohr'sche Atommodell.*
L: *Das Bohr'sche Atommodell. (-) Sag'ma z' 'est die Namen und dann die Zuordnung; Samra bitte?*
Sm: *Rutherford'sches Atommodell.*
L: *Rutherford'sches Atommodell. Richtig. Und noch das NEUeste, Des kennt der Mario;*
Sm: *Kugelwolken.*
L: *Das Kugelwolkenmodell is eine verei:nfachte FORm; Also einfachere Form; (.) Welchen Modells? (--) Wie heißen diese Räume, Diese wahrscheinlichen AufenthaltsrÄUme von Elektronen?*

Sm: A des
L: Bitte?
Sm: Die Schalen,
L: Na, des: Die Schalen g'hörn wo hin,
Sw: Zum a Bohr'

Die Lehrkraft gibt sich in diesem Bespiel allzu leicht mit apportierten Begriffen zufrieden. Die Schülerinnen und Schüler haben kaum Zeit, elaborierte mündliche Antworten vorzubereiten. Dabei benötigen sie – sofern es sich um multilinguale Schülerinnen und Schüler handelt – nicht nur Zeit, die fachliche, sondern auch die sprachliche Anforderung der Lehrerfrage zu bewältigen. Lehrerfragen stellen im weiteren Sinne Lernaufgaben und damit Anforderungssituationen für fachliches und sprachliches Lernen dar. Damit sie dem Lernen auch tatsächlich zuträglich sind, müssten Lern- und Leistungssituationen auch in Unterrichtsgesprächen voneinander getrennt sein (Leisen & Höttecke, 2011), denn stark lehrerzentrierte Klassengespräche haben aus Schülersicht oft Prüfungscharakter. Die Lehrkraft müsste es ermöglichen, dass Schülerantworten durchdacht, abgewogen, probeweise versprachlicht und variiert werden können. Damit dies gelingt, können sprachliche Mittel bereitgestellt werden, um das Sprachhandeln zu unterstützen (z. B. Tajmel, 2010; Leisen, 2010). Unter dem Gesichtspunkt sprachlicher Förderung sollten Lehrerfragen im Klassengespräch einzeln gestellt und Antworten anschließend gesammelt werden. Schülerfragen werden an die Klassen zurückgegeben. Das stärkt die Bezugnahme der Schülerinnen und Schüler aufeinander. Indem Lehrkräfte Schülerantworten nicht gleich bewerten, sondern klärende Nachfragen stellen, werden Ideen und Vorstellungen der Lernenden in ihrer verfügbaren Sprache expliziert und fokussiert. Die Rolle der Lehrkraft in dieser Art Lehrgespräch besteht in der aktiven Moderation. Sie umfasst affektive Impulse, die zu elaborierten Sprachhandlungen und zugleich zur Ko-Konstruktion von Bedeutungen ermutigen: *„Das ist eine interessante Idee. Kannst du sie noch weiter entwickeln?"* Schülerbeiträge werden geordnet und strukturiert: *„Heike und Murat haben etwas sehr Ähnliches gesagt. Britta und Markus waren aber ganz anderer Ansicht."* Fairness und Respekt voreinander sollten als Gesprächsregel vereinbart werden, um Schülerinnen und Schüler unabhängig von Geschlecht oder sprachlichen Fähigkeiten vor Abwertung zu schützen (vgl. Starauschek, 2010).

Die Diagnostik sprachbezogener Fähigkeiten und Lernschwierigkeiten stellt eine große Herausforderung dar. Es fällt Lehrkräften schwer, die sprachliche Schwierigkeit eines Textes aus Sicht multilingualer Schülerinnen und Schüler einzuschätzen. Um die eigene sprachliche Sensibilität für dieses Problem zu entwickeln, kann es hilfreich sein, sich immer wieder daran zu erinnern, wie schwer es sein kann, Textbedeutungen in einer Fremdsprache zu rekonstruieren oder selbst auszudrücken, die man selbst nicht auf hohem Niveau beherrscht. Hier stößt man auf genau die Probleme, Textbedeutungen in unter Umständen unbekannten Kontexten erschließen zu müssen, vor die multilinguale Schülerinnen und Schüler sich im naturwissenschaftlichen Fachunterricht immer wieder gestellt sehen können.

Eine Übung, um sich als Lehrkraft für sprachbedingte Probleme des Fachlernens zu sensibilisieren, ist das „Prinzip Seitenwechsel" (Tajmel, 2010). Die Übung besteht darin, Beobachtungen, die man beim Experimentieren mit einem Naturphänomen anstellt, in einer Fremdsprache auszudrücken, die einem einigermaßen vertraut ist. Möglicherweise mangelt es Ihnen dennoch nicht nur am Fachvokabular, sondern auch an alltagssprachlichen Worten und Redewendungen. Sie benötigen deutlich mehr Zeit für diese Aufgabe als in der Muttersprache, ringen nach Worten und müssen Unsicherheit aushalten. Sie erleben eine Situation, die für ein Kind mit Deutsch als Zweitsprache im naturwissenschaftlichen Unterricht ganz normal sein kann.

Weiterführende Literatur

Ahrenholz, B. (Hrsg.) (2010). *Fachunterricht und Deutsch als Zweitsprache*. Tübingen: Narr-Verlag.

Becker-Mrotzek, M., Schramm, K., Thürmann, E., & Vollmer, H.J.(Hrsg.) (2013). *Sprache im Fach. Sprachlichkeit und fachliches Lernen*. Münster: Waxmann.

Gogolin, I. (2010). Stichwort: Mehrsprachigkeit. *Zeitschrift für Erziehungswissenschaft, 13* (4), 529-547.

Leisen, J. (2010). *Handbuch Sprachförderung im Fach. Sprachsensibler Fachunterricht in der Praxis*. Varus-Verlag.

Starauschek, E. (2010). Zur Rolle der Sprache beim Lernen von Physik. In H.F. Mikelskis, H. F. (Hrsg.), *Physikdidaktik Praxishandbuch für die Sekundarstufe I und II* (S. 183-202). Berlin: Cornelsen.

Wagenschein, M. (1978). Die Sprache im Physikunterricht. In W. Bleichroth (Hg.), *Didaktische Probleme der Physik* (S. 313-336). Darmstadt: WBG. Erstmals erschienen in Zeitschr. f. Päd., 7, Beiheft Sprache und Erziehung 1968, 125-142.

8 Interesse an Naturwissenschaft

Interessen haben etwas mit unserer Person zu tun und sind insofern in einem noch viel tieferen Sinne bildungswirksam als nur im Hinblick auf die Effizienzsteigerung von Lernprozessen. Wenn wir uns mit etwas beschäftigen, wofür wir uns als Person interessieren, können wir diese Tätigkeit bzw. solche Momente als sinnvoll interpretieren (Gebhard, 2003) und die Chance für Verstehensprozesse steigt (vgl. Combe & Gebhard, 2012, siehe auch Kap. 11). Dementsprechend wirken Interessen auch über die Schule bzw. die Schullaufbahn hinaus (Prenzel, Lankes & Minsel, 2000).

Im Allgemeinen geht man davon aus, dass Interessen einen lernförderlichen Effekt haben (Krapp, 1998). Das entspricht auch der subjektiven Selbsteinschätzung der meisten Menschen, nämlich dass man umso besser und auch leichter lernt, je mehr man sich für die jeweiligen Gegenstände interessiert (vgl. Todt, 1978). Allerdings ist das empirisch nicht eindeutig zu belegen. Schiefele u. a. (1993) werteten 21 Untersuchungen zum Zusammenhang von Interesse und Schulleistung aus: danach ergibt sich ein nur sehr geringer Zusammenhang von Interesse und Lernerfolg.

Deshalb ist der eingangs erwähnte persönliche Aspekt zentral, nämlich dass – wenn wir uns intrinsisch mit für uns interessanten Gegenständen beschäftigen – sich die Möglichkeit für sinnkonstituierende Lernprozesse eröffnet (Gebhard, Rehm & Wellensiek, 2012, vgl. Kap. 3 und Kap. 11). Das gilt natürlich auch für die naturwissenschaftlichen Fächer (Lechte, 2008). Interesse für naturwissenschaftliche Themen und Persönlichkeit hängen auf eine sehr komplexe Weise zusammen (Gebhard, 1988). Auch vor diesem Hintergrund sind die in diesem Kapitel zusammengestellten empirischen Befunde über die Interessenentwicklung im Hinblick auf naturwissenschaftliche Themen ernüchternd. Einerseits. Andererseits soll hier diese Ernüchterung, die nicht weginterpretiert werden kann, aber zum Anlass genommen werden, grundlegend über den naturwissenschaftlichen Unterricht nachzudenken.

8.1 Was ist Interesse?

Interesse ist „eine besondere Qualität der Beziehung von Menschen (Subjekten) zu bestimmten Sachverhalten (Gegenständen)" (Schiefele, 1986, S. 156). Interesse ist der gegenstandsorientierte, inhaltliche Aspekt der Motivation. Krapp bezeichnet Interesse als eine „auf Selbstbestimmung beruhende motivationale Komponente des intentionalen Lernens. (…) Interesse bezeichnet solche Person-Gegenstands-Relationen, die für das Individuum von herausgehobener Bedeutung sind und mit (positiven) emotionalen und wertbezogenen Valenzen verbunden sind" (Krapp, 1993, 202, vgl. Krapp, 1992; Prenzel, 1988; Krapp & Prenzel, 2011; Krapp & Ryan, 2002; Vogt, 2007). Schon hier wird deutlich, dass Interesse ein Merkmal einer Person (oder auch einer Gruppe, z. B. Fachkulturen) ist. Insofern muss Interesse natürlich selektiv sein, denn man kann sich nicht für alles und jedes interessieren. Trotzdem ist es ein Qualitätsmerkmal von Unterricht, die Interessen von Schülerinnen und Schülern zu entwickeln (Krapp, 1993) – nicht nur, weil wir unsere naturwissenschaftlichen Fächer fördern wollen, sondern weil interessiertes Lernen, weil Interessehandlungen von positiven Gefühlen und Sinnzuschreibungen (Gebhard, 2003) begleitet sind. Insofern ist die Entwicklung von Interessen nicht nur ein naturwissenschaftsdidaktisches Anliegen, sondern eine allgemein-pädagogische und bildungsbezogene Aufgabe von Schule und Unterricht.

Die Person-Gegenstands-Theorie des Interesses geht davon aus, dass die Aktivierung individuellen Interesses – als eine situationsübergreifende, motivationale Disposition – eine besondere Lernmotivation darstellt. Dieses dispositionale Interesse wird als ein relativ stabiles Personenmerkmal verstanden. Krapp (1992) unterscheidet eine emotionale und eine wertbezogene Komponente des individuellen Interesses. Die emotionale Komponente bezieht sich darauf, dass während einer Interessehandlung überwiegend positive Gefühle erlebt werden, wie z. B. optimale Spannung und Freude an der Auseinandersetzung mit dem Gegenstand des Interesses. Die wertbezogene Komponente verweist darauf, dass der Gegenstand oder die Handlung, auf das sich das Interesse richtet, und die inhaltliche Auseinandersetzung mit diesem Gegenstand sinnkonstituierend ist und für die Person eine „herausgehobene, subjektive Bedeutung hat" (Krapp & Ryan, 2002, S. 69).

Menschen befinden sich in ständiger Interaktion mit Gegenständen und Situationen. Diese Gegenstände sind für die Individuen unterschiedlich bedeutsam, sie sind unterschiedlich „interessant" und schaffen damit ein „situationales Interesse". Die (fach-)didaktische Aufgabe in diesem Zusammenhang besteht darin, zwischen der Interessantheit einer Situation, einer Handlung oder eines Gegenstandes und der Interessiertheit einer Person Verbindungen herzustellen. Dabei kann ein persönliches überdauerndes Interesse für einen bestimmten Gegenstand (dispo-

8.1 Was ist Interesse?

sitionales Interesse) zu besonders sinnvollem Lernen führen. Es ist jedoch davon auszugehen, dass aktuelles situationales Interesse das Entstehen eines langfristigen individuellen Interesses fördern kann, und genau hier kann die aktive didaktische Tätigkeit ansetzen: Durch Anreizbedingungen kann man in einer bestimmten Lernsituation bei den Lernenden ein situationales Interesse erzeugen, damit Interessehandlungen provozieren und so erfolgreich zur Entstehung von individuellen Interessen beitragen. Unter Rückgriff auf Mitchell (1993) ist hier die sogenannte „Catch"-Komponente (durch interessanten Unterricht Schülerinnen und Schüler erst einmal zu gewinnen) zu unterscheiden von der sogenannten „Hold"-Komponente: Die Interessen zu halten, zu entwickeln und zu kultivieren ist damit die anspruchsvolle pädagogisch-didaktische Aufgabe. Nach dem Interessenmodell von Krapp ist dazu die Berücksichtigung zentraler motivationaler Faktoren nötig, wie sie in der Theorie der Selbstbestimmung der Motivation (Deci & Ryan, 1993) postuliert werden: das Bedürfnis nach Kompetenzerleben, sozialer Eingebundenheit und Erleben von Selbstständigkeit (Autonomie).

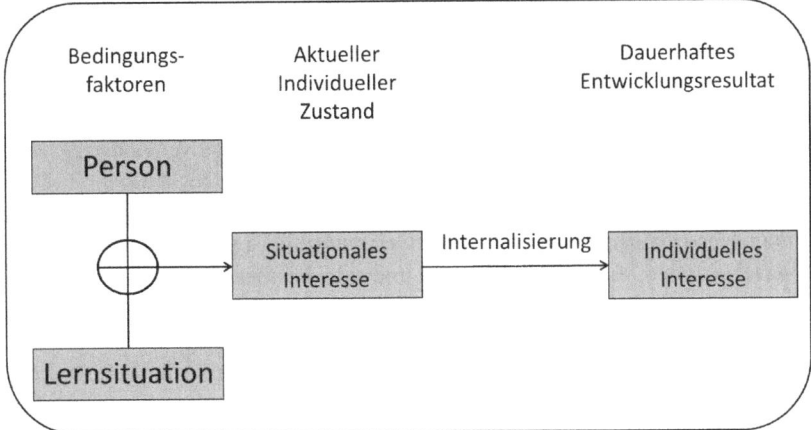

Abb. 8.1 Rahmenmodell der Interessengenese nach Krapp 1993

8.2 Was ist Motivation?

Motivation ist eine „Abstraktionsleistung (…), die mit der ausdauernden Zielsetzung unseres Verhaltens zu tun hat (Rheinberg & Vollmeyer, 2012, S. 15). Motivation ist dabei die Kraft, der Antrieb zu einer Tätigkeit, die in der Regel angenehm und freudvoll erlebt und zugleich positiv bewertet wird. Das der Motivation zugrundeliegende Motiv ist dann gewissermaßen eine „Bewertungsvorliebe" (Rheinberg & Vollmeyer, 2012, S. 20), eine „spezifisch eingefärbte Brille, die ganz bestimmte Aspekte von Situationen auffällig macht und als wichtig hervorhebt" (Rheinberg & Vollmeyer, 2012, S. 63). Bezogen auf die Lernmotivation drückt sich das als Interesse aus, wobei Interesse in diesem Zusammenhang als derjenige Aspekt der (intrinsischen) Motivation verstanden werden kann, der sich auf konkrete Gegenstände, auch Lerngegenstände bezieht.

Bei der intrinsischen Motivation wird eine Handlung um ihrer selbst willen angestrebt, nämlich weil sie von positiven Erlebnissen, Affekten und Bewertungen begleitet wird (vgl. Schiefele, 2009, S. 154). Es handelt sich dabei um „interessebestimmte Handlungen" (Deci & Ryan, 1993, S. 228), die Motivation kommt von innen und kann dazu führen, dass man sich lustvoll in der jeweils interessierenden Tätigkeit verliert (Schiefele & Köller, 2010).

Bei der extrinsischen Motivation dagegen kommt der Anreiz von außen und man vollzieht eine Handlung um eines äußeren Effekts willens. Das Ziel sind gewünschte positive Konsequenzen oder die Vermeidung negativer Konsequenzen (vgl. Schiefele 2009, S. 154). Die extrinsische Motivation wird nicht um ihrer selbst willen durchgeführt, sondern hat eher instrumentellen Charakter: Prüfungen, Belohnungen, soziale Anerkennung oder Missachtung. Eine rigide Gegenüberstellung von intrinsischer Motivation als positiv und extrinsischer Motivation als negativ führt insofern in die Irre, weil damit die Möglichkeiten, extrinsische Motivationen in intrinsische zu überführen, vorschnell aus falscher pädagogischer Radikalität verspielt werden. Gerade in einem Schulsystem, das ja aus guten Gründen extrinsisch das Lernen als Norm festlegt (Schulpflicht), gilt es, Interessen zu entwickeln und extrinsische Motive in intrinsische zu überführen. Das ist die besondere didaktisch-pädagogische Verantwortung, sich nicht nur an den vorgefundenen Interessen und Motiven zu orientieren und sich damit zu beschränken. Vielmehr gilt es, die Interessen zu entwickeln und damit Kompetenzerleben zu ermöglichen. Dass das möglich ist, haben Deci und Ryan (1993, S. 227) überzeugend dargelegt und auch empirisch unterfüttert. Sie zeigen, dass eine externale Verhaltensregulation über introjizierte, identifizierte und integrierte Regulationsmechanismen im besten Fall zu einer intrinsischen Motivation transformiert werden kann.

Die Motivationstheorie von Deci und Ryan ist gerade in den naturwissenschaftlichen Fachdidaktiken sehr einflussreich geworden und soll deshalb kurz skizziert werden. Andere in der Pädagogischen Psychologie ebenfalls zentral diskutierte Motivationstheorien wie z. B. die Erwartungs-Wert-Theorie (Eccles & Wigfield, 2002; Wigfield & Eccles, 2000) werden hier deshalb nicht ausführlich ausgebreitet.

Menschliche Bedürfnisse sind der wesentliche Motor für die Motivation, weil sie „die Herkunft der motivationalen Handlungsenergie" darstellen (Deci & Ryan 1993, S. 229). Dazu gehören physiologische Bedürfnisse bzw. Triebe, Emotionen und die psychologischen Bedürfnisse, die sogenannten „basic needs".

„Intrinsisch motivierte Handlungen repräsentieren den Prototyp selbstbestimmten Verhaltens. Das Individuum fühlt sich in der Auswahl und Durchführung seines Tuns frei. Das Handeln stimmt mit der eigenen Auffassung von sich selbst überein. Die intrinsische Motivation erklärt, warum Personen frei von äußerem Druck und inneren Zwängen nach einer Tätigkeit streben, in der sie engagiert tun können, was sie interessiert" (Deci & Ryan 1993, 226). Die intrinsische Motivation kann sogar untergraben werden, wenn durch extrinsische Belohnungen versucht wird, die Motivation aufrecht zu erhalten (Deci, 1975). Das Gefühl der Selbstbestimmung wird dadurch in Frage gestellt.

Im Unterschied zu anderen Motivationstheorien betont die „Selbstbestimmungstheorie der Motivation", dass nicht nur bei intrinsisch motivierten Handlungen ein hoher Grad von Selbstbestimmung vorliegt, sondern dass diese Selbstbestimmung auch bei extrinsisch motivierten Handlungen zumindest möglich ist. Diese Theorie differenziert motivierte Handlungen nach dem Grad ihrer Selbstbestimmung (bzw. ihrer Kontrolliertheit). Dieser Selbstbestimmungsgrad setzt den qualitativen Maßstab für die Bewertung motivierter Handlungen. Gerade deshalb kann die extrinsische Motivation in intrinsische Motivation überführt werden. „Intrinsische Motivation liegt vor, wenn eine Person die Ziele und Anforderungen an eine Handlung internalisiert und in die Struktur des individuellen Selbst integriert hat. Intentionale und insofern motivierte Handlungen gehen von der Person aus und richten sich entweder auf eine unmittelbar befriedigende Erfahrung (wenn man z. B. einen Sachverhalt als interessant, spannend oder aufregend empfindet) oder auf ein längerfristiges Handlungsergebnis, z. B. das Bestehen einer Prüfung" (Deci & Ryan, 1993, S. 224). Als Antriebsquelle für das Erzeugen und Erhalten von intrinsischer sowie extrinsischer Motivation nehmen Deci und Ryan drei psychologische Grundbedürfnisse des Menschen an, nämlich ein angeborenes, anthropologisch begründetes Streben nach Kompetenz, Autonomie und sozialer Eingebundenheit (Deci & Ryan, 2000). „Wir gehen davon aus, dass der Mensch die angeborene motivationale Tendenz hat, sich mit anderen Personen in einem sozialen Milieu verbunden zu fühlen, in diesem Milieu effektiv zu wirken (zu funktionieren) und sich dabei persönlich autonom und initiativ zu erfahren" (Deci & Ryan, 1993, 229).

Oft werden intrinsisch motivierte (Lern-)Handlungen mit dem sogenannten „Flow-Erleben" (Csikszentmihalyi, 2005) in Verbindung gebracht. Damit ist ein beglückendes Aufgehen in einer Tätigkeit gemeint und das damit verbundene Gefühl der Hingabe an eine Sache, „als liefe das Geschehen gleitend wie aus einer inneren Logik" (Rheinberg u. a., 2003, S. 263).

Indem die Selbstbestimmungstheorie der Motivation auf grundlegende persönlichkeitskonstituierende Qualitäten Bezug nimmt, ist sie nicht nur eine Theorie für motiviertes Lernen und nachhaltige Interessenbildung, sondern zugleich auch eine Theorie über ein gutes, geradezu geglücktes Leben. Insofern werden sowohl Lernprozesse als auch die Persönlichkeitsentwicklung unter dem Blickwinkel betrachtet, ob und in wieweit die soziale (Lern-)Umgebung die Realisierung der besagten Grundbedürfnisse erlaubt. Diese seien nämlich zuallererst notwendig für Gesundheit und Wohlbefinden.

Eine zentrale, im Hinblick auf die unterrichtliche Praxis sehr bedeutsame Aussage der Selbstbestimmungstheorie der Motivation ist, dass die Schüler schon von sich aus motiviert sind, dass sie ein Bedürfnis haben, kompetent und wirksam zu sein. Es kommt mehr darauf an, diese Motivation ernst zu nehmen und sie nicht zu gefährden, als sie durch allzu perfekte Motivationsphasen am Anfang jeder Stunde in Frage zu stellen. Wichtiger als die Motivierung ist es also, der Gefahr zu entgehen, (ungewollt) zu demotivieren (vgl. Stark & Mandl, 2000), indem den Lernenden die Kontrolle über ihr Tun entzogen wird und ihr Bedürfnis nach subjektiv sinnhaften Interpretationen nicht genügend beachtet wird (Gebhard, 2003).

Die anspruchsvolle didaktische Aufgabe ist also, die Lernenden zu motivieren, ohne dabei die zentralen Motive der Selbstbestimmung, der Kompetenz und der sozialen Eingebundenheit zu missachten oder zu verletzen. Voraussetzung dafür ist eine von Wertschätzung und Achtung gekennzeichnete Beziehung zwischen Lehrenden und Lernenden und auch zwischen Lernenden und Lernenden. Für die affektive Besetzung von Lerngegenständen, also für die interessegeleitete Motivation, spielen auch biographische und persönlichkeitsspezifische Momente eine wichtige Rolle. Dabei ist zu beachten, dass Lerngegenstände für die Subjekte auch eine psychodynamische Bedeutung haben. Lerninhalte können beispielsweise (z. T. unbewusste) Wünsche ausdrücken, werden emotional höchst unterschiedlich bewertet (Freude, Angst, Ablehnung, Trauer u. ä.) oder können Identifikationen ermöglichen (vgl. Gebhard, 1988, S. 291; 1992; 1993). Ebenfalls von Bedeutung in diesem Kontext ist die Fachsozialisationsforschung (Huber, 1991) und die Bildungsgangforschung bzw. -didaktik (Koller, 2008), die fachliches Lernen in Beziehung bringt zu biographisch bedeutsamen Strukturen der Persönlichkeit. Die zentrale

Frage für die Naturwissenschaftsdidaktik ist dabei, in welcher Weise der naturwissenschaftliche Unterricht über die vermittelten Inhalte hinaus sozialisierend und persönlichkeitsbildend wirksam sein kann.

8.3 Interessen im naturwissenschaftlichen Unterricht

Wie bereits angedeutet, erfreuen sich die naturwissenschaftlichen Fächer keiner besonderen Beliebtheit. Für die Fächer Chemie und Physik hat Merzyn (2008) dies in einem groß angelegten Überblick gezeigt, wonach diese Fächer zu den unbeliebtesten Schulfächern zählen. Das Fach Biologie dagegen ist deutlich beliebter: es nimmt bei der Beliebtheit der Schulfächer einen oberen Platz im Mittelfeld ein.

Das ist keine neue Erkenntnis: Bereits in der Shell-Jugendstudie 1992 (13-16 Jahre n = 624) zeigte sich eben dieses Muster, das sich offenbar seitdem wenig verändert hat. Gemäß einer Umfrage des Institut für Jugendforschung (2004, n=1032, 13-19 Jahre) erhalten die Fächer Physik und Chemie auf einer 10-stufigen Ratingskala einen Wert zwischen 3 und 4, das Fach Biologie etwa 5.

Untersuchungen aus England, Ungarn, Italien und Schweden zeigen dieselbe Tendenz. Offenbar ist das geringe Interesse an den naturwissenschaftlichen Fächern nicht nur ein deutsches Phänomen. Es zeigt sich z. B. für das Fach Physik ein starker Interessensrückgang ab der Klassenstufe 7, insbesondere Mädchen verlieren das Interesse an den naturwissenschaftlichen Schulfächern (Krogh & Thomsen, 2005, Osborne, Driver & Simon 1998). Auf diese Geschlechtsspezifik wird noch genauer zurückzukommen sein (Kap. 8.5).

Dazu kommt, dass das Interesse an der Naturwissenschaft im Laufe der Schulzeit sinkt. Während das Interesse jüngerer Schüler noch relativ ausgeprägt sind, nimmt es im Verlauf der Schulzeit deutlich ab (Löwe, 1992; Merzyn, 2008). Zumindest muss man sich fragen, ob das auch am naturwissenschaftlichen Unterricht bzw. an den naturwissenschaftlichen Fachkulturen liegt oder ob es zusätzlich auch andere Gründe (z. B. Pubertät) gibt (vgl. auch Hidi & Renninger, 2006).

Der Interessenverfall gilt auch für die Biologie. Hier wird zudem deutlich, dass das abnehmende Interesse in einen Zusammenhang mit dem Beginn des Fachunterrichts gebracht werden kann. Untersuchungen zur Abhängigkeit des Interesses an der Biologie vom Lebens- und Schulalter ergaben, „dass in den Klassenstufen 3 bis 5 nur geringe Alterseffekte auftreten, während ab Klassenstufe 6 bis zur Klassenstufe 8 (…) gravierende altersspezifische Veränderungen eintreten" (Löwe 1987, S. 62; vgl. Hesse, 1984). Und zwar nimmt das Biologieinteresse bei Jungen und Mädchen vom 6. Schuljahr an so deutlich ab, dass man von einem „Interessenverfall" und von einem „5.-Klassen-Effekt" spricht. Dieser Effekt tritt offenbar unabhängig vom Lebensalter auf und scheint mit dem Einsetzen des Fachunterrichts zusammenzuhängen. Nach der Klassenstufe 8 verlangsamt sich die negative Entwicklung, das Interesse an Biologie kann sich sogar am Ende der Sekundarstufe I erhöhen. Gottfried u. a. (2001) stellten im Verlaufe von acht Jahren einen Abfall im Bereich der intrinsischen Motivation fest, sich überhaupt mit Naturwissenschaften zu beschäftigen.

Schüler sehen nach der Grundschulzeit dem Biologieunterricht durchaus freudig entgegen und werden auch zumindest zunächst nicht enttäuscht (Kögel u. a., 2000). Sie glauben zu 69 %, dass in Biologie interessante Themen behandelt werden (v. a. Humanbiologie) und freuen sich auf praktisches Arbeiten: Mikroskopieren (75 %), Experimentieren (63 %). Darüber hinaus sind Lebewesen (66 %) interessant, ebenso Exkursionen (59 %). Nicht zuletzt glauben viele Schüler (66 %), dass sie biologische Kenntnisse im Alltag gebrauchen können. Der Interessenabfall wird damit begründet, dass der Biologieunterricht immer theoretischer und komplexer wird.

Biologie steht dabei noch verhältnismäßig günstig da, während Physik und Chemie den steilsten Interessenabfall zu verzeichnen haben. Insgesamt kann es als ein gut gesicherter Befund gelten, dass die Interessen v. a. im Laufe der Sekundarstufe 1 abnehmen (Daniels, 2008; Krapp, 1998) bzw. anders ausgedrückt, dass sie sich konzentrieren und spezifizieren. Dabei muss man nicht unbedingt die Schule als einen „killer of interest" (Travers, 1978) interpretieren – Interessen differenzieren sich eben mit der persönlichen Entwicklung. Gerade weil Interessen Ausdruck unserer Persönlichkeit und Individualität sind, kann man sich nicht für alles interessieren. Trotz dieser relativierenden Bemerkung bleibt allerdings der Interessenverfall gerade im naturwissenschaftlichen Unterricht eine Herausforderung. Denn der besagte Interessenverfall führt dazu, dass die naturwissenschaftlichen Fächer zunehmend als langweilig empfunden werden. Die Folge ist anhaltende Monotonie, geringe Bedürfnisbefriedigung und fehlende Sinnhaftigkeit (Hummel, 2012, S. 105), was nach Lohrmann (2008, S. 29) oft durch „vorgetäuschtes Zuhören" und „Warten und Träumen" kompensiert wird. Demnach ist die Langeweile sowohl das Ergebnis mangelnden Interesses und gleichzeitig wird der Interessenverfall durch die Langweile vorangetrieben. Ein Teufelskreis?

Gibt es Inhalte und Handlungen, die dem besagten Interessenverfall entgehen? Diese Frage ist insofern wichtig, weil sich daraus Konsequenzen für einen interessanteren Unterricht ableiten lassen.

Schülerinnen und Schüler der 9. Klasse interessieren sich weniger für die klassischen physikalischen Themen wie Mechanik, Optik oder Wärmelehre. Astrophysik, Kernenergie oder Fliegen sind eher interessant (Hoffmann & Lehrke, 1985). In der Chemie interessieren sich Schüler (Gymnasien und Realschulen, ab 8. Klasse) am meisten für Edelmetalle und Farbstoffe, auch für Gefahren und Nutzen chemischer Anwendungen, am geringsten für Halogene und Gebrauchsmetalle (Gräber, 1992).

Das spontane Biologie-Interesse der meisten Schüler richtet sich insbesondere auf zoologische, weniger auf humanbiologische und am wenigsten auf botanische Themen (Löwe, 1992). Eine Untersuchung, die mehrere tausend Schüler der Klassenstufen 5 bis 9 erfasste (vgl. Todt, 1978), zeigt, dass das Interesse an der Tierkunde in den Klassen 5 und 6 sehr hoch ist, dann aber bis zum 9. Schuljahr auf ein mittleres Niveau sinkt. Die Pflanzenkunde stößt – vor allem bei Jungen – bereits in der 5. Klasse auf ein geringes Interesse und wird mit zunehmendem Alter noch weniger beliebt. Das Interesse an Humanbiologie liegt auf einem mittleren Niveau und bleibt über die Klassenstufen hinweg ziemlich stabil. Finke (1998) hingegen konstatiert in seinen Untersuchungen ein bis zur Mitte der Sekundarstufe I abnehmendes und sich danach auf relativ hohem Niveau stabilisierendes Interesse an Humanbiologie.

Das Interesse an Umweltthemen ist schon im 3. Schuljahr höher als das Interesse an den traditionellen Gebieten des Biologieunterrichts, und es gerät – wie das Interesse an humanbiologischen Themen – nicht „in den Strudel des pubertären Motivationsabfalls" (Löwe, 1987, S. 63). Das Interesse an Umweltschutz ist nach Finke (1998) zudem auffallend geschlechtsunspezifisch und besonders stark an eigene Erfahrungen der Schülerinnen und Schüler von Natur- und Umweltzerstörung und die damit verbundenen Emotionen (vgl. Gebhard, 2013) geknüpft.

Das Interesse der Schülerinnen und Schüler hängt auch davon ab, unter welchem Aspekt das betreffende Unterrichtsthema behandelt wird. Der Einfluss unterrichtsmethodischer Varianten wird bei der Ausprägung des Interesses durch empirische Studien in verschiedenen Jahrgangsstufen bestätigt: Neben außergewöhnlichen oder für die Schülerinnen und Schüler besonders relevanten und emotional ansprechenden Themen (z. B. Wale, Sexualkunde) werden in der Sekundarstufe I insbesondere praktische Arbeitsverfahren (Mikroskopieren, Experimentieren) und Organisationsformen wie Gruppenarbeit als besonders interessant erachtet (Vogt, Upmeier zu Belzen, Schröer & Hoek, 1999; Randler & Kunzmann, 2005). Ähnliches gilt auch für die Grundschule (Kleine & Vogt, 2002). Die Unbeliebtheit des Botanik-Unterrichts mag also darauf zurückzuführen sein, dass häufig gerade in diesem Gebiet die als langweilig empfundene deskriptiv-morphologische Betrachtungsweise vorherrscht. Beliebt sind vor allem Arbeitsweisen, die der Eigentätigkeit der Schüler weiten Raum lassen, zum Beispiel Experimentieren, Mikroskopieren, Halten von Pflanzen und Tieren (vgl. Löwe, 1990; Meyer, 1987, S. 51 ff.). Zusammenfassend kann man zumindest für den Biologieunterricht sagen, dass es Dimensionen gibt, die dem Interessenverfall entgehen bzw. ihm sogar entgegenwirken: Umweltthemen (Gesellschaftsrelevanz), Bezug zum Menschen (nicht nur Humanbiologie!) und praktisches Arbeiten. Die Bevorzugung von eigenen Aktivitäten (Experimentieren) zeigt sich auch in Studien zum Physik- und Chemieunterricht (Merzyn, 2008).

8.4 Kontextualisierung als Interessenförderung

Für alle drei Naturwissenschaften gilt, dass – wenn überhaupt – die alltäglichen Anwendungsbereiche als interessanter gelten als die fachsystematischen Aspekte (Häußler, Hoffmann, Langeheine, Rost & Sievers, 1998). Aus Schülersicht erscheint das Fach Physik als besonders alltagsfern und zugleich als besonders schwierig (Haag & Götz, 2012). Dabei ist „Anwendung" nicht nur im Sinne von praktischer Verwertbarkeit, sondern in einem sehr komplexen Sinne zu verstehen: Immer dort, wo es eine Vermittlung gibt zwischen den Naturwissenschaften und den Erfahrungen aus der Alltagswelt der Schülerinnen und Schüler, zwischen den Naturwissenschaften und gesellschaftlichen Aspekten, werden sie offenbar interessanter. Das gilt nicht nur für die Biologie, sondern auch für die Fächer Physik und Chemie.

So konnten Hoffmann und Lehrke (1985, Klassen 5-10, n = 4034 s.o., 5-stufige Skala) zeigen, dass ein Unterricht, der auf die Erfahrungen und den Alltag von Schülerinnen und Schülern eingeht, interessanter ist als die Beschäftigung mit allgemeinen physikalischen Gesetzmäßigkeiten. Die reine Fachsystematik rangiert auf den unteren Plätzen. Naturgesetze und die Erklärung physikalischer Versuche sind uninteressant. Folgeuntersuchungen haben gezeigt, dass dies auch bei zunehmendem Alter so bleibt. Der Blick auf entsprechende Befunde in Chemie (Gräber, 1992) zeigt dasselbe Bild: Besonders interessant sind Themen aus dem Alltag (Höner, 1996), Themen mit politischer Relevanz der Chemie und Umweltthemen. Wissenschaftssystematische Aspekte finden nur geringes Interesse: Periodensystem, Formeln, Massenwirkungsgesetz, organische und anorganische Chemie (Höner, 1996).

Nicht zuletzt vor dem Hintergrund solcher Befunde, aber auch durch grundsätzliche bildungstheoretische Erwägungen motiviert, sind in den letzten zehn Jahren die so genannten „Kontext-Projekte" entstanden: Biologie im Kontext (Bayrhuber, Bögeholz, Elster, Hammann et al. 2007), Chemie im Kontext (Gräsel, Nentwig & Parchmann, 2005; Gräsel & Parchmann, 2004), Physik im Kontext (Duit & Mikelskis-Seifert 2010). Es gilt also, die Inhalte der naturwissenschaftlichen Fächer zu kontextualisieren, was z.B. in Ansätzen des situierten Lernens (Schnotz, 2006) angestrebt wird. Die Einbettung in Kontexte, in menschliche und soziale Zusammenhänge, ist also das anspruchsvolle Anliegen naturwissenschaftlicher Bildung und Fachdidaktik.

8.4 Kontextualisierung als Interessenförderung

Abschließend soll das (geringe) Interesse von Jugendlichen noch in einen allgemeinen Kontext gestellt und mit den Einstellungen zur technisch-naturwissenschaftlichen Kultur, in der wir leben, in Bezug gesetzt werden. Angesichts des dargelegten Interessensverfalls kann man nämlich auch fragen, ob hier eine Jugend heranwächst, die den Naturwissenschaften den Rücken kehrt, die sich also die pikante Position leistet, die Naturwissenschaften auf der einen Seite abzulehnen, auf der anderen Seite jedoch die Vorteile, die die technisch-naturwissenschaftliche Entwicklung bietet, unreflektiert zu nutzen. Diese Frage berührt auch die ethischen Implikationen naturwissenschaftlicher Forschung und Entwicklung (siehe Kapitel 5).

Allerdings: Die Wertschätzung des naturwissenschaftlichen Unterrichts und die Wertschätzung der Naturwissenschaften sind zwei unterschiedliche Dinge. Auffällig ist nämlich, dass Jugendliche die Naturwissenschaften zwar wertschätzen und für ausgesprochen bedeutsam halten, gleichzeitig aber ein nur bescheidenes Interesse an ihnen entwickeln. Man kann nämlich das sogenannte Sachinteresse (also das Interesse am Gegenstandsbereich Naturwissenschaft) vom Fachinteresse (also das Interesse am Unterrichtsfach) wohl unterscheiden (Hoffman, Häußler & Lehrke, 1998; Klos, 2008). Interessant ist insbesondere der Befund, dass die geschlechtsspezifischen Interessenunterschiede, die ja gerade beim Fach Physik sehr ausgeprägt sind, beim Sachinteresse an Physik geringer ausgeprägt sind. Die positiven Einstellungen finden sich zum Beispiel in einer Befragung einer 9. Klasse (Hoffmann & Lehrke, 1986): 76 % finden, man könne sich mit Physik die Vorgänge der Natur erklären, 84 % denken, man könne mit Physik verstehen, wie technische Geräte arbeiten und außerdem sei Physik ein Gebiet, das in Zukunft immer bedeutender werde (74 %).

Eine Untersuchung der Akademie für Technikfolgenabschätzung (Zwick & Renn, 1998) (Studienanfänger: n=236, Gymnasiasten Oberstufe: n=431) ergab, dass Jugendliche eher technikbegeistert als technikfeindlich sind. Allerdings lösen Techniken, die als risikoreich eingestuft werden, Ängste und Ablehnung aus.

Bei der Chemie sind die Einstellungen ambivalent: Nach einer Untersuchung des Instituts für Jugendforschung (2004, n = 1031, 13-19 Jahre, 10-stufige Skala mit 10 als höchster Zustimmung) gibt es auf der einen Seite hohe Zustimmungen zu Aussagen wie „Ohne Chemie wären viele Fortschritte in der Medizin unmöglich gewesen." (8,1) oder „Ich finde Chemie in vielerlei Hinsicht unentbehrlich für unser tägliches Leben." (6,0). Auf der anderen Seite erscheint den Jugendlichen die Chemie aber auch als eine „große Belastung für die Umwelt" (6,6) und es wird befürchtet, „dass durch chemische Stoffe in unserem Essen, in der Kleidung oder in Putzmitteln viele gesundheitliche Probleme entstehen" (6,1).

Zusammenfassend kann man also sagen, dass sich das Interesse an den Naturwissenschaften und das Interesse am naturwissenschaftlichen Unterricht voneinander unterscheiden. Besonders deutlich wird dies im außerschulischen Bereich: Wissenschaftssendungen im Fernsehen, Science Center, Schülerwettbewerbe, Schülerlabore und Kinderuniversitäten erfreuen sich sehr großer Beliebtheit. Jenkins und Nelson (2005) bringen das ambivalente Einstellungsmuster sehr gut auf den Punkt: „Important, but not for me." So gibt es offenbar einen Unterschied zwischen dem Interesse an den Naturwissenschaften und den Einstellungen bezüglich deren Bedeutung, ein Phänomen, das Muckenfuß (1995, S. 84) als eine „gespaltene Haltung" bezeichnet. Diese ambivalente Haltung drückt sich häufig in einer spannungsreichen Kombination von Faszination und Skepsis gegenüber den Naturwissenschaften aus. Diese spannungsreiche Gemengelage gilt es, im naturwissenschaftlichen Unterricht nicht zu vermeiden, sondern auch als motivations- und interesseförderndes Moment zu thematisieren.

8.5 Genderaspekte des Interesses an den naturwissenschaftlichen Fächern

Das Interesse an verschiedenen Gegenständen und auch Unterrichtsfächern hat eine geschlechtsspezifische Note, und die ist für die Naturwissenschaftsdidaktik höchst bedeutsam. Natürlich sind Interessen keine genetisch bedingten anthropologischen Konstanten, dennoch kann man zugespitzt sagen, dass es gewissermaßen „weibliche" Fächer (Sprachen, Kunst, Musik und Biologie) und „männliche" Fächer (naturwissenschaftlich- technischer Bereich ohne Biologie) gibt. Gemäß einer Metaanalyse von Roisch (2003) ist es so, „dass sich der Tendenz nach Mädchen noch immer eher für den sprachlich-fremdsprachlichen Bereich und Jungen für den mathematisch-naturwissenschaftlichen Bereich interessieren" (Roisch, 2003, S. 149). Auch nach den klassischen IPN-Interessens-Studien werden v. a. Physik, aber auch Chemie zur „männlichen Domäne", Biologie zur „weiblichen Domäne" gezählt (Hoffmann & Lehrke, 1985).

Zumindest für das Fach Physik lässt sich sagen, dass die Fachkultur ausgesprochen männlich konnotiert ist (Haag & Götz, 2012). Das liegt natürlich nicht an der Physik, sondern an den Attributen, die der Physik als harter Naturwissenschaft symbolisch zugeschrieben werden (vgl. Bartosch, 2013, S. 124f.). Die Interessenunterschiede finden sich bereits in der Grundschule (Roßberger & Hartinger, 2000) und setzen sich in der weiteren Studienlaufbahn und auch in der Berufswahl fort.

Die geschlechtsspezifischen Interessen finden sich bei den Kurswahlen in der Sekundarstufe II und auch bei Berufswahlen wieder. Gemäß dem Statistischen Bundesamt 2007 begannen im WS 2005/2006 3556 Männer ein Physikstudium, jedoch nur 858 Frauen. Jungen zeigen in Physik ein höheres Fach-, Berufs- und auch Freizeitinteresse als Mädchen (Hoffmann, Häußler & Lehrke,1998; Hoffman, Häußler & Lehrke, 1998; Holstermann & Bögeholz, 2007; Zohar & Sela, 2003).

Mädchen interessieren sich für ungeklärte Naturphänomene, Mysterien und medizinische Geräte (Hoffmann u. a., 1998; Schreiner, 2006), weniger für Technik, Maschinen, Fahrzeuge, Raumfahrt, Waffen und naturwissenschaftliche Brennpunktthemen. Jungen interessieren sich dagegen sich für Technik, Maschinen, Fahrzeuge und Elektronik (Elster, 2007; Hoffmann u. a., 1998; Schreiner, 2006; Taber, 1991).

In Chemie gibt es diesen ausgeprägten Geschlechterunterschied nicht in dem Maße. So studieren etwa gleich viel Männer (2774) und Frauen (2491) Chemie (Statistisches Bundesamt 2007). Mädchen interessieren sich eher für Kohlehydrate, Chemie in Lebensmitteln, Chemie im Haushalt (Gräber, 1992; Taber, 1991), weniger für Atome und Moleküle (Schreiner, 2006). Die Jungen bevorzugen Themen wie Erdöl, Säuren und Chemie in der Freizeit (Gräber, 1992; Taber, 1991).

Biologie dagegen ist ein „weibliches" Fach: Gemäß dem Statistischen Bundesamt 2007 fingen im WS 2005/2006 3818 Frauen und nur 1635 Männer ein Biologiestudium an.

In besonderer Weise interessieren sich Mädchen für Ernährungsfragen, Krankheiten und Schwangerschaft (Elster, 2007; Finke, 1998; Taber, 1991). Scharfenberg (2005) zeigt, dass sich Mädchen mehr für Anwendungen der Gentechnik am Menschen und damit für ethische Aspekte der Biologie interessieren. Jungen haben ein geringeres Interesse am menschlichen Körper (vgl. Schreiner, 2006), besonders wenig an Schwangerschaft und Geburt (Taber, 1991).

Die bekannte ROSE-Studie (Schreiner & Sjoeberg, 2004), bei der 15-jährige Schülerinnen und Schüler u. a. gefragt wurden, was sie an den Naturwissenschaften interessant finden und ob sie einen entsprechenden Beruf lernen bzw. ergreifen möchten, bestätigt diese geschlechtsspezifischen Befunde auch im internationalen Vergleich, und zwar v. a. in den modernen Industriestaaten. Englische Schülerinnen z. B. interessieren sich eher für Gesundheit, Wohlergehen und „die Seele" (Jenkins & Nelson, 2005), Jungen dagegen eher für „destruktive Technologien" und gefährliche Events. Die Mädchen in Schweden präferieren Themen wie Gesundheit, Fitness, Träume und Okkultismus, die schwedischen Jungen dagegen interessiert z. B., wie sich biologische Waffen auf den menschlichen Körper auswirken (Jidesjö & Oscarsson, 2004).

Den deutschen Anteil der ROSE-Studie betrachteten Holstermann & Bögeholz (2007) genauer und konnten den besagten geschlechtsspezifischen Effekt sehr genau herausarbeiten: Betrachtet man beispielsweise das Schulfach Biologie, so gibt es geschlechtsspezifische Unterschiede: Mädchen interessieren sich besonders für humanbiologische Themen: Krankheiten, Epidemien, Körperfunktionen, Fortpflanzung, Körperbewusstsein, Jungen eher weniger. Im Hinblick auf den eigenen Körper sind die Jungen auffällig unbeteiligt. Auch Jungen interessieren sich für humanbiologische Themen (vgl. Finke, 1998; Kögel, Regel, Gehlhaar & Klepel, 2000; Löwe, 1992), doch nicht für alle den Körper betreffenden Themen. Wichtig auch für Jungen sind z. B. Themen, die Schädigungen des Körpers betreffen. Das Thema Umwelt ist für beide Geschlechter interessant: Tiere, Mensch und Umwelt. Dagegen finden Landwirtschaft und Pflanzen weniger Interesse. Am ausgeprägtesten ist der geschlechtsspezifische Unterschied bei Physik und Technik, gefährlichen Anwendungen, „Übersinnlichem" und v. a. Körperbewusstsein.

Im Übrigen gibt es auch analoge Unterschiede im Hinblick auf die spezifische Schulleistung und zwar bereits in der Grundschule: Gemäß der IGLU-Studie schneiden die Jungen bei den naturwissenschaftlichen Kompetenzen besser ab als die Mädchen und die Jungen finden sich auch eher auf den oberen Kompetenzstufen, die Mädchen eher auf den unteren (Bos, Lankes, Prenzel, Schwippert et. al. 2003, S. 174f.). Ähnlich sieht es in der Hamburger KESS-Studie aus: in den sprachlichen Fächern sind die Mädchen besser, in den naturwissenschaftlichen die Jungen (Bos, 2006). Die Unterschiede treffen auf physikalische Inhalte noch mehr zu als auf biologische Inhalte (Schwippert & Michalik, 2005, S. 183, S. 183ff.). Wie die KESS-Studie von 2010 allerdings zeigt, holen die Mädchen bezüglich des Leistungsgefälles in den naturwissenschaftlichen Fächern auf (Vieluf, 2011).

In den insgesamt deutlichen und auch gut belegten (siehe auch Häußler u. a., 1998; Häußler & Hoffmann, 2000; Jones, Howe & Rua, 2000; Labudde, Herzog, Neuenschwander, Violi & Gerber, 2000) Unterschieden in den Interessen an den Naturwissenschaften reproduzieren sich die klassischen Geschlechtsrollenstereotype. Nicht nur, dass das eine besondere Herausforderung für die Didaktiken der Naturwissenschaften darstellt, ist diese Geschlechtsspezifik auch ein Gegenstand der Genderforschung (Buccheri, Gürber & Brühwiler, 2011; Ebeling & Schmitz, 2006). So ist zunächst herauszustellen, dass die hier zusammengestellten Auffälligkeiten etwas mit den jeweiligen Fachkulturen zu tun haben. Die traditionelle Naturwissenschaft als eher männlich geprägte Fachkultur wird hier auch auf das jeweilige Interesse eine Wirkung zeitigen. In diesem Zusammenhang wird in der fachdidaktisch orientierten Geschlechterforschung sowohl eine „genderreflexive Biologiedidaktik" (Palm, 2012) als auch eine „Genderforschung in der Chemie- und Physikdidaktik" (Lembens & Bartosch, 2012) gefordert – und dies v. a. deshalb, weil davon auszugehen sei, dass die erwähnten Geschlechtsrollenstereotype bzw. Geschlechterkonstruktionen im Fachunterricht der Physik, Chemie und Biologie z. T. selbst erzeugt werden. Eben dies gelte es zu dekonstruieren (Lembens & Bartosch, 2012). Im Rahmen der Biologie wird zusätzlich eine weit verzweigte ideologiekritische Debatte über die vermeintlich biologisch-genetische Bedingtheit von Geschlechterunterschieden geführt, die hier – auch wenn das zumindest nur indirekt das Interesse an den naturwissenschaftlichen Fächern bedingen dürfte – erwähnt werden soll. Die damit verbundene Naturalisierung von Geschlechtsunterschieden – die von genetischen, neurologischen, evolutionstheoretischen, molekularbiologischen und kognitionstheoretischen Argumenten begleitet wird – ist im Rahmen der Genderdebatte ausführlich und kritisch diskutiert worden (z. B. Palm, 2012; Jordan-Young, 2010; Fine, 2010; Schmitz, 2009; Fausto-Sterling, 2008). Diese ideologiekritische Auseinandersetzung sollte durchaus auch im Biologieunterricht z. B. im Kontext von Bewertungskompetenz (Kap. 5) thematisiert werden.

Aus Sicht der Chemie- und Physikdidaktik wird kritisch nachgefragt, ob und wie die Geschlechtsstereotype und damit zusammenhängend auch das unterschiedliche Interesse im Fachunterricht produziert wird und Physik und Chemie als männliche Domänen konstruiert („doing gender") werden (Faulstich-Wieland, Weber & Willems, 2004; Lembens & Bartosch, 2012; Solga & Pfahl, 2009; Prechtl & Reiners, 2007). Wie dies in der Unterrichtsdramaturgie und auch in der Auswahl und Inszenierung von Inhalten geschieht, zeigt überzeugend eine qualitative Studie von Willems (2007). Es zeigt sich, dass die Identitätskonstruktion mit den Vorlieben für bestimmte Fächer zusammenhängt. Die diesbezügliche „Identitätsarbeit" ist außerdem in ethnographischen Längsschnittstudien von Schülerinnen und Schülern afro-amerikanischer Herkunft dokumentiert worden (Calabrese Barton, Kang, Tan, O'Neill et al., 2013).

In diesem Kontext können die geschlechtsspezifischen Interessen zum einen damit verstanden werden, dass das Selbstkonzept, v. a. das Fähigkeitsselbstkonzept, der Mädchen eine interessierte Beschäftigung v. a. mit Mathematik, aber auch mit Physik zumindest nicht begünstigt (vgl. Ziegler, Dresel & Schober, 2000) Das Bild, das viele Mädchen von sich selbst haben, passt nicht zu dem Image der naturwissenschaftlichen Fächer, v. a. nicht zu Physik, z. T. auch nicht zur Chemie (Kessels, Rau & Hannover, 2006; Kessels & Hannover, 2006). Kessel und Hannover zeigen, dass das Image der naturwissenschaftlichen Fächer im Vergleich zu den sprachlich-geisteswissenschaftlichen Fächern als „schwieriger, stärker maskulin konnotiert und als weniger Möglichkeiten zur Selbstverwirklichung bietend" (Kessel & Hannover, 2006, S. 352) eingeschätzt wird. Dieses Image sei insbesondere für Mädchen unattraktiv, weil es im Kontrast, wenn nicht sogar im Widerspruch zum Selbstkonzept als Frau empfunden werden kann. Der Prototyp des an Physik Interessierten ist ein Typus, der als sozial unattraktiv gilt und das insbesondere für Mädchen: So konnten Kessel und Hannover zeigen, „dass Schülerinnen und Schüler Jugendlichen, die sich für mathematisch-naturwissenschaftliche Fächer interessieren, eine geringere physische und soziale Attraktivität (z. B. „beliebt", „respektiert"), weniger soziale Kompetenz und Integriertheit (z. B. „gesellig",

„aufgeschlossen"), mehr Arroganz und Selbstbezogenheit (z. B. „besserwisserisch", „eingebildet") und weniger Kreativität und Emotionalität (z. B. „phantasievoll", „romantisch") bescheinigten als Jugendliche mit einem Faible für sprachlich-geisteswissenschaftliche Fächer. Einzig Intelligenz und Motivation (z. B. „gebildet", „ehrgeizig") wurden den naturwissenschaftlichen-mathematischen Prototypen in stärkerem Maße attestiert als den sprachlich-geisteswissenschaftlichen" (Kessel & Hannover, 2006, S. 352). Im einzelnen „wurde der Physikprototyp im Vergleich zu dem Bild, das die Jugendlichen von sich selbst haben, als weniger schön, attraktiv, begehrt, kontaktfreudig, kreativ, stark, kraftvoll und mit weniger Menschenkenntnis ausgestattet angesehen. Gleichzeitig galt er als stärker verklemmt, langweilig und einsam. Dem Physikprotoptypen, wie auch dem Ingenieurprototypen, wurden außerdem besonders wenige feminine Eigenschaften (z. B. gefühlsbetont, sanft, weichherzig) bescheinigt" (Kessel & Hannover, 2006, S. 352).

Fachinteressen haben offenbar auch etwas mit Identitätsbildung und -regulation zu tun, wie Interessen überhaupt auch Ausdruck unserer Persönlichkeit sind. Die Hinwendung zu oder gar Identifikation mit einem Fach drückt dann im sozialen Kontext symbolisch einen Identitätsaspekt aus. Das Fachinteresse ist dann Teil einer Selbstsymbolisierung (vgl. Kessels & Hannover, 2006). Vor dem Hintergrund der skizzierten Imagefaktoren der naturwissenschaftlichen Fächer ist es dann folgerichtig, dass v. a. Mädchen ein besonderes Interesse an den Naturwissenschaften kaum zur Identitätsregulation nutzen können und diese Fächer zumindest eher ablehnen. Natürlich stellt sich die Frage, wie (oder geradezu ob) es Mädchen gelingen kann, „trotz des Wissens um die wenig attraktiven Eigenschaften, die einem Mädchen dann zugeschrieben werden" (Bartosch, 2013, S. 119), sich für die Naturwissenschaften zu erwärmen. Bartosch (2013) kommt vor dem Hintergrund einer qualitativen Interview-Studie zu folgendem Schluss: „Der Schlüssel zur Entwicklung physikbezogener Identität scheint darin zu liegen, dass Mädchen, die Physikerin werden wollen, beides können: fachlich inhaltlich argumentieren und gleichzeitig die fachlichen Symbolisierungen nutzen, um das, was sie in ihrer Innenwelt bewegt, zu strukturieren."

Als Konsequenz aus diesen empirischen Befunden und vor allem Erklärungsansätzen zur Genderthematik in den naturwissenschaftlichen Fächern werden mehrere Lösungsansätze diskutiert, um auch Schülerinnen für die MINT-Fächer zu gewinnen (Augustin-Dittmann & Gotzmann, 2015; Hoffmann, 2002; Jahnke-Klein, 2013; Quaiser-Pohl & Endepohls-Ulpe, 2010; Winkler, 2014). Zum einen wird darüber nachgedacht, ob für die naturwissenschaftlichen Fächer die Monoedukation wieder eingeführt werden soll, u. a. um das Selbstkonzept der Mädchen positiv zu beeinflussen. Entsprechende empirische Forschungen dazu (Kessels, 2002; Harker, 2000) ergeben jedoch kein einheitliches Bild. Vielversprechender scheinen curriculare Änderungen und ein auf Aushandlung und Kommunikation gerichteter Unterrichtsstil zu sein (Faulstich-Wieland, 2004, 2008; Labudde u.a., 2000; Häußler & Hoffmann, 2002). In diesem Zusammenhang gewinnen diskursive Unterrichtsansätze wie „Nature of Science" (Kap. 6), ethische Themen, die die politische Dimension der Naturwissenschaften berühren (Dittmer, Gebhard, Höttecke & Menthe, 2016, Kap. 5), fächerübergreifende Ansätze und Erfahrungslernen (Combe & Gebhard, 2007) neben bildungsbezogenen Argumenten eine zusätzliche Bedeutung (Lembens, 2005). So konnte in den Untersuchungen von Kessels & Hannover (2006) gezeigt werden, dass es eben diese zuletzt genannten Elemente sind, die dem Desinteresse der Mädchen entgegenwirken. Vor diesem Hintergrund kritisieren Lembens und Bartosch (2012) mit Zeyer (2005) einen „szientistischen" Unterricht, der ein Bild von Naturwissenschaft vermittle, in der der „isolierte männliche Wissenschaftler im Labor (…) mit Hilfe von stringenten Experimenten und rationalem Denken seinen diffusen Wissendrang befriedigt" (Zeyer, 2005, S. 196). Für den Biologieunterricht spricht Palm (2012) in diesem Zusammenhang von epistemologischen Herausforderungen einer „gendertheoretisch informierten Fachdidaktik".

Der naturwissenschaftliche Unterricht muss nicht speziell hinsichtlich der Bedürfnisse und Interessen der Mädchen modifiziert werden. Nach wie vor gilt Martin Wagenscheins Diktum, dass, wenn man den naturwissenschaftlichen Unterricht im Sinne der Interessen der Mädchen ändert, das auch den Jungen gut tun würde. In der „Schweizer Koedukationsstudie" (Labudde et al., 2000) konnte gezeigt werden, dass sich die Leistungen von Schülerinnen und Schülern gleichermaßen verbessern, wenn der Unterricht vor allem auf die Interessen der Schülerinnen eingegangen ist. Insofern sind Versuche bedeutsam, die naturwissenschaftlichen Fächer auf eine diskursive Weise mit gesellschaftlichen, individuellen und philosophischen Kontexten zu verknüpfen.

Weiterführende Literatur:

Csikszentmihalyi, M. (2005). *Das Flow-Erlebnis: Jenseits von Angst und Langeweile: Im Tun aufgehen*. Stuttgart: Klett-Cotta.
Deci, E. & Ryan, R. M. (1993). Die Selbstbestimmungstheorie der Motivation und ihre Bedeutung für die Pädagogik. *Zeitschrift für Pädagogik, 39*(2), 223-238.
Holstermann, N. & Bögeholz, S. (2007). Interesse von Jungen und Mädchen an naturwissenschaftlichen Themen am Ende der Sekundarstufe I. *Zeitschrift für Didaktik der Naturwissenschaften (ZfDN), 13*, S. 71-86.

Kessels, U., Hannover, B. (2006). Zum Einfluss des Images von mathematisch-naturwissenschaftlichen Schulfächern auf die schulische Interessensentwicklung. In M. Prenzel, L. Allolio-Näcke (Hrg.). *Untersuchungen zur Bildungsqualität von Schule. Abschlussbericht des DFG-Forschungsprojekts* (S. 350-369). Münster: Waxmann

Krapp, A. & Prenzel, M. (2011). Research on interest in science: Theories, methods, and findings. *International Journal of Science Education, 33*, S. 27 – 50.

Merzyn, G. (2008). *Naturwissenschaften, Mathematik, Technik – immer unbeliebter: Die Konkurrenz von Schulfächern um das Interesse der Jugend im Spiegel vielfältiger Untersuchungen.* Baltmannsweiler: Schneider Hohengehren.

9 Schülerperspektiven auf die Naturwissenschaften

Eine zentrale Herausforderung im naturwissenschaftlichen Unterricht ist die häufige Diskrepanz zwischen wissenschaftlichen Konzepten und alltäglichen Vorstellungen über die gleichen Phänomene. Beispielsweise gehen im Alltag die meisten Menschen davon aus, dass ein Pullover wärmt, während aus Sicht der Physik der Pullover lediglich eine Isolationsschicht darstellt und auch das Fell von Tieren wärmt natürlich nicht (weitere Beispiele siehe Kap. 9.4). Diese Diskrepanz von nützlichen alltäglichen, oft intuitiven Vorstellungen und den nüchternen, oft antiintuitiven Erklärungen der Naturwissenschaft (z. B. bei der Evolutionstheorie) wird bisweilen sogar als eine wesentliche Ursache für eine ablehnende Haltung gegenüber den Naturwissenschaften im Erwachsenenalter (Bloom & Skolnick Weisberg, 2007) angenommen.

9.1 Alltägliche Vorstellungen entsprechen oft nicht wissenschaftlichen Konzepten

Die empirische Rekonstruktion von Alltagsvorstellungen ist national und international in den Naturwissenschaftsdidaktiken ein zentrales Forschungsfeld. Zu fast allen wichtigen naturwissenschaftlichen Themen liegt eine Vielzahl von Befunden über Vorstellungen vor. Darüber hinaus gibt es Untersuchungen über Selbst-, Welt- und Menschenbilder, die im Kontext von naturwissenschaftlichen Themen aktualisiert werden können (siehe Kap. 9.7).

Die zentrale didaktische Herausforderung ist dabei nicht, Alltag und Wissenschaft gleichsam in einander zu überführen. Dabei sollen beide Welten – die Welt der Wissenschaft und die des Alltags – jeweils ihre eigene Berechtigung behalten und sich gleichzeitig gegenseitig inspirieren können. Es geht darum, ob und wie die subjektiven Vorstellungswelten mit den wissenschaftlich kodifizierten Inhalten der Naturwissenschaften in Beziehung gebracht werden können. Diese durchaus auch bildungstheoretische Frage (siehe Kap. 3) berührt die Möglichkeit sinnvollen Lernens ebenso wie die Möglichkeiten des Konzeptwechsels (siehe Kap. 9.6).

Ein Unterricht, der die Vorstellungen der Lernenden ignoriert, geht bestenfalls an ihnen vorbei. Häufig bewirkt er auch, dass den Lernenden ihre lebensweltlichen Vorstellungen und die jeweiligen naturwissenschaftlichen Konzepte als unversöhnlich erscheinen. Im Zweifelsfall entscheiden sie sich dann oft für ihre im Alltag bewährten lebensweltlichen Vorstellungen. „Unsere gleichsam natürliche Ansicht von der Natur ist dem Lehren der Wissenschaften nicht bloß widerständig, in den meisten Fällen überlebt sie auch das in der Schule kurzfristig erworbene wissenschaftliche Weltbild" (Künzli, 1988, S. 80). Auch wenn angemerkt werden muss, dass diese „natürliche Ansicht von der Natur" ihrerseits eher eine kulturell und sozial bedingte und keine naturwüchsige ist, so werden die wissenschaftlichen Konzepte in der Tat oft wieder vergessen. Die alltäglichen Vorstellungen erweisen sich gegenüber den Bemühungen des naturwissenschaftlichen Unterrichts als ausgesprochen resistent (Jung, 1993; Niederer, 1999).

So gilt es also für die naturwissenschaftliche Fachdidaktik, die alltäglichen Vorstellungswelten von Kindern und Jugendlichen zu (be-) achten, ohne die Kultur und das „Wesen" (siehe Kap. 6) der Naturwissenschaften zu vernachlässigen oder gar zu verraten. „Der Lehrer muss wissen, was in den Kindern vorgeht, was sie mitbringen an Vorurteilen, an Neugierverhalten, an schon besetzter Phantasie. Pädagogische Arbeit kann nur darin bestehen, die Alltagsspekulation der Kinder, die Phantasie als harte Materie anzugreifen und umzustrukturieren, zu entwickeln, nicht einfach parallel dazu oder dagegen etwas zu setzen" (Negt, 1982, S. 134). Es gilt, die subjektive und die objektive Welt nicht als polar gegenüberstehende Seiten voneinander abzugrenzen. Die Kunst ist vielmehr, sie produktiv miteinander zu vermitteln und das Spannungsverhältnis nicht nach der einen wie der anderen Seite aufzulösen. Das Ziel ist weder die Eliminierung der alltäglichen Vorstellungen, noch der Preisgabe eines allgemeinen Verständigungsrahmens.

Die Kenntnis von detaillierten Studien über Alltagsvorstellungen zu naturwissenschaftlichen Themen ersetzt nicht die Aufmerksamkeit gegenüber konkreten Hinweisen und Signalen, die stets von den Individuen im Unterricht ausgehen, natürlich nicht. So gilt es, auch unabhängig von wissenschaftlich-empirischen Befunden zu Schülervorstellungen sensibel auf diese Signale im konkreten Unterricht zu achten. Schülerorientierung ist auch eine Qualität der Beziehung zwischen Lehrenden und Lernenden.

9.2 Ein Plädoyer für Zweisprachigkeit

Auch bei den Naturwissenschaften geht es um ein Verstehen von Welt (siehe Kap. 11). Das wesentliche Medium dabei ist die Sprache. So wird im naturwissenschaftlichen Unterricht vor allem gesprochen. Wir nähern uns den Phänomenen der Natur mit Sprachmitteln. Insofern ist das Verstehen der Welt stets symbolisch vermittelt und nie unmittelbar (vgl. Kap. 7). Diese notwendig (sprachlich-) symbolische Aneignungsart (Gebhard, 2015) beim Verstehen ist auch grundlegend für eine Vermittlung von Alltag und Wissenschaft.

Im Anschluss an metapherntheoretische Ansätze der kognitiven Linguistik (Lakoff & Johnson, 2000) bringt Gropengießer (2006; 2007) Alltagsvorstellungen in einen Zusammenhang zu Erfahrungen mit dem eigenen Körper, sozialen und umweltlichen Beziehungen. Diese elementaren Erfahrungen dienen demzufolge als Ursprung für ein metapherngestütztes Verstehen. Als Theorie des erfahrungsbasierten Verstehens erlaubt es dieser Ansatz, Alltagsvorstellungen zu erklären und zu interpretieren (Gropengießer, 2007).

Seit Descartes ist Naturwissenschaft nur möglich, wenn sich das erkennende Subjekt als Beobachter der Natur als Objektbereich entgegensetzt. Hilfreich bei diesem die Natur objektivierenden Forschen und Denken sind eine fachspezifische Sprache bzw. Begriffe. Die Eigenschaften von wissenschaftlichen Fachsprachen (Präzision, Intersubjektivität, relative Kontextunabhängigkeit) ermöglichen es, von der Lebenswelt zu abstrahieren und exakte, wissenschaftliche Aussagen zu formulieren (vgl. Gebhard & Langlet, 1992).

Das exakte sprachliche Ausdrucksvermögen ist in einer aufgeklärten Welt zweifellos ein wichtiges Element rationaler Diskurse. Allerdings kann das Unterwerfen unter objektivierende Fachsprachen bisweilen das Verständnis von Naturphänomenen auch behindern, zumindest wenn die symbolischen Subjektivierungen (s. u.) dabei ausgeblendet werden.

Die objektivierende Fachsprache muss den Gegenstand als Objekt vom Menschen entfremden, um dann neue, nur von der Sache her bestimmte Begriffe und Ausdrucksweisen zu formen. Diese Distanzierung gelingt am besten gegenüber der unbelebten Natur und ist in der Physik durch eine weitestgehende Überführung von Fachaussagen in mathematische Abstraktion am erfolgreichsten. Und in der Tat ergeben sich selbst in der Physik und in der Chemie Missverständnisse, wenn die mathematische Symbolisierung verlassen wird. Im Versuch des logischen Positivismus, sozusagen als äußerste Anstrengung zur Eliminierung der Metaphysik aus den Naturwissenschaften, durch den Aufbau einer Kunstsprache der alltagssprachlichen Verführung zu entgehen, zeigte sich die Unhintergehbarkeit der Alltagssprache als letzte Metasprache. Dies ist ein erkenntnis- und wissenschaftstheoretisches

Problem, das sich allerdings im naturwissenschaftlichen Unterricht aktualisiert und damit zu einem didaktischen wird.

Alltags- und Wissenschaftssprache sind funktionierende Kommunikationssysteme, die man weder gegeneinander ausspielen noch eine von beiden favorisieren darf. Es gilt, beide „Sprachen" zu lernen; dazu gehört die Fähigkeit der „Zweisprachigkeit". Im übrigen findet das Verstehen von Naturphänomenen vorrangig in der Alltagssprache statt, die Fachsprache ist im Hinblick auf naturwissenschaftliche Zusammenhänge vor allem eine zusätzliche Verstehenshilfe. Rincke (2010) geht im Unterschied zu Wagenschein (1988) sogar davon aus, dass Fach- und Alltagssprache unabhängig voneinander entwicklungsfähig seien. Allerdings setzt der Versuch, eine Sprache als Fachsprache eindeutig zu machen, die i. d . R. mehrdeutige Alltagssprache voraus. Insofern wird die Fachsprache nur durch Rückgriff auf die Reflexion der Alltagssprache verständlich und sinnvoll. „Die ganz in Information verwandelte Sprache ist die gehärtete Spitze einer nicht gehärteten Masse" (Weizsäcker, 1971, S. 60).

Fachbegriffe werden oft auch wieder vergessen (Merzyn, 1994; 1998), ohne dass der verstandene Zusammenhang ebenfalls vergessen werden müsste. Die alltäglichen Zugänge sind als Träger lebensweltlicher Vorstellungen, Bilder und Gefühle nämlich wichtige Elemente des Verstehens. Die objektivierende Aneignung naturwissenschaftlicher Zusammenhänge und einer entsprechenden Terminologie kann sich also auf die subjektivierenden Sinnentwürfe des Alltags stützen, die oft intuitiv, bilderreich, geschichtenreich und metaphorisch sind. Naturwissenschaftliche Lernprozesse werden dann erfolgreicher, effizienter, sinnvoller sein, wenn der alltägliche und subjektivierende Zugang zu den Phänomenen im Unterricht nicht nur geduldet, sondern zum Gegenstand expliziter Reflexion gemacht wird, wenn also die besagte „Zweisprachigkeit" gelernt wird (vgl. Gebhard, 2003). Das bedeutet ausdrücklich nicht, dass die alltäglichen und die wissenschaftlichen Konzepte gleichsam verschmelzen. „Zweisprachigkeit" meint eher eine Koexistenz alltäglicher und wissenschaftlicher Konzepte, zwischen denen reflektiert hin- und hergewechselt werden kann. Sowohl die alltäglichen als auch die wissenschaftlichen Konzepte müssen dabei als Elemente des Denkens verstanden und in Lernprozessen entsprechend geachtet werden. In einem anderen Zusammenhang spricht Rincke (2010, S. 257) von einem „Taumeln zwischen zwei sprachlichen Welten".

Das bedeutet und erfordert, dass neben der faktischen Bedeutung auch die subjektive, symbolische, oft latente Bedeutung der Phänomene zu erschließen ist, also zum Gegenstand expliziter Reflexion und Diskussion gemacht wird. Das wird z. B. konsequent realisiert im Ansatz der Alltagsphantasien (siehe Kap. 9.7).

Objektivierung und Subjektivierung stellen je eine besondere Art der Beziehung dar, die das Individuum (Subjekt) zu einem Gegenstand (Objekt) entwickelt.

9.2 Ein Plädoyer für Zweisprachigkeit

Unter Objektivierung ist in Anlehnung an den Kulturpsychologen Boesch (1980) die „objektive", systematisierte Wahrnehmung, Beschreibung und Erklärung der empirischen Welt zu verstehen – im Falle der Naturwissenschaften sind das die Theorien und Wissensbestände der Physik, Chemie und Biologie. Bei der Subjektivierung dagegen handelt es sich um die symbolischen Bedeutungen der Dinge, die in subjektiven Vorstellungen, Phantasien und Konnotationen zum Ausdruck kommen (ausführlich in Gebhard, 2009). Derartige Symbolisierungen sind als ein fester und weitgehend unverzichtbarer Teil unserer Alltagssprache anzusehen, wo sie meist unbewusst, aber mit erstaunlicher Systematik eingesetzt werden. Nicht ästhetische oder rhetorische Effekte sind dabei in unserem Zusammenhang wichtig, sondern die Funktion der „Symbole als Ausdruck elementarer kognitiver Prozesse und Instrumente des menschlichen Verstandes" (Baldauf, 1997, S. 11).

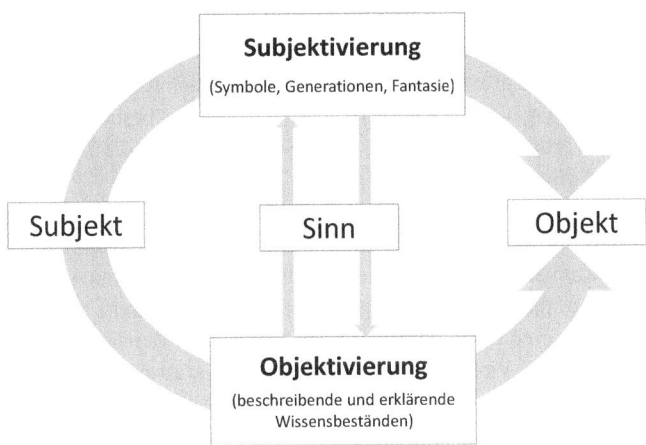

Abb. 9.1 Die Grundkonstellation der Sinnkonstitution zwischen Subjekt und Objekt, zwischen Subjektivierung und Objektivierung (Gebhard, 2007).

Subjektivierung und Objektivierung erweisen sich dabei keineswegs als alternative Zugänge zu den Dingen der Welt, sondern stets als gleichzeitig bzw. komplementär, wobei natürlich der Schwerpunkt je nach Tätigkeit jeweils verschoben sein kann. Der Künstler und der Wissenschaftler setzen selbstverständlich andere Akzente in der Gestaltung ihres Weltbezugs – eine Erfahrung, die den Mann ohne Eigenschaften von Robert Musil folgendes Dilemma formulieren lässt: „Ein Mann, der die Wahrheit will, wird Gelehrter; ein Mann, der seine Subjektivität spielen lassen will, wird vielleicht Schriftsteller, aber was soll ein Mann tun, der etwas will, das dazwischen liegt?"

Eine Beschäftigung mit Lerngegenständen, das dem Sinnverlangen genügen soll, geht weder rein objektivierend noch rein subjektivierend vor. Nur in der anerkannten und selbst gedachten Verschränkung von beiden Zugängen kann Sinn aufscheinen (siehe Kap. 3). Das subjektive Gefühl von Sinn, von sinnvollem Lernen kann dann entstehen, wenn wir uns nicht auf eine Seite dieser Polarität schlagen (müssen), sondern gelassen beiden „Lesarten" nachsinnen. „In dem Maße, als es uns gelingt, diese beiden übergeordneten Zielsetzungen in Einklang zu bringen, meinen wir, dass unser Handeln und Leben sinnvoll sei" (Boesch, 1998, S. 218). Sinn stiftet danach die aufgenommene und symbolisch gestaltete Beziehung zwischen erlebter Wirklichkeit und dem Bild von uns selbst. Die Welt objektivierend zu „erkennen", bedeutet, da wir dabei notwendig auch subjektivieren, zugleich eine Stärkung des Selbst. Wenn die „Sachen geklärt" sind, werden die Menschen dabei notwendig auch „gestärkt", um das bekannte Diktum von Hartmut von Hentig aufzunehmen. Das wird subjektiv als sinnvoll interpretiert und erlebt. Bis auf weiteres. Denn das sinnvolle Lesen bleibt provisorisch. „Die Frage nach dem Sinn des Ganzen, der Welt, des Lebens, mag bedrängen, doch die Antwort wird – bestenfalls – nur jenen begrenzten Sinn erfinden können, der unser Selbsterleben und unser Welterleben zusammenfügt" (Boesch, 1998, S. 226).

Im naturwissenschaftlichen Unterricht werden Kinder und Jugendliche häufig angehalten, ihre subjektivierende Sicht der Dinge unter Verschluss zu halten, um den Aufbau des „reifen" objektivierenden Weltbildes nicht zu stören. Dem ist jedoch entgegenzuhalten, dass sich beide Zugänge keineswegs stören müssen, dass auch nicht die subjektivierende als die frühere, kindliche abzulösen ist durch die objektivierende erwachsene. Vielmehr handelt es sich um zwei zwar zu unterscheidende, jedoch lebenslang wirksame Symbolsysteme, die nicht ontogenetisch nacheinander zu denken sind, sondern stets nebeneinander bzw. komplementär. Am Beispiel der Anthropomorphismen (Gebhard, 2013, siehe auch Kap. 10) wird deutlich, dass die Tendenz des kindlichen Weltbildes, die Welt im Lichte des eigenen Selbst zu interpretieren und demzufolge auch zu beseelen, nicht durch das objektivierende Denken abgelöst wird, sondern durch dieses sekundäre Denken ergänzt bzw. komplettiert wird. Anthropomorphe Vorstellungen erweisen sich als wichtige kognitive Denkwerkzeuge, die ein naturwissenschaftliches Verständnis oft (wenn auch nicht immer) erleichtern können (Anton, 1999; Gebhard & Lück, 2002; Kattmann, 2005; Lück, 2003; Miller, 1992; Püttschneider & Lück, 2004; Wagenschein, 1965; Zohar & Ginossar, 1998). Es ist eine der bleibenden Grundeinsichten der Psychoanalyse, dass die Formen des kindlichen Denkens und Fühlens zwar durch sekundärprozesshafte Denkformen überlagert, verwandelt oder auch verstellt werden, jedoch stets als affektiv wirksamer und nicht immer bewusster Unterbau wirksam bleiben, und zwar sowohl im Hinblick auf das (alltägliche) Weltbild, als auch im Hinblick auf die Persönlichkeitsentwicklung. Hervorzuheben ist dabei, dass dieser Unterbau als „Basisschicht der Subjektivität" (Lorenzer, 1983) nicht etwa das objektivierende Denken unterminiert, sondern bereichert, in gewisser Weise ein Verstehen der äußeren Welt geradezu erst ermöglicht.

9.3 Falsch oder alternativ? – Vom richtigen Umgang mit Schülerperspektiven

> „Ohne die Kenntnis des Standpunkts der Schülers ist keine ordentliche Belehrung desselben möglich." Das schrieb Adolph Diesterweg (1835) in seinem „Wegweiser zur Bildung deutscher Lehrer" im Jahre 1835. Und ein zeitgenössischer Lernpsychologe: „Der wichtigste Faktor beim Lernen ist, was der Lernende schon weiß – man berücksichtige dies und lehre entsprechend" (Ausubel, 1968).

Diese Position charakterisiert eine der didaktischen Grundüberzeugungen eines schülerorientierten Unterrichts und einen der wesentlichen naturwissenschaftsdidaktischen Forschungsschwerpunkte seit den 1970er Jahren: die empirische Rekonstruktion der Alltagsvorstellungen der Schülerinnen und Schüler. „Kinder und Jugendliche, Schüler und Studenten kommen nicht als unbeschriebene Blätter in den naturwissenschaftlichen Unterricht hinein. Sie bringen vielmehr bereits Vorstellungen zu den Phänomenen, Begriffen und Prinzipien mit, die behandelt werden sollen. Diese Vorstellungen stammen aus alltäglichen Sinneserfahrungen, aus alltäglichen Handlungen, aus der Alltagssprache, aus den Massenmedien, aus Büchern, aus Gesprächen mit Eltern, Geschwistern, Freunden und natürlich aus dem vorangegangenen Unterricht" (Duit, 1992, S. 47).

Krüger (2016) zeigt, wie sich die Auffassungen über Schülervorstellungen in den letzten vierzig Jahren gewandelt haben. Das wird schon angesichts der vielen unterschiedlichen Bezeichnungen deutlich: vorunterrichtliche Vorstellungen, Alltagsvorstellungen, Schülervorstellungen, Präkonzepte, Misconceptions, Vorverständnis, Vorwissen etc. Auch wenn diese Begriffe oft synonym verwendet werden, verbergen sich hinter diesen Bezeichnungen jedoch jeweils zu unterscheidende naturwissenschaftsdidaktische bzw. pädagogische Ideen. Wer z. B. „misconception" (wie die meisten angelsächsischen Autoren) sagt, verbindet damit meist die Position, diese Fehlvorstellungen müssten im Laufe des Unterrichts in die richtigen Konzepte überführt werden. Wer von „alternative frameworks" (Driver & Easley, 1978) spricht, verbindet damit eher eine Position, die von einer möglichen Koexistenz von alltäglichen und wissenschaftlichen Konzepten ausgeht, die hier (Kap. 9.2) Zweisprachigkeit genannt wurde. Krüger (2016) zufolge lässt sich eine Entwicklung von einer eher engen zu einer erweiterten Konzeption von Schülervorstellungen konstatieren (vgl. auch Labudde, 2000). Die eher engen Konzeptionen beziehen sich auf die kognitiven, bewusst zugänglichen Anteile von Vorstellungen. Die erweiterten Konzeptionen beziehen auch affektive, intuitive, implizite Anteile und auch Einstellungen mit ein (Niedderer & Schecker, 2004; Oschatz, 2011; Gebhard, 2007). Der Ansatz der Alltagsphantasien (ausführlich Kap. 9.7) zielt v. a. auf diese „nicht immer bewusst verfügbaren Zugänge der Schüler zu den Lerngegenständen" (Gebhard, 2015).

Denn nicht allein Vorstellungen zu naturwissenschaftlichen Phänomenen, Begriffen und Prinzipien (Inhaltsebene) bestimmen das Lernen, sondern auch Vorstellungen, die über diese fachliche Ebene hinausgehen (vgl. Duit, 1993). Dazu gehören Vorstellungen zur Natur und Reichweite naturwissenschaftlichen Wissens (epistemologische Vorstellungen), Vorstellungen zum eigenen Lernen, Vorstellungen zur Sinnhaftigkeit naturwissenschaftlichen Wissens und des Lernprozesses und auch die mit naturwissenschaftlichen Erkenntnissen und Fakten verbundenen Welt- und Menschenbilder.

Viele Alltagsvorstellungen stehen in einer gewissen Spannung zu den jeweils dazugehörigen wissenschaftlichen Konzepten. Das kann zu Schwierigkeiten beim Lernen führen und zwar v. a. dann, wenn die Alltagsvorstellungen gewissermaßen exkommuniziert werden, weil sie als Fehlvorstellungen diskreditiert werden. Jedoch wird Wissen meist vor dem Hintergrund der bereits vorhandenen Vorstellungen aufgebaut (vgl. jedoch Aufschnaiter & Rogge, 2010). In der Regel brauchen wir nämlich die Alltagsvorstellungen, sie sind grundlegende Bausteine für die Neukonstituierung von Wissensstrukturen.

Alltagsvorstellungen über naturwissenschaftliche Phänomene stehen zwar bisweilen im Gegensatz zu naturwissenschaftlichen Erklärungen, trotzdem sind sie nicht unangemessen oder gar falsch, wie der Ausdruck „misconceptions" suggeriert. In lebensweltlichen Kontexten haben Alltagsvorstellungen eine wichtige, situationsadäquate Funktion und sind aus dieser Perspektive betrachtet daher sinnvoll und in einem gewissen Sinn auch richtig und zutreffend.

Vermittlung von Naturwissenschaft sollte an die Vorstellungen, die die Lernenden in den Unterricht mitbringen, anknüpfen und explizit auf diesen aufbauen. Diesen Grundsatz verwirklicht das Modell der Didaktischen Rekonstruktion (Kattmann, Duit, Gropengießer & Komorek, 1997; Kattmann, 2007a), indem es sowohl lebensweltlichen als auch wissenschaftlichen Vorstellungen prinzipiell und gleichermaßen Sinn unterstellt und beide systematisch in Beziehung zueinander setzt, um lernförderlichen Unterricht zu konstruieren.

Die im Alltag vorherrschenden Vorstellungen können die wissenschaftliche Begriffsbildung allerdings dann behindern, wenn die Spannung und der Widerspruch, die sich zwischen wissenschaftlichen und lebensweltlichen Vorstellungen auftun, entweder gar nicht thematisiert werden oder aber in einer Weise Berücksichtigung finden, die die lebensweltlichen Vorstellungen diskreditiert. Die unterschiedlichen Vorstellungen können jedoch bewusst gemacht, geklärt und im dialektischen Sinne „aufgehoben" werden. Es gilt, entsprechende Widersprüche nicht einzuebnen, sondern sie auszuhalten. Das Ziel ist insofern nicht die Eliminierung irgendwelcher Vorstellungen, sondern ein Bewusstsein der Differenz der unterschiedlichen Konzepte. Empirische Studien zeigen, dass hierfür eine explizite und aktive Auseinandersetzung mit beiden Vorstellungsarten wichtig ist (Guzetti, Snyder, Glass & Gamas, 1993). Gelingt dies nicht, führen die Lernprozesse in der Schule lediglich zu „trägem Wissen" (Renkl, 2010), das im Alltag keine oder nur eine untergeordnete Rolle spielt. Es gilt also, die Schüler zu befähigen, zwischen wissenschaftlichen und Alltagsvorstellungen je nach Situation und Kontext hin- und herzuwechseln (vgl. Jung, 1987). Es geht nicht darum, die wissenschaftlichen Konzepte gegen die alltäglichen auszuspielen (oder umgekehrt), es geht um die Fähigkeit der „Zweisprachigkeit" (s. o.).

Insofern sollen die Schüler lernen, in welchen Kontexten welche Konzepte sinnvoll angewandt werden können. Nicht das Wissen bzw. die Konzepte sollen geändert werden, sondern die Situiertheit des Wissens (Caravita & Hellden, 1994; Stark, 2003). Ohne die damit verbundene Einbettung in einen sozialen Kontext bliebe das Wissen „träge".

Die Hoffnung, die alltäglichen Vorstellungen auszumerzen und sie durch die richtigen wissenschaftlichen Vorstellungen zu ersetzen, ist also – das zeigen alle Erfahrungen – völlig unrealistisch und zudem würde das Subjekt damit um seine alltagspraktischen Erfahrungen und Vorstellungen beraubt. Das ist mit einem Verlust an subjektiver Sicherheit (Schnotz, 2001) und an subjektiven Sinnzusammenhängen verbunden und macht die emotionalen Widerstände bei didaktisch verordneten Konzeptwechselstrategien bzw. die Hartnäckigkeit der Alltagsvorstellungen zusätzlich verständlich.

Der russische Psychologe Vygotskij (1994) konzeptualisiert Entwicklung – und dazu gehören auch Lernprozesse und die Erweiterung von Konzepten – als ein Hineinwachsen in eine jeweils spezifische Kultur. Dabei ordnet er die Alltagsvorstellungen und die wissenschaftlichen Konzepte unterschiedlichen Systemen zu: Während die wissenschaftlichen Konzepte kohärente Systeme sind, die allerdings nicht auf die konkrete Erfahrungswelt bezogen sind, sind die Alltagsvorstellungen zwar auf die Erfahrungswelt bezogen, aber nicht kohärent. Die didaktisch-pädagogische Aufgabe besteht in diesem Kontext darin, beide Seiten zueinander in Bezug zu setzen. Das hat zwei Vorteile: Die Alltagserfahrungen werden kohärenter und in ihren Möglichkeiten sowie Grenzen sichtbarer. Zudem lassen sich die wissenschaftlichen Konzepte so auf die Alltagserfahrungen beziehen (vgl. Schnotz, 2001).

9.4 Alltagsvorstellungen – Beispiele

Es gibt eine Reihe von Übersichtsarbeiten, die die wesentlichen Befunde zu den verschiedensten Alltagsvorstellungen für den Chemieunterricht (Beerenwinkel, Parchmann & Gräsel, 2007; Barke, 2006; Pfundt, 1975), den Physikunterricht (Kircher, 2015) und den Biologieunterricht (Kattmann, 2015; Hammann & Aschoff, 2015) lexikonartig zusammenstellen. Eine internationale Bibliographie über empirische Arbeiten zu Schülervorstellungen aller naturwissenschaftlicher Fächer ist beim IPN (Leibniz-Institut für Pädagogik der Naturwissenschaften) erschienen (Duit, 2009). Einige Beispiele seien im Folgenden aufgeführt:

Beispiel 1

„Die Sonne geht auf."

Diese ubiquitäre alltagspraktische Formulierung suggeriert, dass sich die Sonne um die Erde dreht. Die wissenschaftliche Version ist angesichts der Überwindung des geozentrischen Weltbildes bekanntlich anders. „Sonnenaufgang" und „Sonnenuntergang" sind aber sehr bewährte alltägliche Vorstellungen, auf die wir schon aus romantischen Gründen nicht verzichten wollen. Die Alltagssichtweise sichert zudem unsere Orientierung in Raum und Zeit auf der Erde, ist also hochgradig funktional.

9.4 Alltagsvorstellungen – Beispiele

Beispiel 2

Vorstellungen zum Schall

Wie kommt ein Ton von der Schallquelle zum Ohr? (Wulf & Euler, 1995). Bisweilen interpretieren jüngere Kinder die Ausbreitung von Schall anthropomorph: Der Ton will zu mir bzw. ich muss mich bemühen, den Ton aus dem Instrument hervorzulocken. Manchmal haben auch Erwachsene diese Vorstellung des Hervorlockens eines Tons.

Ältere Kinder deuten die Schallausbreitung mit Hilfe materieller Vorstellungen. Der Ton fliegt wie materielle Objekte durch die Luft. Diese Vorstellung leitet in die Irre, wenn es darum geht, die Schallleitung in Luft und festen Körpern zu vergleichen. Die Schüler schließen, dass die Luft die sich ausbreitenden materiellen Objekte nicht behindert, feste Körper dagegen sehr wohl. Deshalb breitet sich der Schall nach Meinung der meisten Kinder in der Luft besser aus als zum Beispiel in Holz.

Beispiel 3

Evolution

„Dann haben die heute dunklen Falter bemerkt, dass die Baumstämme dunkler wurden und sie als helle Tiere darauf für Feinde gut zu erkennen waren. Ich stelle mir das jetzt irgendwie über die Gene vor, dass da eine Erkenntnis ‚Ich muss schwarz werden' stattgefunden hat – und sich dann über mehrere Generationen verteilt in den Genen festgeschrieben hat – und die dann wirklich so schwarz geworden sind" (12. Klassenstufe, aus Kattmann, 2007b).

Hierbei handelt es sich um Alltagsvorstellungen, nach denen es gleichsam adaptive Erkenntnisse gibt, ebenso wie eine gezielte Veränderung der Gene und eine gezielte Anpassung. Die Darwinsche Evolutionstheorie spricht dagegen von zufälligen Mutationen und Selektion, die einem probabilistischen Mechanismus folgen.

Beispiel 4

Genetik

"Die Gene sind mit der wichtigste Teil der Vererbung, weil sie die ganzen Merkmale speichern und weitergeben. Gen und Merkmal würde ich gleichsetzen" (12. Klassenstufe, aus Kattmann, 2007b).

"Die kleine Eizelle und die Samenzelle stellen sich aus ganz kleinen jeweils verschiedenen Teilchen zusammen. ... Vielleicht haben die Augen bestimmte Farbpigmente oder so etwas, die dann vielleicht sogar durch das Blut irgendwie in die Zelle reingelangen" (Wiebke, 9. Klassenstufe, aus Kattmann, 2007b).

Die moderne Genetik geht von Informationsweitergabe (Genen), nicht von einer Merkmalsweitergabe aus und unterscheidet in diesem Zusammenhang zwischen Genotyp und Phänotyp.

Beispiel 5

Mit dem Zucker den Tee süßen

Hier ist die Vorstellung, dass Zucker verschwindet, wenn er sich in Tee oder Wasser löst. Dahinter steht der Gedanke, dass Stoffe eine materielle und eine immaterielle Eigenschaft haben. Zu den immateriellen Eigenschaften gehören Farbe, Geruch, Geschmack. Der Zucker hat eine solche immaterielle Eigenschaft, nämlich den Geschmack. Beim Lösen in Tee oder Wasser verschwindet der Zucker und lässt seine immaterielle Eigenschaft zurück bzw. überträgt diese Eigenschaft auf den Tee oder das Wasser. Man ist hier der Meinung, immaterielle Eigenschaften könnten von Stoff zu Stoff übertragen werden. Der Grund hierfür ist gerade die Immaterialität: Bestimmte Eigenschaften sind nicht an Materie gebunden.

Beispiel 6

Silber läuft schwarz an

Bei einer chemischen Reaktion entsteht kein neuer Stoff (im Falle des „anlaufenden Silbers" wäre das aus Sicht der Chemie Silbersulfid), sondern der bisherige Stoff bleibt erhalten und ändert lediglich seine Eigenschaften. *Silber läuft schwarz an,* der Stoff selber ändert nur sein Erscheinungsbild, bleibt aber erhalten. Es gibt dann schwarzes Silber, grünes Kupfer, rostig braunes Eisen oder ein Apfel wird an der Luft braun (Steininger & Lembens, 2011, S. 27).

9.5 Konstruktivismus

Eine zentrale theoretische Grundannahme der meisten Studien zu Schülervorstellungen ist der Konstruktivismus (Luhmann, 1990; Duit, 1995; Gerstenmaier & Mandl, 1995; zum „Diskurs des radikalen Konstruktivismus" vgl. Schmidt, 1987). In didaktischer Hinsicht wird dabei davon ausgegangen, dass Wissen nicht einfach verabreicht werden kann, dass Lernen kein passives Geschehen ist, sondern dass Wissen aktiv konstruiert werden muss. Entsprechende lernpsychologische Überlegungen zielen demnach auf die Konstruktionsleistung des Subjekts, die durch Vorstellungen und lebensweltliche Bezüge maßgeblich beeinflusst wird. Wissen oder Lernstoff hat nicht eine Bedeutung an sich, sondern das Subjekt konstituiert eine Bedeutung, eine Interpretation der Wirklichkeit, die es gestattet, diese (konstruktbzw. theoriegeleitet) zu verstehen und sich in ihr zurechtzufinden.

Sinneswahrnehmungen haben keine Bedeutung an sich. Die Bedeutung muss vom Subjekt selbst erzeugt werden und dabei spielen die bereits vorhandenen Vorstellungen eine große Rolle. Neurobiologisch formuliert: Wir registrieren mit unserem Gehirn nicht, was in der Welt „wirklich" ist, sondern wir konstruieren aktiv eine Version, die sich im Alltag mehr oder weniger bewährt hat, die „viabel" (Glasersfeld, 1997) und fruchtbar ist (vgl. Maturana, 2000; Maturana & Varela, 1992; Roth, 1997). Nicht die Existenz von Objekten außerhalb von uns selbst wird bezweifelt, die Möglichkeit „wahrer" Erkenntnis über diese Objekte allerdings relativiert: Alles, was Menschen über die Welt „wissen" oder „erkennen", ist eben menschliche Konstruktion. Freilich handelt es sich dabei um Konstruktionen, die sich in der Wirklichkeit bewährt haben, die eben viabel sind. Das ist der erkenntnistheoretische Aspekt des Konstruktivismus.

Der lernpsychologische Aspekt ist nun folgender: Im Zentrum der konstruktivistischen Sichtweise steht das konstruierende Subjekt, das seine Versionen über die Welt auf der Grundlage von bereits entwickelten und somit bewährten Alltagsvorstellungen und -theorien, affektiven Gestimmtheiten und natürlich auch den jeweiligen äußeren Gegebenheiten (z. B. der Lernumgebung) aufbaut und ständig ändert. Diese Sichtweise vom Lernen hat übrigens auch Folgen für die Lehrerrolle: Die Lehrenden können Wissen nicht umstandslos weitergeben, sie können auch durch noch so geschickte Arrangements die Lernenden nicht naturwissenschaftliches Wissen mit definierten Bedeutungen verabreichen – sie können lediglich zur eigenen Konstruktion von neuen Versionen der Wirklichkeit anregen (vgl. Duit, 2000) und dafür geeignete Lernumgebungen schaffen.

9.6 Conceptual change

Seit den 70er Jahren des vergangenen Jahrhunderts wird darüber nachgedacht und geforscht, ob und wie alltägliche Vorstellungen zu naturwissenschaftlichen Vorstellungen in Richtung der korrekten wissenschaftlichen Konzepte geändert werden können (Krüger, 2007). Der hierfür etablierte Begriff des „conceptual change" mit seiner wörtlichen deutschen Übersetzung des „Konzeptwechsels" ist vielleicht etwas zu radikal. Eher sollte man von „Konzeptveränderung" oder „konzeptueller Entwicklung" sprechen (vgl. Möller, 2009). So ist auch die Vorstellung, man könne sogenannte Fehlvorstellungen (misconceptions) umstandslos ausmerzen und durch die richtigen wissenschaftlichen Konzepte ersetzen, angesichts der Resistenz der alltäglichen Vorstellungen weitgehend obsolet geworden (Kap. 9.3). So wird inzwischen eher von „conceptual growth" oder „conceptual reconstruction" (Kattmann, 2008) gesprochen. Mit diesen Begriffen wird die Notwendigkeit der Zweisprachigkeit betont, nach der auch die alltäglichen Vorstellungen erhalten bleiben (können); es gibt gewissermaßen eine Erweiterung, ein Wachstum der Vorstellungswelten. Dabei wird auch akzeptiert, dass viele sogenannte Fehlvorstellungen durchaus produktiv sind (Smith, DiSessa & Roschelle, 1993) und im Alltag keine negativen Konsequenzen haben (vgl. Caravita, 2001). Ein instruktives Beispiel hierfür verdanken wir Muckenfuß (1995, S. 247): „Was beschreibt die Realität zutreffender, der Satz *Die Suppe ist lauwarm* oder *Die Suppe hat eine Temperatur von 32,5 Grad Celsius*!?" So gilt es also, die im Zusammenhang mit der Diskussion um Alltagsvorstellungen nach wie vor verbreitete Defizitorientierung (Stark, 2003) zu überwinden.

Angesichts der besagten „Zweisprachigkeit" (Kap. 9.2) gilt es, zwischen verallgemeinerbarem Fachwissen und subjektiven Resonanzen einen Weg zu finden, ohne die eine Seite um der anderen willen vernachlässigen zu wollen bzw. zu können. „Darin besteht eben der komplizierte und schwierige Vorgang pädagogischen Handelns, dass dieser Dualismus aufgehoben wird, dass der Pädagoge konkrete Berührungsflächen zwischen der Alltagsspekulation des Kindes und den organisierten Angeboten schafft, die dieser Alltagsspekulation nie ganz fremd sein dürfen" (Negt, 1982, S. 134).

9.6 Conceptual change

Die Frage ist dabei auch, ob und wie Irritationen riskiert werden, um dadurch ausgelöste Suchbewegungen zu provozieren und die vom Schüler mitgebrachten Wissens-, Erfahrungs-, und Denkstrukturen so unter Veränderungsdruck zu setzen, dass die Schüler zum Mitbewegen und zum Mitspielen eingeladen sind.

Vor dem Hintergrund der Äqilibrationstheorie von Piaget beschreibt der einflussreiche klassische Conceptual-Change-Ansatz (Posner, Strike, Hewson & Gertzog, 1982; Strike & Posner, 1992) die Bedingungen für die Erweiterung von Vorstellungen. Danach müssen die Lernenden zunächst die Grenzen ihrer bereits verfügbaren Vorstellungen erfassen können, sie müssen unzufrieden sein, um sich den Anstrengungen einer Neukonzeption auszusetzen, haben doch die Alltagsvorstellungen meist eine sinnvolle Funktion im Alltag, die nicht ohne weiteres aufgegeben werden dürfte. Vor dem Hintergrund eines entsprechenden kognitiven Konflikts kann es passieren, dass neue Konzepte angenommen werden, allerdings nur, wenn die neue (fachwissenschaftliche) Vorstellung logisch verständlich und plausibel ist. Das wichtigste Kriterium ist zusätzlich, dass sich die neuen Vorstellungen bewähren müssen: sie müssen fruchtbar sein und sich in neuen Situationen als erfolgreich erweisen.

Dieser klassische, bisweilen als „kalt" bezeichnete Ansatz hält also einen vollständigen Wechsel der Vorstellungen für möglich. Conceptual change wird als wirklicher Wechsel verstanden, der die alten Vorstellungen im Sinne des Kuhnschen Paradigmenwechsels (Kuhn, 1976) ersetzt.

Der Begriff „Change" wird inzwischen vorsichtiger benutzt (Treagust & Duit, 2008a und b; Duit & Treagust, 2003). Denn inzwischen hat sich gezeigt, dass ein solcher vollständiger oder gar plötzlicher Wechsel zumindest die Ausnahme ist. So wird von Vosniadou (1994) eher eine Anreicherungsperspektive ins Spiel gebracht oder einige von Vygotskij (1994) inspirierte Ansätze diskutieren soziale und kulturelle Einflüsse (z. B. Säljo, 1999; Hellden, 1999; Caravita & Hellden, 1994). In diesem Zusammenhang sind auch die sogenannten situierten Ansätze (Stark, 2003) erwähnenswert. Danach ist die Bedeutung eines Konzepts nicht nur eine seiner Eigenschaften, sondern eine Funktion des Kontextes. Es wird angenommen, „dass sich die Bedeutung eines Konzepts durch seinen Gebrauch ergibt" (Stark 2003, S. 140). Nach dem Rahmentheorieansatz von Vosniadou (1994) stellen alltägliche Rahmentheorien sehr kohärente Erklärungssysteme dar, die sich zudem oft seit der frühen Kindheit bewährt haben. Eine Aufgabe dieser ontologischen und epistemologischen Überzeugungen hätte weitreichende Folgen, weshalb es zu besagten kognitiven Konflikten komme (Vosniadou & Brewer, 1992). Die Lösung ist Vosniadou (1994) zufolge eine graduelle Modifikation mentaler Modelle. Außerdem können die kognitiven Konflikte durch die Konstruktion synthetischer mentaler Modelle gleichsam ausgehalten werden: Vosniadou & Brewer (1992) berichten z. B. vom

„Zwei-Erden-Modell": eine scheibenförmige Erde, auf der wir leben und eine zweite kugelförmige Erde, die als Körper im Raum schwebt. Analoge Konstruktionen gibt es für „Kraft" oder „Wärme".

Jung (1986) benennt drei verschiedene Konzeptwechselstrategien: Anknüpfen, Konfrontieren und Umdeuten. Vor diesem Hintergrund unterscheidet Duit (1993) einen revolutionären, diskontinuierlichen Weg und einen evolutionären, kontinuierlichen Weg des Konzeptwechsels. Beim diskontinuierlichen Weg werden die Schüler mit den eigenen Widersprüchen in Form eines „kognitiven Konflikts" konfrontiert. Das kann zur Folge haben, dass die Alltagsvorstellungen im Sinne der richtigen fachlichen Konzepte revidiert werden.

Beim evolutionären, kontinuierlichen Weg werden die Alltagsvorstellungen aufgegriffen und mit den wissenschaftlichen Vorstellungen verknüpft. Ziel ist hier nicht ein totaler Vorstellungswechsel, sondern ein reflektierter Umgang mit beiden Arten von Vorstellungen (vgl. Schmidt & Parchmann, 2011). Sehr zugespitzt formuliert Rincke (2010, S. 244) die sich hier auftuende Frage, nämlich ob der „Übergang mit einem für die Schülerinnen und Schüler bewusst erlebten Bruch einer gehen muss, oder ob die Lernenden das gedankliche Neuland betreten sollen mit dem Gefühl, ihr Zuhause nie verlassen zu haben." Eben diese Frage diskutiert Jung (1992) am Beispiel der Quantenphysik: „Schock oder sanfter Übergang?" Es ist die Frage, ob es einen bruchlosen Übergang zwischen Wissenschaft und Alltag geben kann, wie es Martin Wagenschein geradezu gefordert hat, oder ob es gerade eines Bewusstseins der Differenz geben muss („Zweisprachigkeit", siehe Kap 9. 2., vgl. auch Muckenfuß, 1995).

Jedenfalls gilt es, Lernumgebungen zu schaffen, die die Aktivitäten der Lernenden ermöglichen bzw. fordern und einen Bezug zur Lebenswirklichkeit herstellen (vgl. Duit, 2000). Bei „situierten Lernumgebungen" werden für die Lernenden Situationen so inszeniert, dass die besagte aktive Konstruktion von Wissen nötig und möglich wird. Dieses Wissen kann auch in Alltagssituationen angewandt werden und ist dann nicht „träge" (Renkl, 2010). Solchermaßen inszenierte Lernprozesse stellen allerdings hohe Anforderungen sowohl an die Lernenden wie auch an die Lehrenden. Lernende brauchen bisweilen gezielte Unterstützung und Anleitung, damit die Offenheit dieser Situationen auch zu konstruktiven Lernerfolgen führt.

Widodo und Duit (2004; 2005) haben zur Identifizierung konstruktivistischer Lehr- und Lernsequenzen im Physikunterricht eine Phasenstruktur entworfen, die für die Bewältigung des conceptual-change-Problems aussichtsreich zu sein verspricht. Danach werden fünf Phasen unterschieden:

9.6 Conceptual change

1. Orientierung
2. Erkunden der Schülervorstellungen
3. Umstrukturieren der Schülervorstellungen
4. Anwendung der neuen Vorstellungen
5. Überprüfen und Bewerten der neuen Vorstellungen.

Unter dem Stichwort Orientierung (1) geht es, so Widodo & Duit (2004), zunächst darum, mit dem Thema vertraut zu werden. Das können eigene Erfahrungen mit einem Problem sein, an die angeknüpft werden kann, oder auch eine Vorschau, die der Lehrer gibt. In der nächsten Phase (2) soll nun explizit eine Vorstellung des Gegenstandes erzeugt werden. Es ist nicht ausgeschlossen, dass die Schüler sehr schnell einen bestimmten Zugang wählen. Diese Phase der Repräsentation des Themas oder des Problems soll die individuellen Andockpunkte liefern.

Widodo und Duit heben nun vor allem die nächste Phase hervor, das „Umstrukturieren der Schülervorstellungen" (3). Die Konzeptwechselstrategie kann hier in der Konfrontation der Schülervorstellungen untereinander bzw. in der Konfrontation der Vorstellungen mit den entsprechenden Gegebenheiten des Themas oder des Problems liegen. Um konfrontativ unterschiedliche Vorstellungen in Gang zu setzen, gibt es eine Reihe von Möglichkeiten: Es kann an Beobachtungen angesetzt werden, die, wie etwa bei Experimenten, widersprüchlich und deutungsbedürftig sind. Zusätzlich könnte der Lehrer in dieser Phase – wie Helsper, Sandring & Wiezorek (2006) vorschlagen – als „Kriseninduzierer" fungieren, der die von den Schülern erreichte Wissensbasis und das Verständnisniveau unter Veränderungsdruck setzt, indem er sie mit unerwarteten Konstellationen oder Folgen ihres Vorgehens oder Denkens konfrontiert.

Denn es kommt nur dann zum wirklichen Aufbau neuer Wissens-, Erfahrungs- und Denkstrukturen, wenn Gewohnheiten und Überzeugungen auf empirische oder logische Weise in Frage gestellt werden, sodass dies eigenständiges Fragen oder eigentätiges Suchen nach Lösungen in Gang setzt. Resultat dieser Konfrontationsstrategie ist jedenfalls, dass „Schüler mit ihren Vorstellungen nicht mehr völlig zufrieden sind", wie Widodo & Duit im Rückgriff auf die klassische Theorie des Konzeptwechsels sagen (Posner u. a., 1982).

Es gilt nun in einem nächsten Schritt, die entstehenden neuen Vorstellungen, Vermutungen und Hypothesen einem Realitätstest auszusetzen bzw. anzuwenden. Immer ist auch eine Strategie des „Rückwärtsarbeitens" angesagt, in der die einzelnen Schritte noch einmal bedacht und rekonstruiert werden bzw. der Ausgangspunkt noch einmal ins Gedächtnis gerufen wird, um die Bedeutung von gewonnenen Vorstellungen zur Erklärung der Phänomene zu vergleichen.

9.7 Alltagsphantasien

Dass Alltagsvorstellungen zu naturwissenschaftlichen Phänomenen auch Aspekte berühren, die über die fachliche Ebene hinausgehen, wird vor allem von Ansätzen hervorgehoben, die die subjektivierende und auch symbolische Bedeutung von Lerngegenständen thematisieren. Wie bereits in Kap. 9.3 angedeutet, beziehen neuere Konzeptionen zu Alltagsvorstellungen in diesem Zusammenhang auch affektive, intuitive, implizite Anteile mit ein (Niedderer & Schecker, 2004). Der Ansatz der Alltagsphantasien (Gebhard 2007; 2016), der in diesem abschließenden Kapitel behandelt werden soll, zielt konsequent auf diese impliziten und intuitiven Zugänge der Schüler zu den Lerngegenständen und versucht diese für Lern- und Bildungsprozesse zu erschließen.

Mit Alltagsphantasien sind Vorstellungen gemeint, die Auffassungen von der eigenen Person (Selbstkonzept), vom Menschen allgemein (Menschenbild) und von der Welt (Weltbilder) beinhalten. Themen beispielsweise der modernen Molekularbiologie, die an den „Kern" des Lebens und der lebendigen Natur rühren, können ein reichhaltiges Spektrum an Vorstellungen, Hoffnungen und Ängsten aktivieren. Dieses Spektrum aktivierter Kognitionen umfasst sowohl explizite Vorstellungen, die im Fokus der Aufmerksamkeit liegen und die sprachlich artikuliert werden können, als auch implizite Vorstellungen, die sich in Form von Assoziationen, Intuitionen oder emotionalen Reaktionen äußern. Für den Bereich der Gentechnik beispielsweise sind die unten aufgeführten Alltagsphantasien rekonstruiert worden. Die Liste zeigt, dass naturwissenschaftliche Themen Vorstellungen aktualisieren können, die weit über den naturwissenschaftlichen Bereich hinausgehen (wie z. B. Unsterblichkeit, Heiligkeit, Schönheit, naturalistische Ethik). Die zentrale Annahme des Ansatzes der Alltagsphantasien ist, dass deren Reflexion zu einem bildenden Naturwissenschaftsunterricht dazu gehört und das Lernen auch der naturwissenschaftlichen Inhalte zu vertiefen imstande ist.

1. Das Leben ist heilig

Das Leben hat eine eigene Würde, es entfaltet sich nach immanenten Gesetzmäßigkeiten und birgt viele Geheimnisse.

2. „Natur" als sinnstiftende Idee

Natürliches ist gut. Die Natur zeigt uns in unserer orientierungslosen Zeit, was wir tun und lassen sollten. So sollte man der Natur auch nicht ins Handwerk pfuschen.

3. Tod und Unsterblichkeit

„Länger leben hat schon seine Vorteile." Aber die Vorstellung von Unsterblichkeit macht auch Angst.

4. Gesundheit

Heilsvorstellung von (andauernder) Gesundheit

5. Dazugehörigkeit versus Ausgrenzung

Man kann im Kreis oder draußen sein. Oder auch am Rand.
Es ist mir wichtig, von der Gesellschaft voll und ganz akzeptiert zu werden.

6. Ambivalenz von Erkenntnis und Wissen

Wissen und Erkenntnis sind janusköpfig: einerseits kann sich der Mensch damit selbst befreien, andererseits ist das Wissen auch gefährlich und ein Frevel. Aber der Mensch ist eben neugierig.

7. Der Mensch als homo faber

Der Mensch hat die Fähigkeit, Sachen zu entwickeln. Er ist geistreich und man muss auch sehen, sonst hätte Gott auch einem Menschen gar nicht die Gabe gegeben, sich das alles zu überlegen und alles umzusetzen.

8. Der Mensch als Schöpfer

Der Mensch kann sich ein Kind selbst kreieren und hat damit den Schlüssel zur Schöpfung in der Hand. Aber der Mensch darf nicht Gott spielen und mit den Genen spielen.

9. Mensch als Maschine

Im Grunde ist der Mensch eine Maschine. Deshalb sind auch die technischen Möglichkeiten der modernen Biomedizin so segensreich.

10. Perfektion und Schönheit

Perfektion als zweischneidiges Schwert: Ambivalenz zwischen Optimierung des Menschen und Langeweile

11. Individualismus

Die Gentechnik bedeutet das Ende des Individualismus. Was ist der einzelne Mensch dann noch wert?

12. „Sprache der Gene"
Das Genom ist zu lesen wie ein Buch (aus Gebhard, 2009).

Das Konzept der „Alltagsphantasien" bezieht sich dabei auch auf die aktuelle Diskussion zum Einfluss unbewusster, intuitiver und emotionaler Reaktionen auf alltägliches Denken und Handeln. Die moderne Kognitionspsychologie unterscheidet zwei Verarbeitungsmodi des kognitiven Systems: kontrollierte (reflektierende) und assoziative (intuitive) Verarbeitungsprozesse (Haidt, 2001; Evans, 2007; Strack & Deutsch, 2004).

Tab. 9.1 Zwei Arten des Denkens (nach Haidt, 2001)

Das reflektierende System	Das intuitive System
• langsam und anstrengend	• schnell und mühelos
• beabsichtigt und kontrollierbar	• unbeabsichtigt und automatisiert
• bewusst zugänglich (und bezüglich seiner Logik) überprüfbar	• nicht zugänglich; nur die Ergebnisse gelangen ins Bewusstsein
• benötigt Aufmerksamkeitskapazitäten, welche begrenzt sind	• benötigt keine Aufmerksamkeitskapazitäten
• serielle Verarbeitung	• parallel verteilte Verarbeitung
• Verarbeitung von Symbolen; Denken ist wahrheitssuchend und analytisch	• Vergleich von Mustern; Denken ist metaphorisch und holistisch

Alltagsphantasien verweisen damit auch auf eine bislang nur selten thematisierte Ausgangssituation des Lernens: Lernen hat – schon lange, bevor wir sprachlich und explizit reagieren – in einem unbewusst informationsverarbeitenden System immer schon begonnen. In der Schule wird nämlich mehr gelernt, als curriculare Vorgaben, seien sie auch noch so durchdacht, sich träumen lassen. Unabhängig, gleichsam unter den offiziellen Versionen, gibt es die – da sich aus unbewussten Quellen speisend: subversive und bisweilen auch beunruhigende – Schicht der Alltagsphantasien.

„Alltagsphantasien" gehen zum Teil weit über die jeweils thematisierte fachliche Dimension hinaus, ermöglichen ein breites Spektrum von Andockpunkten und transportieren Figuren des Selbst-, Menschen- und Weltbildes. Der entscheidende Akzent dabei ist nicht nur, dass diese intuitiven Vorstellungen die Beschäftigung mit Lerngegenständen begleiten, sondern dass deren ausdrückliche Berücksichtigung die Auseinandersetzung mit diesen Gegenständen vertieft und dem Lernen eine

9.7 Alltagsphantasien

neue, eine sinnkonstituierende Dimension und die Gestalt eines Erfahrungsprozesses gibt (Combe & Gebhard, 2007). Eine wesentliche Intention des Ansatzes „Alltagsphantasien" ist nicht nur eine Sensibilisierung für intuitive und unbewusste Vorstellungen, die aufgrund ihres vermeintlich irrationalen oder abschweifenden Charakters oft nicht berücksichtigt werden, sondern auch und v. a. die Fähigkeit besagter „Zweisprachigkeit". Die Alltagsphantasien, also die intuitiven Zugänge zu den Gegenständen des Unterrichts, sollen nicht nur geduldet, sondern zum Gegenstand expliziter Reflexion und des sozialen Austausches gemacht werden. Durch die explizite Thematisierung der Alltagsphantasien, die ein Lerngegenstand hervorruft, kann der Bezug zwischen fachlichem Wissen und lebensweltlichen Vorstellungen und kulturellen Bildern begünstigt werden. Diese kulturellen Bilder können in Fortsetzung des unterrichtlichen Dialogs immer wieder aktiviert und auch im Verhältnis zur wissenschaftlichen Deutung qualifiziert werden.

In zwei schulischen Interventionsstudien (Born, 2007; Monetha, 2009; Monetha & Gebhard, 2008) konnte gezeigt werden, dass schulischer Unterricht, der die Alltagsphantasien der Schülerinnen und Schüler explizit zum Thema macht und immer wieder darauf zurückkommt, sinnhafter interpretiert wird, motivierender ist und darüber hinaus auch zu einem nachhaltigeren Lernerfolg führt. Ob sich die Berücksichtigung von Alltagsphantasien auf die Motivation und die Lernleistung auswirkt, wurde in einer Interventionsstudie von Monetha (2009) untersucht. Es handelt sich um ein quasiexperimentelles Design, an der drei Parallelklassen der Jahrgangsstufe 10 einer Hamburger Gesamtschule teilnahmen. Die Datenerhebung umfasste 14 Unterrichtsstunden je Klasse. Die Untersuchung war im Vorher-Nachher-Follow-up-Kontrollgruppendesign angelegt.

Vor dem Hintergrund der Selbstbestimmungstheorie der Motivation (Deci & Ryan, 1993, siehe Kap. 8) wurden motivationale Faktoren erhoben (Monetha, 2009). Die Ergebnisse im Hinblick auf die psychologischen Grundbedürfnisse zeigen, dass v. a. das Erleben sozialer Eingebundenheit durch das Einbeziehen der Alltagsphantasien positiv beeinflusst wird, da die Schülerperspektive ernst genommen wird. Dies scheint besonders gut in einer sozialen Atmosphäre des Angenommenseins zu funktionieren.

In einer laborexperimentellen Studie (Oschatz, Gebhard & Mielke, 2011; Oschatz, 2011) wurde zusätzlich deutlich, dass die primäre Wirkung der Alltagsphantasien als eine Irritation beschrieben werden kann, die zunächst von der routinierten und effizienten Beschäftigung mit einer Thematik ablenkt. Die Irritation kann allerdings bereits mittelfristig in vertiefte und nachhaltige Lernprozesse transformiert werden, und zwar wesentlich unter den Bedingungen des sozialen Austausches und, dass dafür ausreichend Zeit vorhanden ist (vgl. Gebhard, 2015).

Insgesamt lassen sich die empirischen Befunde als Hinweise für die Wirksamkeit der Konzeption der Alltagsphantasien interpretieren: Die explizite Berücksichtigung der subjektivierenden, symbolisierenden Deutungsmuster einerseits und das Nachdenken über die kulturelle Note naturwissenschaftlicher Inhalte (Mensch- und Weltbilder) anderseits führt zu einer Vertiefung von Bildungsprozessen.

Die primäre Wirkung der expliziten Reflexion von Alltagsphantasien ist allerdings irritierend, was zunächst von der routinierten und effizienten Beschäftigung mit einer Thematik ablenkt. Diese auch bildungstheoretisch relevante Irritation bzw. Krise (Combe & Gebhard, 2009) ist zusätzlich in ihrer Verlaufsstruktur rekonstruiert worden (Lübke & Gebhard, 2016).

Die Phantasien nehmen – weil sie nämlich als Abkömmlinge des Unbewussten oft unlogisch, assoziativ und widersprüchlich sind – nicht nur die objektivierende Version des Gegenstands in den Blick, sondern eben noch ganz andere Dimensionen, von denen sich die Schulweisheit oft nichts träumen lässt. Allerdings – und das zeigen die Interventionsstudien – lohnt sich diese irritierende Tiefe: Wenn die Phantasien willkommen sind, wenn sie immer wieder zum Gegenstand expliziter Reflexion gemacht werden – auch wenn sie abschweifig sind – wird ein Unterricht, der Alltagsphantasien berücksichtigt, sinnhafter erlebt, unterstützt die Motivation und ist auch im Hinblick auf den kognitiven Wissenserwerb – langfristig, meist schon mittelfristig – effizienter (s. o.). Gerade durch die zusätzliche kognitive Beanspruchung kann langfristig eine breitere und tiefer gehende Verarbeitung erfolgen, die zu nachhaltigen Lernergebnissen führt.

Auch unabhängig davon sind die subjektivierenden Phantasien für Bildungsprozesse deshalb besonders wichtig, weil sie den Fachunterricht mit den kulturellen und sozialen Konzepten und den impliziten Welt- und Menschenbildern der Schülerinnen und Schüler verbinden kann. Zudem machen sie als Intuitionen natürlich nicht vor Fächergrenzen halt und deren explizite Reflexion sichert den fachübergreifenden Ansatz (Decke-Cornill & Gebhard, 2007).

Es reicht also nicht, wenn Lernenden die Dinge nur in ihrer objektivierenden Variante vermittelt werden. Eine geradlinige objektivierende Sicht der Dinge unterschlägt die subjektivierenden Schattierungen, entsinnlicht die Phänomene, grenzt den subjektiv gemeinten Sinn aus und bringt die Dinge den Subjekten nicht nahe. Objekte der Außenwelt haben nicht nur eine Bedeutung als objektive Gegebenheiten, sondern auch eine symbolische Bedeutung, in der persönliche Erfahrungen, Beziehungen, Phantasien und Narrationen zusammenfließen. In der Vermittlung zwischen beiden Zugängen besteht die Chance, einer an sich unbegreiflichen Welt (Blumenberg, 1981) Sinn zu verleihen bzw. diese als sinnhaft zu erleben. Eine didaktische Haltung, die dazu passt, lädt ein zum Phantasieren, hat Zeit und Muße zum Verweilen und gibt damit dem Aufbau von Verstehen und Sinn eine Chance.

Weiterführende Literatur:

Barke, H.-D. (2006). *Chemiedidaktik: Diagnose und Korrektur von Schülervorstellungen.* Berlin, Heidelberg: Springer

Duit, R. (1995). Zur Rolle der konstruktivistischen Sichtweise in der naturwissenschaftlichen Lehr-Lern-Forschung. *Zeitschrift für Pädagogik, 41*(6), S. 905-923.

Gebhard, U. (2007). Intuitive Vorstellungen bei Denk- und Lernprozessen: Der Ansatz „Alltagsphantasien". In D. Krüger & H. Vogt (Hrsg.). *Theorien in der biologiedidaktischen Forschung* (S. 117–128). Berlin: Springer

Hammann, H., & Asshoff, R. (2014). *Schülervorstellungen im Biologieunterricht. Ursachen für Lernschwierigkeiten.* Seelze: Kallmeyer/Klett.

Kattmann, U. (2015). *Schüler besser verstehen: Alltagsvorstellungen im Biologieunterricht.* Halbermoss: Aulis

Müller, R., Wodzinski, R., & Hopf, M. (2004). *Schülervorstellungen in der Physik. Festschrift für Hartmut Wiesner.* Köln: Aulis-Verlag Deubner.

Treagust, D. F. & Duit, R. (2008a). Compatibility between cultural studies and conceptual change in science education: There is more to acknowledge than to fight straw men! *Cultural Studies of Science Education, 3*(2), S. 387-395.

Naturbeziehung und Naturerfahrung 10

In Kapitel 3 haben wir Theodor Litt folgend von der Dualität zweier Beziehungsweisen des Menschen zur Natur gesprochen und damit eine nach Litt notwendige Antinomie von (naturwissenschaftlicher) Bildung benannt. In der „Erkenntniskonstellation" wird die Natur zum Objektiven, zum Abstrakten. Die Natur wird zur Sache, die zu einem Mittel innerhalb vorweg gewählter Zwecke wird. Damit ist das klassische Selbstverständnis der Naturwissenschaften (Kap. 2) angesprochen, das auch den naturwissenschaftlichen Unterricht entscheidend geprägt hat. In der „Erlebniskonstellation" dagegen wird Naturerfahrung zur Sinnerfahrung. „Als Bildung dürfen wir jene Verfassung des Menschen bezeichnen, die ihn in den Stand setzt, sowohl sich selbst als auch seine Beziehung zur Welt in Ordnung zu bringen" (Litt, 1959, S. 11). Weder der „Imperialismus der naturwissenschaftlichen Methode" noch eine „falsche Innerlichkeit" solle überhand nehmen. „Als gebildet darf danach nur gelten, wer diese Spannung sieht, anerkennt und als unaufhebbares Grundmotiv in seinen Lebensplan einbaut" (ebd.).

Im naturwissenschaftlichen Unterricht geht es demzufolge nicht nur um die Beschäftigung mit naturwissenschaftlichen Phänomenen, die mehr oder weniger interessant sein können. Bereits im Interessenskonstrukt ist angelegt, dass es sich dabei um eine Beziehung zwischen Subjekt und Gegenstand handelt (vgl. Kap. 8). Dieser Beziehungsaspekt wird noch deutlicher, wenn wir dabei nicht nur das Verhältnis zu naturwissenschaftlichen Themen, sondern auch zu Natur-Phänomenen ins Auge fassen. In besonderer Weise trifft das auf die belebte Natur (Pflanzen, Tiere, Landschaften) zu, aber auch bei der Beschäftigung mit der unbelebten Natur gibt es dafür Beispiele: technische Geräte, Autos, Möbel, Porzellan, Klima und Wetter, Elmsfeuer, Polarlicht, Blitze, Spiegelungen am Gartenteich, Wellen im Sand.

Im Verhältnis des Menschen zur äußeren Natur wird auch sein Verhältnis zu sich selbst sichtbar. Die Erfahrungen, die wir in und mit der Natur machen, sind auch Erfahrungen mit uns selbst – nicht nur, weil wir es sind, die diese Erfahrungen machen, sondern weil Naturphänomene Anlässe geben, uns auf uns selbst zu beziehen (Gebhard, 2005). „Natur" wird auf diese Weise zu einem Symbol von Aspekten des eigenen Selbst oder – wie der Maler der Frühromantik Caspar David Friedrich es sagt – zur „Membran subjektiver Erfahrungen und Leiden". Die Möglichkeiten, dass solche Selbstsymbolisierungen auch im naturwissenschaftlichen Unterricht möglich sind, sollten nicht verschenkt werden, da die Entwicklung von Interesse für die naturwissenschaftlichen Fächer etwas mit dem Selbstkonzept und mit Identitätskonstruktionen zu tun hat (vgl. Kap. 8).

10.1 Selbst und Welt: Die psychische Bedeutung der nichtmenschlichen Umwelt

Sehen wir uns zunächst an, wie das Verhältnis des Menschen zu seiner nichtmenschlichen Umwelt, zur Natur, gedacht werden kann. In vielen psychologischen Schulen wird die Persönlichkeit des Menschen v. a. als das Ergebnis der Beziehung zu sich selbst und zu anderen Menschen verstanden. Die Erfahrungen, die Kinder in den ersten Lebensjahren mit vertrauten Bezugspersonen machen, bestimmen wesentlich die Persönlichkeit und auch, mit welcher emotionalen Tönung und Qualität die Welt wahrgenommen wird. Erikson (1968) hat dafür den Begriff Urvertrauen eingeführt.

Hier nun geht es um die Bedeutung der Natur für die Konstituierung eines solchen Vertrauens. Es geht um den Gedanken, dass sich die Vertrautheit der Welt auch als das Ergebnis einer gelungenen Beziehung zur Welt der Dinge verstehen lässt, dass unser Leben also im Sinne des Wortes „bedingt" ist. Dinge sind für die Subjekte nicht nur objektive Gegebenheiten, sondern in gewisser Weise auch Interaktionspartner; dadurch werden sie zu Elementen eines persönlich gedeuteten Lebens und erhalten eine emotionale Bedeutung. Diese Bedeutung haftet symbolisch den Dingen an, womit sie Ausdruck unserer Deutungsmuster gegenüber der Welt werden. Mit welchen Dingen wir uns umgeben, wie wir uns in der Welt einrichten, für welche Dinge wir uns interessieren (Kap. 8) ist nicht zufällig, sondern Ausdruck unserer Persönlichkeit und unserer Beziehung zur Welt. Die Vertrautheit mit den Dingen konstituiert also ein basales Weltbild, das etwas mit unserem Lebensgefühl zu tun hat (Gebhard, 2016c). Auch in Naturerfahrungen kann dieses Lebensgefühl zum Tragen kommen.

Die psychische Aneignung der Welt ist eine aktive Tätigkeit. Erst durch die Aneignungstätigkeit werden die Objekte der Außenwelt psychisch repräsentiert. Angesichts des Beziehungsaspekts sind die symbolischen Repräsentanzen der äußeren, phänomenalen Welt – wie Lorenzer (1983) es formuliert – „geronnene

Interaktionserfahrungen" und dadurch wird auch ermöglicht, dass bei der Erfahrung mit äußeren Phänomenen atmosphärisch so viel mehr mitschwingt als die neutrale Registrierung von Objekten. Das ist für eine Pädagogik, die Kinder mit der Naturumwelt vertraut machen will, grundlegend.

Die inneren Bilder enthalten nicht lediglich das getreue Spiegelbild der äußeren Welt, sondern sind mit symbolischer Bedeutung, in der der besagte Beziehungsaspekt zu den Objekten verdichtet ist, gleichsam aufgeladen (Gebhard, 2005). Es verwirklicht sich also in jeder Aneignung von Dingen auch eine Möglichkeit des Subjekts.

Die Frage ist nun, ob und in welcher Weise die dingliche und natürliche Umwelt etwas Analoges zu dem besagten „Urvertrauen" bedingen könnte. Dabei ist auch zu bedenken, dass das menschliche Verhältnis zur Umwelt und zur lebendigen Natur in weiten Teilen unbewusst ist (Gebhard, 2013, S. 17ff.; Searles, 2016). Welche Bedeutung die Natur für die psychische Entwicklung hat, ist eine grundlegende wissenschaftliche Fragestellung, die die Stellung des Menschen in und zu der Natur auch psychologisch wendet wendet. Außerdem ist dieser Komplex auch von praktischer Bedeutung. Die Frage nach „Naturbedürfnissen" ist z. B. bedeutsam für den Städtebau, die Landschaftsplanung, die Architektur von öffentlichen wie privaten Gebäuden und letztlich auch für unseren Umgang mit der Natur. Es ist die Frage, wie sich äußere Natur in der inneren Natur des Menschen repräsentiert und was das jeweils für Folgen hat. Das erinnert an die Vorstellung Alexander von Humboldts, der bei der Naturforschung „nicht bei den äußeren Erscheinungen allein verweilen", sondern die Natur auch so erforschen wollte, „wie sie sich im Inneren der Menschen abspiegelt" (Humboldt, o. J.).

10.2 Naturerfahrungen in der Kindheit

Ausgehend von Humboldts Perspektive, nämlich wie die Natur „sich im Inneren der Menschen abspiegelt", werden nun die Wirkungen von Naturbeziehungen anhand einiger empirischer Befunde entfaltet (ausführlich in Gebhard, 2013). Bereits in den 1960er Jahren äußerte Mitscherlich die Vermutung, dass eine besondere Entfremdung von „Natur" – wie in den „unwirtlichen Städten" – soziale und psychische Defizite hervorrufe und dass dies besonders bei der Entwicklung von Kindern sichtbar werde. Danach „braucht" das Kind seinesgleichen, „nämlich Tiere, überhaupt Elementares, Wasser, Dreck, Gebüsche, Spielraum" (Mitscherlich, 1965, S. 24).

In zahlreichen Untersuchungen zur Entwicklung von Kleinkindern wird hervorgehoben, wie wichtig eine vielfältige Reizumgebung ist. Neben dem Einfluss auf die Gehirnentwicklung trägt eine an unterschiedlichen Reizen reiche Umwelt dazu bei, psychische Entwicklungsschritte anzuregen und zu fördern. Es ist so, dass sich eine reizarme und auch eine reizhomogene Umwelt in mehrfacher Weise negativ auswirkt. Günstig ist eine Kombination von Reizen, die zwischen homogenen, immer gleichen, vertrauten Reizen einerseits und sehr neuen und fremdartigen Reizen andererseits liegt. Eine naturnahe Umgebung, in der sowohl relative Kontinuität als auch ständiger Wandel besteht, ist ein sehr gutes Beispiel für eine derartige Reizumwelt, die eine Mittelstellung zwischen neu und vertraut einnimmt. Eine solche „reizvolle" Umgebung lädt ein zur Exploration, zur Erkundung, weil sie neu und interessant ist und eben zugleich vertraut. Dem Bedürfnis nach aktiver Orientierung kann man am besten in einem Zustand relativer Sicherheit und Geborgenheit nachgehen. In Großstädten gibt es zunehmend die paradoxe Situation, dass Kinder sowohl zu schwach als auch zu stark gereizt sind. Einerseits fehlt häufig eine reizvolle Spielumwelt, andererseits kann man von einer Überreizung in der Stadt sprechen, die auch häufig zu nervösen Symptomen führt. Mit Berlyne (1958) könnte man das Kinderspiel in der Natur als „unspezifische Exploration" bezeichnen, eine Tätigkeit, die die Neuigkeit der Umgebung als Anlass zu explorativer Aktivität nimmt und zugleich Sicherheit und Vertrautheit herstellt.

Yarrow, Rubinstein & Pedersen (1975) untersuchten, mit welchen Dingen aus der physischen Welt Kleinkinder umgehen. Danach bevorzugen Kinder Dinge, die erkennbar reagieren, komplex sind und zudem eine hohe Varietät haben. Diese Kriterien können, auch wenn das nicht ausdrücklich betont wird, von lebendigen Naturphänomenen erfüllt werden.

Blinkert (1996) konnte zeigen, dass „Aktionsräume" in relativ unmittelbarer Wohnumgebung – und das sind ganz wesentlich naturnahe Freiräume – den ansonsten zu konstatierenden Tendenzen zu Medienkonsum und Verhäuslichung zumindest entgegenwirken.

In einer breit angelegten Kinderbefragung (9-14 Jahre, n = 2400, LBS 2005)wird deutlich, welche Wirkungen die Kinder ihren Naturerfahrungen selbst zuschreiben. Zunächst ist bemerkenswert, dass Natur und Umwelt für die meisten Kinder die wichtigsten positiven Aspekte in ihrer Wohnumgebung sind. Bei den selbst empfundenen Wirkungen von Naturerfahrungen stehen Spaß (80%), Wohlfühlen (77%) und Entspannung (76%) deutlich an erster Stelle. Immerhin 70% der Kinder meinen, in der Natur so sein zu können, wie sie sind. Selten (10%) haben die Kinder Angst in der Natur.

Natürliche Strukturen haben eine Vielzahl von Eigenschaften, die für die psychische Entwicklung vorteilhaft sind: Die Natur verändert sich ständig und bietet zugleich Kontinuität. Sie ist immer wieder neu (z. B. im Wechsel der Jahreszeiten) und doch bietet sie die Erfahrung von Verlässlichkeit und Sicherheit: Der Baum im Garten überdauert die Zeitläufe der Kindheit und steht so für Kontinuität. Die Vielfalt der Formen, Materialien und Farben regt die Phantasie an, sich mit der Welt und auch mit sich selbst zu befassen. Das Herumstreunen in Wiesen und Wäldern, in sonst ungenutzten Freiräumen kann Sehnsüchte nach „Wildnis" und Abenteuer befriedigen. Der psychische Wert von „Natur" besteht zumindest auch in ihrem eigentümlichen, ambivalenten Doppelcharakter: sie vermittelt die Erfahrung von Kontinuität und damit Sicherheit und zugleich ist sie immer wieder neu. Auch in der Anthropologie geht man davon aus, dass es beim Menschen zum einen einen grundlegenden Wunsch nach Vertrautheit und zum anderen ein ebenso grundlegendes Neugierverhalten gibt. Auch wenn man ein „Naturbedürfnis" nicht gleichsam als anthropologische Konstante formulieren kann, so lässt sich insgesamt sagen, dass die „Natur" den eigentlich widersprüchlichen Forderungen nach sicherer Vertrautheit einerseits und ständiger Neuigkeit andererseits sehr gut entspricht. Im Kontext dieses Buches ist auch zu fragen, in welchem Verhältnis dieses Potenzial der Natur zu naturwissenschaftlich gestalteten Umgebungen steht, z. B. in Schülerforschungs- oder Science-Centern. Künftige naturwissenschaftdidaktische Forschung könnte untersuchen, ob und in welcher Weise auch hier eine Art von Naturerfahrung möglich ist.

10.3 Freizügigkeit und Unkontrolliertheit

Die beliebtesten Freiflächen sind solche Orte, die von den erwachsenen Planern gewissermaßen vergessen wurden. Ein wesentlicher Wert von Naturerfahrungen besteht nämlich in der Freiheit, die sie vermitteln (können). Naturnahe Spielorte bieten Situationen, bei denen viele kindliche Anliegen nebenbei und ohne pädagogisches Arrangement ausgelebt werden können. „Wir sind so gern in der Natur, weil diese keine Meinung über uns hat", sagt Friedrich Nietzsche. So müsste es in den Städten (und nicht nur für Kinder) mehr ungeplanten Raum geben. In einer vergleichenden Studie in mehreren süddeutschen Städten (Reidl, Schemel & Blinkert, 2005; Blinkert, Höfflin, Schmider & Spiegel, 2015) konnte der Erlebnis- und Spielwert von Brachflächen bestätigt werden: In Naturerfahrungsräumen spielen Kinder länger, lieber und auch weniger allein. Ein Bewusstsein für Lieblingsorte und damit Zugehörigkeitsgefühl ist ausgeprägter. Ein wesentliches Motiv hierfür ist die Unkontrolliertheit und Freizügigkeit, für Jungen noch mehr als für Mädchen. Eine qualitative Analyse der Aktionen zeigte zudem, dass das Kinderspiel komplexer, kreativer und selbstbestimmter ist. Diese positive Bedeutung konnte auch in Elternbefragungen bestätigt werden.

Forderungen nach mehr ungeplanten Flächen sind nicht neu. Allerdings wird kindlichen Bedürfnissen bei der Ausgestaltung der (städtischen) Umwelt nicht immer im nötigen Umfang Rechnung getragen. Es ereignet sich die Wirkung von Natur nämlich nebenbei. Der Naturraum wird als bedeutsam erlebt, in dem man eigene Bedürfnisse erfüllen, in dem man eigene Phantasien und Träume schweifen lassen kann und der auf diese Weise eine persönliche Bedeutung bekommt. Positive Wirkungen von Naturerfahrungen entfalten sich nicht so ohne weiteres, wenn Natur verordnet wird, wenn allzu umstandslos Naturorte zu Lernorten gemacht werden.

10.4 Anthropomorphe Naturinterpretation

In diesem Kontext ist auch bedeutsam, dass Kinder (und übrigens auch Erwachsene) die Umwelt bzw. einzelne Elemente in ihr beseelen und damit auch animistisch und anthropomorph interpretieren. Das betrifft in besonderer Weise lebendige Naturphänomene, v. a. Tiere, aber auch Pflanzen und Landschaften, die dann eine gleichsam physiognomische Gestalt annehmen können. Auch die unbelebte Natur kann anthropomorph interpretiert werden. Wagenschein (1965) hat für den Bereich der Physik darauf hingewiesen. Beispiele für den Chemieunterricht finden sich bei Lück (2003).

Anthropomorph-animistische Interpretationen von Naturphänomenen sind nicht lediglich als (naturwissenschaftlich falsche) Verkennungen der „eigentlichen" Attribute von Natur abzutun. Natürlich bietet beispielsweise die Ethologie überzeugende Argumente für die Unangemessenheit der Anthropomorphismen, wenn sie auf das arteigene Verhaltensrepertoire von Tieren hinweist. Vollmer (2002, S. 165) sieht in der „Entanthropomorphisierung unseres Weltbildes" geradezu den Kernauftrag der objektiven Wissenschaft.

Für eine pädagogisch-didaktische Perspektive sind jedoch zusätzliche Überlegungen nötig: Nicht nur, dass Anthropomorphismen offenbar auch geeignet sind, sich naturwissenschaftliche Sachverhalte vorzustellen (z. B. beim Thema „Atommodell" oder „chemische Bindung"). Zahlreiche naturwissenschaftdidaktische Untersuchungen zeigen diesen positiven lernpsychologischen Effekt (vgl. Kap. 9), demzufolge anthropomorphe Vorstellungen ein „mental nahe liegendes Instrument für das Lernen" (Kattmann, 2005) sind. Darüber hinaus – und darauf wird unten noch differenzierter eingegangen – zeigt sich in anthropomorphen Vorstellungen eine affektive Beziehung zur Natur (Gebhard, 2013).

10.4 Anthropomorphe Naturinterpretation

Theodor Litt warnt vor den Folgen, die ein rein naturwissenschaftlicher Umgang mit der Natur für die Persönlichkeit hat: „Die Entpersönlichung, der der Mensch sich selbst unterwirft, indem er Subjekt des reinen Denkens zu werden strebt, hat zum Korrelat eine Weltentleerung, die Entsinnlichung und Sinnaustilgung in einem ist" (Litt, 1959, S. 37).

Für die Naturwissenschaftsdidaktik bedeutet das, dass Naturphänomene neben naturwissenschaftlichen Deutungsmustern auch animistisch–anthropomorph interpretiert werden dürfen. Es gilt, die Spannung zwischen beiden Seiten auszuhalten, ohne sich auf eine Seite zu schlagen und die jeweils andere dabei auszugrenzen. Eben diese Dialektik ist in dem Modell der Subjektivierung und Objektivierung und mit dem Begriff der „Zweisprachigkeit" (siehe Kap. 9) verdichtet. Über ein ähnliches Thema denkt Martin Wagenschein in seiner pädagogischen Autobiographie nach:

> „In unseren Schulen gibt es zwei Monde. Sie treten in verschiedenen Räumen auf; hart und nackt der eine, der andere leise und verschleiert; vorgeführt von zwei verschiedenen Fachlehrern. Was der eine Mond mit dem anderen zu tun hat, davon wird nicht gesprochen. Gibt es den Deutschlehrer, der ein Mondgedicht bespricht und dem der Glanz der Newtonschen Mondrechnung noch gegenwärtig ist? […] Kann man sich einen Physiklehrer denken, der zur Einleitung dieser Mondrechnung die unvergleichlichen Sätze Johann Peter Hebbels seinem Schüler vorliest, dem die Dunstglocke der Städte den Horizont geraubt hat?" (Wagenschein, 1983, S. 162f.)

Mit der Anthropomorphisierung ist zum einen eine Moralisierung von Natur und zum anderen eine identitätsstiftende Funktion verbunden. Anthropomorphe Interpretationen erweisen sich – jedenfalls bei Kindern – als eine zentrale Argumentationsfigur, auch „Natur" ethischen Kriterien zu unterziehen. Dabei sind Tiere besonders zentral, wobei Solidarität und Mitleid mit Tieren auch als Grund für den allgemeinen Umweltschutz angeführt werden (Gebhard, Nevers & Billmann-Mahecha, 2003). Die Natur wird aufgrund der anthropomorphen Interpretation gar nicht ausschließlich als nichtmenschlicher Objektbereich angesehen. Menschliche Maßstäbe werden auf diese Weise auch zu Maßstäben im Umgang mit der Natur.

Durch symbolisierende, anthropomorphe Naturdeutungen werden Naturerfahrungen persönlich bedeutsam und damit zu einem Element der Identitätsentwicklung. Die Natur kann symbolisch zum Spiegel des Menschen werden und deshalb treten in Naturbeziehungen auch Selbstaspekte zu Tage bzw. werden zugänglich. Auf symbolische Weise fühlt man sich bei Naturerlebnissen „gemeint" und angesprochen. Das gilt bei der Wirkung von Landschaften und faszinierenden Naturphänomenen ebenso wie bei der Beziehung zu (Heim-)Tieren und Pflanzen. Diese symbolische „Verwendung" von Natur ist zudem ein wesentliches Moment der Erfahrung des „Naturschönen" (Billmann-Mahecha & Gebhard, 2009).

Weil also Anthropomorphismen in naturwissenschaftsdidaktischer Perspektive nicht nur als falsche bzw. unangemessene Vermenschlichungen betrachtet und v. a. behandelt werden dürfen, sollen abschließend noch die psychologischen Bedingungen, die dem anthropomorphen Denken zugrunde liegen, diskutiert werden: Das anthropomorphe Denken gehört zu dem Komplex, den Piaget (1978) „animistisches Denken" genannt hat. Piaget meinte damit eine kindliche Haltung gegenüber der Welt, die davon ausgeht, dass die äußeren Objekte so ähnlich oder gar gleich sind wie das Kind selbst. Die Dinge werden gleichsam beseelt, wobei die Erfahrung der eigenen Gefühlshaftigkeit, der eigenen Intentionalität auf andere Objekte projiziert wird. Es ist das Weltbild des egozentrischen Kindes, das so auf eine ihm gemäße Weise die Welt systematisiert und deutet.

Der Begriff Animismus kommt aus der Ethnologie, wo er das Weltbild archaischer Kulturen kennzeichnet. Piaget nimmt an, dass auch bei Kindern eine ähnliche Haltung zu beobachten sei, die etwa bis zur Zeit der Pubertät von einer rationalen Weltsicht abgelöst werde. In wesentlichen Punkten muss die Annahmen von Piaget allerdings inzwischen modifiziert werden (Pauen, 1997). Das betrifft die Unterscheidungsfähigkeit von lebendig und nicht-lebendig, die Bedeutung der autonomen Bewegung bei animstischen Deutungen und die Altersangaben. Der Focus der Forschung hat sich verschoben. Es geht nicht mehr v. a. darum, wie ähnlich die kindlichen Konzepte denen der Erwachsenen sind bzw. wie die kindlichen Konzepte immer „richtiger" werden. Vielmehr interessiert die Frage, vor welchem Hintergrund und auf welcher Grundlage Kinder ontologische Objektkategorien entwickeln und unterscheiden.

Bei Kindern wird ein intuitives biologisches und auch physikalisches Wissen (Mähler 1999) angenommen. Derartige „naive Theorien" im kindlichen Denken moderieren auch das animistische Denken. Vor dem Hintergrund dieser Annahme versteht Carey (1985) das animistische Denken nicht als Ausdruck des egozentrischen Weltbildes im Sinne von Piaget, sondern vielmehr als „Wissensdefizit". Beide Interpretationsansätze — unreife Denkstrukturen (Piaget) und Wissensdefizit (Carey) — haben gemeinsam, dass sie sich an den animistischen „Fehlern" der Kinder orientieren. Damit bleibt unberücksichtigt, dass animistische Denkhaltungen auch einen symbolischen Bezug zu Naturphänomenen herstellen, der auf einer anderen Ebene als dem rationalen Verständnis liegt und natürlich nicht als bloße Realitätsverkennung gedeutet werden darf. So konnte Mähler (1995) in Fallstudien zeigen, dass bereits Vorschulkinder mühelos zwischen animistischen und rationalen Deutungen hin- und herpendeln können. Die Interpretation des Animismus als Ausdruck von Phantasietätigkeit und Kreativität ist vor diesem Hintergrund ausgesprochen plausibel. Die Koexistenz von rationaler und magisch-animistischer Denkweise erlaubt es, sowohl in naturwissenschaftlichen Begriffen als auch in animistischen Geschichten zu denken, ohne dabei durcheinander zu kommen (vgl. Subbotsky, 2004; Mähler, 2005).

10.5 Naturerfahrung, Umweltbewusstsein und Intuition

Häufig wird mit dem Plädoyer für Naturerfahrungen die Hoffnung verbunden, dass Naturerfahrungen und Umweltbewusstsein positiv zusammenhängen. Schon Kant behauptete einen Zusammenhang zwischen der Hochschätzung des Naturschönen und einer moralischen Gesinnung, nämlich, „daß ein unmittelbares Interesse an der Schönheit der Natur zu nehmen […] jederzeit ein Kennzeichen einer guten Seele sei; und daß, wenn dieses Interesse habituell ist, es wenigstens eine dem moralischen Gefühl günstige Gemütsstimmung anzeige, wenn es sich mit der Beschauung der Natur gerne verbindet" (Kant, 1977, S. 395).

Eine Reihe von empirischen Studien belegen nun in der Tat einen Zusammenhang von positiven Naturerlebnissen (in der Kindheit) und umweltpfleglichen Einstellungen, wobei allerdings in diesem Zusammenhang angemerkt sei, dass das im Hinblick auf pädagogisch initiierte Naturerfahrungen nicht so eindeutig zutrifft (z. B. Bögeholz, 1999; Bogner, 1998; Kals et al., 1998; Lude, 2001). So muss mit Blick auf entsprechende Bildungsbemühungen sicherlich bedacht werden, dass es die selbst gewählten, freizügigen Naturerfahrungen sind, die beiläufig in Richtung umweltpfleglicher Einstellungen und Handlungsbereitschaften wirksam sind (Gebhard, 2013, 115 ff.). So weisen die Befunde im Umkreis der sogenannten „significant life experiences" (Palmer & Suggate, 1996; Palmer et al., 1998; Sward, 1999) aus den USA, Australien, Großbritannien in diese Richtung. In der Tendenz zeigt sich, dass Naturerfahrungen in der Kindheit einer der wichtigsten Anregungsfaktoren für späteres Engagement für Umwelt- und Naturschutz sind. Persönliche Vermittlungen (Vorbilder) und Medien sind nicht unbedeutend, aber der unmittelbaren Naturerfahrung nachgeordnet. Bixler et al. (2002) zeigen in einer Befragung von Jugendlichen, dass diejenigen, die als Kinder viel in der Natur gespielt haben, dies auch als Jugendliche gern tun und zudem eine ausgeprägte Vorliebe für natürliche Landschaften, Freizeitaktivitäten in der Natur und für Berufe, die etwas mit Natur zu tun haben, zeigen.

Das Gefühl für die Natur scheint eher von positiven Erlebnissen und von Intuitionen als von rationalen Argumenten geprägt zu sein. Im Anschluss an v. a. Haidt (2001) ist davon auszugehen, dass Naturerlebnisse vor allem und primär die Intuition beeinflussen (Gebhard, 2016a) und auf diese Weise Umwelteinstellungen und Umwelthandeln beeinflussen können.

Bisherige eher rationalistische Ansätze in der Moralpsychologie gehen mit Piaget und Kohlberg davon aus, dass der Mensch zu moralischem Wissen und moralischem Urteilen primär durch einen Prozess des rationalen Denkens gelangt. In dem sozialintuitionistischen Ansatz von Haidt (2001) wird dagegen angenommen, dass zunächst eine moralische Intuition vorhanden ist und diese das moralische Urteil verursacht. Das rationale Denken findet – falls überhaupt erforderlich – überwiegend nach dem intuitiven Urteil als post hoc Rechtfertigung statt, d. h. dabei wird in der Regel überwiegend nach Pro-Argumenten für das intuitiv bereits gefällte Urteil gesucht. Somit bleibt das am Anfang intuitiv gefällte moralische Urteil auch nach dem rationalen Denken unverändert (Haidt, 2001).

Naturerlebnisse werden also, betrachtet man sie vor dem Hintergrund des sozial-intuitionistischen Modells, in der Tat eine Funktion im Hinblick auf das Umweltbewusstsein haben. Angesichts der ausgewählten Forschungsergebnisse, wie sie in Kapitel 10.2 und 10.3 skizziert werden, spricht allerdings viel dafür, dass die Wertschätzung von Natur eher das Ergebnis von beiläufigen, gelungenen Erfahrungen in der Natur ist (Gebhard, 2016a). Die Wertschätzung von Natur wäre dann ein geradezu unbeabsichtigter Nebeneffekt von Naturerlebnissen.

10.6 Naturerfahrung und Gesundheit

Die günstigen Wirkungen von Naturerfahrungen werfen immer häufiger die Frage auf, ob eine Entfremdung von Natur sich in psychischer und somatischer Hinsicht negativ auswirkt, also krank macht. Bei Kindern wird sogar schon von einen „Nature Deficit Syndrom" (NDS) gesprochen (Louv, 2005; Taylor, Kuo & Sullivan, 2001). Ich verfolge hier die umgekehrte Logik, nämlich dass die Möglichkeit oder geradezu das Angebot von Naturerfahrungen auch ein Beitrag zur Gesundheitserhaltung sein kann. So gibt es seit einiger Zeit nicht nur therapeutische und pädagogische Angebote mit Tieren (Strunz, 2011), sondern auch entsprechende Versuche mit Pflanzen und Gärten. Bisweilen wird sogar von „Therapeutischen Landschaften" gesprochen, die durch kontemplatives und aktives Naturerleben Wohlbefinden erzeugen (Gebhard & Kistemann, 2016c).

Die empirischen Befunde zur belebenden und gesundheitsfördernden Wirkung von Natur sind vielfältig. Naturräume mit Wiesen, Feldern, Bäumen und Wäldern haben eine belebende Wirkung bzw. bewirken eine Erholung von geistiger Müdigkeit und Stress. Der Zusammenhang von Naturerfahrungen und Gesundheit wird häufig mit evolutionären Annahmen in Verbindung gebracht, wonach eine Präferenz für naturnahe Umwelten und vor allem entsprechende Wirkungen von Natur auf die seelische und körperliche Befindlichkeit mit biologisch fundierten Dispositionen zusammenhänge ("Biophilie", vgl. Wilson, 1984). Nach der "Attention Restoration Theory" von Kaplan und Kaplan (1989) wirken sich Naturräume deshalb günstig auf die Gesundheit aus, weil sie einen Abstand zum Alltagsleben bzw. Alltagstrott ermöglichen und weil Naturerfahrungen Aufmerksamkeit provozieren, die nicht anstrengt. Auf die damit verbundene Bedeutung der symbolischen Valenzen unserer Naturbeziehungen werde ich im letzten Abschnitt noch genauer eingehen.

Eine Vielzahl von empirischen Befunden zeigt die günstige Wirkung von Naturerfahrungen für die Gesundheit. Belegt sind Effekte in z. B. folgenden Hinsichten (Classen, 2016; Völker, 2016):

Physische Gesundheit: Herzkrankheiten, Diabetes, Rückenbeschwerden, Übergewicht, Blutdruck, Schlaganfall, Motorische Entwicklung bei Kindern, v. a. Grobmotorik.

Psychische Gesundheit: Stress, Erholung von geistiger Müdigkeit, kognitive Entwicklung, Konzentration, Induzierung positiver Gefühle (Freundlichkeit, Interessiertheit, Ruhe, Zufriedenheit), Abbau von Ärger und Frustration, kontemplative Stimmung, Kreativität, Vergessen von Sorgen, bessere Bewältigung von bedeutsamen Lebensaufgaben, Selbstwertgefühl, Symptomminderung von chronischen Aufmerksamkeitsstörungen (ADD).

Soziale Gesundheit: Integration, Förderung der psychosozialen Entwicklung.

Vor allem die Natur in der unmittelbaren Wohnumgebung beeinflusst die Gesundheit. Menschen, die in Gegenden mit einem hohen Grünanteil leben, beurteilen ihre physische und mentale Gesundheit höher als Menschen in einer Umgebung mit geringem Grünflächenanteil.

10.7 Natur als salutogenetischer Faktor

Für den Philosophen Martin Seel wird die Erfahrung des Naturschönen zu einer mehr oder weniger wesentlichen Bedingung des Gelingens eines "guten Lebens". "Die Gegenwart des Naturschönen ist in diesem Sinn unmittelbar und mittelbar gut, ihre Erfahrung also eine positive existentielle Erfahrung" (Seel, 1991, S. 303). Naturerfahrungen sind ein Element eines Lebens, das etwas mit Wohlbefinden und Lebensqualität, eben mit einem guten Leben zu tun hat. Aus salutogenetischer (s. u.)

Sicht (Antonovsky, 1997) könnte man Natur und Landschaft als einen wirksamen Faktor betrachten, der uns in der Polarität zwischen Gesundheit und Krankheit in Richtung Gesundheit orientiert. Durch diese salutogenetische Perspektive auf das Naturerleben gewinnen die symbolischen Bedeutungen von Natur ein besonderes Gewicht.

Die „Natur" stellt sozusagen einen Symbolvorrat dar, der dem Menschen für Selbst- und Weltdeutungen zur Verfügung steht. Diese symbolische Dimension unserer Naturbeziehungen ist für den Menschen als „animal symbolicum" nicht unbedeutend, ist es doch gerade der symbolische Weltzugang, der es uns gestattet, unser Leben als sinnvoll zu interpretieren. Der Begriff der „therapeutischen Landschaften" zielt insofern auch nicht nur auf die physischen Attribute von Natur und Landschaft, sondern v. a. auf deren symbolische und kulturelle Bedeutung. Sowohl in der philosophischen Symboltheorie als auch in der empirischen Psychotherapieforschung wird angenommen, dass Symbole die Funktion haben, Sinnstrukturen zu konstituieren. Danach gibt es einen Zusammenhang von psychischer Gesundheit und dem Reichtum an symbolischen Bildern (Gebhard, 2016b).

Viktor von Weizsäcker (1930, S. 31 f.) hat bereits im Jahre 1930 Gesundheit folgendermaßen definiert: „Die Gesundheit eines Menschen ist eben nicht ein Kapital, das man aufzehren kann, sondern sie ist überhaupt nur dort vorhanden, wo sie in jedem Augenblick des Lebens erzeugt wird. Wird sie nicht erzeugt, dann ist der Mensch bereits krank." In unserem Zusammenhang wäre die Frage dann, ob Naturerfahrung ein Faktor sein könnte, der bei der Erzeugung von Gesundheit wirksam ist. Antonovsky geht im Rahmen des Salutogenese-Konzepts davon aus, dass Gesundheit und Krankheit keine puren Entgegensetzungen sind. Menschen bewegen sich danach stets in einem Kontinuum zwischen den Polen Gesundheit und Krankheit. Wo wir uns hier befinden, wird wesentlich durch das sogenannte Kohärenzgefühl gesteuert. Es drückt die subjektive Überzeugung aus, dass das Leben verständlich, beeinflussbar und bedeutungsvoll ist.

Je stärker das Kohärenzgefühl ausgeprägt ist, desto besser sind die Chancen für das Subjekt, sich in Richtung des Gesundheitspols zu bewegen. In unserem Zusammenhang ist die These nicht unplausibel, dass das Kohärenzgefühl durch Naturerfahrungen, durch Aufenthalte in der freien Natur, beim Wandern, im Garten, im Kontakt mit Tieren zu unterstützen ist.

Natur eignet sich offenbar dazu, innere Seelenzustände in äußeren Gegenständen zu symbolisieren. Das gilt z. T. auch umgekehrt: Das Erleben von äußerer heiler Natur kann eben auch für die innere Natur heilsam sein. So kann eine naturnahe und zugleich symbolisch bedeutungsvolle Umwelt dazu beitragen, das besagte Kohärenzgefühl zu stärken. Eine solche naturnahe Umwelt hat zudem den Vorteil, dass sie relativ unerschöpflich ist und damit immer wieder zum Symbol eines geglückten, eines guten Lebens werden kann.

Weiterführende Literatur

Gebhard, U. (2013). *Kind und Natur. Die Bedeutung der Natur für die psychische Entwicklung.* (4. überarb. & erw. Aufl.). Wiesbaden: Springer-VS.
Litt, T. (1959). *Naturwissenschaft und Menschenbildung.* Heidelberg: Quelle und Meyer.
Wagenschein, M. (1983). Die beiden Monde. Zum Frieden zwischen zwei Weltauffassungen. In Ders.: *Erinnerungen für Morgen.* Weinheim, Basel: Beltz

Verstehen im naturwissenschaftlichen Unterricht 11

Schülerinnen und Schüler sollen die Inhalte, mit denen sie sich im naturwissenschaftlichen Unterricht beschäftigen, auch verstanden haben. Dies ist der Wunsch von Schülerinnen und Schüler, Lehrkräften und Eltern sowie ein wichtiges Ziel fachdidaktischer Unterrichtsentwicklung. Schülerinnen und Schüler sollen Lerninhalte nicht nur für die nächste Klassenarbeit einstudieren, sondern die Unterrichtsinhalte auch wirklich verstehen. Dabei soll das Gelernte Bedeutung für sie haben. Ihr Erfahrungsschatz an naturwissenschaftlichen Beobachtungen und Argumentationen soll in einem vernetzenden Lernprozess zu einem eigenständigen, also hochwertigen Verstehen führen. Was aber ist mit „Verstehen" gemeint? Und wie kann man „Verstehen" im naturwissenschaftlichen Unterricht begleiten, anleiten und fördern? In diesem Kapitel wird der Begriff „Verstehen" in den Kontext der Naturwissenschaften im Sinne eines kulturellen Systems sowie in den Kontext der Naturwissenschaftsdidaktik gebracht, als Begriff geklärt und vor dem Hintergrund angrenzender und verwandter Zusammenhänge und Prozesse wie zum Beispiel dem „verständnisvollen Lernen", dem „Erfahrungslernen" oder dem Begriff der „Bildung" näher beleuchtet. Letztlich wird „Verstehen" als sinnkonstituierendes Lernen in einem mehrstufigen Prozess beschrieben und anhand eines ausführlichen Beispiels verdeutlicht. Dabei wird Verstehen zunächst als ein kulturelles Phänomen angesehen und abschließend als Prozess des lernenden Individuums betrachtet.

11.1 Verstehen und Naturwissenschaft

In diesem Abschnitt soll untersucht werden, *was* im naturwissenschaftlichen Unterricht letztlich verstanden werden soll und kann: Wir wollen das zu verstehende „Objekt" näher beleuchten (vgl. Kap. 3). Martin Wagenschein beschäftigte sich schon in den 1950er Jahren mit dem „Verstehen" im Mathematik- und Physikunterricht.

Er arbeitete auch heraus, dass und warum Verstehen anstrengend ist. Denn bevor verstanden werden kann, steht das Individuum vor einem undurchdringlichen Zusammenhang: der Aporie. Diese Situation hat etwas Krisenhaftes. Um aus dieser Krise herauszutreten und zum Verstehen zu gelangen, müssen wir kognitiv ausgesprochen aktiv sein und in die Tiefe gehen. Wagenschein sprach vom „Mut zur Gründlichkeit", um „bei begrenzten Ausschnitten intensiv zu verweilen". Die „Errichtung von Plattformen" des Verstehens, auf denen man sich konzentrieren und auf das „Wesentliche" beschränken kann, waren ihm ein Anliegen (Wagenschein, 1999, S. 30).

Was aber ist das „Wesentliche"?

Wagenschein bezog sich bei der Frage nach dem „Wesentlichen" auf Mathematik und Physik. Das zu verstehende „Objekt" ist bei ihm ein mathematischer oder physikalischer Inhalt. Er schlug vor, sich auf exemplarische Inhalte der beiden Fächer zu konzentrieren, die letztlich „Spiegel des Ganzen" seien. Wir gehen außerdem vom Verstehen naturwissenschaftlicher Überlieferungszusammenhänge aus. Es geht also darum, wie die *Naturwissenschaften* die Natur beschreiben und erklären (Kockelmans, 1997), nicht um ein allgemeines Naturverstehen (Krings, 1982) eines beliebigen Individuums. Für das Verstehen der Naturwissenschaften orientieren wir uns am Themenbereich „Nature of Science" (vgl. Kap. 2 und Kap. 6). Es geht uns also um das Verstehen dessen, was Naturwissenschaft ausmacht, wie sie funktioniert, arbeitet und zu Erkenntnissen kommt. Das wäre das zu verstehende „Objekt".

Verstehen der Naturwissenschaften als Fachkultur

Menschen partizipieren an unterschiedlichen Subkulturen. Sie können sich z. B. durch Religion, Sprache, Ethnie, Geschlecht, soziale Klasse, Beruf, Interesse oder Wohnort unterscheiden. Offensichtlich sind auch Schülerinnen und Schüler schon immer kulturelle Grenzgänger, wenn sie zwischen Peer-Group und Elternhaus, aber auch, wenn sie zwischen verschiedenen Unterrichtsfächern hin- und herwechseln (Aikenhead & Jegede, 1999). In der Schule stellen die naturwissenschaftlichen Unterrichtsfächer fachkulturelle Eigenarten dar, die sich von anderen schulischen Fachkulturen, wie sie z. B. von ästhetischen, sprachlichen oder gesellschaftswissenschaftlichen Fächern repräsentiert werden, unterscheiden (Lüders, 2007; Höttecke, im Druck). Solche fachkulturellen Differenzen werden selbst bei der Gestaltung naturwissenschaftlicher Fachräume sichtbar. V. a. die in den 1960er und 1970er Jahren eingerichteten Fachräume der Naturwissenschaften sind durch feste Lehrerpulte und manchmal sogar Aufwärtsbestuhlung strukturiert. Diese Anordnung unterstützt eine instruktionsorientierte Lehrerrolle und lehrerdominante fachtypische Handlungsmuster (vgl. Willems, 2007). Die Raumstruktur diktiert damit nicht nur eine hierarchische Beziehungsstruktur zwischen Lehrkräften und Schülerinnen und Schülern, sondern begünstigt unterschwellig auch die Vorstellungen, dass naturwissenschaftliches Wissen wahr und mitteilbar sei, eine Idee, die unseren heutigen Auffassungen vom Lehren und Lernen in den Naturwissenschaften nicht entspricht (vgl. Kap. 6). Dagegen sind Klassenräume, in denen Schülerinnen und Schüler i. d. R. keinen naturwissenschaftlichen Unterricht erhalten, oft liebevoll mit unterschiedlichen Lernmaterialien gestaltet. Als Schülerin oder Schüler übertritt man mehrmals täglich zu Beginn einer Unterrichtsstunde eine fachkulturelle Grenze.

Die fachkulturellen Identitätsangebote, die die naturwissenschaftlichen Unterrichtsfächer im Ensemble mit anderen Fächern machen, können mit den kulturellen Identitäten der Schülerinnen und Schüler in Konflikt geraten. Ein Beispiel sind religiöse Schöpfungsmythen, die mit der Urknall- und Evolutionstheorie der Naturwissenschaften konfligieren. Konflikte können auch durch den rationalen und an Ursache-Folge-Beziehungen orientierten naturwissenschaftlichen Diskurs provoziert werden, wenn er mit ästhetischen, mythischen, religiösen oder geisteswissenschaftlichen Denk- und Erklärungsweisen in Widerspruch gerät. Wenn der naturwissenschaftliche Unterricht es schafft, solche Konfliktlinien zwischen Subkulturen wahrzunehmen und zu bearbeiten, dann werden die Naturwissenschaften als Subkultur mit ihren je spezifischen, aber nicht alternativlosen Identitätsangeboten verstehbar.

Kulturen sind sozial organisierte, reproduzierte und symbolisch vermittelte Phänomene, die Menschen rekrutieren und einschließen oder auch abstoßen und ausschließen. Sie ermöglichen kollektive Bedeutungsentwicklung (Calabrese Barton et al., 2013). Entlang ihrer spezifischen Weltfigurationen werden Menschen mit Narrativen, Traditionen und Geschichte vertraut gemacht, die Abgrenzungen von anderen Weltfigurationen anderer Subkulturen bewirken. Lernende setzen sich mit den je fachspezifischen Normen, Werten und symbolisch vermittelten Hierarchien auseinander, um sie als Identitätsangebote auszuwerten und zu nutzen. Steht die eigene Identität einer Schülerin oder eines Schülers im Widerspruch zu den Angeboten einer Naturwissenschaft, kann mangelndes Interesse am Fach eine Folge sein (vgl. Kap. 8). Aus dieser Perspektive erklären sich Identität und Interesse als Ergebnis einer sozio-kulturellen Praxis der Akkulturation in die Naturwissenschaften, die ge- oder misslingen kann. Lehrkräfte können bei diesen Grenzgängen zwischen Fachkulturen die Aufgabe von „Reiseleitungen" übernehmen. Sie unterstützen die Schülerinnen und Schüler dabei, sich in unterschiedliche Fachkulturen hinzudenken, ihre Eigenarten zu erkennen, zu vergleichen und wertzuschätzen. Das Verstehen der Naturwissenschaften bezieht sich dann auf ein kulturelles Gebilde neben anderen.

Historisches Verstehen in den Naturwissenschaften

Dem US-amerikanischen Wissenschaftsphilosophen und -historiker T.S. Kuhn (1959) zufolge wird der akademische Nachwuchs in den Naturwissenschaften in die Denk- und Handlungszwänge eines bestehenden „Paradigmas" hinein erzogen. Das bewirkt die Fähigkeit zu konvergentem Denken und das Hineinwachsen in eine wissenschaftliche Tradition. Konvergentes Denken bezeichnet nach Kuhn den Gegenbegriff zu divergentem, kreativem und flexiblem Denken. In der Erziehung zu konvergentem Denken sieht er eine wichtige Voraussetzung dafür, dass naturwissenschaftliche Forschung überhaupt gelingen kann, denn nur wer in den wissenschaftlichen Traditionen tief verwurzelt sei, würde nicht vorschnell mit etablierten Paradigmen brechen, sobald empirische oder theoretische Unregelmäßigkeiten auftauchten. Die Erfolgsgeschichte der Naturwissenschaften beruht danach darauf, dass sich Nachwuchswissenschaftler/innen während ihrer Ausbildung einen konservativen Fachhabitus aneignen und sie im Sinne unerschütterlicher Traditionalisten gleichsam auf Linie gebracht würden. Lehrbüchern kommt dabei eine wichtige Funktion zu, denn sie umfassen die Elemente einer fachspezifischen „disziplinären Matrix" (Kuhn, 1974, S. 393). Eine solche Matrix umfasst nach T.S. Kuhn beispielsweise fachtypische symbolische Verallgemeinerungen, Modelle und Musterbeispiele, mit denen man den Nachwuchs in einer Disziplin zu guten Problemlösern ausbildet. Diese Ausbildungsinhalte sichern innerhalb einer scientific community (vgl. Kap. 2) eine möglichst unproblematische Kommunikation und einhellige Fachurteile. Diese Art der Ausbildung intendiert mit guten Gründen die Funktionstüchtigkeit ihrer Absolventen/innen.

Wird auf diese Weise auch Verstehen gefördert? Solange Lernende nicht zugleich in ein reflektiertes und distanziertes Verhältnis zu naturwissenschaftlichen Erkenntnisbeständen treten, bleibt dies zumindest fraglich, könnte aber durch einen Unterrichtsansatz gelingen, der nicht auf ein einziges Paradigma beschränkt bleibt, sondern naturwissenschaftliche Konzepte und Begriffe im Lichte von (historischen) Alternativen einführt (z. B. Siegel, 1979). Dann können Bedeutung und Erklärungsmächtigkeit der Elemente naturwissenschaftlicher Paradigmen der Gegenwart im Kontrast zu historischen Begriffen und Konzepten deutlich werden, denn diese wurden – historisch betrachtet – einmal aus guten Gründen für angemessen gehalten und aus weiteren guten Gründen überwunden. Verstehen von Begriffen und Konzepten würde dann den Prozess einschließen, auf dessen Basis sich historisch entwickelt hat, was Naturwissenschaftler/innen heute für gültig halten. In der Sprechweise Kuhns wäre Verstehen von Begriffen und Konzepten im Lichte ihrer historischen Wurzeln an die Fähigkeit zu divergentem Denken gebunden.

Naturwissenschaftler/innen gehen letztlich immer von historisch überlieferten Wissensgrundlagen aus. Diese Voraussetzung ist insofern nicht hintergehbar, weil sie jede Phase wissenschaftlicher Entwicklung leitet, indem sie bestimmen, was als gültige Theorie, Tatsache, Evidenz, Erklärung, relevantes Problem oder angemessener Begriff gelten darf. „Was auch immer die Disposition des Forschers sei, er ist immer den Grenzen seiner Wissenschaft in ihrer jeweiligen Entwicklungsstufe unterworfen" (Kisiel, 1971, S. 198). Insofern ist eine naturwissenschaftliche Realität immer auch eine historische (vgl. Heelan, 1983, S. 200).

Dieses Moment historischer Kontingenz betrifft Konzepte, Begriffe, Theorien, Modelle und selbst Experimente. Wissenschaftler/innen machen in Laboren – vereinfacht ausgedrückt – das, was sie machen können, und dieses Können wiederum ist davon abhängig, was zuvor schon einmal gemacht worden ist. Der Immunologe und Erkenntnistheoretiker Ludwik Fleck (1994) drückt diesen Zusammenhang wie folgt aus:

> „Je reicher an Unbekanntem, je neuer ein Forschungsgebiet ist, um so unklarer sind die Experimente. Ist ein Gebiet bereits so ausgearbeitet, daß die Schlußmöglichkeiten auf Existenz oder Nichtexistenz, eventuell auf quantitatives Feststellen begrenzt sind, so werden die Experimente immer klarer, sie sind aber nicht mehr selbständig, da sie vom System früherer Experimente und Entscheidungen geschleppt werden" (Fleck 1994, S. 114, Hervorh. i. O.).

Fleck fordert dazu auf, sich die historischen Wurzeln seiner Disziplin zu vergegenwärtigen, denn „[…] ob wir wollen oder nicht, wir können nicht von der Vergangenheit – mit allen ihren Irrtümern – loskommen. Sie lebt in übernommenen Begriffen weiter, in Problemfassungen, in schulmäßiger Lehre, im alltäglichen Leben, in der Sprache und in Institutionen. Es gibt keine Generatio spontanea der Begriffe, sie sind durch ihre Ahnen sozusagen determiniert" (1994, S. 31).

Begriffe, Theorien, Modelle und Experimente der Naturwissenschaften haben eine Wirkungsgeschichte, die bis in die Gegenwart fortwirkt. Diese Sichtweise auf Naturwissenschaft eröffnet die Möglichkeit einer hermeneutischen Perspektive auf sie.

Wilhelm Dilthey hat im 19. Jahrhundert versucht, mit einem hermeneutischen Verstehensbegriff ein methodisch und erkenntnistheoretisch eigenständiges Fundament der Geisteswissenschaften zu entwickeln (Grondin, 1991). Auf ihn geht die Gegenüberstellung der verstehenden Geistes und der erklärenden Naturwissenschaften zurück. Die Naturwissenschaften konstatieren beim Erklären kausale Zusammenhänge, nach denen Phänomene regelhaft auseinander hervorgehen. Das Verstehen in den Geisteswissenschaften bezieht sich dagegen auf den Sinn von Texten, Handlungen oder Reden von Subjekten, den es interpretatorisch zu erschließen gilt. Aus einer wissenschaftshistorischen Perspektive lassen sich die Naturwissenschaften als Ergebnis der auf Natur und Technik gerichteten Handlungen und Textproduktionen von Subjekten verstehen. Naturwissenschaften sind dann historisch kontingente Produkte menschlichen Tuns. Verstehen bezieht sich dann auf den Sinn dieses Tuns.

Hans-Georg Gadamer begründet in seinem Hauptwerk „Wahrheit und Methode" eine philosophische Hermeneutik, die die Wirkungsgeschichte zum Prinzip erhebt (Gadamer, 1990, S. 305ff). Danach ist „in allem Verstehen, ob man sich dessen ausdrücklich bewußt ist oder nicht, die Wirkung dieser Wirkungsgeschichte am Werke" (Gadamer, 1990, S. 306). Zwar bezieht er sich auf die Interpretation historischer Texte und meint mit Wirkungsgeschichte die Geschichte ihrer Rezeption und Deutungen (Grondin, 1991, S. 147). Wenn das Verstehen der Naturwissenschaften aber als hermeneutisches Problem gefasst wird, dann lässt sich die Forderung Gadamers nach kritischem Verstehen auf die Naturwissenschaften übertragen. Wer Naturwissenschaften historisch verstehen will, muss reflektieren können, dass und auf welche Weise naturwissenschaftlichem Wissen ein historischer Überschuss innewohnt und dies gilt selbst für den Kuhnschen Paradigmenbegriff. Will man Naturwissenschaften aus dieser Perspektive verstehen, kann das ohne Geschichte nicht gelingen (Höttecke, 2001). Die Naturwissenschaften sind also gewissermaßen ein kulturelles System, das sich auch mit hermeneutischen Zugängen betrachten lässt.

11.2 Verstehen als Begriff

Eine wichtige Dimension des Verstehens ist in der hermeneutischen Denktradition der Beziehungsaspekt, der für das Verstehen konstitutiv ist. Im Unterschied zur analytisch-erklärenden Tradition des naturwissenschaftlichen Paradigmas, bei dem es gerade das Objektivitätsideal ist, das von allen subjektiven Beziehungsaspekten abstrahiert, wird das hermeneutische Verstehen gerade dadurch ermöglicht, dass das verstehende Subjekt mit dem Objektbereich in Beziehung tritt. Eben wegen dieses Beziehungsaspekts hatte Dilthey das Verstehen für das Seelenleben reklamiert, das Erklären dagegen für die objektivierenden Naturwissenschaften. Nun zeigt die moderne Erkenntnistheorie, dass die rein objektivierende Methodologie auch bei den Naturwissenschaften obsolet ist. Denn: „Objektivität ist die Illusion, dass Beobachtungen ohne einen Beobachter gemacht werden könnten" (Foerster, 2008, S. 17). In dieser Perspektive gilt es eher, die Naturwissenschaften (im Sinne eines kulturellen Systems) und nicht die Natur zu verstehen. Bei solcherart akzentuierten Verstehensprozessen wird es dann besonders evident, das „verstandene" naturwissenschaftliche Zusammenhänge den Beziehungsaspekt sozusagen mittransportieren. Die besagten Subjektivierungen (siehe Kap. 9) bei

11.2 Verstehen als Begriff

der Aneignung naturwissenschaftlicher Zusammenhänge haben die Funktion, dass Symbolisierungen, Geschichten, Phantasien, die mit naturwissenschaftlichen Wissenselementen verbunden werden, den Beziehungsaspekt in besonderer Weise verdichten (siehe Kap. 9). Verstehen ist dann etwas, das im Kopf des Subjekts passiert und Verstehen wird auch (!) durch das Spielen mit der eigenen Subjektivität begünstigt, wenn nicht sogar erst ermöglicht. Es ist dann kein Verstehen denkbar, ohne dass der Verstehende dabei seine Strukturen mit dem Gegenstand in eine Beziehung bringt und demzufolge den Gegenstand im Lichte der eigenen Strukturen interpretiert. Dies ist auch ein Kernelement des Ansatzes der Alltagsphantasien (Gebhard, 2015), in dem die in den Alltagsphantasien zur Sprache kommenden subjektiven und kulturellen Resonanzen zum Gegenstand der Reflexion gemacht werden (siehe Kap. 9.7). Wir gehen damit vom lernenden Subjekt aus. Denn was letztlich das Wesentliche im Lernprozess wird, ist im hohen Maße von den Dispositionen und vom Willen (Volition) der Lernenden abhängig. Wir verfolgen nun das Ziel, den Begriff des Verstehens von Sachverhalten aufzuarbeiten, um zu zeigen, dass es sich beim Verstehen um besonders fruchtbare, aber auch von Lernkrisen begleitete Prozesse, nämlich um Erkenntnis- und Bildungsprozesse im Verlauf einer Lernbiografie handelt.

Auf Immanuel Kant geht eine Abstufung von sieben „Graden der Erkenntnis" zurück (Jäsche, 1876, S. 71), die als qualitative Abstufungen des „Verstehens" eines Sachverhalts angesehen werden können:

1. sich etwas vorstellen
2. percipere (wahrnehmen; etwa ein Wort hörend verstehen)
3. noscere (kennen; verstehen, was gemeint ist)
4. cognoscere (anerkennen; anerkennendes Verstehen)
5. intelligere (einsehen; nachvollziehen können)
6. perspicere (durchschauen; Erfassen von Strukturen)
7. comprehendere (begreifen, d. h. eigenständig verstehen)

Verstehen ist eine *Erfahrung*, die sich als neue *Erkenntnis* im Sinne der „höheren" kant'schen Grade 3 bis 7 bemerkbar macht: Kennen, Anerkennen, Nachvollziehen, Durchschauen, Begreifen. Damit hätten wir zugleich eine erste Begriffsschärfung gewonnen. Auch eine moderne, empirische Ermittlung des Wortfeldes „Verstehen" weist das von uns gemeinte „Verstehen" als sehr anspruchsvoll aus (vgl. Helmstad, 1999).

Helmstad ist der Frage nachgegangen, was sich Menschen unter „Verstehen" vorstellen. In einer qualitativen empirischen Untersuchung kam er zu dem Ergebnis: „Verstehen" meint einen erlebten, eigenständigen Prozess des Lernens.

Lernende machen bleibende Erfahrungen, die sie erinnern können und aus denen ihr impliziter Verstehens-Begriff ableitbar ist. In einer Untersuchung wurden 101 Menschen in vier verschiedenen Altersgruppen (12-Jährige, 15-Jährige, 18-Jährige und Erwachsene: Arbeiter zwischen 25 und 75 Jahren) zu Erzählungen über ihr jeweiliges Verständnis von Verstehen aufgefordert: „Wie das damals war, als ich einmal wirklich verstand" (Helmstad, 1999, S. 108 f.). Daraus ergaben sich 173 verschiedene Erzähltexte. Die Daten konnten zu drei Hauptgruppen von Vorstellungen über Verstehen gruppiert werden:

Tab. 11.1 Facetten subjektiver Verstehensbegriffe (Helmstad, 1999, S. 163)

I.	Verstehen als Vorgang der Übernahme von Wissen, von Fakten
II.	Verstehen als Vorgang, sich selbst einen Zusammenhang zu erarbeiten
III.	Verstehen als Vorgang des Bewusstseins:
III a.	**Vergegenwärtigung/sich einer Sache Gewahr werden (awareness)** Verstehen, dass etwas der Fall ist und was wirklich der Fall ist.
III b.	**Bedeutung** Verstehen als Zuschreibung einer grundlegenden Bedeutung oder was ein Ausdruck wirklich bedeutet.
III c.	**Funktion** Verstehen, wie etwas stattfindet oder funktioniert, welche Struktur oder Regelmäßigkeit vorliegt oder was ein Zusammenhang beinhaltet.

Helmstad zeigt die Facetten eines alltäglichen Verständnisses von Verstehen als individuellen Prozess. Verstehen wird hier zudem als erfolgreiches Lernen („als ich einmal wirklich verstand") begriffen. Auch in den Fachdidaktiken der Mathematik und der Naturwissenschaften wurde der Begriff des Verstehens gebraucht, wenn eine besondere Qualität von Lernen hervorgehoben werden sollte. Je nach theoretischem Hintergrund wird Verstehen als ein *kognitiver, erfahrungsbasierter, bildungswirksamer, sinnkonstituierender, fachkultureller oder historischer* Prozess beschrieben.

In den folgenden Abschnitten werden wir diese unterschiedlichen Herangehensweisen an das Verstehen darstellen. Ob Lernende verstehen wollen und können, ist zudem auch eine Funktion des individuellen Lernverständnisses. Denn das eigene Verständnis dessen, was und wie gelernt wird, generiert die Atmosphäre der Lernsituation: Bereits 1979 untersuchte Säljö „Konzeptionen des Lernens" bei Studierenden. Hierbei konnte er fünf Lernkonzeptionen identifizieren:

1. Lernen ist ein Zunehmen von Wissen.
2. Lernen ist ein Speichern von Wissensinhalten.
3. Lernen ist ein (aktives) Erwerben zum Zwecke der Anwendung.
4. Lernen heißt: eine Bedeutung erarbeiten.
5. Lernen wird als der Prozess des Interpretierens und Verstehens verstanden.

Im Rahmen desselben Projektes untersuchten Marton und Säljö (1976) die Herangehensweisen von Studierenden an Studientexte und zwei grundlegende Arten des Lernens identifiziert: das „surface-level processing" einerseits und das „deep-level processing" andererseits, die sich in der Komplexitätsreduzierung und Strukturierung der Lerninhalte unterscheiden. Die einen gingen „oberflächlich" an Texte beziehungsweise Lerninhalte heran und versuchten den Inhalt so passend wie möglich abzubilden, zu speichern beziehungsweise wiederzugeben. Andere beschäftigten sich tiefgründig mit den Zusammenhängen und den Sinnstrukturen des Textes. Das entscheidende Ergebnis war, dass es zwei Gruppen von Lernenden gibt, die wir „Lernwechsler" und „Lernkonsistente" nennen. Letztere lassen sich entweder dem surface-level oder dem deep-level zuordnen. Sie nutzen diese Herangehensweise unabhängig vom Lernkontext (Lern- oder Leistungssituation, Zielsetzung des Lernens, Bearbeitung von Sinnzusammenhängen, Aufnahme von Information). Lernwechsler dagegen machen ihre Herangehensweise abhängig vom Lernkontext. Säljö konnte zeigen, dass diese Lerner den surface-level nutzen, um sich für Prüfungen vorzubereiten beziehungsweise um Informationen aufzunehmen. In Situationen, in denen es darum geht, etwas – unabhängig vom Verwertungszusammenhang – zu verstehen, zum Beispiel zur Erarbeitung von Sinnzusammenhängen, nutzen die Lernwechsler dagegen das deep-level processing.

11.3 Verstehen als kognitiv-verständnisvolles Lernen

Baumert und Kunter (2011, S. 12) benutzen im Rahmen des Forschungsprogramms COAKTIV den Begriff des „verständnisvollen Lernens". Der Begriff wird im Kontext internationaler Studien wie folgt akzentuiert:

Verständnisvolles Lernen …

- „ist ein aktiver, individueller Konstruktionsprozess, in dem Wissensstrukturen verändert, erweitert, vernetzt, hierarchisch geordnet oder neu generiert werden."

- „ist von den individuellen kognitiven Voraussetzungen, vor allem aber vom bereichsspezifischen Vorwissen abhängig. Umfang und Organisation der verfügbaren Wissensbasis entscheiden über Qualität und Leichtigkeit des Weiterlernens."
- „erfolgt trotz aller Systematik stets auch situiert und kontextualisiert. Um den Anwendungsbereich zu erweitern, ist eine bewusst vollzogene Variation der Erwerbs- und Anwendungskontexte notwendig."
- „wird durch motivationale und metakognitive Prozesse gesteuert."
- „wird durch kognitive Entlastungsmechanismen unterstützt. Dazu gehören die durch multiple Repräsentation förderbare Herausbildung informationsreicher Wissenseinheiten, die jeweils als Ganzes abgerufen werden können, sowie die Automatisierung von Handlungsabläufen und Denkvorgängen."

Verstehen im Sinne des „verständnisvollen Lernens" wird hier kognitionspsychologisch fundiert, wobei mit Elementen einer konstruktivistischen Lerntheorie sowie mit Anleihen bei Konzeptionen der Informationsverarbeitung und dem situierten Lernen gearbeitet wird. Damit konzentriert sich das, was „Verstehen" ausmacht, schwerpunktmäßig auf kognitive und anwendungsbezogene Lernprozesse.

11.4 Verstehen als Erfahrungslernen

Verstehen ist nach Combe und Gebhard (2012b) das Ergebnis eines mehrstufigen Lern- und Erfahrungsprozesses, den der Einzelne im Umgang mit einem Gegenstand bewältigen muss. Dabei spielen Erfahrungen, Irritationen und Phantasien der Lernenden eine entscheidende Rolle. Für den Zugang zu einem Lerngegenstand sind Phantasien und innere Bilder wichtige Zwischeninstanzen für das Verstehen. Sie ermöglichen ein spielerisches Oszillieren zwischen Ich und Welt – zwischen der sachlich-objektiven und der subjektiven Seite. Die Bedeutung und Tiefe der Auseinandersetzung mit einem Gegenstand schlägt sich zumindest auch im inneren Dialog mit subjektiven Bildern und Phantasien nieder (vgl. den Ansatz der Alltagsphantasien, Gebhard, 2007; 2015, hier Kap. 9). Ob Verstehen im Unterricht letztlich möglich ist, hängt davon ab, ob Irritationen artikulierbar und bei der Verarbeitung von Irritationen schließlich Phantasieaktivitäten ausgelöst werden und einer Erfahrungsbewegung Raum gegeben wird (Subjektorientierung).

Trotz dieser Subjektorientierung wird nicht auf die Verallgemeinerungsfähigkeit und Verbindlichkeit von anzueignendem curricularen Wissen verzichtet. Es gilt eher, den „Riss zwischen den Wissensformen" (Combe & Gebhard, 2012b) bei Verstehensprozessen zu überwinden. Auf der einen Seite dieses Risses steht

11.4 Verstehen als Erfahrungslernen

die Eigenlogik der fachlichen Konzepte und fachsprachlichen Mittel. Auf der anderen Seite tragen Schülerinnen und Schüler ihre in der Alltagswelt bewährten Erfahrungen, Vorstellungen und Perspektiven an ein Thema heran (vgl. Kap. 9). Für das Verstehen bedeutet dies, dass auch die „fachlichen Perspektiven in sich und im Lichte der anderen Perspektiven betrachtet werden müssen, damit sie ihre magistrale Dominanz verlieren" (Combe & Gebhard, 2012a, S. 226). So geht es also beim Verstehen in der Schule um Übergänge zwischen unterschiedlichen Wissensbeständen (Combe & Gebhard, 2007, S. 109ff.). Das Ziel ist weder die Eliminierung der alltäglichen Vorstellung noch die Preisgabe eines allgemeinen Verständigungsrahmens. Verstehen – also der Aufbau von Sinn und Bedeutung – kann nicht von außen verabreicht werden. Den Sinn und die Bedeutung eines Unterrichtsgegenstandes muss jeder selbst herstellen oder auch schon in den Unterricht mitbringen. Das ist ein höchst individueller Vorgang und Entwurfsprozess, der nicht delegierbar ist. „Bei Erfahrungen kann sich niemand vertreten lassen" (Combe & Gebhard, 2012a, S. 226). Will man Erfahrungen im naturwissenschaftlichen Unterricht ermöglichen, müssen Lernumgebungen geschaffen werden, die einen Erfahrungsprozess auszulösen vermögen. Combe spricht dann vom Verstehen als Erfahrungslernen:

> „Die Idee des Erfahrungslernens ist die eines Lernens im Klima der Berührung und Konfrontation. Dies setzt voraus, dass eine Erfahrungsbewegung zwischen Ich und Gegenstand in Gang kommt. So muss dem ‚Selbst-Dabei-Sein', also individuellen Andockpunkten, Raum gegeben werden. Erfahrungslernen setzt aber auch auf Konfrontation mit unerwarteten Konstellationen oder Folgen, auf Erfahrungskrisen" (Combe, 2006, 34).

Combe und Gebhard (2007) sprechen von einem Verständnishorizont, mit dem wir der Welt und uns selbst begegnen, den wir im Prozess des Erfahrungslernens nicht nur erweitern, sondern auch verwandeln.

Eine Lernumgebung, die Erfahrungslernen ermöglichen will, muss vier Strukturelementen des Erfahrungsprozesses gerecht werden:

1. *Krise als Beginn des Erfahrungsprozesses:* Persönlichkeitswirksame Erfahrungen werden oft in einer Konstellation der Krise und ausgehend vom Zustand der Irritation gemacht (Combe & Gebhard, 2007). Auch Dewey (1988, S. 80 ff.) beschreibt den Beginn des Erfahrungsprozesses als ein Geschehen, das aus der Zeit und Kontinuität herausrückt. Die Krisenhaftigkeit einer Situation drückt sich dadurch aus, dass eingespielte Routinen versagen. Die Situation enthält eine „Fremdheitszumutung". Der Anfang des Erfahrungsprozesses enthält dabei einen

Moment des „Widerfahrnisses" (Bollnow, 2013; Waldenfels, 2002), von Überraschungen, die positiv wie negativ über den Menschen hereinbrechen können.
2. *Emotionale Involviertheit:* Eine wesentliche Bedingung für krisenhafte Erscheinungen ist, dass wir von einem Phänomen emotional berührt werden. Diese emotionale Berührtheit kann sowohl positiv als auch negativ sein. Charakteristisch für das Erfahrungslernen ist, dass die bisweilen auch widersprüchlichen, ambivalenten Gefühle zugelassen und v. a. in Lern- und Bildungssituationen willkommen geheißen werden. Sie sind ein wesentlicher Motor von Lernprozessen.
3. *Die Öffnung eines Vorstellungs- und Phantasieraumes* ist der entscheidende Schritt für die Produktivität der Erfahrungsbewegung zwischen Ich und Gegenstand. Dieser Schritt führt über die Irritation und einen möglichen Widerstand hinaus und macht plausibel, warum man den Anspruch von Erfahrungen und die damit verbundenen Irritationen auf sich nimmt.
4. *Reflexion und Versprachlichung:* Kennzeichen von Erfahrungen ist die Suche nach einer Sprache, in der Erlebnisse, Wünsche, Phantasien und Emotionen artikuliert werden können, die bislang keinen (sprachlichen) Ausdruck finden konnten und die zudem nicht nur Bezug zur inneren Phantasieebene (Subjektivierung) nimmt, sondern auch zur äußeren Realität (Objektivierung). Zur Erfahrung wird ein Erlebnis erst durch die Reflexion.

Es gilt also, neben der faktischen auch die symbolische, oft latente und individuelle Bedeutung der Lerngegenstände zu erschließen, das heißt, diese zum Gegenstand expliziter Reflexion und expliziter Diskussion zu machen. Das und wie sehr eben diese Haltung Lernprozesse vertiefen kann, konnte in einer Reihe von empirischen Studien zu der Wirkung von sogenannten „Alltagsphantasien" gezeigt werden (Gebhard, 2007; 2015; vgl. Kap. 9). Die Erfahrungsbewegung zwischen Ich und Gegenstand kennzeichnet ebenfalls den Ansatz des Verstehens als sinnvolles Lernen (Kap. 11.6).

11.5 Verstehen als Bildung

Im Kontext des transformatorischen Bildungsbegriffs versteht Koller (2011) Bildung als Transformation von Selbst- und Weltverhältnissen (vgl. Kap. 3). Transformation meint hier die Änderung des Verhältnisses zwischen Subjekt und Welt durch biografisch bedeutsame Erfahrungen. Aus unserer Sicht kann das „Verstehen" als eine solche Erfahrung interpretiert werden bzw. ist eine Voraussetzung dazu. Krisenhafte Situationen des zunächst Nicht-Verstehen-Könnens, der Unberechenbarkeit

11.5 Verstehen als Bildung

eines Inhalts oder eines Zusammenhangs kann sich durch genaues Beobachten, durch das Durcharbeiten, durch die immer wiederkehrende Beschäftigung mit einem verstehbaren Zusammenhang transformieren. Verstehen kann damit als ein Bildungsprozess erfasst werden, als ein Prozess, der das eigene Selbst- und Weltverhältnis transformiert.

> „Denn Bildung im Sinne des hier vorzustellenden Konzepts [transformatorischer Bildung, Anm. Autor] kann ebenfalls als ein Prozess der Erfahrung beschrieben werden, aus dem ein Subjekt verändert hervorgeht – mit dem Unterschied, dass dieser Veränderungsvorgang nicht nur das Denken, sondern das gesamte Verhältnis des Subjekts zur Welt, zu anderen und zu sich selber betrifft" (Koller, 2011, S. 9) .

Der Verstehensprozess ist damit ein Prozess, in dem sich das Subjekt Lerninhalte nicht nur aneignet, sondern sich auch mit diesen Lerninhalten auseinandersetzt, indem es *Erfahrungen* macht. Wenn es um das Verstehen als Bildungsprozess geht, ist der „Veränderungsvorgang" des Subjekts das wichtigste Prozessmerkmal, das wir oben als ein Wechselspiel von Subjektivierung und Objektivierung beschrieben haben (siehe Kap. 9.2). Koller (2011, S. 9) versteht „das Bildungsgeschehen selbst als ein Andersdenken oder Anderswerden". Denn Verstehen als Bildung begrenzt sich nicht auf das Subjekt selbst. Der „Veränderungsvorgang" bezieht auch das Objekt mit ein. In der Wechselwirkung von Subjektivierung und Objektivierung wird für das Subjekt das Objekt ein anderes: Der Lerninhalt war zu Beginn undurchdringbar, aporetisch (vgl. Wagenschein, 1999), als ein verstandener ist er nun ein anderer. Es haftet ihm nichts Sinnfremdes mehr an. Obwohl die Rätselhaftigkeit nie ganz verloren geht, so wächst doch – im Prozess des Verstehens – der Erfahrungsschatz im Umgang mit dem Gegenstand.

Ein solcher Verstehensprozess geht von einer Aporie aus: Naturwissenschaftliche Inhalte sind oft kontraintuitiv und mit bestimmten Präkonzepten belegt (Kap. 9). Daher sind sie den Schülerinnen und Schülern oft sehr fraglich, ja fast undurchdringbar und also aporetisch. Eine Aporie kann die Schülerinnen und Schüler in eine Situation führen, die sie mit ihrer bisherigen Erfahrung nicht bewältigen können. Sobald sich ihr Erfahrungshorizont ändert, haben sie die Chance, die Inhalte eigenständig denkend zu verstehen. Erst wirklich verstandene Inhalte können dann auch kritisch reflektiert werden. Hierfür eignen sich jedoch nicht alle Unterrichtsinhalte. Denn viele Inhalte sind einfach auch durch Üben und Durcharbeiten erschließbar. Inhalte, die zum Verstehen führen, sind etwas Besonderes (vgl. Wagenschein, 1999): Es sind Inhalte, die Wagenschein als „exemplarisch" charakterisiert: Diese Inhalte sind „stellvertretend, abbildend, repräsentativ, prägnant, Modellfall, mustergültig, beispielhaft, paradigmatisch. Die Beziehung, die das Einzelne hier zum Ganzen hat, ist nicht die des Teiles, der Stufe, der Vorstufe, sondern sie ist von der Art des Schwerpunktes, der zwar einer ist, in dem aber das Ganze getragen wird." (Wagenschein, 1999, S. 32).

Bildung als transformatorischer, biographisch bedeutsamer Vorgang, der auf persönlichkeitswirksame Verstehensprozesse gründet, setzt ein, wenn Subjekte mit Inhalten und Phänomenen konfrontiert werden, die eine Aporie auslösen und Verwirrung stiften. Combe und Gebhard (2007) nennen solche Prozesse in Anschluss an Dewey Erfahrung (vgl. Abschnitt 12.3). Erfahrungen seien es, aus denen ein Subjekt als ein anderes hervorgeht, die Verstehen ermöglichen, und infolge derer sich transformatorische Bildungsprozesse vollziehen können. Die Lehrkraft arrangiert Bildungsprozesse, indem sie aufmerksam die Anschlussfähigkeit der Lernenden an die Lerninhalte absichert (Beck et al., 2008). Dieses adaptive Lernen, die Berücksichtigung der „Andockpunkte" (Combe, 2006), ist für den Verstehensprozess insofern essenziell, als dass Verstehen nur als ein selbstbestimmter Prozess gedacht werden kann. Denn Bildungsprozesse sind letztlich immer an die subjektiven Lebens- und Lerninteressen anschlussfähig. Anschlussfähigkeit wird indessen nicht nur darüber hergestellt, dass Schülerinnen und Schüler methodische, mediale, zeitliche, kooperative Aspekte steuern dürfen („Selbststeuerung"), sondern wird vor allem über die individuelle Bestimmung der inhaltlich-thematischen und zielbezogenen Aspekte hergestellt, die dann als sinnvoll begründet werden können (Häcker, 2007, S. 65). Pädagogisch bedeutet dies: Freiheit zugestehen – auch inhaltliche Freiheit. Bildung als Verstehen eines Sachverhalts unter dieser Prämisse inhaltlicher Selbstbestimmung bedeutet für die Schüler nicht, dass sie nun vor jeglicher Fremdbestimmung frei bzw. völlig unabhängig von curricularen Vorgaben sind. Aber die Schülerinnen und Schüler lernen zu unterscheiden zwischen einer fremdbestimmten Beeinflussung und einer reflexiven Anforderung, die Aufschluss über das eigene Selbst- und Weltverhältnis gibt.

11.6 Verstehen als sinnkonstituierendes Lernen

Aus der Perspektive des sinnkonstituierenden Lernens (Combe & Gebhard, 2007) ist das Verstehen auf den Prozess der Wechselwirkung zweier Pole angewiesen: In Wechselwirkung treten die Lernenden (der Ich-Pol, das Lernsubjekt) und die Lerngegenstände (der Gegenstandspol, das Lernobjekt). Verstehen wird als *Beziehung* zwischen diesen Polen gedacht. Ein Subjekt und damit ein *Ich* entwickelt dieses Verstehen zur Welt (vgl. Abb. 11.1). Das Ich stellt die Fragen, die Natur „antwortet" auf die vom Ich gestellten Fragen. Sie „antwortet" nicht allgemein und manchmal durchaus nicht wie erwartet. In den Wahrnehmungshorizont des verstehenden

11.6 Verstehen als sinnkonstituierendes Lernen

Subjekts tritt nur das, dessen sich das Ich gewahr geworden ist: Das heißt, es tritt nur das auf, für das *awareness* besteht (Marton & Booth, 2014). Daher kann auch der Ich-Pol nicht vom Gegenstandspol dieser Beziehung, die wir *Verstehen* nennen, in irgendeiner Weise abgekoppelt werden. Die bei dieser Wechselwirkung ablaufenden Prozesse gleichen den Prozessen, die im Ansatz des Erfahrungslernens Subjektivierung und Objektivierung genannt werden (Rehm, 2010). Verstehen hat gute Chancen im naturwissenschaftlichen Unterricht realisiert zu werden, wenn objektivierende und subjektivierende Perspektiven gleichermaßen kultiviert werden. Verstehen ereignet sich – wie bereits mit der Idee der „Zweisprachigkeit" ausgeführt (Kap. 9.2) – in der wechselseitigen Verschränkung von Subjektivierung und Objektivierung und auf diese Weise konstituieren sich sinnstiftende Lernprozesse (Gebhard, 2003). Objektivierung und Subjektivierung werden in diesem Ansatz als Teilprozesse der Bewusstseinsbildung verstanden. Aus dieser wechselseitigen Beziehung von Ich (Subjekt) und Gegenstand (Objekt) heraus baut sich ein sinnvoller Lernprozess auf und der Sinn des Lernens konstituiert sich: Im Wahrnehmungshorizont des verstehenden Subjekts tritt zunächst nur das auf, was das Subjekt aus seiner „Ersten-Person-Perspektive" heraus (Zahavi, 2010) wahrnehmen kann. Im Prozess des Verstehens stellt sich dann aber die Erweiterung der Aufmerksamkeit und des „Wahrnehmungshorizonts" ein. Das lernende Subjekt wird sich der Zusammenhänge, der Bedeutung, der Details, Beschaffenheit des Lerngegenstands *bewusst*. Das Wahrgenommene ist – obwohl sich der Wahrnehmungshorizont erweitert hat – eben nicht das Objekt (z. B. der Lerngegenstand) selbst. Denn es werden nur diejenigen Zusammenhänge, Bedeutungen, Details, Beschaffenheiten des Objekts wahrgenommen, für die Aufmerksamkeit besteht (Marton & Booth, 2014). Es ist eine besondere Art der Aufmerksamkeit des Subjektes (awareness: Bewusstsein, Achtsamkeit, Gewahrwerden). Dabei sind die beiden Prozesse der Subjektivierung und der Objektivierung wechselseitig auf einander angewiesen. Der Gegenstandspol (Objekt) kann nicht isoliert vom Ich-Pol (Subjekt) betrachtet werden. Das deuten die dicken grauen Pfeile an. Vielmehr sind Subjektivierung und Objektivierung Ausdruck eines einzigen Prozesses, der Verstehen genannt wird und der zugleich den Sinn des Lernens ermöglicht.

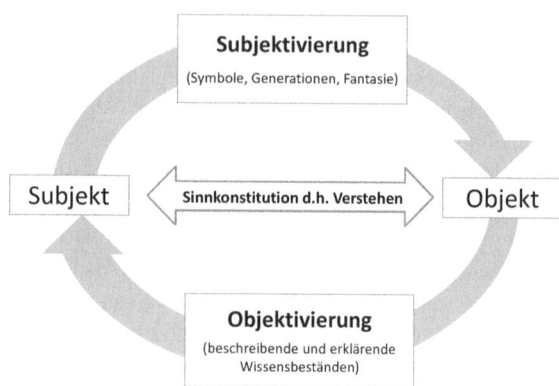

Abb. 11.1 Die Grundkonstellation von Verstehen als Sinnkonstitution

Gegenüber der Abbildung 9.1 auf S. 155 bringt diese Abbildung zum Ausdruck, dass der Verstehensprozess nicht auseinander dividiert werden kann, dass es sich also nicht um einen Dualismus von hier Subjekt (Ich) und dort Objekt (Welt) handelt. Im Unterschied zur Abbildung 9.1, in der die Pfeile auf das Objekt gerichtet waren, deutet der Doppelpfeil an, dass es sich um eine Beziehung handelt, die sowohl vom Subjekt (durch seine Formen der Vergegenwärtigung) als auch vom Objekt (durch seine spezifische Erscheinungsweise) ausgeht.

Subjektivierung und Objektivierung sind dabei nicht alternative Zugänge zu den Lerngegenständen, sondern gleichzeitige und komplementäre Zugänge. Nur in der Wechselwirkung von beiden Zugängen kann Sinn aufscheinen und Verstehen sich ereignen.

Es wurde innerhalb dieses hier beschriebenen Ansatzes ein Versuch unternommen, ein Prozessmodell des Verstehens als sinnkonstituierndes Lernen naturwissenschaftlicher Inhalte zu entwickeln (Rehm, 2006, 2015), das diesen wechselseitigen Prozess in einer Reihenfolge beschreibt. Die Annahme hierbei ist, dass sich Verstehen letztlich in der Wechselseitigkeit der Prozesse Subjektivierung und Objektivierung konstituiert, dass aber zunächst verschiedene Modi (fragend, subjektivierend, objektivierend, wechselseitig, reflexiv; siehe Tab. 11.1) durchlaufen werden, bis die Wechselseitigkeit der Prozesse tatsächlich stattfinden kann. In diesem Prozessmodell werden die oben angeführten fünf Dimensionen (a bis e) als Ausprägungsgrade des Verstehens naturwissenschaftlicher Lerngegenstände verstanden:

11.6 Verstehen als sinnkonstituierendes Lernen

Tab. 11.1 Prozessmodell des Verstehens als sinnstiftes Lernen

Fokus	Ausprägungsgrade des Verstehens als innstiftes Lernen	Modus
Ich → Gegenstand	a) **an eigenen Erfahrungen anknüpfen**: Einen (Lern-) Gegenstand als fragwürdig erkennen.	fragend
Ich → Gegenstand	b) **Bedeutsamkeit** – Subjektivierung Einen (Lern-) Gegenstand mit Bedeutung aufladen	subjektivierend (Selbstreferenz)
Ich ← Gegenstand	c) **Verstehbarkeit** – Objektivierung Eine Beziehung zum Gegenstand baut sich auf	objektivierend (Weltreferenz)
Ich ↔ Gegenstand	d) **Lern-Sinn** konstituiert sich Subjektivierung und Objektivierung treten in Beziehung zu einander.	wechselseitig (Beziehung)
Ich ↔ Gegenstand	e) **Verstehen** – Lernerfahrungen machen Subjektivierung und Objektivierung werden reflektiert	reflexiv (Transformation)

a. **an eigenen Erfahrungen anknüpfen**: Bereits gewonnene Erfahrungen sind die individuellen Andockpunkte, denen beim Lernen Raum gegeben wird.
b. **Bedeutsamkeit** ist einer von drei Dimensionen des *sense of coherence* (SOC) im Salutogenese-Konzept bei Antonovsky (1997)). Im englischen Original (1987) heißt es *meaningfulness*. Man empfindet den (Lern-) Gegenstand als wichtig und sinnvoll. Dies ist die Voraussetzung für einen subjektivierenden Zugriff auf die Welt und damit auf den (Lern-) Gegenstand.
c. **Verstehbarkeit** des Lerngegenstand durch Objektivierung: Auch Verstehbarkeit ist einer von drei Dimensionen des *sense of coherence* (SOC) im Salutogenese-Konzept bei Antonovsky (1997). Im englischen Original (1987) heißt es *comprehensability*. Der Begriff beinhaltet die Annahme, dass die äußere Welt strukturierbar, vorhersehbar und verstehbar ist. Dies ist die Voraussetzung für einen objektivierenden Zugriff auf die Welt und damit auch auf den (Lern-) Gegenstand.
d. **Lern-Sinn** konstituiert sich, wenn Subjektivierung und Objektivierung in Beziehung zu einander treten und sind dann auch reflektierbar.
e. **Verstehen**, wobei Lernerfahrungen gemacht werden und der wechselseitige Prozess der Subjektivierung und Objektivierung reflektiert werden kann.

„Verstehen" wird als normatives Bildungsziel gefasst und erfolgt durch eine gelingende Transformation von Selbst- und Weltverhältnissen, die – mittels Sinnkonstitution – eine Reflexion von Subjektivierung und Objektivierung sowohl ermöglicht als auch voraussetzt.

Der Erziehungswissenschaftler Rudolf Messner hat das Prozessmodell des Verstehens auf den Inhalt „Schwimmen und Sinken" angewandt (Messner, 2012, S. 40-44). Anstelle eines Resümees zu diesem Kapitel steht ein ausführliches Zitat zum Beispiel „Schwimmen und Sinken", weil dadurch deutlich wird, dass und wie das Prozessmodell des Verstehens an einem konkreten Beispiel angewandt werden kann.

„Das ist in der Tat merkwürdig", sagt Wagenschein, „ein kleines Sandkorn geht unter, wenn wir es ins Wasser geben, ein eisernes Schiff aber schwimmt." Eine „widerständige Erfahrung" nennt Rehm – mit Wagenschein – die erste Stufe, gleichsam die notwendige Voraussetzung eines Verstehensprozesses. Vielleicht können wir sagen, dass ein Ungleichgewicht zwischen zwei in uns lebendig werdenden Vorstellungen der Ausgangspunkt ist. Ein versinkendes Sandkorn und ein schwimmendes Schiff – unsere Erfahrung von der „Schwere" der Gegenstände lässt uns das Gegenteil von dem erwarten, was geschieht. Nach unserem Gefühl müsste das Sandkorn schwimmen und das eiserne Schiff untergehen. Wir beginnen zu überlegen: Wieso versinkt das Schiff nicht, so wie ein Stück Eisen notwendig im Wasser untergeht? Fast immer blitzt als erster Gedanke auf: weil das Schiff Luft, genauer Lufträume enthält. Nach Rehm begeben wir uns damit auf die zweite Stufe des Verstehens-Prozesses. Wir bauen eine Beziehung auf. Wir konstituieren Bedeutung. Es geht um Verstehbarkeit. Jedenfalls sind wir jetzt durch das Problem mehr involviert als am Anfang, wir haben zum Phänomen eine Frage entwickelt.

Wir haben aber auch unsere Deutung der Gegenständlichkeit differenziert. Zum Eisen ist die Luft gekommen. Das provoziert einen Einwand. Die Luft kann es nicht sein, die das Schiff über Wasser hält. Sie könnte ja entweichen. Die Aufmerksamkeit lenkt sich auf die Hohlräume. Die müssen es sein, denn wenn wir ein kompaktes Eisenschiff hätten, ein Schiff ganz aus Eisen durch und durch würde es sinken. Oder auch, wenn Wasser ins Schiff eindringt. Was haben wir getan? Wir haben den Gegenstand Eisenschiff weiter differenziert.

Aber verstehen wir das Phänomen des Schwimmens und Versinkens schon? Sicher nicht. Dazu müssen wir unser Denken vertiefen. Wir müssen erkennen, dass am Schwimmen und am Versinken zwei beteiligt sind: das Wasser und der Gegenstand. Sehen wir es einmal nicht aus unserer menschlichen Perspektive. Für uns ist Untergehen etwas Schlimmes, vielleicht Lebensbedrohliches. Das Wasser ist gleichsam unser Feind, den wir durch Schwimmen für bestimmte Zwecke uns zunutze machen können. Sehen wir es aus der Perspektive des Wassers. Es will keine versinkenden Dinge, weil es selbst von ihnen verdrängt wird. Das Wasser wehrt sich, indem es gegen den Eindringling drückt. Spüren wir nicht selbst diesen Widerstand des Wassers, wenn wir beim Schwimmen eintauchen? Erst recht, wenn wir aus fünf Meter Höhe in das Wasser springen? Das Wasser will das Schiff nicht hineinlassen, aber manchmal ist das Schiff der stärkere Part, es hat mehr Gewicht. Doch ganz gelingt es dem Schiff nicht, das Wasser zu verdrängen, es taucht nur ein

11.6 Verstehen als sinnkonstituierendes Lernen

Stück ein und versinkt nicht ganz. Halten wir einen Moment inne und überlegen wir, was dieser Perspektivenwechsel und der Gedanke, dass dies etwas mit der Schwere von Wasser und Eisenschiff, auch mit Hohlräumen, zu tun hat, für den Verstehensprozess bedeutet. Wir haben eine komplexere Deutung entwickelt, die unser schnelles erstes Denkergebnis abermals differenziert hat. Dabei sind wir auch tiefer in unsere subjektive Wissens- und Einstellungsstruktur vorgedrungen. Wir haben sogar den Blickwinkel geändert, unter dem wir die eingangs gestellte Frage nun sehen. Vielleicht würde Rehm diesen Schritt seiner dritten Stufe zuordnen und sagen, dass wir dem Ganzen eine neue Sinnhaftigkeit gegeben haben.

Was aber haben wir an physikalischer Einsicht gewonnen? Wir verstehen jetzt das Problem als einen Wettkampf zwischen zwei Partnern: dem Wasser, welches das Eintauchen des Schiffes verhindert, und des Eisenschiffes, welches das Wasser verdrängen will. Auf unserem Denkweg, der ein Weg zur Physik sein will, ist nun der Moment gekommen, wo wir uns bemühen müssen, zu unseren Vermutungen – sehr anspruchsvoll könnte man sie „Theorien" nennen – Versuche zu finden, mit denen die Vermutungen überprüfbar werden. Wir müssen die Sache weiter erproben, um dem Verständnis des Miteinander-Ringens der beiden Objekte, Wasser und Eisenschiff, weiter auf die Spur zu kommen. Ich kann das Folgende, für das erhebliche Zeit einzuräumen ist – besser gesagt, das Muße und ruhige Überlegung braucht, weil nicht auf geradem Schnellweg zu einem Ergebnis zu kommen ist, nur kurz skizzieren.

Schon durch ein Gedankenexperiment können wir die ersten beiden Annahmen überprüfen: Ja, ein kompaktes Eisenstück sinkt, im Unterschied zum Schiff. Und dieses sinkt auch, wenn Wasser eindringt. Von der Titanic bis zum umkippenden Ruderboot gibt es genug, Belege. Unbedingt real erproben muss man hingegen, was geschieht, wenn wir auf das schwimmende Schiff weiteren Ballast laden, Sand oder Steine zum Beispiel. Das Schiff taucht tiefer unter, irgendwann schwappt Wasser über den Schiffsrand, es sinkt. Wir erkennen: Schwimmen hat etwas mit dem Gewicht des schwimmenden Gegenstandes zu tun.

Ein zweiter Versuch gilt dem Wasser. Wo geht es hin, wenn es vom Schiff verdrängt wird? Es muss zur Seite ausweichen. Wenn wir nun das Schiff in Wasser tauchen, das sich in einer Glaswanne befindet, können wir das verdrängte Wasser sichtbar machen. Das Wasser in der Wanne steigt an. Wir können an der Glaswand Striche machen, vor und nach dem Eintauchen des Schiffes. Vielleicht blitzt jetzt in uns der Gedanke auf, dass auch dies mit Gewicht zu tun hat: das Wasser wird angehoben. Und weiter: Das angehobene Wasser drückt auf das – darunterliegende Wasser. Dieses kann aber nicht weg und gibt den Druck an das andere Wasser weiter. Dieses drückt daher seinerseits auf das Schiff. Auf diese Weise beginnen wir zu ahnen, „wehrt" sich das Wasser gegen den Eindringling. Es drückt gegen ihn. Und wir sehen auch: Je mehr der Eindringling Gewicht und Volumen hat, umso mehr wird der Gegendruck des Wassers provoziert.

Halten wir ein letztes Mal inne und fragen wir, welcher Stufe des Rehm'schen Kompetenzmodells die beschriebenen Überlegungen entsprechen. Wir befinden uns wohl schon auf Stufe 4, dem Verstehen. Jedenfalls haben wir uns diesem erheblich angenähert. Und wir haben zugleich eine differenziertere Vorstellung davon gewonnen, wie das flüssige Wasser und das feste Eisenschiff ihre Auseinandersetzung austragen: durch aufeinander wirkende Gewichtskräfte.

Ein vierter Versuch steht noch aus. Er knüpft an die schon erwähnte Erfahrung an, dass unser Körper im Wasser leichter wird. Wir spüren dies, wenn wir aus dem Wasser steigen und uns dabei die eigenen Glieder auf einmal schwerer erscheinen. Aber tatsächlich können wir im Wasser nicht an Gewicht verloren haben. Es ist ein „scheinbarer" Gewichtsverlust. Der dazu mögliche Versuch besteht in seiner einfachsten Form darin, dass wir an einer Schnur einen Stein von respektablem Gewicht befestigen und diesen in das Wasser hineingleiten lassen. (Wir können auch das Schiff an einem Kraftmesser in ein Wassergefäß tauchen und wiegen.) Aber ein Stein genügt: Wir spüren, dass er im Wasser leichter, herausgezogen aber schwerer ist. Eine merkwürdige Erfahrung. Wir empfinden sie irgendwie „komisch".

Erst recht komisch ist die Erfahrung, dass ein kleiner schwerer Stein weniger an Gewicht verliert, als das viel größere Eisenschiff.

Wir Kundigeren aber wissen – die Reste der Schulphysik tauchen aus dem Gedächtnis, dass wir in unserem Verstehensprozess nun ganz nahe an der Erkenntnis angekommen sind, die – Archimedes im 3. Jahrhundert vor Christus gemacht hat. Sie wird im Physikunterricht unter der Überschrift „Auftrieb in Flüssigkeiten" in folgendem Satz überliefert: „Ein eingetauchter Körper verliert scheinbar so viel an Gewichtskraft, wie die verdrängte Flüssigkeit wiegt." Genau besehen sind wir in unserem Verstehensprozess noch nicht ganz so weit. Wir haben noch nicht die Stufe erreicht, wo das Verstehen ganz in das exakte Denken mündet. Auf dieser Stufe werden die zwischen Wasser und schwimmenden Eisenschiff bestehenden ‚Gewichtskraft-Verhältnisse' mess- und quantifizierbar: Das Gewicht des Schiffes – samt Oberbau, das ganze Schiff drückt ja auf das Wasser – und dazu im Vergleich das verdrängte Wasser (das in einem Überlaufgefäß aufgefangen werden kann). Es lässt sich feststellen und – Ausdruck der Exaktheit – in Maßzahlen ausdrücken: Wenn das Gewicht des Wassers um ein Geringes das Gewicht des Schiffes übersteigt, dann schwimmt das Schiff. Ist das Schiff schwerer, so sinkt es. Sind beide gleich, so schwebt das Schiff im Wasser (U-Boot).

Für die Naturwissenschaft gilt die Quantifizierbarkeit als höchste Stufe der Exaktheit einer Erkenntnis. Verstehen geht hier in Erklären-Können über, Wissen wird in exakter Form konstruiert."

Weiterführende Literatur

Combe, A. & Gebhard, U. (2007). *Sinn und Erfahrung*. Opladen & Farmington Hill: Verlag Barbara Budrich.
Combe, A. & Gebhard, U. (2012). *Verstehen im Unterricht*. Wiesbaden: VS Verlag für Sozialwissenschaften.
Gruschka, A. (2011). *Verstehen lehren: Ein Plädoyer für guten Unterricht*. Reclams Universal-Bibliothek: Vol. 18840. Ditzingen: Reclam, Philipp.
Marton, F. & Booth, S. (2014). *Lernen und Verstehen*. Berlin: Logos Verlag.
Zahavi, D. (2007): Phänomenologie für Einsteiger. Paderborn: Wilhelm Fink Verlag.

12 Die Naturwissenschaften disziplinär oder integriert unterrichten?

Vor dem Hintergrund der unterschiedlichen Organisationsformen des naturwissenschaftlichen Unterrichts unterscheidet Labudde (2014) im Anschluss an Huber (1994) zwei Perspektiven: Die *„Ebene der Inhalte"* und die *„Ebene der Stundentafel"*. Auf der Ebene der Inhalte existieren grundsätzlich zwei verschiedene curriculare Organisationsformen des Unterrichts: Es gibt in Disziplinen getrennte Lehrplaninhalte für die drei Domänen Biologie, Chemie, Physik auf der einen Seite und auf der anderen Seite existiert ein Lehrplan für „Naturwissenschaft" als ein einzelnes Schulfach. Auf der Ebene der Stundentafel existiert einerseits die disziplinäre Form, in der die Schülerinnen und Schüler drei separate Schulfächer besuchen (Biologie, Chemie, Physik), andererseits gibt es die integrierte Form, bei der die Schülerinnen und Schüler in einem Fach Naturwissenschaften lernen. Neben den zuvor benannten Domänen können hier gegebenenfalls Inhalte weiterer Fächer Berücksichtigung finden.

Im folgenden Kapitel beleuchten wir die Historie eines integrierten naturwissenschaftlichen Schulfachs in Deutschland und versuchen die unterschiedlichen Konzeptionen mit ihrem jeweils unterschiedlichen (politischen) Anspruch an einen solchen integrierten Unterricht darzustellen. Letztlich werden wir die Frage klären, inwieweit der integrierte oder der disziplinäre naturwissenschaftliche Unterricht den Ansprüchen heutiger Unterrichtsqualität genügen kann. Die Darstellung aktueller Forschungsarbeiten zum Vergleich der beiden Organisationsformen schließt das Kapitel ab.

12.1 Drei Fächer Biologie, Chemie, Physik versus ein Fach Naturwissenschaften (Science)

Science, wie das integrierte Fach Naturwissenschaften im angelsächsischen Sprachraum genannt wird, ist in vielen Ländern der Welt etabliert. In den USA bspw. geht die einflussreiche *American Association for the Advancement of Science* (AAAS) in ihrem Projekt „Science for All Americans" von einem Schulfach *Science* aus (Rutherford & Ahlgren, 1990). In den USA ist das „Project 2061"[7] ist auch heute noch maßgebend und hat auch die deutsche Diskussion um den integrierten naturwissenschaftlichen Unterricht angeregt (Gräber, Nentwig, Koballa & Evans, 2002; Rehm et al., 2008).

Bevor auf die Diskussion um die Integration der Fächer Biologie, Chemie und Physik in ein Schulfach Naturwissenschaften (*Science*) eingegangen wird, sollen zunächst die unterschiedlichen Bezeichnungen für ein solches Schulfach geklärt werden. Es existieren unterschiedliche Varianten, die die Formen und Ausprägungen der organisatorischen und curricularen Integration der Domänen Biologie, Chemie und Physik in ein Schulfach mit unterschiedlichen Adjektiven charakterisieren. Hierzu ist die begriffliche Präzisierung bei Labudde (2014) hilfreich. Als Oberbegriff für verschiedene Varianten des Schulfachs schlägt Labudde „fächerübergreifend" „Naturwissenschaften" (*Science*) vor.

Tab. 12.1 Fächerübergreifender naturwissenschaftlichen Unterricht (nach Labudde 2014, 4-5)

Ebene der Inhalte	
fachüberschreitend	Im Fach 1 z. B. im Physikunterricht (Thema Optik) werden auch Inhalte oder Aspekte aus Fach 2 z. B. biologische Aspekte des Sehens behandelt.
fächerverbindend	In zwei oder mehr Fächern wird gleichzeitig ein naturwissenschaftliches Thema behandelt.
fächerkoordinierend	Ausgehend von einer Fragestellung werden im naturwissenschaftlichen Unterricht Antworten und Lösungen gesucht. Hierbei sind beide Organisationsformen (drei Fächer Biologie, Chemie, Physik oder ein Fach Naturwissenschaften) möglich.

---

7 https://www.aaas.org/program/project2061

Die Ebene der Stundentafel	
fächerergänzend	Es existieren die Einzelfächer Biologie, Chemie, Physik und zusätzlich ein weiteres Fach Naturwissenschaften (zum Beispiel das Fach Naturwissenschaft und Technik (NwT) in den Gymnasien Baden-Württembergs).
integriert	Es existieren keine Einzelfächer, sondern Biologie, Chemie, Physik (und ggf. auch weitere Fächer) werden in ein Fach integriert.

Wenn wir im Weiteren vom Schulfach „Naturwissenschaften (*Science*)" sprechen, so meinen wir die in der Tabelle letztgenannte Variante des „*integrierten* naturwissenschaftlichen Unterrichts".

Immer wieder sind Anläufe unternommen worden, ob bildungspolitisch, curricular (Ebene der Inhalte) und organisatorisch (Ebene der Stundentafel), um ein integriertes naturwissenschaftliches Fach zu etablieren. In Deutschland hat dieser integrierte naturwissenschaftliche Unterricht eine Tradition, die bis in die frühen Siebzigerjahre zurückreicht und immer wieder für heftige Debatten sowohl bildungspolitischer als auch curricularer Art gesorgt hat. Im folgenden Abschnitt stellen wir einen historischen Abriss dieser Tradition dar.

12.2 Die wechselvolle Geschichte des integrierten Naturwissenschaftlichen Unterrichts im deutschsprachigen Raum

Die Geschichte des integrierten naturwissenschaftlichen Unterrichts in Deutschland beginnt in den Zeiten des „kalten Kriegs". Als der „Sputnik-Schock"[1] aus den USA nach Europa getragen wurde, stand plötzlich auch in Deutschland der naturwissenschaftliche Fachunterricht in Verdacht, er könne seine Ziele nicht erreichen und sollte reformiert werden. Ungefähr 15 Jahre später wagten zwei für den naturwissenschaftlichen Unterricht engagierte Naturwissenschaftsdidaktiker und eine Naturwissenschaftlerin (Jens Pukies, Peter Buck, Gerda Freise) einen für diese Zeit bedeutenden kritischen Vorstoß: In der Zeitschrift *betrifft:erziehung* publizierten sie ein „Plädoyer für einen integrierten naturwissenschaftlichen Unterricht" (Freise, Pukies, Buck 1971). Gerda Freise (zunächst Chemiedidaktikerin an der PH Heidelberg, später in Hamburg) stand bereits seit Ende der 1960er Jahre im Kreuzfeuer der Kritik, weil sie dazu aufgerufen hatte, den naturwissenschaftlichen Unterricht anders zu „denken": Sie plädierte dafür, den Unterricht statt an universitären Fachstrukturen (z. B. der Chemie: allgemeine Chemie, anorganische Chemie, organische Chemie etc.) an gesellschaftspolitischen Themen zu orientieren: eines ihrer Beispiele war „Wenn der Rhein dampft". Sie stellte damit eine Verbindung zu den Reformpädagogen Dewey & Kilpatrick und deren Konzeption des „Projektunterrichts" her (Dewey & Kilpatrick, 1935; Freise, 1973).

Damit war eine brisante Diskussion um die Organisationsstruktur des naturwissenschaftlichen Unterrichts in Deutschland in Gang gekommen. Das Institut für die Pädagogik der Naturwissenschaften (IPN) in Kiel, nahm sich dieser Diskussion an und 1973 wurden dort zwei breit angelegte Symposien zum integrierten naturwissenschaftlichen Unterricht durchgeführt: Im April 1973 ging es um eine „Bestandsaufnahme und Neuorientierung" (Frey & Häußler, 1973) des naturwissenschaftlichen Unterrichts. Anschließend wurden im Dezember 1973 „Projekte" vorgestellt und „Innovationsstrategien" (Frey & Blänsdorf, 1974) entwickelt.

Der Beginn des integrierten naturwissenschaftlichen Unterrichts in Deutschland war sehr turbulent. Im Folgenden werden wir die Historie im Durchgang durch die Jahrzehnte des letzten Jahrhunderts dokumentieren, um die wechselvolle Geschichte des integrierten naturwissenschaftlichen Unterrichts aufzuzeigen.

In den 1970er Jahren rückte die Diskussion um eine stärkere „Verwissenschaftlichung" von Unterricht und Lehrerausbildung einerseits und das Bemühen um schülerorientierten Unterricht andererseits in den Mittelpunkt. Damit stand der disziplinäre naturwissenschaftliche Unterricht und dessen Leistungsfähigkeit an mehreren „Fronten" in der Kritik:

- Es wurde bemängelt, dass wissenschaftstheoretische Strukturen bzw. wissenschaftlichen Arbeitsmethoden kaum erkennbar und nachvollziehbar seien.
- Die Kritik zielte auch gegen das damals in den Naturwissenschaften und den Fachdidaktiken vorherrschende Verständnis der angeblichen „Wertfreiheit der Wissenschaft".
- Es wurde ein fehlender Bezug zum Erfahrungs- und Fragehorizont der Schülerinnen und Schüler beklagt.

Beeinflusst von der kritischen Pädagogik (Gramm, 1970; Bernhard, Kremer & Rieß, 2003) wurde auch aus den Reihen der Didaktiker/innen der naturwissenschaftlichen Fächer gefordert, dass der Unterricht sich mit den politischen, moralischen und wirtschaftlichen Verflechtungen der Naturwissenschaften auseinandersetzen sollte, ebenso mit seinen historischen Entwicklungen in dem Sinne, dass die Verknüpfung mit der gesellschaftlichen und politischen Entwicklung für die Schülerinnen und Schüler erkennbar würde (Freise, Buck & Pukies, 1971; Freise, 1994). Damit verband sich die Idee, dass die Naturwissenschaften, wenn sie in ihrem historischen und gesellschaftlichen Geworden-Sein erkennbar würden, auch der Kritik unterzogen und veränderbar sein würden. Dies führte zur Forderung, den naturwissenschaftlichen Unterricht integriert zu organisieren: Von einem integrierten naturwissenschaftlichen Unterricht erwarteten diese Autoren zum Beispiel, dass der Unterricht „grundlegende Verfahrensweisen der Wissenschaften" vermitteln könne (Freise 1985, S. 42) – also gerade das, was viele Autor/innen heute u. a. unter dem Begriff „Nature of Science" propagieren (vgl. Stäudel & Rehm, 2010; Duit, Schecker, Höttecke, & Niedderer, 2014, Höttecke, 2008, vgl. Kap. 6). Mit dem Ziel die Weiterentwicklung der Qualität des naturwissenschaftlichen Unterrichts überhaupt voranzutreiben, wurde von einem integrierten Ansatz wurde aber auch die Begünstigung individueller Lernprozesse und der adäquate Umgang mit einer heterogenen Schülerschaft erwartet.

Die tiefgreifenden gesellschaftlichen Veränderungen der 1980er Jahre, wirkten sich auch auf den Bildungsbereich aus. Kernkraft-, Umwelt- und Rüstungsdebatten führten dazu, dass Fortschrittsglaube und das Vertrauen in Naturwissenschaft und Technik deutlich in Frage gestellt wurden (Mikelskis, 1979). Zugleich mehrten sich die Hinweise, dass der traditionelle gefächerte naturwissenschaftliche Unterricht kaum im Stande war, das Interesse der Schülerinnen und Schüler zu wecken. In der Folge der Öffnung von Abituranforderungen fand eine „Abstimmung mit den Füßen" statt: An vielen Schulen kamen in der Oberstufe weder Physik- noch Chemieleistungskurse zustande. In dieser Situation reagierten viele Bundesländer mit Veränderungen, so bat beispielsweise das hessische Kultusministerium die Fachdidaktikerin Gerda Freise um eine Expertise zu den Bedingungen und Perspektiven eines „Lernbereichs Natur". Mit dem Terminus *Lernbereich* war zugleich ein didaktisch-methodisches Konzept verbunden, das Freise wie folgt skizzierte:

- „Die schwer überwindbaren Grenzen zwischen den Fächern, die aufgrund der unzweideutigen Definition der ihnen zugrundeliegenden wissenschaftlichen Disziplinen bestehen, können leichter überschritten werden.
- Lernbereiche sind gegeneinander nicht scharf abgegrenzt; Überschneidungen zwischen ihnen sind im Hinblick auf intendierte Lern- und Problemlösungsprozesse nicht nur nicht hinderlich, sondern notwendig.
- Lernbereiche bieten die Möglichkeit, Inhalte aus solchen Wissenschafts- oder Praxisbereichen – z. B. der Psychologie, der Medizin, der Pädagogik, der Ökonomie u. dgl. – einzubeziehen, die an sich im Fächerkanon nicht vorkommen, obwohl deren Wichtigkeit oder sogar Unverzichtbarkeit für viele Bereiche schulischen Lernens seit langem betont werden:
- Inhalte aus solchen – für eine zeitgemäße Bildung – wichtigen Bereichen, die sich in herkömmliche Fächer nicht integrieren lassen, können einbezogen werden, ohne dass neue Fächer etabliert werden und die Stofffülle vergrößert wird.

- Die Organisation schulischen Lernens in Lernbereichen gestattet eine flexible Handhabung von Inhalts- und Methoden-Entscheidungen, bezogen auf die jeweilige Thematik, auf Lernsituationen und Schülergruppen.
- Insbesondere gilt, dass die beschriebene gesellschaftliche und kulturelle Bedingtheit, die Offenheit und Wandelbarkeit von Naturauffassungen und -verhältnissen und die Rolle der Bedeutung der Naturwissenschaften in einem Lernbereich Natur zum Thema von Lern- und Unterrichtsprozessen gemacht werden können.
- Mit der Formulierung von Lernbereichen anstelle des Fächerkanons kann also dessen historisch bedingter, zufälliger Charakter verändert werden. (...)" (Freise 1985).

Dieser Vorstoß scheiterte jedoch schnell am Widerstand konservativer Lehrerverbände. Der Versuch einer Wiederbelebung des integrierten naturwissenschaftlichen Unterrichts in Deutschland war ein weiteres Mal verhindert.

In den 1990er Jahren entstanden in breiterem Umfang praktizierte Projekte zur Erprobung verschiedener Konzeptionen des integrierten naturwissenschaftlichen Unterrichts: Zwei bedeutende Beispiele sind das Projekt **FUN** (*Fächerübergreifender Unterricht Naturwissenschaften*) und das Projekt **PING** (*Praxis integrierte naturwissenschaftliche Grundbildung*).

Das Projekt **FUN** verstand sich von Anfang an als Serviceleistung für Lehrkräfte in NRW und anderswo, die – zumeist an Gesamtschulen – ein dort ins Leben gerufenes integriertes naturwissenschaftliches Schulfach mit der Bezeichnung „KoNaWi" (*Koordinierte Naturwissenschaften*) unterrichteten und dafür nach Unterstützung suchten. Schließlich gab es zum damaligen Zeitpunkt kein einziges Schulbuch und nur wenige Arbeitsmaterialien, die für solchen Unterricht konzipiert gewesen wären. Rund um ein überschaubares Rahmenkonzept (Projektkerngruppe PING, 1996) wurden mit Unterstützung erfahrener Lehrkräfte Materialsammlungen zu beliebten Themen des NaWi-Unterrichts entwickelt, vom „Feuer" (1990) über „Wasser", „Wetter" und „Sinne" bis zu „Pflanzen" und „Tiere" (Projektgruppe PING, 1996). Die Unterrichtsmaterialien wurden an die Gesamtschulen in NRW verteilt und später auch bundesweit angeboten.

Mit deutlich tieferer theoretischer Fundierung und akzentuiertem didaktischen Profil trat **PING** in Schleswig-Holstein auf den Plan (Bünder, Zielinski, Bröcker & Wimber, 1997). Insbesondere die im anglo-amerikanischen Bereich entwickelten Unterrichtskonzepte unter Bezeichnungen wie „STS – Science, Technology, Society" oder „STE – Science, Technology, Environment" flossen daher von Beginn an in die Entwicklung von PING mit ein. Den zweiten wichtigen Einfluss übten lernpsychologische Erkenntnisse aus: Um nicht weiter „träges Wissen" in den Köpfen der Schülerinnen und Schüler anzuhäufen, sollten Lernsituationen so gestaltet werden, dass die Lernenden daran erfahren, wie Wissen in den unterschiedlichsten

12.2 Geschichte des integrierten Naturwissenschaftlichen Unterrichts

Situationen angewendet und verarbeitet werden kann. Das dritte Element, das sich in **PING** niederschlug, war eine ausdrückliche entwicklungspsychologische Orientierung. Während die Klassen 5 und 6 Themen wie „Ich und die Sonne" oder „Ich und das Wasser" bearbeiteten, kam in den Jahrgangsstufen 7 und 8 das Wir zum Zuge: „Wir ernähren uns", „Wir kommunizieren", „Wir erhalten uns gesund" oder „Wir bewegen uns fort". In den beiden letzten Klassen der Mittelstufe schließlich gewinnt die gesellschaftliche Perspektive an Bedeutung; die Themen hießen dann „Menschen nutzen Energie neu" oder „Menschen erzeugen neue Stoffe" (Projektkerngruppe PING, 1996).

PING Themen 5/6	PING Themen 7/8	PING Themen 9/10
• Ich und das Wasser	• Wir orientieren uns	• Menschen nutzen Energie neu
• Ich und die Luft	• Wir bauen und wohnen	• Menschen erzeugen neue Stoffe
• Ich und der Boden	• Wir ernähren uns	• Menschen schaffen Lebewesen neu
• Ich und die Sonne	• Wir kommunizieren	
• Ich und die Pflanzen	• Wir erhalten uns gesund	• Menschen erfinden Verkehrsmittel
• Ich und die Tiere	• Wir bewegen uns fort	
• Ich und andere Menschen	• Wir stellen Werkzeuge her	• Menschen entwickeln sich selbst fort
• Ich und Maschinen	• Wir kleiden und schmücken uns	• Menschen gestalten Lebensräume
	• Wir leben zusammen und schützen uns	• Menschen denken neues Wissen
	• Wir spielen und lernen	• Menschen erkennen Natur

PING fand schließlich institutionell geförderte Verbreitung, als dieses Konzept Grundlage eines BLK Modellversuchs (Hansen & Klinger, 1998) wurde. Ausgehend von Schleswig-Holstein, Rheinland-Pfalz und Mecklenburg-Vorpommern (1993-96) schlossen sich im Verlauf des Projektes weitere Bundesländer an.

Die Option auf die Einrichtung eines *Lernbereichs Naturwissenschaften* wählte – im Zuge der Ablösung der alten „Rahmenrichtlinien" durch sogenannte Rahmenpläne für alle Fächer – als Erstes Hessen, ebenfalls Anfang der 1990er Jahre. Das Modell dafür war der Lernbereich Gesellschaftslehre, der in der Gesamtschule bereits eine lange Tradition hatte (vgl. auch Reinhold & Bünder, 2001). Mit dem hessischen Schulgesetz von 1993 wurde – nicht nur für die Gesamtschule, sondern für alle Schulformen, von der Hauptschule bis zum Gymnasium – die Möglichkeit eröffnet, „Unterrichtsfächer, die in einem engen inhaltlichen Zusammenhang stehen, (...) in der Mittelstufe auf der Grundlage übergreifender wissenschaftlicher Erkenntnisse und abgestimmter Lernziele" zu einem Lernbereich zusammenzufassen. Und weiter: „Lernbereiche können fächerübergreifend von einer Lehrerin oder einem Lehrer unterrichtet werden, um übergreifende Erkenntnisse auch in der Schule zur Geltung zu bringen und die Schülerinnen und Schüler zu befähigen, ein Problem vom unterschiedlichen Ansatz verschiedener Fächer her zu beurteilen." (Hessisches Schulgesetz 1993, §6).

Mit dem Regierungswechsel (von der SPD zur CDU) in Hessen 1999 wurde der Rahmenplan Naturwissenschaften zurückgezogen. Lediglich 20 Schulen aus dem nicht-gymnasialen Bereich erhielten eine Art Bestandsschutz für ihre bereits entwickelte Praxis. Ein ähnliches „Geschenk" an einschlägige Interessengruppen machte wenige Jahre später unmittelbar nach dem Wahlsieg auch die Regierung Rüttgers in NRW, indem der eben in Kraft gesetzte NaWi-Lehrplan ebenfalls annulliert wurde.

Nachdem im 20. Jahrhundert alle Bemühungen um einen Integrierten Naturwissenschaftlichen Unterricht im Spannungsfeld zwischen „progressiver" und „konservativer" Bildungspolitik zerrieben worden waren, tat sich das damals von der CDU regierte Bundesland Baden-Württemberg im Jahre 2004 mit einem Bildungsplan hervor, der in allen Schulstufen, von der Grundschule bis zur Sekundarstufe II, auf einem erziehungswissenschaftlich fundierten Allgemeinbildungskonzept gründete. Für die Realschule wurde ein Hauptfach NWA (**N**atur**w**issenschaftliches **A**rbeiten) eingeführt.

In Deutschland setzten sich allerdings die vier Jahre zuvor auf der Grundlage der Expertise zur Entwicklung nationaler Bildungsstandards etablierten KMK-Standards für den mittleren Bildungsabschluss in den Einzeldisziplinen Biologie, Chemie und Physik weiter in den Bildungsplänen durch (vgl. Kap. 4). Allerdings entschieden sich die meisten Bundesländer in Deutschland für einen integrierten naturwissenschaftlichen Unterricht als Anfangsunterricht in den Klassenstufen 5 und 6. Ausgelöst wurde diese Entscheidung nicht zuletzt durch die eher bescheidenen Leistungen deutscher Schülerinnen und Schüler bei TIMSS und PISA. Denn als Reflex auf die Schülerleistungsstudien wurden nicht nur disziplinäre Bildungsstandards entwickelt, sondern es entfachte sich auch eine Diskussion um die Anschlussfähigkeit der naturwissenschaftlichen Grundbildung, die im Sachunterricht der Grundschule aufgebaut wird. Grund dafür war die Tatsache, dass der Sachunterricht in den deutschen weiterführenden Schulen des Regelschulsystems lediglich an den Biologieunterricht anschließt, weil die Fächer Chemie und Physik in den meisten Bildungsplänen der Länder erst ab der Klassenstufe 7 unterrichtet werden.

In der Mehrzahl der schweizer Kantone werden die Naturwissenschaften seit mehr als 20 Jahren integriert unterrichtet (Labudde, 2014; Rehm et al., 2008). Für den naturwissenschaftlichen Unterricht in den Schulen der deutschsprachigen Schweiz wurden Bildungsstandards für ein integriertes Fach „Naturwissenschaften" für die Sekundarstufe 1 entwickelt. Damit folgt man in der Schweiz einer Argumentation von Labudde (2006), der zufolge der integrierte naturwissenschaftliche Unterricht eine größere Chance hat, die unterschiedlichen geschlechtsspezifischen Interessen zu berücksichtigen, überfachliche Kompetenzen anzusteuern und die Lebenswelt der Schülerinnen und Schüler besser zu berücksichtigen. Diese Entscheidung für einen integrierten naturwissenschaftlichen Unterricht folgt nicht nur einer langjährigen Tradition, sondern auch einer Reihe von Argumenten, die durch Czerniak (2007) in den USA vorgebracht wurden. Dem integrierten naturwissenschaftlichen Unterricht wird hier eine Reihe von Vorteilen zugesprochen: eine effektivere Adaption an das Vorwissen der Lernenden, eine bessere Berücksichtigung unterschiedlicher Lernleistungen, bessere Möglichkeiten zum selbstständigen und problemlösenden Lernen etc. Dieser Argumentationslinie folgend wurden auch die Ausbildungskonzepte für Lehrkräfte in Richtung Integration der drei naturwissenschaftlichen Fächer verändert (Labudde, 2004, 2014; Brovelli, Rehm & Wilhelm, 2008). So werden beispielsweise im Kanton Luzern Lehrkräfte seit mehr als zehn Jahren integriert ausgebildet: Es wird ein Fach „Naturwissenschaften" studiert, das die drei naturwissenschaftlichen Fächer integriert. In Deutschland ist es nie gelungen, auch die Lehrerbildung integriert auszurichten, denn es ergaben sich immer wieder Einwände gegen einen integrierten naturwissenschaftlichen Unterricht (Merzyn, 2013). Dies aus gutem Grund: „Wie soll man Inhalte lehren, die man selbst nicht studiert hat?" In einer Untersuchung von Jürgensen (2005, S. 200), der Chemielehrerinnen und Lehrer nach ihrer Meinung zu einem integrierten naturwissenschaftlichen Unterricht befragt hat, werden diese Bedenken artikuliert. Neben „mangelnder fachlicher Strukturierung der Lerninhalte" in Bildungs- bzw. Lehrplänen (Ebene der Inhalte) wird als Einwand vor allem die mangelnde Fachausbildung der Lehrkräfte erhoben. Die Einwände gegen den integrierten Unterricht speisen sich in Deutschland also oft aus der disziplinären beruflichen Sozialisation der Lehrkräfte. So haben diese zum überwiegenden Teil eines, höchstens aber zwei dieser naturwissenschaftlichen Fächer studiert (zum Thema der Lehrereinstellungen vgl. ausführlich Busch & Woest, 2016).

12.3 Wie „gut" und wie „effektiv" kann ein integrierter naturwissenschaftlicher Unterricht sein?

Allen unterschiedlichen Traditionen und Diskussionen zum Trotz kann man letztlich auch die Frage stellen, welche Form des naturwissenschaftlichen Unterrichts, die integrierte oder die disziplinäre, den „besseren" Unterricht an den Tag legt. Aber welche Kriterien, anhand derer man guten bzw. weniger guten Unterricht bemessen könnte, sollte man für einen Vergleich des disziplinären und des integrierten naturwissenschaftlichen Unterrichts heranziehen? Wir ziehen an dieser Stelle die aktuelle Literatur zu den „Bedingungen und Effekten guten Unterrichts" (McElvany, Bos, Holtappels, Gebauer & Schwabe, 2016) zu Rate: Berliner (2005) geht von unterschiedlichen Perspektiven auf Unterricht aus: Er spricht einerseits vom „guten Unterricht" als einem Unterricht, der den normativen Vorstellungen von Experten gerecht wird (zum Beispiel aus der Perspektive der Politik oder einer (Allgemein-) Bildungstheorie, aus der Perspektive einer bestimmten Unterrichtskonzeption oder eines bestimmten unterrichtsmethodischen Anspruchs). Andererseits spricht Berliner (2005) von der Effektivität des Unterrichts: Der „effektive Unterricht" ist ein Unterricht, der es ermöglicht, dass die Schülerinnen und Schüler die angesteuerten Lernziele erreichen und nachhaltig für das entsprechende Unterrichtsfach motiviert werden. Die Frage nach der Effektivität von Unterricht setzt voraus, dass die normative Seite (z. B. die Zielsetzung der Allgemeinbildung) geklärt ist, so dass ein Maßstab für die Effektivität gegeben ist.

In den beiden folgenden Abschnitten wird die Frage nach der Qualität der disziplinären bzw. integrierten Form des naturwissenschaftlichen Unterrichts im Sinne der oben beschriebenen Kategorien „gut" und „effektiv" gestellt. Für die erstgenannte Kategorie soll eine bildungstheoretische Perspektive eingenommen werden (Kap. 13.3), für die Frage nach der Effektivität der beiden Formen des naturwissenschaftlichen Unterrichts werden Studien der fachbezogenen empirischen Bildungsforschung herangezogen.

Kann der integrierte naturwissenschaftliche Unterricht ein „guter" Unterricht zum Erwerb von Allgemeinbildung sein?

Wir versuchen im Folgenden die in der Überschrift dieses Kapitels gestellte Frage aus der Perspektive einer Theorie von Allgemeinbildung (Heymann, 1996) zu klären. Dabei versuchen wir, einen Vergleich der beiden Formen des naturwissenschaftlichen Unterrichts anzustellen. Als Gütekriterium nutzen wir die Kategorie „guter Unterricht" für den Erwerb von Allgemeinbildung, konkret prüfen wir, ob die Umsetzung von Allgemeinbildungskriterien durch den integrierten naturwissenschaftlichen Unterricht „besser" als im gefächerten Unterricht gelingen kann und also ob der integrierte naturwissenschaftliche Unterricht einen *Vorteil* gegenüber der disziplinären Form aufweist.

Der Mathematikdidaktiker Heymann (1996) hat das Schulfach Mathematik an sieben Allgemeinbildungskriterien geprüft: *Lebensvorbereitung, Stiftung kultureller Kohärenz, Weltorientierung, Anleitung zum Verstehen, Denken und kritischen Vernunftgebrauch, Verantwortungsbereitschaft, Verständigung zur Kooperation, Stärkung des Schüler-Ichs*. Dabei hat er herausgearbeitet, dass für einen allgemeinbildenden Mathematikunterricht fünf Bildungskategorien nötig sind:

12.2 Geschichte des integrierten Naturwissenschaftlichen Unterrichts

Tab. 12.2 Tabelle 2: Nutzung der Ergebnisse der Studie „Allgemeinbildung und Mathematik" (Heymann, 2013) zur Beurteilung möglicher Vorteile eines integrierten naturwissenschaftlichen Unterrichts

„Bildungskategorien" nach Heymann	Hat der integrierte Unterricht einen „Vorteil" gegenüber dem disziplinären?	Kann die Umsetzung der „Allgemeinbildungskriterien" durch integrierten Unterricht „besser" gelingen?
Lebensvorbereitung: Unmittelbar lebensnützliche Alltagssituationen werden zu Unterrichtsthemen.	*Nein,* auch für disziplinären Unterricht existieren Unterrichtskonzeptionen, die einen starken Lebenswelt-Bezug haben: zum Beispiel Chemie im Kontext (http://www.chik.de/ oder Marks et al., 2006)	*Ja,* weil Kontexte unabhängig von Ihrem Sachbezug angewandt werden können. Darüber hinaus können interdisziplinäre Themen leichter umgesetzt werden. Es stehen mehr als nur ein domänenspezifischer Bezug zur Verfügung.
Stiftung kultureller Kohärenz: Zentrale fachliche Ideen (Big Ideas) stellen den kulturellen Zusammenhang und die Tradition eines Faches / einer Domäne her und werden im Unterricht explizit thematisiert.	*Nein,* bereits Wagenschein (1971) hat für einen kulturellen sinnstiftenden und dennoch gefächerten Physikunterricht plädiert, auch die Basiskonzepte in den Bildungsstandards der KMK (2005) zeigen die zentralen Ideen der Einzelfächer deutlich auf. Die Basiskonzepte der Fächer überschneiden sich aber auch in einigen Teilen (Physik und Chemie: Energie, Chemie und Biologie in der Struktur-Eigenschaftsbeziehungen; vgl. Kap. 4).	*Ja,* weil solche „zentralen Ideen" aller drei Naturwissenschaften nun von einem übergeordneten Standpunkt aus thematisiert und verglichen werden können. Dies geschieht wenn z. B. über die Natur der Naturwissenschaften (Kap. 6) im Unterricht gearbeitet wird und ein epistemologischer Anspruch der Naturwissenschaften und nicht nur der Einzelfächer umgesetzt wird. Naturwissenschaftliche Konzepte können nicht nur aus einem Fach heraus entstehen. Das „Ja" lässt sich auch am Beispiel des Energie- und Entropiebegriffs gut dokumentieren, denn Biologie, Chemie und Physik haben nicht die gleichen Fragestellungen und favorisieren dann auch unterschiedliche Umgangsweisen mit den Begriffen. Entropie ist für ein Verständnis des Lebendigen zentral (Kattmann, 2016), Energie ist in der Physik eine Bilanzierungsgröße (Millar 2014), in der Chemie spielt das der Begriff der Enthalpie(differenz) eine große Rolle. Die ganze Bedeutung des Begriffs kann man wohl nur über Fächergrenzen hinweg verstehen.
Weltorientierung: Gemeint ist hier der reflektierte Umgang mit Schlüsselproblemen (vgl. epochaltypische Schlüsselprobleme bei Klafki, 1996).	*Nein,* denn auch in disziplinär gefächertem Unterricht können Themen zu Umgang mit Schlüsselproblemen so bearbeitet werden, dass hierdurch „Weltorientierung" adressiert werden kann: ein Beispiel sind Rollenspiele im Chemieunterricht o.ä. z. B. über Düngemittel (vgl.Seinacht, 1995). http://www.seilnacht.com/Rollensp.htm	*Ja,* dies zeigt zum Beispiel das Konzept „Für einen politischen Unterricht der Natur" (Freise, 1994) http://www.xn--studel-cua.de/soznat-Zeitschrift.html Freise wollte einen politischen integrierten naturwissenschaftlichen Unterricht für die Natur etablieren, der nicht nur Inhalte der Naturwissenschaften, sondern auch deren gesellschaftspolitische Implikationen thematisiert.

Fortsetzung Tab. 12.2

Kritischer Vernunftgebrauch: Im Unterricht werden Inhalte thematisiert, die für die Schülerinnen und Schüler äußerst fraglich, ja fast undurchdringbar erscheinen. Diese sollen die Schülerinnen und Schüler in eine Situation bringen, die sie mit ihrer jetzigen Denkweise nicht mehr bewältigen können. Sobald sie ihre Denkweise ändern, haben Sie die Chance, die Inhalte eigenständig denkend und wirklich zu verstehen. Erst wirklich verstandene Inhalte können dann auch kritisch reflektiert werden. Nicht alle Unterrichtsinhalte eignen sich dazu. Viele Inhalte sind einfach auch zum Üben und Durcharbeiten gedacht. Inhalte, die zum Verstehen führen, sind etwas Besonderes (siehe nächste Spalte rechts und vgl. Wagenschein, 1999).	*Nein*, vgl. z. B. Wagenscheins Physikunterricht (1976). Wagenschein hat immer wieder darauf hingewiesen, dass die Lerninhalte, die zum wirklichen eigenständigen Verstehen führen, zunächst als undurchdringbar begriffen werden.	*Ja*, denn die Suche nach Inhalten, die zum Verstehen führen, ist oft schwierig. Im integrierten Unterricht steht hierzu das Spektrum aller drei Naturwissenschaften zur Verfügung.
Verantwortungsbereitschaft, Verständigung zur Kooperation, Stärkung des Schüler-Ichs: Unterrichtskultur entwickeln, die mehr Raum für subjektive Sichtweisen lässt.	*Nein*, so wurde z. B. im Biologieunterricht seit jeher Verantwortungsbereitschaft anvisiert (zum Beispiel durch Themen wie Bildung für nachhaltige Entwicklung).	*Ja*, denn Verantwortungsbereitschaft, Kooperation und Stärkung des ICHs kann im integrierten Unterricht vor allem an interdisziplinären Themen umgesetzt werden.

Die Tabelle zeigt, dass es aufgrund normativer Allgemeinbildungskriterien formal und also ohne Angabe von Unterrichtsinhalten nicht ohne weiteres möglich ist, Vor- bzw. Nachteile des integrierten naturwissenschaftlichen Unterrichts zu klären. Ob der integrierte naturwissenschaftliche Unterricht im Sinne eines Allgemeinbildungsanspruchs vorteilhaft ist, kommt zum einen auf die curricularen Setzungen und auf die Gestaltung des Unterrichts an. Zum anderen ist es aber auch eine empirische Frage, ob der integrierte naturwissenschaftliche Unterricht *effektiver* als die disziplinäre Struktur ist, was uns zur Frage nach der Effektivität des integrierten naturwissenschaftlichen Unterrichts führt.

Ist der integrierte naturwissenschaftliche Unterricht „effektiv"?

Mit dem Wort „effektiv" ist gleichsam der normative Hintergrund von empirisch-vergleichenden Wirksamkeitsstudien formuliert: Unter effektiv wird in den meisten Fällen die Steigerung der Lern-Leistung und der Motivation der Schülerinnen und Schüler verstanden. Vor diesem Hintergrund berichten wir nun von Studien, die den integrierten naturwissenschaftlichen Unterricht mit der disziplinären Form vergleichen. Durch die umfangreichere Etablierung des integrierten naturwissenschaftlichen Unterrichts wurde der fachbezogenen empirischen Bildungsforschung ein Feld eröffnet, die seit Jahrzehnten existierenden Desiderata im Bereich des integrierten naturwissenschaftlichen Unterrichts beforschen zu können. Labudde (2014) zählt einschlägige (inter-)nationale Studien auf, die belastbare Befunde zur Frage der Leistungsfähigkeit des integrierten naturwissenschaftlichen Unterrichts formulieren. In diesen Studien wird jeweils der integrierte naturwissenschaftliche Unterricht mit der disziplinären Form hinsichtlich der Leistung und der Motivation der Schülerinnen und Schüler verglichen. Beleuchtet werden auch die Variablen Kontextbezug, Kompetenzförderung sowie Geschlechterunterschiede.

In der Metastudie von Bennett, Lubben, und Hogarth (2007) wird der integrierte naturwissenschaftlichen Unterricht mit dem disziplinärem naturwissenschaftlichen Unterricht verglichen. Es werden 17 Teilstudien zusammengefasst, die einen integrierten naturwissenschaftlichen Unterricht untersucht haben, der verstärkt auf den gesellschaftlichen Kontext der naturwissenschaftlichen Inhalte setzt. Dieser sogenannte STS-Unterricht (Science, Technology, Society s. o.) geht davon aus, dass es in einem integrierten naturwissenschaftlichen Unterricht besser gelingt einen Kontextbezug zu den Themen Naturwissenschaft, Technologie und Gesellschaft herzustellen. Die Metastudie kommt zu dem Ergebnis, dass „STS-Unterricht zu einer positiveren Einstellung gegenüber dem naturwissenschaftlichen Unterricht und partiell auch zu den Naturwissenschaften führt als gefächerter Unterricht. Das gilt in besonderem Maße für Mädchen, so dass sich die Geschlechterdifferenz hinsichtlich der Einstellungen verkleinert." (Labudde, 2014, S. 17). Ansonsten sind die beiden Unterrichtskonzeptionen (integriert versus disziplinär) ebenbürtig.

In der Studie „Kompetenzförderung im naturwissenschaftlichen Anfangsunterricht: Der Einfluss eines integrierten Unterrichtskonzepts" konnte Klos (2008) zeigen, dass ein integrierter naturwissenschaftlicher Unterricht in der 7. Klassenstufe Geschlechterunterschiede hinsichtlich des Interesses relativieren kann und sich positiv auf das Fachinteresse der Schülerinnen und Schüler auswirkt. Auch werden im integrierten naturwissenschaftlichen Unterricht „zentrale Elemente" der experimentellen Arbeitsweise im Sinne einer naturwissenschaftlichen Erkenntnisgewinnung besser gefördert.

Die Studie (Åström, 2008) vergleicht integrierten und disziplinären naturwissenschaftlichen Unterricht in Schweden. Herangezogen werden die Ergebnisse der PISA-Studien von 2003 und 2006. Hierin finden sich weder Leistungs- noch Motivationsunterschiede zwischen den Klassen, wenn man die zuvor bestehenden Unterschiede zwischen Schulklassen und Geschlechtern bezüglich Leistung und Motivation berücksichtigt.

Mit diesen Arbeiten ist es gelungen, das Forschungsfeld für den Vergleich von integrierten und disziplinären Ansätzen des naturwissenschaftlichen Unterrichts zu eröffnen. In Zukunft wird die Zahl an empirischen Studien mit belastbaren Befunden sehr wahrscheinlich steigen.

Fazit: Der integrierte naturwissenschaftliche Unterricht – politischer Spielball und Bindeglied

In Deutschland verband man die Integration der drei Naturwissenschaften in ein Schulfach sehr oft mit einem politischen Anspruch. Bereits in den 1960er-70er Jahren lösten Themen wie z. B. Atomkraft und Umweltschutz die Frage aus, wie der naturwissenschaftliche Unterricht inhaltlich und organisatorisch gestaltet werden müsste (Redaktion SozNat, 1982). Eine wichtige Pionierarbeit leistete die Chemiedidaktikerin Gerda Freise, indem sie statt des traditionellen disziplinären Unterrichtes in den Fächern Biologie, Chemie und Physik „für einen politischen Unterricht von der Natur" plädierte (Freise, 1994). Aber auch in anderen Ländern wie zum Beispiel in der Schweiz, in Norwegen und Schweden, in England und in den USA wird der naturwissenschaftliche Unterricht in der integrierten Form als ein Fach Science oder Science Education organisiert. Es ist bemerkenswert, dass die Auseinandersetzung in anderen Ländern nicht zwischen *integriertem* und *fachorientiertem* Unterricht stattfand, sondern – wie bspw. in den USA – zwischen *naturwissenschaftsimmanenten Ansätzen* (science) und an *externen Bezugssystemen* (society) orientierten Ansätzen.

Letztlich aber kommt es darauf an, welche Ziele man mit dem integrierten naturwissenschaftlichen Unterricht in den Schulen verfolgt: Wenn man ein studien- bzw. wissenschaftspropädeutisches Vermittlungsziel etwa in der gymnasialen Oberstufe verfolgt, dann ist *Nature of Science* das übergreifende Band, das die Fächer zusammenbindet. Wenn es um ein zivilgesellschaftliches, staatsbürgerliches Verständnis von Naturwissenschaften geht, dann sind es die problemlösenden Kompetenzen der einzelnen Fächer, die aber nicht stets und notwendigerweise zu sozial verträglichen Ergebnissen führen, sondern die Probleme oft erst aufwerfen.

Während in den 70er-, 80er- und 90er-Jahren des 20. Jahrhunderts der integrierte naturwissenschaftliche Unterricht einerseits ein Politikum darstellte und andererseits das Thema lediglich normativ diskutiert wurde (die Argumente waren bildungs-, wissenschafts-, identitäts- oder erkenntnistheoretischer Art), ist mit der fast flächendeckenden Etablierung des integrierten Konzepts in den Klassenstufen 5 und 6 in Deutschland sowie den oben genannten Ländern ein Forschungsfeld entstanden, das die fachbezogene empirische Bildungsforschung aufruft, die sich immer noch in Nebel befindenden Fragen nach Unterschiedlichkeit integrierter bzw. disziplinärer Ansätze zu forschen.

Weiterführende Literatur

Aikenhead, G. (1994). A review of research into the outcomes of STS teaching. In K. Boersma, K. Kortland & J. von Trommel (Eds.). *Science and technology education in a demanding society (S. 13-24)*. Enschede: IOSTE.

Brovelli, D. (2014). Integrierte naturwissenschaftliche Lehrerbildung – Entwicklung professioneller Kompetenz bei Lehramtsstudierenden. *Zeitschrift für Didaktik der Naturwissenschaften*, 20 (1), 21-32.

Labudde, P. (2014). Fächerübergreifender naturwissenschaftlicher Unterricht – Mythen, Definitionen, Fakten. *Zeitschrift für Didaktik der Naturwissenschaften*, 20(1), 11-19.

Rehm, M., Bünder, W., Haas, T., Buck, P., Labudde, P., Brovelli, D. et al. (2008). Legitimierungen und Fundamente eines integrierten Unterrichtsfachs „Science". *Zeitschrift für Didaktik der Naturwissenschaften*, 14, 99-124.

Literaturverzeichnis

Ahrenholz, B. (Hrsg.) (2010). *Fachunterricht und Deutsch als Zweitsprache.* Tübingen: Narr-Verlag.

Aikenhead, G.S. & Jegede, O.J. (1999). Cross-cultural science education: A cognitive explanation of a cultural phenomenon. *Journal of Research in Science Teaching,* 35, 269-287.

Albe, V. (2008). Students' positions and considerations of scientific evidence about a controversial socioscientific issue. *Science & Education,* 17, 805–827.

Alfs, N. & Hößle, C. (2010). Gentechnisch veränderter Mais in Deutschland – Wie bilde ich mir ein Urteil? In Nieders. Kultusministerium (Hrsg.), *Materialien für den Kompetenzbereich Bewertung. Gentechnik an Pflanzen – eine Herausforderung,* www.nibis.de/nli1/gohrgs/materialien/bio_gen_2010/uebersicht_bio_gen.htm (05.10.2016).

Alfs, N. & Hößle, C. (2013). Förderung der Bewertungskompetenz. Eine Interventionsstudie im Rahmen des Projektes HannoverGEN. *MNU* 66/4, 237-243.

Allchin, D. (2011). Evaluating Knowledge of the Nature of (Whole) Science. *Science Education,* 95(3), 518-542.

American Association for the Advancement of Science (1989). *Science For All Americans. A Project 2061 Report on Literacy Goals in Science, Mathematics, and Technology.* Washington, DC: AAAS.

American Association for the Advancement of Science. (2001). *Atlas of science literacy.* Volume 1. Washington, D.C: Author.

American Association for the Advancement of Science. (2007). *Atlas of science literacy.* Volume 2. Washington, D.C: Author.

Anderson, L. W. & Krathwohl, D. R. (2001). *A Taxonomy for Learning, Teaching and Assessing: A Revision of Bloom's Taxonomy of Educational Objectives.* New York: Longman.

Anton, M. A. (1993). Phänomen, Sprache, Dialog. Vom Anthropomorphismus zum Fachgespräch. In H. Behrendt (Hrsg.). *Zur Didaktik der Physik und Chemie* (S. 193-196.). Kiel: IPN.

Antonovsky, A. (1997). *Salutogenese* (zur Entmystifizierung der Gesundheit). Tübingen: DGVT-Verl.

Ash, M., Carrier, M., Dössel, O., Frevert, U., Großmann, S., Grötschel, M., KIiegl, R., Peukert, A., Rheinberger, H.-J., Schmidt-Aßmann, E., Schimank, U., Stollorz, V.,Taubert, N., & Weingart, P. (2015). *Empfehlungen zur Zukunft des wissenschaftlichen Publikationssystems.* Berlin: Berlin-Brandenburgische Akademie der Wissenschaften.

Åström, M. (2008). *Defining integrated science education and putting it to test.* Departement of social and welfare studies. Norrköping: Mittuniversitetet. (Diss.).

Aufschnaiter, C., & Rogge, C. (2010). Misconceptions or Missing Conceptions? *Eurasia Journal of Mathematics, Science & Technology Education*, 6(1), 3-18.

Augustin-Dittmann, S. & Gotzmann, H. (Hrsg.). (2015). *MINT gewinnt Schülerinnen. Erfolgsfaktoren von Schülerinnen-Projekten in MINT*. Wiesbaden: Springer-VS.

Ausubel, D. P. (1968). *Educational Psychology*. New York: Holt, Rinehart & Winston.

Bacon, F. (vermutl. 1624 [1997]). *Neu-Atlantis*. Stuttgart: Reclam.

Baldauf, C. (1997). *Metapher und Kognition*. Frankfurt/M.: Suhrkamp.

Banholzer, A. (2008 [1936]). *Die Auffassung physikalischer Sachverhalte im Schulalter*. Hrsg und eingeleitet von Bernd Feige und Hilde Köster. Bad Heilbrunn: Julius Klinkhardt.

Barke, H.-D. (2006). *Chemiedidaktik: Diagnose und Korrektur von Schülervorstellungen*. Berlin, Heidelberg: Springer.

Bartosch, I. (2013). *Entwicklung weiblicher Geschlechtsidentität und Lernen von Physik – ein Widerspruch?* Münster: Waxmann.

Baumert, J. & Kunter, M. (2011). Das mathematikspezifische Wissen von Lehrkräften, kognitive Aktivierung im Unterricht und Lernfortschritte von Schülerinnen und Schülern. In M. Kunter, J. Baumert, W. Blum, U. Klusmann, S. Krauss & M. Neubrand (Hrsg.), *Professionelle Kompetenz von Lehrkräften. Ergebnisse des Forschungsprogramms COACTIV* (S. 163-192). Münster: Waxmann.

Baumert, J., Artelt, C., Klieme, E. et al. (2001). *Pisa 2000 – Basiskompetenzen von Schülerinnen und Schülern im internationalen Vergleich*. Opladen. Leske und Budrich.

Bayrhuber, H., Bögeholz, S., Elster, D., Hammann, M., Hößle, C., Lücken, M., Mayer, J., Nerdel, C., Neuhaus, B., Prechtl, H. & Sandmann, A. (2007). Biologie im Kontext. Ein Programm zur Kompetenzförderung durch Kontextorientierung im Biologieunterricht und zur Unterstützung von Lehrerprofessionalisierung. *Der mathematische und naturwissenschaftliche Unterricht (MNU)*, 60(5), 282-286.

Beck, E., Baer, M., Guldimann, T., Bischoff, S., Brühwiler, C., Müller, P. et al. (Hrsg.), (2008). *Adaptive Lehrkompetenz. Analyse und Struktur, Veränderbarkeit und Wirkung handlungssteuernden Lehrerwissens* (Pädagogische Psychologie und Entwicklungspsychologie, Bd. 63). Münster: Waxmann.

Becker, G. (2008). *Soziale, moralische und demokratische Kompetenz fördern. Ein Überblick über schulische Förderkonzepte*. Weinheim: Beltz.

Becker-Motzek, M., Schramm, K., Thürmann, E., & Vollmer, H.J.(Hrsg.) (2013). *Sprache im Fach. Sprachlichkeit und fachliches Lernen*. Münster: Waxmann.

Beerenwinkel, A., Parchmann, I., & Gräsel, C. (2007). Chemieschulbücher in der Unterrichtsplanung – Welche Bedeutung haben Schülervorstellungen? *CHEMKON*, 14(1), 7–14.

Bell, R.L., & Lederman, L.G. (2003). Understandings of the Nature of Science and Decision Making on Science and Technology Based Issues. *Science Education*, 87(3), 352-377.

Belova, N., Marks, R. & & Eilks, I. (2014). Aufgaben für das ganze Kompetenzspektrum: Beispiel Parabene. *Praxis der Naturwissenschaften Chemie in der Schule, 63* (1), 21-24.

Benner, D. (1990). Wissenschaft und Bildung. Überlegungen zu einem problematischen Verhältnis und zur Aufgabe einer bildenden Interpretation neuzeitliche Naturwissenschaft. *Zeitschrift für Pädagogik*, 36 (4), 597-620.

Bennett, J., Lubben, F. & Hogarth, S. (2007). Bringing science to life: A synthesis of the research evidence on the effects of context-based and STS approaches to science teaching. *Science Education*, 91, 347–370.

Berliner, D. C. (2005). The near impossibility of testing for teacher quality. *Journal of Teacher Education, 56*, 205-213.

Berlyne, D. E. (1958): The influence of complexity and novelty in visual figures on orienting responses. *J. of Experimental Psychology*, 55, 289-296.

Bernhard, A., Kremer, A., & Rieß, F. (Hrsg.) (2003). *Theoretische Grundlagen und Widersprüche. Kritische Erziehungswissenschaft und Bildungsreform: Programmatik – Brüche* – Band 1 – Theoretische Grundlagen und Widersprüche. Band 2 – Reformimpulse in Pädagogik, Didaktik und Curriculumentwicklung. Baltmannsweiler: Schneider.

Bernholt, S. & Parchmann, I. (2011). Assessing the complexity of students' knowledge in chemistry. *Chemistry Education Research and Practice*, 12, 167-173.

Bernholt, S., Parchmann, I. & Commons, M. L. (2009). Kompetenzmodellierung zwischen Forschung und Unterrichtspraxis. Modelling Scientific Competence between Research and Teaching Practice. *Zeitschrift für Didaktik der Naturwissenschaften*, 15, 219-245.

Betsch, T., Funke, J. & Plessner, H. (2011). *Denken-Urteilen, Entscheiden, Problemlösen. Allgemeine Psychologie für Bachelor*. Berlin: Springer.

Bialystok, E. & Poarch, G.J. (2014). Language experience changes language cognitive ability. *Zeitschrift für Erziehungswissenschaft*, 17, 433-446.

Billmann-Mahecha, E. & Gebhard, U. (2009). „If we had no flowers." Children, Nature, and Aestetics. *The Journal of Developmental Processes*, Vol. 4(1), 24-42.

Bird, A., Ladyman, J. (eds.) (2013). *Arguing about science*. London, New York: Routledge.

Bixler, R. D., M. F. Floyd und W.E. Hammitt: Environmental socialization: Quantitative tests of the childhood play hypothesis. *Environment and Behavior* 34(6), 795-818.

Blinkert, B. (1996): *Aktionsräume von Kindern in der Stadt*. FIFAS Schriftenreihe Bd. 2. Pfaffenweiler: Centaurus.

Blinkert, B., Höfflin, Schmider & Spiegel (2015). *Raum für Kinderspiel! Eine Studie im Auftrag des Deutschen Kinderhilfswerkes über Aktionsräume von Kindern in Ludwigsburg, Offenburg, Pforzheim, Schwäbisch Hall und Sindelfingen*. FIFAS-Schriftenreihe Bd. 12, Münster: LIT.

Blom, E., Küntay, A.C., Messer, M., Verhangen, J. & Leseman, P. (2014). The benefits of being bilingual: Working memory in bilingual Turkish-Dutch children. *Journal of Experimental Child Psychology*, 128, 105-119.

Bloom, P., & Skolnick Weisberg, D. (2007). Childhood Origins of Adult Resistance to Science. *Science* 316, 996-997.

Blumenberg, H. (1981). *Die Lesbarkeit der Welt*. Frankfurt am Main: Suhrkamp.

Blumenberg, H. (1998). *Begriffe in Geschichten*. Frankfurt am Main: Suhrkamp.

Boesch, E. E. (1980). *Kultur und Handlung*. Bern, Stuttgart, Wien: Huber.

Boesch, E. E. (1998). *Sehnsucht. Von der Suche nach Glück und Sinn*. Bern, Stuttgart, Wien: Huber.

Bögeholz, Susanne (1999). *Qualitäten primärer Naturerfahrung und ihr Zusammenhang mit Umweltwissen und Umwelthandeln*. Opladen: Leske und Budrich.

Bogner, Franz X. (1998). The influence of short-term outdoor ecology education on long-term variables of environmental perspective. *Journal of Environmental Education*, 29, 17-29.

Bollnow, O. F. (2013). Der Erfahrungsbegriff in der Pädagogik. In Bilstein, J. & Peskoller, H. (Hrsg.), *Erfahrung – Erfahrungen* (S.17-49). Wiesbaden: Springer Fachmedien Wiesbaden.

Born, B. (2007). *Lernen mit Alltagsphantasien*. Wiesbaden: VS.

Bos, W. (Hrsg.). (2006). *KESS 4 – Kompetenzen und Einstellungen von Schülerinnen und Schülern am Ende der Jahrgangsstufe 4 in Hamburger Grundschulen*. Münster: Waxmann.

Bos, W., Lankes, E, Prenzel, M., Schwippert, K., Walther, G. & Valtin, R. H. (2003). *Erste Ergebnisse aus IGLU. Schülerleistungen am Ende der vierten Jahrgangsstufe im internationalen Vergleich*. Münster: Waxmann.

Bourdieu, P. (1971). The specifity of the scientific field and the social conditions of the progress of reason. *Social Science Information, 14*(6), 19-47.

Brandt, C. (2004). *Metapher und Experiment. Von der Virusforschung zum genetischen Code.* Göttingen: Wallstein.

Bredthauer, W., Bruns, K.G., Klar, G., Müller, W., Schmidt, M., & Wessels, P. (2002). *Impulse Physik. Mittelstufe für Gymnasien.* Stuttgart [u. a.]: Klett-Verlag.

Brovelli, D., Rehm, M. & Wilhelm, M. (2008). Naturwissenschaft oder Chemie, Physik, Biologie? Kompetenzmodelle zum Erwerb von Scientific Literacy. *Info-Form PHZ-Luzern*, 11-13.

Buccheri, G., Gürber, N. & Brühwiler, C. (2011). The Impact of Gender on Interest in Science. Topics and the Choice of Scientific and Technical Vocations. *IJSE, 33*(1), 159-178.

Buddeberg, M. (1991). *Biologie 1.* Berlin: Cornelsen

Bünder, W., Zielinski, D., Bröcker, M. & Wimber, F. (1997). Ein erweitertes Lernverständnis im Projekt „Praxis integrierter naturwissenschaftlicher Grundbildung (PING)" – Grundlagen und erste Konkretisierungen für die Klassenstufen 5-10. *Zur Didaktik der Physik und Chemie*, 110-121.

Busch, M. & Woest, V. (2016). Fächerübergreifender naturwissenschaftlicher Unterricht. Empirische Befunde zu Potenzialen und Grenzen aus Lehrerperspektive. *MNU Der mathematische und naturwissenschaftliche Unterricht* (4), 269-277.

Bybee, R. W. (2002). Towards an understanding of scientific literacy. In W. Gräber, P. Nentwig, T. Koballa & R. Evans (Hrsg.). *Scientific literacy. Der Beitrag der Naturwissenschaften zur allgemeinen Bildung* (S. 37-68). Leverkusen: Leske + Budrich.

Calabrese Barton, A., Kan, H., Tan, E., O'Neill, T.B., Bautista-Guerra, J. & Brecklin, C. (2013). Crafting a Future in Science: Tracing Middle School Girls' Identity Work Over Time and Space. *American Educational Research Journal, 50*(1), 37-75.

Calabrese Barton, A., Kang, H., Tan, E., O'Neill, T. B., Bautista-Guerra, J. & Brecklin, C. (2013). Crafting a future in Science: Tracing Middle School Girl's Identity Work Over Time and Space. *American Educational Research Journal, 50*(1), 37-75.

Caravita, S. (2001). A re-framed conceptual change theory? *Learning and Instruction* 11, S. 421-429.

Caravita, S., & Hellden, O. (1994). Reframing the problem of conceptual change. *Learning and Instruction* 4, 89-111.

Carey, S. (1985). *Conceptual change in childhood.* Massachusetts: MIT-Press.

Chalmers, A. F. (1999). *Grenzen der Wissenschaft.* Berlin u. a.: Springer-Verlag.

Cheek, D. W. (1992). *Thinking constructively about science, technology, and society education* (SUNY series, curriculum issues and inquiries). Albany: State University of New York Press.

Claßen, T. (2016b). Empirische Befunde zum Zusammenhang von Landschaft und physischer Gesundheit. In U. Gebhard, & T. Kistemann (Hrsg.). *Landschaft – Identität – Gesundheit. Zum Konzept der Therapeutischen Landschaften* (S. 71 – 91). Wiesbaden: Springer-VS.

Clough, M. P. (1997). Strategies and Activities for Initiating and Maintaining Pressure on Students' Naive Views Concerning the Nature of Science. *Interchange*, 28 (2 & 3), 191-204.

Clough, M. P. (2006). Learners' Responses to the Demands of Conceptual Change: Considerations for Effective Nature of Science Instruction. *Science Education*, 15, 463-494.

Clough, M.P. (2011). The Story Behind the Science: Bringing Science and Scientists to Life in Post-Secondary Science Education. *Science & Education*, 20 (7-8), 701-717.

Combe, A. & Gebhard, U. (2007). *Sinn und Erfahrung. Zum Verständnis fachlicher Lernprozesse.* Opladen: Barbara Budrich.

Combe, A. & Gebhard, U. (2009). Irritation und Phantasie. Zur Möglichkeit von Erfahrungen in schulischen Lernprozessen. *Zeitschrift für Erziehungswissenschaft 12(3), 549-557.*
Combe, A. & Gebhard, U. (2012). *Verstehen im Unterricht: Die Rolle von Phantasie und Erfahrung.* Wiesbaden: VS Verlag.
Combe, A. (2006). Hatten die schon Schule? Zur Theorie des Erfahrungslehrens. *Pädagogik,* 6, 32-36.
Combe, A., & Gebhard, U. (2007). *Sinn und Erfahrung. Zum Verständnis fachlicher Lernprozesse in der Schule.* Opladen u. a.: Verlag Barabara Budrich.
Combe, A., & Gebhard, U. (2012b). Annäherung an das Verstehen im Unterricht. *Zeitschrift für interpretative Schul- und Unterrichtsforschung,* 1(1), 221–230.
Copei, F. (1930). *Der fruchtbare Moment im Bildungsprozess.* Heidelberg: Quelle und Meyer.
Csikszentmihalyi, M. (2005). *Das Flow-Erlebnis: Jenseits von Angst und Langeweile: Im Tun aufgehen.* Stuttgart: Klett-Cotta.
Czerniak, C. M. (2007). Interdisciplinary Science Teaching. In: S. K. Abell & N. G. Lederman 621 (eds.): *Handbook of Research on Science* (pp. 537-559). New Jersey: Lawrence.
Daniels, Z. (2008). *Entwicklung schulischer Interessen im Jugendalter.* Münster: Waxmann.
de Solla Price, D.J. (1963 [1974]). *Little Science, Big Science.* Frankfurt a. M.: Suhrkamp. http://www.ib.hu-berlin.de/~wumsta/price14.html (07.01.2014).
Deci, E. & Ryan, R. M. (1993). Die Selbstbestimmungstheorie der Motivation und ihre Bedeutung für die Pädagogik. *Zeitschrift für Pädagogik,* 39(2), 223-238.
Deci, E. & Ryan, R. M. (2000). The "what" and "why" of goal pursuits: Human needs and the selfdetermination of behavior. *Psychological Inquiry,* 11, 227-268.
Deci, E. (1975). *Intrinsic motivation.* New York: Plenum Press.
Decke-Cornill, H. & Gebhard, U. (2007). Jenseits der Fachkulturen. In J. Lüders (Hrsg.). *Fachkulturforschung in der Schule* (S. 171-190). Opladen: Budrich.
Demuth, R., Gräsel, C., Parchmann, I. & Ralle, B. (Hrsg.) (2008). *Chemie im Kontext – Von der Innovation zur nachhaltigen Verbreitung eines Unterrichtskonzepts.* Münster: Waxmann.
Deutsche Forchungsgemeinschaft DFG (2013). *Sicherung guter wissenschaftlicher Praxis. Denkschrift.* Weinheim: Weiley. http://www.dfg.de/download/pdf/dfg_im_profil/reden_stellungnahmen/download/empfehlung_wiss_praxis_1310.pdf (19.09.2016).
Deutsche UNESCO-Kommission (2010). *UNESCO Science Report 2010. Ein aktuelles Bild der Wissenschaft weltweit. Zusammenfassung.* http://www.unesco.de/fileadmin/medien/Dokumente/Wissenschaft/USR2010d.pdf (19.10.2016).
Deutsches PISA-Konsortium (Hrsg.) (2001). *PISA 2000 – Basiskompetenzen von Schülerinnen und Schülern im internationalen Vergleich.* Opladen: Leske + Budrich.
Dewey, J, Kilpatrick, W. H. (1935). *Der Projektplan, Grundlegung und Praxis.* Weimar: Böhlau Verlag.
Dewey, J. (1988). *Kunst als Erfahrung* (Suhrkamp Taschenbuch Wissenschaft, Bd. 703, 1. Aufl.). Frankfurt am Main: Suhrkamp.
Diesterweg, A. (1835). *Wegweiser zur Bildung für Lehrer und die Lehrer werden wollen, und methodisch-praktische Anweisung zur Führung des Lehramtes.* Essen: G. D. Bädeker.
Dijk, E. M. von (2011). Porttraing Real Science in Science Communication. *Science Education,* 95(6), 1086-1100.
Dittmer, A. & Gebhard, U. (2012). Stichwort Bewertungskompetenz: Ethik im naturwissenschaftlichen Unterricht aus sozial-intuitionistischer Perspektive. *Zeitschrift für Didaktik der Naturwissenschaften,* 18, 81-98.

Dittmer, A. (2010). *Nachdenken über Biologie. Über den Bildungswert der Wissenschaftsphilosophie in der akademischen Biologielehrerbildung.* Wiesbaden: VS Verlag.

Dittmer, A., Gebhard, U., Höttecke, D. & Menthe, J. (2016). Ethisches Bewerten im Naturwissenschaftlichen Unterricht: Theoretische Bezugspunkte. *Zeitschrift für Didaktik der Naturwissenschaften,* 22, 1–12.

Domin, H. (1969). Eine Kultur oder keine Kultur. Der Zwei-Kulturenstreit als Scheinkonflikt. In Kreuzer, H. (Hrg.). *Literarische und naturwissenschaftliche Intelligenz. Dialog über die „zwei Kulturen"* (S. 108-120). Stuttgart: Klett.

Driver, R. & Easley, J. (1978). Pupils and paradigms: A review of literature related to concept development in adolescent science students. *Studies in Science Education,* 5(1), 61-84.

Driver, R., Leach, J., Millar, R., Scott, P. (1996). *Young People's Images of Science.* Buckingham, Philadelphia: Open University Press.

Duit, R. & Mikelskis-Seifert, S. (Hrsg.).(2010). *Physik im Kontext. Konzepte, Ideen, Materialien für effizienten Physikunterricht.* Seelze: Friedrich-Verlag.

Duit, R. & Treagust, D. (2003). Conceptual change: A powerful framework for improving science teaching and learning. *International Journal of Science Education (IJSE),* 25, 671-688.

Duit, R. (1992). Forschungen zur Bedeutung vorunterrichtlicher Vorstellungen für das Erlernen der Naturwissenschaften. In K. Riquarts et al. (Hrsg.). *Naturwissenschaftliche Bildung in der Bundesrepublik Deutschland. Didaktik* (Bd. 4, S. 47-84). Kiel: IPN.

Duit, R. (1993). Schülervorstellungen – von Lerndefiziten zu neuen Unterrichtsansätzen. *Naturwissenschaften im Unterricht-Physik,* 4(16), 4-10.

Duit, R. (1995). Zur Rolle der konstruktivistischen Sichtweise in der naturwissenschaftlichen Lehr-Lern-Forschung. *Zeitschrift für Pädagogik,* 41(6), 905-923.

Duit, R. (2000). Konzeptwechsel und Lernen in den Naturwissenschaften in einem mehrspektivischen Ansatz. In R. Duit & C. von Rhöneck (Hrsg.). *Ergebnisse fachdidaktischer und psychologischer Lehr-Lern-Forschung* (S. 77-103). Kiel: IPN.

Duit, R., Schecker, H., Höttecke, D., & Niedderer, H. (2014). Teaching Physics. In: N. G. Lederman & S. K. Abell, *Handbook of research on science education* (pp. 434-456), Vol. II. New York: Routledge.

Dürr, H.-P. (2000). *Das Netz des Physikers. Naturwissenschaftliche Erkenntnis in der Verantwortung.* München: DTV.

Duston, L., & Gallison, P. (2007). *Objectivity.* The MIT-Press.

Ebeling, K. S. & Schmitz, S. (Hrsg.)(2006). *Geschlechterforschung und Naturwissenschaften. Einführung in ein komplexes Wechselspiel.* Wiesbaden: Springer-VS.

Eccles, J. S., & Wigfield, A. (2002). Motvational Beliefs, Values, and Goals. *Review of Psychology,* 53, 109–132.

Edmonodson, K. M. & Novak, J. D. (1993). The Interplay of Scientific Epistemological Views, Learning Strategies, and Attitudes of College Students. *Journal of Research in Science Teaching,* 30(6), 547-559.

Eggert, S., & Bögeholz, S. (2006). Göttinger Modell der Bewertungskompetenz – Teilkompetenz „Bewerten, Entscheiden und Reflektieren" für Gestaltungsaufgaben Nachhaltiger Entwicklung. *Zeitschrift für Didaktik der Naturwissenschaften,* 12, 177-197.

Eilks, I., Feierabend, T., Hößle, C., Höttecke, D., Menthe, J., Mrochen, M., & Oelgeklaus, H. (Hrsg.) (2011). *Der Klimawandel vor Gericht. Materialien für den Fach- und Projektunterricht.* Köln: Aulis-Verlag.

Elster, D. (2007). Interessante und weniger interessante Kontexte für das Lernen von Naturwissenschaften: Erste Ergebnisse der deutschen ROSE-Erhebung. *Der mathematische und naturwissenschaftliche Unterricht (MNU), 60*(4), 243-249.

Erduran, S. & Dagher, Z.R. (2014). *Reconceptualizing the nature of science for science education. Scientific knowledge, practices and other familiy categories.* Dordrecht u. a.: Springer.

Erikson, E. H. (1968). *Kindheit und Gesellschaft.* Stuttgart: Klett.

Evans, J. S. B. T. (2007). Dual-Processing Accounts of Reasoning, Judgement, and Social Cognition. *Annual Review of Psychology, 59,* 255-278.

Ewers, M., Kremer, A. & Stäudel, L. (1989). Reform und Gegenreform im Naturwissenschaftlichen Unterricht. *Pädagogik,* 41 (5), 54-58.

Ewers, Michael (Hrsg.) (1975). *Naturwissenschaftliche Didaktik zwischen Kritik und Konstruktion.* Weinheim und Basel: Beltz.

Fara, P. (2010). *4000 Jahre Wissenschaft.* Heidelberg: Spektrum-Verlag.

Faulstich-Wieland, H. (2004). Schule und Geschlecht. In Helsper, W. & Böhme, J.: *Handbuch der Schulforschung.* Wiesbaden: VS.

Faulstich-Wieland, H. (2008). Lernen Mädchen und Jungen anders? Befunde und praktische Konsequenzen. In Lehberger, R. & Sandfuchs, U. (Hrsg.). *Schüler fallen auf. Hetereogene Lerngruppen in Schule und Unterricht* (S. 91-105). Bad Heilbrunn: Klinkhardt.

Faulstich-Wieland, H., Weber, M. & Willems, K. (2004). *Doing Gender im heutigen Schulalltag. Empirische Studien zur sozialen Konstruktion von Geschlecht in schulischen Interaktionen.* Weinheim: Beltz.

Fausto-Sterling, A. (2008). The bare bones of race. *Social Studies of Science* 38, 5, 657-694.

Feilke, H. (2012). Bildungssprachliche Kompetenzen fördern und entwickeln. *Praxis Deutsch,* 233, 4-13.

Felt, U., Nowotny, H., & Taschwer, K. (1995). *Wissenschaftsforschung. Eine Einführung.* Frankfurt, New York: Campus.

Fend, H. (2011). Die Wirksamkeit der neuen Steuerung – theoretische und methodische Probleme ihrer Evaluation. *Zeitschrift für Bildungsforschung* (1), 5-24.

Fey, A., Gräsel, C., Puhl, T. & Parchmann, I. (2004). Implementation einer kontextorientierten Unterrichtskonzeption für den Chemieunterricht. *Unterrichtswissenschaft,* 32(3), 238-256.

Fine, C. (2010). *Declusions of gender. How our Minds, Society and Neurosexism create Difference.* New York: Norton & Company.

Finke, E. (1998). *Interesse an Humanbiologie und Umweltschutz in der Sekundarstufe I. Empirische Untersuchung zu altersbezogenen Veränderungen und Anregungsfaktoren.* Hamburg: Kovac.

Fleck, L. (1994 [1935]). *Entstehung und Entwicklung einer wissenschaftlichen Tatsache: Einführung in die Lehre vom Denkstil und Denkkollektiv.* Frankfurt a. M.: Suhrkamp.

Foerster, H. von (2008). Das Konstruieren einer Wirklichkeit. In P. Watzlawick (Hrsg.). *Die erfundene Wirklichkeit. Wie wissen wir, was wir zu wissen glauben? ; Beiträge zum Konstruktivismus* (S. 39-60). München [u. a.]: Piper.

Franzen, M., Rödder, S. & Weingart, P. (2012). Wissenschaft und Massenmedien: Von Popularisierung zu Medialisierung. In S. Maasen et al. (Hrsg.), *Handbuch Wissenschaftssoziologie* (S. 355-364). Wiesbaden: Springer.

Freise, G. (1973). Problemorientierte Unterrichtseinheiten. *Westermann Pädagogische Beiträge,* 25, 610-624.

Freise, G. (1985). Methodisch-mediales Handeln im Lernbereich Natur. In: *Enzyklopädie Erziehungswissenschaft.* Bd. 4. (S. 280-306). Weinheim: Beltz.

Freise, G. (Stäudel, L. & Krämer, A. (Hrsg.) (1994). *Für einen politischen Unterricht von der Natur*. Marburg: Redaktionsgemeinschaft Soznat. http://www.xn--studel-cua.de/soznat-Zeitschrift.html (27.10.2016).

Freise, G., Buck, P., Pukies, J. (1971). Plädoyer für einen integrierten naturwissenschaftlichen Unterricht. In: *betrifft:erziehung*, 10, 32-38.

Freise, G. (1971): Theorie und Praxis bei der Curriculum-Erstellung für den integrierten naturwissenschaftlichen Unterricht. In: *IPN-Symposium (1970) über Forschung und Entwicklung naturwissenschaftlicher Curricula*. Kiel: IPN.

Frey, K. (2012). *Die Projektmethode: der Weg zum bildenden Tun*. Weinheim: Beltz.

Frey, K., Blänsdorf, F. (Hrsg.) (1974). *Integriertes Curriculum Naturwissenschaft der Sekundarstufe : Projekte und Innovationsstrategien*. Weinheim: Beltz.

Frey, K., Häußler, P. (Hrsg.) (1973). *Integriertes Curriculum Naturwissenschaft: Theoretische Grundlagen und Ansätze*. Weinheim: Beltz.

Gadamer, H.-G. (1990). Wahrheit und Methode. Grundzüge einer philosophischen Hermeneutik. Tübingen: Mohr Siebeck.

Galili, I., & Hazan, A. (2001). The Effect of a History-Based Course in Optics on Students' Views about Science. *Science & Education*, 10, 7-32.

Gamm, H. J.. *Kritische Schule*, München: List 1970

Gebhard, U. & Kistemann, T. (2016c). Therapeutische Landschaften. Gesundheit, Nachhaltigkeit, „gutes Leben". In U. Gebhard, & T. Kistemann (Hrsg.). *Landschaft – Identität – Gesundheit. Zum Konzept der Therapeutischen Landschaften* (S. 1-17). Wiesbaden: Springer VS.

Gebhard, U. & Langlet, J. (1992). Sprache der wissenschaftlichen Biologie und die Sprache im Biologieunterricht. Gibt es eine Entsprechung und welche Folgen hat sie? In H. Entrich & L. Staeck (Hrsg.). *Sprache und Verstehen im Biologieunterricht* (S. 221–224). Ansbach: Leuchtturm.

Gebhard, U. (1988). *Naturwissenschaftliches Interesse und Persönlichkeit*. Frankfurt/M.: Nexus.

Gebhard, U. (1990). Dürfen Kinder Naturphänomene beseelen? *Unterricht Biologie*, 153, 38-42.

Gebhard, U. (2003). Die Sinndimension im schulischen Lernen: Die Lesbarkeit der Welt – Grundsätzliche Überlegungen zum Lernen und Lehren im Anschluss an PISA. In B. Moschner, H. Kiper, U.Kattmann (Hrsg.). *PISA 2000 als Herausforderung. Perspektiven für Lehren und Lernen*. (S. 205-223), Baltmannsweiler: Schneider Verlag Hohengehren.

Gebhard, U. (2005). Symbole geben zu denken – Sprache und Verstehen im naturwis- senschaftlichen Unterricht. In C. Hößle & K. Michalik (Hrsg.). *Philosophieren mit Kindern und Jugendlichen* (S. 48–59). Baltmannsweiler: Schneider Verlag Hohengehren.

Gebhard, U. (2005): Naturverhältnis und Selbstverhältnis. In Gebauer, M. & Gebhard, U. (Hrsg.). *Naturerfahrung. Wege zu einer Hermeneutik der Natur (S. 144-178)*. Zug, Schweiz: Graue Edition.

Gebhard, U. (2007). Intuitive Vorstellungen bei Denk- und Lernprozessen: Der Ansatz „Alltagsphantasien". In D. Krüger & H. Vogt (Hrsg.). *Theorien in der biologiedidaktischen Forschung* (S. 117-128). Berlin: Springer.

Gebhard, U. (2009). Alltagsmythen und Alltagsphantasien. Wie sich durch die Biotechnik das Menschenbild verändert. In S. Dungs, U. Gerber, E. Mührel (Hrsg.). *Biotechnologien in Kontexten der Sozial- und Gesundheitsberufe* (S. 191-220). Frankfurt/M.

Gebhard, U. (2013). *Kind und Natur. Die Bedeutung der Natur für die psychische Entwicklung*. (4. überarb. & erw. Aufl.). Wiesbaden: Springer VS.

Gebhard, U. (2014). Wie viel 'Natur' braucht der Mensch? 'Natur' als Erfahrungsraum und Sinninstanz. In Hartung, Gerald/Kirchhoff, Thomas (Hrsg.). *Welche Natur brauchen wir? Analyse einer anthropologischen Grundproblematik des 21. Jahrhunderts* (S. 249-274). Freiburg: Alber.

Gebhard, U. (2015). Sinn, Phantasie und Dialog. Zur Bedeutung des Gesprächs beim Ansatz der Alltagsphanatsien. In Gebhard, U. (Hrsg.). *Sinn im Dialog. Zur Möglichkeit sinnkonstituierender Lernprozesse im Fachunterricht.* (S. 103-124). Wiesbaden: Springer VS.

Gebhard, U. (2016a). Intuition und Reflexion. Der Ansatz Alltagsphantasien. In U. Eser (Hrsg.). *Jenseits von Belehrung und Bekehrung: Wie kann Kommunikation über Ethik im Naturschutz gelingen?* (S.84-97). BfN-Skipten, Bonn – Bad Godesberg.

Gebhard, U. (2016b). Natur und Landschaft als Symbolisierungsanlass. In U. Gebhard, & T. Kistemann (Hrsg.). *Landschaft – Identität – Gesundheit. Zum Konzept der Therapeutischen Landschaften* (S. 151-168). Wiesbaden: Springer VS.

Gebhard, U. (2016c). Auf dem Weg zu einem dreidimensionalen Pesönlichkeitsmodell. In H. F. Searles. *Die Welt der Dinge. Die Bedeutung der nichtmenschlichen Umwelt für die seelische Entwicklung* (S. 11-18). Gießen: Psychosozial-Verlag.

Gebhard, U., Lück, G. (2002). Die Vertrautheit der Dinge. Symbolische Deutung der belebten und unbelebten Natur als Element des Heimatgefühls. In W. Engelhardt, E. Stoltenberg (Hrsg.). *Die Welt zur Heimat machen* (S. 97-109). Bad Heilbrunn: Klinkhard.

Gebhard, U., Nevers, P. & Billmann-Mahecha, E. (2003). Moralizing Trees: Anthropomorphism and Identity in Children's Relationship to Nature. In S. Clayton/S. Opotow (Hg.). *Identity and the Natural Environment* (pp. 91-112). Cambridge: MIT Press.

Gebhard, U., Rehm, M. & Wellensiek, A. (2012). Lernen als das Konstituieren von Sinn. In H. Bayrhuber et al. (Hrsg.). *Formate Fachdidaktischer Forschung. Empirische Projekte – historische Analysen -– theoretische Grundlegungen* (S. 277-296). Münster: Waxmann.

Gebhard, U., Rehm, M. & Wellensiek, A. (2012). Lernen als das Konstituieren von Sinn. In H. Bayrhuber, U. Harms, B. Muszynski, B. Ralle, M. Rothgangel, L.-H. Schön & H. J. W. H.-G. Vollmer (Hrsg.). *Formate fachdidaktischer Forschung* (S. 277–296). Münster: Waxmann.

Gerstenmaier, J. & Mandl, H. (1995). Wissenserwerb unter konstruktivistischer Perspektive. *Zeitschrift für Pädagogik, 41*(6), 867-888.

Gesellschaft Deutscher Naturforscher und Ärzte (2007). *Denkschrift: Allgemeinbildung durch Naturwissenschaften.* Köln: Aulis.

Gigerenzer, G., Todd, P. M. & the ABC Research Group (1999). *Simple heuristics that make us smart.* New York: Oxford University Press.

Gläser, J. (2012). Scientific Communities. In S. Maasen et al. (Hrsg.), *Handbuch Wissenschaftssoziologie* (S. 151-162). Wiesbaden: Springer.

Glasersfeld, E. von (1997). *Radikaler Konstruktivismus.* Frankfurt am Main: Suhrkamp.

Gogolin, I. (2010). Stichwort: Mehrsprachigkeit. *Zeitschrift für Erziehungswissenschaft, 13*(4), 529-547.

Gogolin, I., Lange I., Hawighorst, B., Bainski, C., Heintze, A., Rutten, S. & Saalmann, W. (in Zusammenarbeit mit er FÖRMIG-AG Durchgängige Sprachbildung) (2011). *Durchgängige Sprachbildung. Qualitätsmerkmale für den Unterricht.* Münster: Waxmann.

Göpferich, S. (1998). Fachtextsorten der Naturwissenschaften und Technik – ein Überblick. In L. Hoffmann, H. Kalverkämper & H.E. Wiegand in Verbindung mit C. Galinski & W. Hüllen (Hrsg.), *Fachsprachen/Languages for Special Purposes: Ein internationales Handbuch zur Fachsprachenforschung und Terminologiewissenschaft/An International Handbook of Special Languages and Terminology Research* (pp. 545-556). New York, Berlin: de Gruyter.

Gottfried, A. E., Fleming, J. S. & Gottfried, A. W. (2001). Continuity of academic intrinsic motivation from childhood through late adolescence: A longitudinal study. *Journal of Educational Psychology, 93*(1), 3-13.

Gräber, W. (1992). Untersuchung zum Schülerinteresse an Chemie und am Chemieunterricht. *Chemie in der Schule* 39, 7/8, 270-273.

Gräber, W., Nentwig, P., Koballa, T. & Evans, R. (Hrsg.) (2002). *Scientific literacy. Der Beitrag der Naturwissenschaften zur allgemeinen Bildung.* Leverkusen: Leske + Budrich.

Gräsel, C. (2011). Was ist empirische Bildungsforschung? In H. Reinders, H. Ditton, C. Gräsel & B. Gniewosz (Hrsg.). *Empirische Bildungsforschung* (Bd. 1, S. 13-27). Wiesbaden: VS Verlag für Sozialwissenschaften.

Gräsel, C., & Parchmann, I. (2004). Die Entwicklung und Implementation von Konzepten situierten, selbstgesteuerten Lernens. *Zeitschrift für Erziehungswissenschaft, 7* (Beiheft 3), 171–184.

Gräsel, C., Nentwig, P. M., & Parchmann, I. (2005). Chemie im Kontext: Curriculum development and evaluation strategies. In J. Bennett, J. Holman, R. Millar, & D. Waddington (eds.). *Evaluation as a tool for improving science education. Making a difference* (pp. 53–66). Münster: Waxmann.

Gresch, H., Hasselhorn, M. & Bögeholz, S. (2013). Training in Decision-making Strategies: An approach to enhance students' competence to deal with socio-scientific issues. *International Journal of Science Education*, 35(15), 2587-2607.

Grondin, J. (1991). *Einführung in die philosophische Hermeneutik.* Darmstadt: WBG.

Gropengießer, H. (2006). Lebenswelten, Denkwelten, Sprechwelten. In U. Kattmann, B. Moschner & I. Parchmann (Hrsg.). *Beiträge zur Didaktischen Rekonstruktion* (Bd. 4, 2. Aufl.). Oldenburg: Didaktisches Zentrum (diz).

Gropengießer, H. (2007). Theorie des erfahrungsbasierten Verstehens. In D. Krüger & H. Vogt (Hrsg.). *Theorien in der biologiedidaktischen Forschung* (S. 105-116). Berlin: Springer.

Grygier, P. (2008). Wie zuverlässig ist unsere Wahrnehmung? Einführender Unterricht über die Natur der Naturwissenschaften. *Naturwissenschaften im Unterricht – Physik*, 19(103), 17-23.

Günther, J. (2008). Black-Boxes. Analogien zu Problemstellungen in der Naturwissenschaft. *Naturwissenschaften im Unterricht – Physik*, 19(103), 24-28.

Guzetti, B. J., Snyder, T. E., Glass, G. von & Gamas, W. S. (1993). Promoting conceptual change in science: a comparative meta-analysis of instructional interventions for reading education and science education. *Reading Research Quarterly, 28*, 117-154.

Gyllenpalm, J. & Wickman, P.-O. (2011). "Experiments" and the Inquiry Emphasis Conflation in Science Teacher Education. *Science Education, 95*, 908-926.

Haag, L. & Götz, T. (2012). Mathe ist schwierig und Deutsch aktuell: Vergleichende Studie zur Charakterisierung von Schulfächern aus Schülersicht. *Psychologie in Erziehung und Unterricht* 59, S. 32-46.

Habermas, J. (1991). *Erläuterungen zur Diskursethik.* Frankfurt am Main: Suhrkamp.

Häcker, T. (2007). Portfolio – ein Medium im Spannungsfeld zwischen Optimierung und Humanisierung des Lernens. In M. Gläser-Zikuda (Hrsg.). *Lernprozesse dokumentieren, reflektieren und beurteilen. Lerntagebuch und Portfolio in Bildungsforschung und Bildungspraxis* (S. 63-85). Bad Heilbrunn: Klinkhardt.

Hacking, I. (1996). *Einführung in die Philosophie der Naturwissenschaften.* Stuttgart: Reclam.

Haidt, J. (2001). The Emotional Dog and Its Rational Tail: A Social Intuitionist Approach to Moral Judgment. *Psychological Review*, 118, 814-834.

Hammann, H., & Asshoff, R. (2014). *Schülervorstellungen im Biologieunterricht. Ursachen für Lernschwierigkeiten*. Seelze: Kallmeyer/Klett.

Hannover, B. & Kessels, U. (2002a). Challenge the science-stereotype! Der Einfluss von Freizeit-Technikkursen auf das Naturwissenschafts-Stereotyp von Schülerinnen und Schülern. *Zeitschrift für Pädagogik* 43, 341-358.

Hannover, B. & Kessels, U. (2002b). Monoedukativer Anfangsunterricht in Physik in der Gesamtschule. Auswirkungen auf Motivation, Selbstkonzept und Einteilung in Grund- und Fortgeschrittenenkurse. *Zeitschrift für Entwicklungspsychologie und Pädagogische Psychologie* 34, 201-215.

Hannover, B. & Kessels, U. (2004). Self-to-prototype matching as a strategy for making academic choises. Why German high school students do not like math and science. *Learning and Instruction* 14 (1), 51-67.

Hansen, K. -H., Klinger, U. *Interessenentwicklung und Methodenverständnis im Fach Naturwissenschaft. Ergebnisse der Evaluation des BLK-Modellversuchs PING in Rheinland-Pfalz*. Kiel (IPN) 1998

Harker, R. (2000). Achievement, Gender, and the Single-Sex/Coed Debate. *British Journal of Sociology of Education* 21, 2, 203-218.

Häußler. P., Hoffmann. L., Langeheine. R. Rost. J. & Sievers, K. (1998). A topology of students' interest in physics and distribution of gender and age within each type. *International Journal of Science Education*, 223-238.

Häußler, P. & Hoffmann, L. (2000). A curricular frame for physics education: Development, comparison with students' interests, and impact on students' achievement and self-concept. *Science Education*, 84, 689-705.

Häußler, P., & Hoffmann, L. (2002). An intervention study to enhance girls' interest, self-concept, and achievement in physics classes. *Journal of Research in Science Teaching*, 39(9), 870-888.

Heelan, P. (1983). Natural Science as a Hermeneutic of Instrumentation. *Philosophy of Science*, 50, 181-204.

Heering, P. & Höttecke, D. (2014). Historical-Investigative Approaches in Science Teaching. In M.R. Matthews (ed.), *International Handbook of Research in History, Philosophy and Science Teaching* (pp. 1473-1502). Dordrecht: Springer.

Hellden, O. (1999). Conceptual change and contextualization. In W. Schnootz, S. Vosniadou, M. Carratero (eds.). *New perspectives on conceptual change* (pp. 53-66). Oxford: Elsevier.

Helmstad, G. (1999). *Understandings of understanding. An inquiry concerning experiential conditions for developmental learning* (Göteborg studies in educational sciences, Bd. 134). Göteborg, Sweden: Acta Universitatis Gothoburgensis.

Helsper, W., Sandring, S. & Wiezorek, U. (2006). Anerkennung in institutionalisierten, professionellen pädagogischen Beziehungen. Ein Problemaufriss. In Heitmeier, W., Imbusch, P. (Hrsg.). *Integrationspotentiale moderner Gesellschaften*. Wiesbaden: VS.

Henke, A. (2016). Lernen über die Natur der Naturwissenschaften – Forschender und historisch orientierter Physikunterricht im Vergleich. *Zeitschrift für Didaktik der Naturwissenschaften*.

Hering, W. T. (2007). *Wie Wissenschaft ihr Wissen schafft. Vom Wesen naturwissenschaftlichen Denkens*. Hamburg: Rowohlt-Verlag.

Heritage, M. (Phi Delta Kappan, Hrsg.). (2007). *Formative Assessment: What do teachers need to know and do?* 89(2). http://www.pdkmembers.org/members_online/publications/Archive/pdf/k0710her.pdf (27.10.206)

Hesse, H.-G. & Göbel, K. (2009). Mehrsprachigkeit als Kapital: Ergebnisse der DESI Studie. In I. Gogolin & U. Neumann (Hrsg.), *Streitfall Zweisprachigkeit* (S. 281-287). Wiesbaden: VS Verlag für Sozialwissenschaften

Hesse, M. (1984). Empirische Untersuchungen zum Biologie-Interesse bei Schülern der Sekundarstufe I. *Naturwissenschaften im Unterricht Biologie (NiU-B), 32*(10), 344-350.

Hessisches Schulgesetz (1993). Wiesbaden.

Heymann, H. W. (2013). *Allgemeinbildung und Mathematik*. Weinheim: Beltz.

Hidi, S. & Renninger, K. A. (2006). The four-phase model of interest development. *Educational Psychologist, 41*(2), 111-127.

Hodson, D. (2008). *Towards Scientific Literacy: A Teachers' Guide to the History, Philosophy and Sociology of Science*. Rotterdam: Sense Publishers.

Hodson, D. (2013). Don't Be Nervous, Don't Be Flustered, Don't Be Scared. Be Prepared. Canadian *Journal of Science, Mathematics and Technology Education*, 13(4), 313–33.

Hoffmann, L. & Lehrke, M. (1985). *Eine Zusammenstellung erster Ergebnisse aus der Querschnittserhebung 1984 über Schülerinteressen an Physik und Technik vom 5. – 10. Schuljahr.* Kiel: IPN.

Hoffmann, L. & Lehrke, M. (1986). Eine Untersuchung über Schülerinteresse an Physik und Technik. *Zeitschrift für Pädagogik* 32,189-204.

Hoffmann, L. (2002). Promoting girls' interest and achivement in physics classes for beginners. *Learning and instruction*, 447-465.

Hoffmann, L., Häußler, P. & Lehrke, M. (1998). *Die IPN-Interessenstudie Physik*. Kiel: IPN

Hofheinz, V. (2008). *Erwerb von Wissen über die „Natur der Naturwissenschaften". Eine Fallstudie zum Potenzial impliziter Aneignungsprozesse in geöffneten Lehr-Lern-Arrangements am Beispiel von Chemieunterricht*. Universität Siegen, Diss.. http://dokumentix.ub.uni-siegen.de/opus/volltexte/2008/357/index.html (21.09.2016).

Holstermann, N. & Bögeholz, S. (2007). Interesse von Jungen und Mädchen an naturwissenschaftlichen Themen am Ende der Sekundarstufe I. *Zeitschrift für Didaktik der Naturwissenschaften, 13,* 71-86.

Höner, K. (1996). Mathematisierungen im Chemieunterricht – ein Motivationshemmnis?, *Zeitschrift für Didaktik der Naturwissenschaften* 2(2), 51-70.

Hößle, C. & Menthe, J. (2013). Bewerten und Entscheiden, aber wie?. In J. Menthe, D. Höttecke, I., Eilks, & Hößle, C., *Handeln in Zeiten des Klimawandels – Bewerten Lernen als Bildungsaufgabe* (S. 35-63). Münster: Waxmann.

Hößle, C., Höttecke, D., Kircher, E. (Hrsg.). (2004). *Lehren und Lernen über die Natur der Naturwissenschaften*. Baltmannsweiler: Schneider-Verlag Hohengehren.

Höttecke, D. & Barth, M. (2011). Geschichte im Physikunterricht. Argumente, Methoden und Anregungen, um Wissenschaftsgeschichte in den Physikunterricht einzubeziehen. *Naturwissenschaften im Unterricht – Physik,* 22(126), 4-10.

Höttecke, D. & Rieß, F. (2015). Naturwissenschaftliches Experimentieren im Lichte der jüngeren Wissenschaftsforschung – Auf der Suche nach einem authentischen Experimentbegriff der Fachdidaktik. *Zeitschrift für Didaktik der Naturwissenschaften*, 21(1), 127-139.

Höttecke, D. (2001). *Die Natur der Naturwissenschaften historisch verstehen. Fachdidaktische und wissenschaftshistorische Untersuchungen*. Berlin: Logos-Verlag, Diss..

Höttecke, D. (2001). Die Vorstellungen von Schülern und Schülerinnen von der „Natur der Naturwissenschaften". *Zeitschrift für Didaktik der Naturwissenschaften, 7,* 7-23.

Höttecke, D. (2008). Was ist Naturwissenschaft? Physikunterricht über die Natur der Naturwissenschaften. *Naturwissenschaften im Unterricht – Physik,* 19(103), 4-11.

Höttecke, D. (2010). Forschend-entdeckender Physikunterricht. Ein Überblick zu Hintergründen, Chancen und Umsetzungsmöglichkeiten entsprechender Unterrichtskonzeptionen. *Naturwissenschaften im Unterricht – Physik*, 21(119), 4-12.

Höttecke, D. (2013). Rollen- und Planspiele in der Bildung für nachhaltige Entwicklung. In J. Menthe, D. Höttecke, I. Eilks, C. Hößle, *Handeln in Zeiten des Klimawandels – Bewerten Lernen als Bildungsaufgabe* (S. 95-111). Münster: Waxmann.

Höttecke, D. (im Druck). Naturwissenschaftliche Unterrichtsfächer. In I. Gogolin, V. Georgi, M. Krüger-Potratz, D. Lengyel & U. Sandfuchs (Hrsg.). *Handbuch Interkulturelle Pädagogik*. Bad Heilbrunn: Verlag Julius Klinkhardt.

Höttecke, D., Henke, A. & Rieß, F. (2011). Was ist Bewegung? Eine historische Fallstudie zum Trägheitskonzept und zum Lernen über die Natur der Naturwissenschaften. *Naturwissenschaften im Unterricht – Physik*, 22 (126), 25-31.

Huber, L. (1991). Fachkulturen. Über die Mühen der Verständigung zwischen Disziplinen. *Neue Sammlung* 31 (3), 3- 24.

Huber, L. (1994). Wissenschaftspropädeutik und Fächerübergreifender Unterricht – Eine unerledigte Hausaufgabe der allgemeinen Didaktik. In: M. A. Meyer, W. Plöger & W. Klafki (Hrsg.): *Allgemeine Didaktik, Fachdidaktik und Fachunterricht* (Reihe Pädagogik, Band 10, S. 243-253). Weinheim: Beltz.

Humboldt, A. von (o. J.). *Kosmos. Entwurf einer physischen Weltbeschreibung*. Stuttgart.

Humboldt, W. von (1903). *Theorie der Bildung des Menschen*. In Werke. Hrsg. von A. Leitzmann. Bd.1. (282-287), Berlin.

Hummel, E., Glück, M., Jürgens, R., Weisshaar, J. & Randler, C. (2012). Interesse, Wohlbefinden und Langeweile im naturwissenschaftlichen Unterricht mit lebenden Organismen. *Zeitschrift für Didaktik der Naturwissenschaften* 18, 99-116.

Institut für Jugendforschung (2004). *Meinungen und Einstellungen von Schülern zum Thema Chemie*. München: IJF.

Irwin, A. R. (2000). Historical Case Studies: Teaching the Nature of Science in Context. *Science Education*, 84(1), 5-26.

Irzik, G. & Nola, R. (2011). A Family Resemblance Approach to the Nature of Science for Science Education. *Science & Education*, 20, 591-607.

Jahnke-Klein, Sylvia (2013). Benötigen wir eine geschlechtsspezifische Pädagogik in den MINT-Fächern? Ein Überblick über die Debatte und den Forschungsstand. *Schulpädagogik heute*, 4(8), 1–19.

Janetzki, H. & Kuhn, J. (2004). Projektorientierter Unterricht vs. Planspiel. Verschiedene methodische Zugänge zum Thema „Brennstoffzelle". *Unterricht Physik*, 79, 33-36.

Jäsche, G. B. (1876). *Immanuel Kant's Logik. Ein Handbuch zu Vorlesungen* (2. Aufl.). Reutlingen: Mäcken.

Jenkins, E.W. & Nelson, N.W. (2005). Important but not for me: students' attitudes towards secon-dary school science in England. *Research in Science & Technological Education*, 23, 41-57.

Jidesjö, A. & Oscarsson, M. (2004). *Students' attitudes to science and technology. First results from The ROSE-project in Sweden*. Paper presented at the IOSTE 11 conference, Polen. http://www.ils.uio.no/english/rose/ (27.10.206).

Johnstone, A. H. (1991). Why is science difficult to learn? Things are seldom what they seem. *Journal of Computer Assisted Learning*, 7(2), 75–83.

Jones, M.G., Howe, A., Rua, MJ. (2000). Gender differences in students' experiences, interes, and attitudes toward science and scientists. *Science Education*, 84, 180-192

Jordan-Young, R. (2010). *Brain Storm. The flaws of the science of sex.* Cambridge: Havard University Press.

Jung, W. (1986). Alltagsvorstellungen und das Lernen von Physik und Chemie. *Naturwissenschaften im Unterricht – Physik/Chemie*, 34, 13, 2-6.

Jung, W. (1987). Verständnisse und Mißverständnisse. *Physica didactica*, 14, 23-30.

Jung, W. (1992). Von der klassischen Physik zur Quantenphysik – Schock oder sanfter Übergang? In Fischler, H. (Hrsg.). *Quantenphysik in der Schule* (S. 22-28). Kiel: IPN.

Jung, W. (1993). Hilft die Entwicklungspsychologie dem Physikunterricht? In R. Duit (Hrsg.). *Kognitive Entwicklung und Lernen der Naturwissenschaften* (Bd. 135, S. 86– 108). Kiel: IPN.

Jungermann, H., Pfister, H.-R., & Fischer, K. (2005). *Die Psychologie der Entscheidung. Eine Einführung.* München: Spektrum-Verlag.

Jürgensen, F. (2005). Das integrierte Fach ‚Naturwissenschaften' und seine Beliebtheit bei Lehrern und Schülern. In: E. Rossa (Hrsg.): *Chemiedidaktik. Praxishandbuch für die Sekundarstufe I und II.* Berlin: Cornelsen Scriptor.

Kals, E., Schumacher, D. & Montada, L. (1998). Naturerfahrungen, Verbundenheit mit der Natur und ökologische Verantwortung als Determinanten naturschützenden Verhaltens. *Zeitschrift. für Sozialpsychologie*, 29, 5-19.

Kant, Immanuel (1977). *Kritik der Urteilskraft* (Werkausgabe Band X), Frankfurt am Main.

Kaplan, R./Kaplan, S. (1989). *The Experience of Nature: a psychological perspective.* Cambridge, New York, Cambridge University Press.

Karam, R., Uhden, O. & Höttecke, D. (2016). Das habt ihr schon im Matheunterricht gelernt! Stimmt das wirklich? *Unterricht Physik*, 153/154.

Kasper, L. (2008). Lernen aus historischen „Irrtümern"? Die CD-ROM „Tafelrunde" – ein szenischer Dialog zum historischen Wechsel der Theorien des Erdmagnetismus. *Naturwissenschaften im Unterricht – Physik*, 19(103), 42-43.

Kattmann, U. (2005). Lernen mit anthropomorphen Vorstellungen? – Ergebnisse von Untersuchungen zur Didaktischen Rekonstruktion in der Biologie. *Zeitschrift für Didaktik der Naturwissenschaften*, 11, 165-174.

Kattmann, U. (2007a). Didaktische Rekonstruktion: eine praktische Theorie. In D. Krüger & H. Vogt (Hrsg.). *Theorien in der biologiedidaktischen Forschung* (S. 93-104). Berlin: Springer.

Kattmann, U. (2007b). Biologie-Lernen mit Alltagsvorstellungen. *Unterricht Biologie (UB)*, 31(329).

Kattmann, U. (2008). Learning biology by means of anthropomorphic conceptions? In M. Hammann, M. Reiss, C. Boulter & S. Tunicliffe (eds.). *Biology in context: Learning and teaching for the 21st century.* University of London: Institute of Education.

Kattmann, U. (2015). *Schüler besser verstehen: Alltagsvorstellungen im Biologieunterricht.* Halbermoss: Aulis.

Kattmann, U. (2016). Energie und Entropie – zentrale Begriffe für biologische Bildung. In U. Gebhard & M. Hammann (Hrsg.), *Lehr- und Lernforschung in der Biologiedidaktik. Band „Bildung durch Biologieunterricht"* (S. 133-148), Internationale Tagung der Fachsektion Didaktik der Biologie im VBIO, Hamburg 2015. Innsbruck: Studienverlag.

Kattmann, U., Duit, R., Gropengießer, H. & Komorek, M. (1997). Das Modell der Didaktischen Rekonstruktion: Ein Rahmen für naturwissenschaftsdidaktische Forschung und Entwicklung. *Zeitschrift für Didaktik der Naturwissenschaften*, 3 (3), 3-18.

Kessels, U. & Hannover, B. (2000). Situational aktivierte Identität in koedukativen und monoedukativen Lerngruppen. In Brechel, R. (Hrsg.). *Zur Didaktik der Physik und Chemie: Probleme und Perspektiven* (S. 105-113). Alsbach/Bergstraße: Leuchtturm.

Kessels, U. (2002). *Undoing Gender in der Schule. Eine empirische Studie über Koedukation und Geschlechtsidentität im Physikunterricht.* Weinheim: Juventa.

Kessels, U., Hannover, B. (2006). Zum Einfluss des Images von mathematisch-naturwissenschaftlichen Schulfächern auf die schulische Interessensentwicklung. In M. Prenzel, L. Allolio-Näcke (Hrsg.). *Untersuchungen zur Bildungsqualität von Schule. Abschlussbericht des DFG-Forschungsprojekts* (S. 350-369). Münster: Waxmann.

Kessels, U., Rau, M. & Hannover, B. (2006). What goes well with physics? Measuring and altering the image of science. *British Journal of Educational Psychology* 76, 761-780.

Keupp, H. (2008). *Identitätskonstruktionen: Das Patchwork der Identitäten in der Spätmoderne* (4. Aufl.). Reinbek bei Hamburg: Rowohlt.

Khishfe, R., & Abd-El-Khalick, F. (2002). The influence of explicit and reflective versus implicit inquiry-oriented instruction on sixth graders' views of nature of science. *Journal of Research in Science Teaching*, 39(7), 551–578.

Kircher, E. & Dittmer, A. (2004). Lehren und lernen über die Natur der Naturwissenschaften – ein Überblick. In C. Hößle, D. Höttecke & E. Kircher, *Lernen über die Natur der Naturwissenschaften* (S. 2-22). Baltmannsweiler: Schneider Verlag Hohengehren.

Kircher, E. (2015). *Physikdidaktik: Theorie und Praxis* (3. Aufl.). Berlin: Springer Spektrum.

Kisiel, T. (1971). Zu einer Hermeneutik naturwissenschaftlicher Entdeckungen. *Zeitschrift für allgemeine Wissenschaftstheorie*, vII/2, 195-221.

Klafki, W. (1970). *Studien zur Bildungstheorie und Didaktik.* Weinheim, Basel: Beltz. (19. Auflage).

Klafki, W. (1982). *Die Pädagogik Theodor Litts. Eine kritische Vergegenwärtigung.* Königstein: Skriptor.

Klafki, W. (1994). Konturen eines neuen Allgemeinbildungskonzepts. In W. Klafki (Hrsg.). *Neue Studien zur Bildungstheorie und Didaktik: Zeitgemäße Allgemeinbildung und kritisch-konstruktive Didaktik* (S.267-279). Weinheim: Beltz.

Klafki, W. (1996). *Neue Studien zur Bildungstheorie und Didaktik. Zeitgemäße Allgemeinbildung und kritisch-konstruktive Didaktik.* Weinheim, Basel: Beltz.

Kleine, A. & Vogt, H. (2002). Einfluss der didaktisch-methodischen Ausgestaltung des Unterrichts auf die Interessiertheit der Kinder bezüglich eines unbeliebten Unterrichtsgegenstands des Sachunterrichts. In R. Klee & H. Bayrhuber (Hrsg.). *Lehr- und Lernforschung in der Biologiedidaktik* (Bd. 1). Innsbruck: Studienverlag.

Klieme, E., Avenarius, H., Blum, W., Döbrich, P., Gruber, H., Prenzel, M. et al. (Hrsg.). (2003). *Zur Entwicklung nationaler Bildungsstandards. Eine Expertise* (Bildungsforschung, Bd. 1, Unveränd. Nachdr). Bonn: BMBF. https://www.bmbf.de/pub/Bildungsforschung_Band_1.pdf (27.10.206).

Klos, S. (2008). *Kompetenzförderung im naturwissenschaftlichen Anfangsunterricht: Einfluss eines integrierten Unterrichtskonzepts.* Berlin: Logos.

KMK (Kultusministerkonferenz, Hrsg.) (2005). *Bildungsstandards in den Fächern Biologie, Chemie, Physik Physik für den Mittleren Schulabschluss.* Herausgegeben vom Sekretariat der Ständigen Konferenz der Kultusminister der Länder in der Bundesrepublik Deutschland. https://www.kmk.org/dokumentation-und-statistik/beschluesse-und-veroeffentlichungen/bildung-schule/allgemeine-bildung.html#c1264 (05.10.2016).

KMK (Kultusministerkonferenz, Hrsg.) (2006). *Bericht „Zuwanderung". Beschluss der Kultusministerkonferenz vom 25.05.2002 i.d.F. vom 16.11.2006.* http://www.kmk.org/fileadmin/veroeffentlichungen_beschluesse/2002/2002_05_24-Zuwanderung.pdf (25.03.2014).

KMK (Kultusministerkonferenz, Hrsg.). (2005). *Beschlüsse der Kultusministerkonferenz: Bildungsstandards im Fach Chemie für den Mittleren Schulabschluss. Beschluss vom 16.12.2004.* http://www.kmk.org/fileadmin/veroeffentlichungen_beschluesse/2004/2004_12_16-Bildungsstandards-Chemie.pdf (27.10.206).

Knittel, C. & Mikelskis-Seiffert, S. (2013). Lohnt sich eine Photovoltaikanlage auf dem Dach? Einbettung eines expliziten Bewertungstrainings in den Elektrizitätsunterricht der Sekundarstufe I. *Unterricht Physik*, 134, 22-26.

Koch, S., Krell, M. & Krüger, D. (2015). Förderung von Modellkompetenz durch den Einsatz einer Blackbox. *Erkenntnisweg Biologiedidaktik*, 14, 93-108.

Kockelmans, J. (1997). On the Hermeneutical Nature of Modern Natural Science. *Man and World, 30,* 299-313.

Kögel, A., Regel, M., Gehlhaar, K.-H. & Klepel, G. (2000). Biologieinteressen der Schüler. In H. Bayrhuber & U. Unterbruner (Hrsg.). *Lehren und Lernen im Biologieunterricht* (S. 32-45). Innsbruck: Studienverlag.

Koller, H. – C. (2007). Bildung als Entstehung neuen Wissens? Zur Genese des Neuen in transformatorischen Bildungsprozessen. In Müller, H. – R./Stravoradis, W. (Hrsg.). *Bildung im Horizont der Wissensgesellschaft* (S. 49-66). Wiesbaden: VS.

Koller, H.-C. (2011). *Bildung anders denken. Eine Einführung in die Theorie transformatorischer Bildungsprozesse* (Pädagogik). Stuttgart: Kohlhammer.

Koller, H.-C. (Hrsg.). (2008). *Sinnkonstruktion und Bildungsgang.* Opladen: Budrich.

Kolstø, S.D. (2001). Scientific literacy for citizenship: Tools for dealing with the science dimension of controversial socioscientific issues. *Science Education*, 85 (3), 291-310.

Kolstø, S.D. (2006). Patterns in Students' Argumentation Confronted with a Risk-focused Socio-scientific Issue. *International Journal of Science Education*, 28(14), 1689-1716.

Kötter, M. & Hammann, M. (2016). Pseudowissenschaft? Ein Kontext für Reflexion über Wissenschaft. In U. Gebhard & M. Hammann (Hrsg.). *Lehr- und Lernforschung in der Biologiedidaktik. Band „Bildung durch Biologieunterricht"* (S. 41-55), Internationale Tagung der Fachsektion Didaktik der Biologie im VBIO, Hamburg 2015. Innsbruck: Studienverlag.

Krapp, A, (2002). Structural and dynamic aspects of interest development: theoretical considerations from an ontogenetic perspective. *Learning and Instruction* 12, 383-409.

Krapp, A. & Prenzel, M. (2011). Research on interest in science: Theories, methods, and findings. *International Journal of Science Education, 33*, 27-50.

Krapp, A. & Ryan, R. M. (2002). Selbstwirksamkeit und Lernmotivation. *Zeitschrift für Pädagogik, 44,* 54-82, [Beiheft].

Krapp, A. (1992). Interesse, Lernen und Leistung. *Zeitschrift für Pädagogik, 38,* 747-770.

Krapp, A. (1993). Die Psychologie der Lernmotivation. *Zeitschrift für Pädagogik,* 39(2), 187-205.

Krapp, A. (1998). Entwicklung und Förderung von Interessen im Unterricht. *Psychologie in Erziehung und Unterricht*, 45, 186-203.

Krapp, A. (1999). Interest, motivation and learning: An educational-psychological perspective. *European Journal of Psychology of Education,* 14 (1), 23-40.

Kremer, K. & Mayer, J. (2013). Entwicklung und Stabilität von Vorstellungen über die Natur der Naturwissenschaften. *Zeitschrift für Didaktik der Naturwissenschaften*, 19, 77-101.

Krings, H. (1982). Kann man die Natur verstehen? In W. Kuhlmann & D. Böhler (Hrsg.), *Kommunikation und Reflexion. Zur Diskussion der Transzendentalpragmatik : Antworten auf Karl-Otto Apel* (Suhrkamp Taschenbuch Wissenschaft, Bd. 408, 1. Aufl., S. 371-398). Frankfurt am Main: Suhrkamp.

Krogh, L. B., P. von Thomsen (2005). Studying students attitudes towards science from a cultural perspective but with a quantitative methodology: border crossing into the physics classroom. *International Journal of Science Education* 27(3), 281-302.

Krüger, D. (2007). Die Conceptual Change-Theorie. In D. Krüger & H. Vogt (Hrsg.). *Theorien in der biologiedidaktischen Forschung* (S. 81-92). Berlin: Springer.

Krüger, J. (2016). *Schülerperspektiven auf die zeitliche Entwicklung der Naturwissenschaften – Theoretische Grundsatzüberlegungen und empirische Erkenntnisse.* Dissertation, Universität Hamburg.

Kubli, F. (1998). *Plädoyer für Erzählungen im Physikunterricht.* Köln: Aulis-Verlag Deubner.

Kuckartz, U. (2010). Nicht hier, nicht jetzt, nicht ich – Über die symbolische Bearbeitung eines ernsten Problems. In H. Welzer, H.-G. Soeffner, & D. Giesecke (Hrsg.), *KlimaKulturen. Soziale Wirklichkeit im Klimawandel* (S. 144-160). Frankfurt: Campus-Verlag.

Kuhn, J. (2001). Planspiel „Energieversorgung eines Freizeitparks mithilfe regenerativer Energiequellen". *Unterricht Physik*, 12(63/64), 38-44.

Kuhn, T. S. (1974 [1992]). Neue Überlegungen zum Begriff des Paradigma. In ders., Die Entstehung des Neuen. Studien zur Struktur der Wissenschaftsgeschichte, hrsg. v. L. Krüger, Frankfurt a. M.: Suhrkamp.

Kuhn, T. S. (1976). *Die Struktur wissenschaftlicher Revolution.* Frankfurt/M.: Suhrkamp.

Kuhn, T.S. (1959, [1992]). Die grundlegende Spannung: Tradition und Neuerung in der wissenschaftlichen Forschung. In ders., Die Entstehung des Neuen. Studien zur Struktur der Wissenschaftsgeschichte, hrsg. v. L. Krüger, Frankfurt a. M.: Suhrkamp.

Künzli, R. (1988): Von sinnlichen Vorstellungen zu deutlichen Begriffen. In G. Otto, M. Sauer, E. Friedrich (Hrsg.). *Bildung – Die Menschen stärken, die Sachen klären* (S. 80-81). Friedrich Jahresheft VI. Velber: Friedrich Verlag.

Kutschmann, W. (1999). *Naturwissenschaft und Bildung. Der Streit der „zwei Kulturen".* Stuttgart: Klett-Cotta.

Labudde, P. & Adamina, M. (2008). HarmoS Naturwissenschaften: Impulse für den HarmoS Naturwissenschaften: Impulse für den naturwissenschaftlichen Unterricht von morgen. *Beiträge zu Lehrerbildung, 26* (3).

Labudde, P. (2000). *Konstruktivismus im Physikunterricht der Sekundarstufe II.* Schulpädagogik, Fachdidaktik, Lehrerbildung. Bern: Haupt.

Labudde, P. (2000). Lehrpersonen auf dem Weg zu einem geschlechtergerechten Unterricht. *Bildung und Erziehung* 53(3), 307-320.

Labudde, P. (2006). Fachunterricht und fächerübergreifender Unterricht: Grundlagen. In: K.-H. Arnold, U. Sandfuchs & J. Wiechmann (Hrsg.), *Handbuch Unterricht* (S. 441-447). Bad Heilbrunn: Julius Klinkhardt.

Labudde, P. (2014). Fächerübergreifender naturwissenschaftlicher Unterricht – Mythen, Definitionen, Fakten. *Zeitschrift für Didaktik der Naturwissenschaften, 20* (1), 11-19.

Labudde, P. (Hrsg.) (2010). Fachdidaktik Naturwissenschaften 1.-9. Schuljahr. UTB, Haupt.

Labudde, P., Herzog, W., Neuenschwander, M. P., Violi, E., Gerber, C. (2000). Girls and physics: teaching and learning strategies tested by classroom interventions in grade 11. *International Journal of Science Education* 22(2), 143-157.

Lakatos, I. (1982). *Die Methodologie wissenschaftlicher Forschungsprogramme.* Braunschweig [u. a.]: Vieweg.

Lakoff, G. & Johnson, M. (2000). *Leben in Metaphern* (2. Aufl.). Heidelberger: Auer.

Langer, E. (2010). Spracherwerb im Naturwissenschaftsunterricht in Klassen mit Migrationshintergrund. In G. Fenkart, A. Lembens, & E. Erlacher-Zeitlinger (Hrsg.), *Sprache, Mathematik und Naturwissenschaften* (S.89-107). Innsbruck u. a.: Studien Verlag.

Langlet, J. (2001). Wissenschaft – entdecken & begreifen. *Unterricht Biologie,* 25(268), 4-12.

Langlet, J., & Schnackenberg, M. (2001). Wie wirklich ist die Welt? *Unterricht Biologie,* 25 (268), 13-15

Latour, B. & Woolgar, S. (1979 [1986]). *Laboratory Life: The Construction of Scientific Facts.* Princeton: Princeton University Press.

Latour, B. (1987). *Science in Action: How to follow Scientists and Engeneers through Society.* Cambridge, MA: Harvard University Press.

LBS- Initiative Junge Familie (2005): *Das LBS-Kinderbarometer.* Recklinghausen, RDN-Verlag.

Lechte, M.-A. (2008). *Sinnbezüge, Interesse und Physik.* Opladen: Budrich.

Lederman, N. G. (2007). Nature of Science: Past, Present, and Future. In S. K. Abell & N. G. Lederman (eds.). *Handbook of research on science education* (pp. 831–879). Mahwah, NJ: Erlbaum.

Lederman, N.G. & Lederman, J.S. (2014). Research on Teaching and Learning of Nature of Science. In N. G. Lederman & S. K. Abell, *Handbook of research on science education* (pp. 600-620), Vol. II. New York: Routledge.

Leisen, J. (2008). Die Kopernikanische Wende. Mit szenischen Dialogen Entstehungs- und Durchsetzungsprozesse von Ideen darstellen. *Naturwissenschaften im Unterricht – Physik,* 19(103), 34-41.

Leisen, J. (2010). *Handbuch Sprachförderung im Fach. Sprachsensibler Fachunterricht in der Praxis.* Varus-Verlag.

Leisen, J., & Höttecke, D. (2011). Leistungsmessung und Schülerbeurteilung (S. 63-71). In H. Wiesner, H. Schecker & M. Hopf, *Physikdidaktik Kompakt,* Aulis-Verlag.

Lembens, A. (2005). Genderfragen und naturwissenschaftlicher Unterricht. In Wellensiek, A., Welzel, M., Nohl, T. (Hrsg.). *Didaktik der Naturwissenshaften – Quo vadis?* (S. 183-194). Berlin: Logos.

Lembens, A., Bartosch, I. (2012). Genderforschung in der Chemie- und Physikdidaktik. In Kamphoff, M., Wiepcke, C. (Hrsg.). *Handbuch Geschlechterforschung und Fachdidaktik* (S. 83-97). Wiesbaden: Springer VS.

Lemke, J.L. (o.J.). *Mathematics in the middle: Measure, picture, gesture, sign, and word.* http://academic.brooklyn.cuny.edu/education/jlemke/papers/myrdene.htm (09.04.2014).

Litt, T. (1959 [1968]). *Naturwissenschaft und Menschenbildung.* Heidelberg: Quelle & Meyer.

Lohrmann, K. (2008). *Langeweile im Unterricht.* Pädagogische Psychologie und Entwicklungspsychologie (Bd.66). Münster.: Waxmann Verlag.

Lorenzer, A. (1983): Sprache, Lebenspraxis und szenisches Verstehen. In *Psyche,* 37, 97-115.

Louv, R. (2011): *Das letzte Kind im Wald?* Weinheim, Basel: Beltz (amerikanische Erstausgabe 2005).

Löwe, B. (1987). Interessenverfall im Biologieunterricht. *Unterricht Biologie (UB),* 11(124), 62-65.

Löwe, B. (1992). *Biologieunterricht und Schülerinteresse an Biologie.* Weinheim: Studienverlag.

Lübke, B., U. & Gebhard, U. (2016). Nachdenklichkeit im Biologieunterricht. Irritation als Bildungsanlass? In M. Hammann & U. Gebhard (Hrsg.). *Lehr- und Lernforschung in der Biologiedidaktik,* Band 7 (S. 23-38), Innsbruck: Studienverlag.

Lück, G. (2003). *Handbuch der naturwissenschaftlichen Bildung. Theorie und Praxis für die Arbeit im Kindertageseinrichtungen.* Freiburg: Herder.

Lude, Armin (2001). *Naturerfahrung und Naturschutzbewusstsein. Eine empirische Studie.* Innsbruck: Studienverlag.
Lüders, J. (Hrsg.) (2007). *Fachkulturforschung in der Schule.* Opladen u. a.: Verlag Barbara Budrich.
Luhmann, N. (1990). *Konstruktivistische Perspektiven.* Opladen: Westdeutscher Verlag.
Mähler, C. (1995). *Weiß die Sonne, dass sie scheint? Eine experimentelle Studie zur Deutung des animistischen Denkens bei Kindern.* Münster: Waxmann.
Mähler, C. (1999). Naive Theorien im kindlichen Denken. *Zeitschrift für Entwicklungspsychologie und Pädagogische Psychologie,* 31(2), 53-66.
Manteufel, A. & Schiepek, G. (1998). *Systeme spielen. Selbstorganisation und Kompetenzentwicklung in sozialen Systemen.* Göttingen: Vanderhoek & Ruprecht.
Marton, F. & Säljö, R. (1976). On qualitative differences in learning – 1:outcome and process. *British Journal of Educational Psychology,* 46, 4-11.
Mason, S. F. (1997). *Geschichte der Naturwissenschaften in der Entwicklung ihrer Denkweisen.* Bassum: Verlag für Geschichte der Naturwissenschaften und Technik.
Matthews, Michael R. (1994). *Science Teaching. The Role of History and Philosophy of Science.* New York, London: Routledge.
Maturana, H. R. & Varela, F. (1992). *Der Baum der Erkenntnis.* Bern: Goldmann.
Maturana, H. R. (2000). Wissenschaft und Alltagsleben. In H. R. Maturana (Hrsg.). *Biologie der Realität.* Frankfurt am Main: Suhrkamp.
McComas, W. F. (ed.) (1998). *The Nature of Science in Science Education. Rationales and Strategies.* Dordrecht [u. a.]: Kluwer Academic Publishers.
McElvany, N., Bos, W., Holtappels, H. G., Gebauer, M. M. & Schwabe, F. (Hrsg.) (2016). *Bedingungen und Effekte guten Unterrichts* (Dortmunder Symposium der Empirischen Bildungsforschung) Münster: Waxmann.
Menthe, J. (2012). Wider besseres Wissen?! Conceptual Change: Warum Lernen nicht notwendig zur Veränderung des Urteilens und Bewertens führt. *Zeitschrift für interpretative Schul- und Unterrichtsforschung,* Themenheft Urteilsbildung, S. 161-183.
Menthe, J., & Parchmann, I. (2006). Trink- oder Mineralwasser: Bewerten – ein Kinderspiel? *Naturwissenschaften im Unterricht – Chemie,* Nr. 94/95(4/5), 80-84.
Merton, R. (1942 [1973]). The Normative Structure of Science. In ders., *The Sociology of Science. Theoretical and Empirical Investigations* (pp. 267-278). Chicago: University of Chicago Press.
Merzyn, G. (1994). *Physikschulbücher, Physiklehrer und Physikunterricht.* Kiel: IPN.
Merzyn, G. (1998). Sprache im naturwissenschaftlichen Unterricht. *Physik in der Schule,* 36 (7-8) 203-205 (Teil 1), 243-247 (Teil 2).
Merzyn, G. (2008). *Naturwissenschaften, Mathematik, Technik – immer unbeliebter: Die Konkurrenz von Schulfächern um das Interesse der Jugend im Spiegel vielfältiger Untersuchungen.* Baltmannsweiler: Schneider Hohengehren.
Merzyn, G. (2013). Fachsystematischer Unterricht: Eine umstrittene Konzeption. *Der mathematisch-naturwissenschaftliche Unterricht,* 66 (5), 265-269.
Messer, J. (2012). *Die Verständlichkeit multilingualer Normen.* Göttingen: Universitätsverlag.
Messner, R. (2012). Phänomene als Initiation: Über die Besonderheit des „Einstiegs" in der Wagenscheinschen Lehrweise. In N. Kruse, R. Messner & B. Wollring (Hrsg.), *Martin Wagenschein – Faszination und Aktualität des Genetischen* (S. 49-70). Baltmannsweiler: Schneider Verl. Hohengehren.
Metz, D., Klassen, S., McMillan, B., Clough, M., & Olson, J. (2007). Building a Foundation for the Use of Historical Narratives. *Science & Education,* 16, 313–334.

Meyer, H. (1987). Experimentelles Arbeiten im Biologieunterricht. *Friedrich Forum 3*. Seelze: Friedrich Verlag.
Meyer-Drawe, K. (2005). Lernen als Erfahrung. *Zeitschrift für Erziehungswissenschaft 6*, 505-514.
Meyling, Heinz (1990). *Wissenschaftstheorie im Physikunterricht der gymnasialen Oberstufe. Das wissenschaftstheoretische Schülervorverständnis und der Versuch seiner Veränderung durch explizit wissenschaftstheoretischen Unterricht.* Universität Bremen, Diss..
Mikelskis, H. (1979). *Zum Verhältnis von Wissenschaft und Lebenswelt im Physikunterricht dargestellt am Thema Kernkraftwerke.* Universität Bremen, Diss.
Millar, R. (2014). Towards a research-informed teaching sequence of energy. In: R. F. Chen, A. Eisenkraft, D. Fortus, J. Krajcik, K. Neumann, J. Nordine & A. Scheff (Hrsg.): *Teaching and Learning of Energy in K-12 Education* (pp. 187-204). Springer.
Millar, R., & Osborne, J. (1998). *Beyond 2000: Science education for the future: a report with ten recommendations.* London: King's College London, School of Education.
Miller, L. L. (1992). Molecular Anthropomorphism. *Journal of Chemical Education* 69(2), 141.
Mitchell, M. (1993). Situational Interest: Its multifaceted structure in the secondary school mathematics classroom. *Journal of Educational Psychology*, 85(3), 424-436
Mitscherlich, A. (1965). *Die Unwirtlichkeit unserer Städte.* Frankfurt/M.: Suhrkamp.
MNU (2012). *Grundbildung in den naturwissenschaftlichen Fächern – Basiskompetenzen.* Neuss: Verlag Klaus Seeberger.
Möller, K. (2010). Lernen von Naturwissenschaft heißt Konzepte verändern. In P. Labudde (Hrsg.). *Fachdidaktik Naturwissenschaft. 1.–9. Schuljahr* (S.57–72). Stuttgart: Haupt Verlag.
Monetha, S. & Gebhard, U. (2008). Alltagsphantasien, Sinn und Motivation. In H.-C. Koller (Hrsg.). *Sinnkonstruktion und Bildungsgang* (S. 65-86). Opladen: Budrich.
Monwetha, S. (2009): *Alltagsphantasien, Motivation und Lernleistung.* Opladen: Budrich.
Moschner, B., Kiper, H. & Kattmann, U. (Hrsg.). (2003). *PISA 2000 als Herausforderung.* Baltmannsweiler: Schneider Hohengehren.
Mrochen, M. & Höttecke, D. (2012). Einstellungen und Vorstellungen von Lehrpersonen zum Kompetenzbereich Bewertung der Nationalen Bildungsstandards. *Zeitschrift für interpretative Schul- und Unterrichtsforschung*, 1(1). Thema: Urteilsbildung, 113-145.
Muckenfuß, H. (1995). *Lernen im sinnstiftenden Kontext.* Berlin: Cornelsen.
Müller, R., Wodzinski, R., & Hopf, M. (2004). *Schülervorstellungen in der Physik. Festschrift für Hartmut Wiesner.* Köln: Aulis-Verlag Deubner.
National Research Council (2012). *A framework for K-12 science education: Practices, crosscutting concepts, and core ideas.* Washington, D.C: Committee on a Conceptual Framework for New K-12 Science Education Standards. Board on Science Education, Division of Behavioral and Social Sciences and Education.
Negt, O. (1982). Die Alternativpädagogik ist ohne Alternative. In J. Beck & H. Boehnke (Hrsg.). *Jahrbuch für Lehrer 7. Selbstkritik der Pädagogischen Linken: Einsichten und Aussichten* (S. 114 – 144). Reinbek b. Hamburg: Rowohlt.
Neumann, I. & Kremer, K. (2013). Nature of Science und epistemologische Überzeugungen – Ähnlichkeiten und Unterschiede. *Zeitschrift für Didaktik der Naturwissenschaften*, 19, 211-234.
NGSS (2013). *The Next Generation Science Standards.* http://www.nextgenscience.org/get-to-know (10.10.2016).
Niedderer, H. & Schecker, H. (2004). Physik lernen und das Vorverständnis der Schüler. In C. Hößle, D. Höttecke & E. Kircher (Hrsg.). *Lehren und Lernen über die Natur der Naturwissenschaften* (S. 248-263). Baltmannsweiler: Schneider Verlag Hohengehren.

Niedderer, H. (1999). Physiklernen als kognitive Entwicklung. In F. D. d. P. Deutsche Physikalische Gesellschaft (Hrsg.). *Didaktik der Physik: Vorträge – Physikertagung* (S. 33–48).

Niederhauser, J. (2009). Rhetorik und Stilistik in den Naturwissenschaften. In U. Fix, A. Gardt & J. Knape (Hrsg.), *Rhetorik und Stilistik*, Band 2 (S. 1949-1965). Berlin/New York: de Gruyter.

Nielsen, K.H. (2013). Scientific Communication and the Nature of Science. *Science & Education 22*, 2067–2086.

Nietzsche, F. [1878] 2013. Menschliches, Allzumenschliches. In Friedrich Nietzsche: *Philosophische Werke in sechs Bänden*, Band. II. Hg. v. Claus-Artur Scheier. Hamburg, Meiner.

Oelkers, J. & Reusser, K. (2008). *Expertise: Qualität entwickeln, Standards sichern, mit Differenz umgehen.* Bonn: BMBF.

Oliveira, A. W., Akerson, V. L., Colak, H., Pongsanon, K. & Genel, A. (2012). The implicit communication of nature of science and epistemology during inquiry discussion. *Science Education, 96*(4), 652-684.

Oreskes, N. & Conway, E.M. (2010). *Merchants of doubt. How a handful of scientists obscured the truth on issues from tobacco smoke to global warming.* New York u.a.: Bloomsbury Press.

Osborne, J.F., Driver, R. & Simon, S. (1998). Attitudes to science: issues and concern. *Scholl Science Review, 79*, 27-33.

Oschatz, K. (2011). *Intuition und fachliches Lernen: Zum Verhältnis von epistemischen Überzeugungen und Alltagsphantasien.* Wiesbaden: VS.

Oschatz, K., Mielke, R. & Gebhard, U. (2011). Fachliches Lernen mit subjektiv bedeutsamem implizitem Wissen – Lohnt sich der Aufwand? In E. Witte & J. Doll (Hrsg.). *Sozialpsychologie, Sozialisation, Schule* (S. 246-254). Lengerich: Pabst.

Oulton, C., Dillon, J., & Grace, M.M. (2004). Reconceptualizing the teaching of controversial issues. *International Journal Science Education, 26*(4), 411-423.

Palm, K. (2012). Grundlagen und Visionen einer genderreflexiven Biologiedidaktik. In Kamphoff, M., Wiepcke, C. (Hrsg.). *Handbuch Geschlechterforschung und Fachdidaktik* (S. 69-82). Wiesbaden: Springer VS.

Palmer, J, Suggate, J. (1996). Influences and experiences affecting the proenvironmental behavior of educators. *Environmental Education Research, 2*(1), 109-121.

Palmer, J. u.a. (1998). An overview of significant influences and formative experiences on the development of adult`s environmental awareness in nine countries. *Environmental Education Research 4*(4), 445-464.

Pauen, Sabina (1997). Überlebt der Animismus? Kritische Evaluation einer Hypothese zum präkausalen Denken. *Zeitschrift für Entwicklungspsychologie und Pädagogische Psychologie 29*(2), 97-118.

Peukert, H. (1998). Zur Neubestimmung des Bildungsbegriffs. In M. Meyer & A. Reinartz (Hrsg.). *Bildungsgangdidaktik* (S. 17-29). Opladen: Budrich.

Peukert, H. (2003). Die Logik transformatorischer Bildungsprozesse und die Zukunft von Bildung. In Peukert, H./Arens, F./Mittelstraß, J./Ries, M. (Hg). *Geistesgegenwärtig. Zur Zukunft universitärer Bildung.* Luzern.

Pfister, J. (Hrsg.) (Erscheint November 2016). *Texte zur Wissenschaftstheorie.* Reclam.

Pfundt, H. 1975. Ursprüngliche Erklärungen der Schüler zu chemischen Vorgänge. *MNU, 28* (3), 157-162.

Piaget, J. (1978). *Das Weltbild des Kindes.* Stuttgart: Klett

Pickering, A. (1993). Living in the Material World: on Realism and Experimental Practice. In D. Gooding, T. Pinch & S. Schaffer, *The Uses of Experiment. Studies in the Natural Sciences* (pp. 275-297), Cambridge: University Press.

Pitrelli, N., Manzoli, F. & Montolli, B. (2006). Science in advertising: uses and consumptions in the Italien press. *Public Understanding of Science*, 15, 207-220.

Popper, K. R. (1934 [1976]). *Logik der Forschung*. Tübingen: Mohr.

Posner, G., Strike, K., Hewson, P. & Gertzog, W. (1982). Acommodation of a scientific conception: Toward a theory of conceptual change. *Science Education (SE)*, 66(2), 211- 227.

Prechtl, M. & Reiners, C. (2007). Wie der Chemieunterricht Geschlechterdifferenzen inszeniert. *ChemKon*, 14(1), 21-29.

Prediger, S. (2013). Darstellungen, Register und mentale Konstruktionen von Bedeutungen und Beziehungen – mathematikspezifische sprachliche Herausforderungen identifizieren und bearbeiten. In M. Becker-Mrotzek, K. Schramm, E. Thürmann, & H.J. Vollmer (Hrsg.), *Sprache im Fach. Sprachlichkeit und fachliches Lernen* (S. 167-183). Münster: Waxmann.

Prenzel, M., Artelt, C., Baumert, J., Blum, W. Hammann, M., Klieme, E., & Pekrun, R. (Hrsg.) (2007). *PISA 2006. Die Ergebnisse der dritten internationalen Vergleichsstudie.* Münster: Waxmann.

Prenzel, M., Lankes, E.-M. & Minsel, B. (2000). Interessenentwicklung in Kindergarten und Grundschule: Die ersten Jahre. In U. Schiefele & K.-P. Wild (Hrsg.). *Interesse und Lernmotivation* (S.11-30). Münster: Waxmann.

Prenzel, M., Sälzer, C., Klieme, E. & Köller, O. (2013). *PISA 2012. Fortschritte und Herausforderungen in Deutschland*. Münster: Waxmann.

Prenzel; M. (1988). *Die Wirkungsweise von Interesse*. Opladen: Westdeutscher Verlag.

Projektkerngruppe PING: *Was ist PING? Kurz-Information. Status – Konzeption – Entwicklung*. Kiel (IPN). 1996.

Püttschneider, M. & Lück, G. (2004). Die Rolle des Animismus bei der Vermittlung chemischer Sachverhalte. *Chemikon* 4(11), 167-173.

Quaiser-Pohl, Claudia & Endepohls-Ulpe, Martina (Hrsg.) (2010). *Bildungsprozesse im MINT-Bereich. Interesse, Partizipation und Leistungen von Mädchen und Jungen*. Münster: Waxmann.

Randler, C. & Kunzmann, M. (2005). Lernemotionen und Lehrerverhalten im Biologieunterricht. *Mathematisch Naturwissenschaftlicher Unterricht*, 58(6), 367–373.

Ratcliffe, M. (1997). Pupil decision-making about socio-scientific issues within the science curriculum. *International Journal of Science Education*, 19(2), 167–182.

Redaktion SozNat (Hrsg.) (1982). *Naturwissenschaftlicher Unterricht in der Gegenperspektive*. Braunschweig: Agentur Pederson.

Redish, E.F. & Kuo, E. (2015). Language of Physics, Language of Math: Disciplinary Culture and Dynamic Epistemology. *Science & Education*, 24, 561-590.

Rehm, M. & Parchmann, I. (2015). Lernvielfalt Naturwissenschaften. Ziele und Ansätze einer systematischen Vernetzung schulischen und außerschulischen Lernens. *Naturwissenschaften im Unterricht – Chemie, 26* (147), 2-7.

Rehm, M. (2006). Allgemeine naturwissenschaftliche Bildung – Entwicklung eines vom Begriff „Verstehen" ausgehenden Kompetenzmodells. *Zeitschrift für Didaktik der Naturwissenschaften, 12*, 23-44.

Rehm, M. (2007). Naturwissenschaftlich-politisches Lernen. In D. Lange & V. Reinhardt (Hrsg.).*Basiswissen Politische Bildung. Handbuch für den sozialwissenschaftlichen Unterricht* (1. Aufl., S. 111-119). Baltmannsweiler: Schneider-Verl. Hohengehren.

Rehm, M. (2010). Erfahrungslernen und Verstehen. Modellierung einer Kompetenz des naturwissenschaftlichen Verstehens. In D. Höttecke (Hrsg.), *Entwicklung naturwissenschaftlichen Denkens zwischen Phänomen und Systematik. Gesellschaft für Didaktik der Chemie und Physik, Jahrestagung in Dresden 2009* (S. 21-36). Münster, Westf [u. a.]: LIT-Verl.

Rehm, M. (2015). Verstehen im naturwissenschaftlichen Unterricht? In U. Gebhard (Hrsg.). *Sinn im Dialog* (S. 199-216). Wiesbaden: Springer Fachmedien Wiesbaden.

Rehm, M., Bünder, W., Haas, T., Buck, P., Labudde, P., Brovelli, D. et al. (2008). Legitimierungen und Fundamente eines integrierten Unterrichtsfachs „Science". *Zeitschrift für Didaktik der Naturwissenschaften*, 14, 99-124.

Reidl, K., Schemel, H.-J. & Blinkert, B. (2005). *Naturerfahrungsräume im besiedelten Bereich.* Nürtingen: Hochschulbund Nürtingen/Geislingen.

Reinhold, P. & Bünder, W. (2001). Stichwort: Fächerübergreifender Unterricht. *Zeitschrift für Erziehungswissenschaften*, 4(3), 333-357.

Reitschert, K. & Hößle, C. (2007). Wie Schüler ethisch bewerten. Eine qualitative Untersuchung zur Strukturierung und Ausdifferenzierung von Bewertungskompetenz in bioethischen Sachverhalten bei Schülern der Sek. I. *Zeitschrift für Didaktik der Naturwissenschaften*, 13, 125-143.

Renkl, A. (2010). Träges Wissen. In D. Rost (Hrsg.). *Handwörterbuch Pädagogische Psychologie* (S. 854-858). Weinheim: Beltz.

Reusswig, F. (2010). Klimawandel und Gesellschaft. Vom Katastrophen- zum Gestaltungsdiskurs im Horizont der postkarbonen Gesellschaft. In M. Voss (Hrsg.). *Der Klimawandel. Sozialwissenschaftliche Perspektiven* (S. 75-97). Wiesbaden: VS-Verlag für Sozialwissenschaften.

Rheinberg, F. & Vollmeyer, R. (2012). *Motivation.* Stuttgart: Kohlhammer.

Rheinberg, F., Vollmeyer, R. & Engeser, S. (2003). Die Erfassung des Flow-Erlebens. In J. Stiensmeier-Pelster & F. Rheinberg (Hrsg.). *Diagnostik von Motivation und Selbstkonzept* (S.261-279). Göttingen: Hogrefe.

Ricken, N. (2007). Das Ende der Bildung als Anfang – Anmerkungen zum Streit um Bildung. In Harring, M., Rohlfs, C., Palentien, C. (Hrsg.). *Perspektiven der Bildung* (S. 15-40). Wiesbaden: VS.

Riebling, L. (2012). *Sprachbildung im naturwissenschaftlichen Unterricht. Eine Studie im Kontext migrationsbedingter sprachlicher Heterogenität.* Münster u. a.: Waxmann.

Riedel, S. (2004). Lernen in der zweiten Sprache. Aufgaben und Anforderungen beim Verstehen von Lehrbuchtexten des schulischen Fachunterrichts. In A. Bonnet & S. Breidbach (Hrsg.), *Didaktiken im Dialog. Konzepte des Lehrens und Wege des Lernens im bilingualen Sachfachunterricht. Mehrsprachigkeit in Schule und Unterricht* (S. 77-88), Band 2. Frankfurt/M.: Peter Lang Verlag.

Rieß, F. & Höttecke, D. (2008). Wissenschaft oder Humbug? Unerklärliches als Gegenstand des Unterrichts über die Natur der Naturwissenschaften. *Naturwissenschaften im Unterricht – Physik*, 19 (103), 44-47.

Rincke, K. (2007). *Sprachentwicklung und Fachlernen im Mechanikunterricht. Sprache und Kommunikation bei der Einführung in den Kraftbegriff.* Berlin: Logos.

Rincke, K. (2010). Alltagssprache, Fachsprache und ihre besondere Bedeutung für das Lernen. *Zeitschrift für Didaktik der Naturwissenschaften*, 16, 235-260.

Roberts, D.A. & Bybee, R.W. (2014). Scientific Literacy, Science Literacy, and Science Education. In N. G. Lederman & S. K. Abell, *Handbook of research on science education* (pp. 545-558), Vol. II. New York: Routledge.

Robinsohn, S. B. (1967). *Bildungsreform als Revision des Curriculum*. Neuwied: Berlin.
Roisch, H. (2003). Geschlechtsspezifische Interessengebiete und Interessenpräferenzen. In M. Stürzer, H. Roisch, A. Hunze, W. Cornelißen (Hrsg.).*Geschlechterverhätnisse in der Schule* (S. 123-150). Opladen: Leske und Budrich.
Roßberger, E. & Hartinger, A. (2000). Interesse an Technik. Geschlechtsunterschiede in der Grundschule. *Grundschule*, 6, 15-17.
Roth, G. (1997). *Das Gehirn und seine Wirklichkeit*. Frankfurt am Main: Suhrkamp.
Ruhrig, J. & Höttecke, D. (2015). Components of Science Teachers' Professional Competence and Their Orientational Frameworks when Dealing with Uncertain Evidence in Science Teaching. *International Journal of Science and Mathematics Education*, 13(2), 447-465.
Ruhrig, J. & Höttecke, D. (2015). Was, wenn das Experiment nicht klappt? Unsichere Evidenz als Lerngelegenheit nutzen. *Naturwissenschaften im Unterricht – Physik*, 144, 32-35.
Rutherford, F. J., & Ahlgren, A. (1990). *Science for all Americans*. New York: Oxford University Press.
Sachverständigenrat deutscher Stiftungen für Integration und Migration (2010). *Einwanderungsgesellschaft 2010. Jahresgutachten 2010 mit Integrationsbarometer*. http://www.svr-migration.de/wp-content/uploads/2010/05/svr_jg_2010.pdf (30.10.2016).
Sadler, T. D. & Dawson, V. (2012). Socio-scientific Issues in Science Education: Contexts for the Promotion of Key Learning Outcomes. In B.J. Fraser, K.G. Tobin & C.J. McRobbie (eds.), *Second International Handbook of Science Education* (pp. 799-809). Dordrecht: Springer.
Sajö, R. (1999). Concepts, cognition and discourse. From mental structures to discourse tools. In Schnootz, W., Vosniadou, S., Carratero, M. (eds.). *New perspectives on conceptual change* (pp. 81-90). Oxford: Elsevier.
Sander, H. (2012). *Der Einfluss von Bewertungsstrukturwissen auf Bewertungskompetenz bei Schülern/innen – Instrumentenentwicklung und -erprobung*. Universität Hamburg, unveröff. Masterarbeit.
Scharfenberg (2005). *Experimenteller Biologieunterricht zu Aspekten der Gentechnik im Lernort Labor: empirische Untersuchung zu Akzeptanz, Wissenserwerb und Interesse (am Beispiel des Demonstrationslabors Bio-Gentechnik der Universität Bayreuth mit Schülern aus dem Biologie-Leistungskurs des Gymnasiums)*, (Dissertation). http://www.pflanzenphysiologie.uni-bayreuth.de/didaktik-bio/en/pub/html/31120diss_Scharfenberg.pdf (27.10.2016).
Schecker, H. & Parchmann, I. (2006). Modellierung naturwissenschaftlicher Kompetenz. *Zeitschrift für Didaktik der Naturwissenschaften*, 12, 45-66.
Schecker, H., & Höttecke, D. (2007). Aufgaben zum Kompetenzbereich Bewerten. *Naturwissenschaften im Unterricht – Physik*, 18(97), 29-36.
Schecker, H.; Fischer, H. E. & Wiesner, H. (2004). Physikunterricht in der gymnasialen Oberstufe. In H.-E. Tenorth (Hrsg.). *Kerncurriculum Oberstufe II. Biologie, Chemie, Physik, Geschichte, Politik. Expertise – im Auftrag der ständigen Konferenz der Kultusminister*. Weinheim, Basel: Beltz-Verlag.
Schiefele, H. (1986). Interesse. Neue Antworten auf ein altes Problem. *Zeitschrift für Pädagogik*, 32, 153-162.
Schiefele, H., Krapp, A. & Schreyer (1993). Metaanalyse des Zusammenhangs von Interesse und schulischer Leistung. *Zeitschrift für Entwicklungspsychologie und Pädagogische Psychologie* 25, 120-148.
Schiefele, U. & Köller, O. (2010). Intrinsische und extrinsische Motivation. In D. H. Rost (Hrsg.).(Hrsg.). *Handwörterbuch Pädagogische Psychologie* (S. 336-344). Weinheim: Beltz.

Schiefele, U. (2009). Motivation. In Wild, E., Möller, J.: *Pädagogische Psychologie* (S. 151-177). Berlin: Springer.
Schimank, U. (2012). Wissenschaft als gesellschaftliches Teilsystem. In S. Maasen et al. (Hrsg.), *Handbuch Wissenschaftssoziologie* (S. 113-123). Wiesbaden: Springer.
Schmidt, J. (Hrsg.) (1987). *Der Diskurs des radikalen Konstruktivismus*. Frankfurt: Suhrkamp.
Schmidt, S. & Parchmann, I. (2011). Schülervorstellungen – Lernhürde oder Lernchance? *Praxis der Naturwissenschaften – Chemie in der Schule, 60*(3), 15-20.
Schmitz, S. (2009). Geschlecht zwischen Determination und Konstruktion: Auseinandersetzung mit biologischen und neurowissenschaflichen Ansätzen. In H. Faulstich-Wieland (Hrsg.). *Enzyklopädie Erziehungswissenschaften Online. Fachgebiet Geschlechtsforschung, Theoretische Grundlagen*. Juventa: Weinheim und München.
Schmölzer-Eibinger, S. & Langer, E. (2010). Sprachförderung im naturwissenschaftlichen Unterricht in mehrsprachigen Klassen. Ein didaktisches Modell für das Fach Chemie. In B. Ahrenholz, *Fachunterricht und Deutsch als Zweitsprache* (S. 203-217). Tübingen: Narr.
Schmölzer-Eibinger, S. (2013). Sprache als Medium des Lernens im Fach. In M. Becker-Mrotzek, K. Schramm, E. Thürmann, & H.J. Vollmer (Hrsg.), *Sprache im Fach. Sprachlichkeit und fachliches Lernen* (S. 25-40). Münster: Waxmann.
Schnotz, W. (2001). Conceptual change. In D. Rost. *Handwärterbuch der Psychologie*. Weinheim (S. 75-81). Weinheim: Beltz.
Schnotz, W. (2006). *Pädagogische Psychologie*. Weinheim: Beltz.
Schreiner, C. & Sjoeberg, S. (2004). *The relevance of science education: Showing the seed of ROSE*. Oslo: Acta Didactica.
Schreiner, C. (2006). *Exploring a ROSE-Garden. Norwegian youth's orientations towards sci ence – seen as signs of late modern identities*. Dissertation, University of Oslo. http://roseproject.no/network/countries/norway/eng/nor-schreiner-thesis.pdf (27.10.2016).
Schwanitz, D. (1999). *Bildung. Alles was man wissen muss*. Frankfurt/M.: Eichborn.
Schwippert, K. & Michalik, K. (2005). Naturwissenscaftliches Grundverständnis am Ende der vierten Klasse. In Bos, W. & Pietsch, M. (Hrsg.). *KESS 4: Kompetenzen und Einstellungen von Schülerinnen und Schülern Jahrgangsstufe 4* (S. 169-192). Hamburg: Behörde für Bildung und Sport.
Searles, H. F. (2016). *Die Welt der Dinge. Die Bedeutung der nichtmenschlichen Umwelt für die seelische Entwicklung*. Gießen: Psychosozial-Verlag (amerikanische Originalausgabe 1960).
Seel, M. (1991). *Eine Ästhetik der Natur*. Frankfurt/a. Main: Suhrkamp.
Seidel, T., Prenzel, M., Duit, R., Euler, M., Geiser, H., Hoffmann, L., Lehrke, M., Müller, C.T., & Rimmele, R. (2002). „Jetzt bitte alle nach vorne schauen!" – Lehr-Lernskripts im Physikunterricht und damit verbundene Bedingungen für individuelle Lernprozesse. *Unterrichtswissenschaft* (30), 1. Vj, 52-77.
Seilnacht, T. (1995). *Düngemittel, zum Wohle der Menschheit? Ein Rollenspiel für die Sekundarstufe*. http://www.seilnacht.com/Rollensp.htm. (15. 10. 2016).
Shapin, S. (1994). *The social history of truth*. Chicago: University of Chicago Press.
Shell-Jugendwerk (1992). *Jugend 92*. Opladen: Leske und Budrich.
Siegel, Harvey (1979). On the distortion of the history of science in science education. *Science Education*, 63, 111-118.
Smith, J., DiSessa, A., Roschelle, J. (1993). Misconceptions reconceived: A constructivist analysis of knowledge in transition. *Journal of Learning Sciences*, 3, 115-163.

Smith, M. & Scharmann, L.C. (1999). Defining versus Describing the Nature of Science: A Pragmantic Analysis for Classroom Teachers and Science Educators. *Science Education*, 83(4), 493-509.

Snow, C.P. (1959). *The Two Cultures and a Second Look. An Expanded Version of the Two Cultures and the Scientific Revolution*. Cambridge.

Solga, H., Pfahl, L. (2009). Doing Gender im technisch-naturwissenschaftlichen Bereich. In Milberg, J. (Hrsg.). *Förderung des Nachwuchses in Technik und Naturwissenschaft* (S. 155-219). Berlin: Springer.

Solomon, J. & Aikenhead, G. S. (1994). *STS education. International perspectives on reform* (Ways of knowing in science series). New York: Teachers College Press, Columbia University.

Starauschek, E. (2010). Zur Rolle der Sprache beim Lernen von Physik. In: H.F. Mikelskis (Hrsg.). *Physikdidaktik Praxishandbuch für die Sekundarstufe I und II* (S. 183-202). Berlin: Cornelsen.

Stark, R. & Mandl, H. (2000). Konzeptualisierung von Motivation und Motivierung im Kontext situierten Lernens. In U. Schiefele & K.-P. Wild (Hrsg.). *Interesse und Lernmotivation* (S. 95-113). Münster: Waxmann.

Stark, R. (2003). Conceptual Change: kognitiv oder situiert? *Zeitschrift für Pädagogische Psychologie* 17(2), 133-144.

Stathopoulou, C., & Vosniadou, S. (2007). Exploring the relationship between physics-related epistemological beliefs and physics understanding. *Contemporary Educational Psychology*, 32, 255–281.

Stäudel, L, Rehm, M. (2010) (Hrsg.): Nature of Science im Chemieunterricht. *Naturwissenschaften im Unterricht – Chemie* 21 (118/119), Hannover: Friedrich Verlag.

Stäudel, L. (2014). *Lernen fördern: Naturwissenschaften. Unterricht in der Sekundarstufe I*. Seelze: Friedrich Verlag.

Steinhübl, K. & Menacher, E. (2010). Kernkraftwerk in Marienberg – Zukunftschance oder Untergang. *Unterricht Physik*, 21 (116), 32-35.

Strack, F. & Deutsch, R. (2004). Reflective and impulsive determinants of social behavior. *Personality and Social Psychology Review*, 8, 220-247.

Strike, K. A., Posner, G. (1982). Conceptual change and science teaching. *European Journal of Science Education*, 4, 231-240.

Strunz, I. A. (2011). *Pädagogik mit Tieren. Praxisfelder der tiergestützten Pädagogik*. Baltmanweiler: Schneider.

Subbotsky, E. (2004). Magical thinking in judgments of causation: Can anomalous phenomena affect ontological causal beliefs in children and adults? In *British Journal of Developmental Psychology* 22(2), 123-153.

Sumfleth, E. & Pitton, A. (1998). Sprachliche Kommunikation im Chemieunterricht: Schülervorstellungen und ihre Bedeutu8ng im Unterrichtsalltag. *Zeitschrift für Didaktik der Naturwissenschaften*, 4(2), 4-20.

Sward, L. L. (1999). Significant Life Experiences affecting the Environmental Sensitivity of El Salvadoran Environmental Professionals. *Environmental Education Research* 5, 2, S. 201-206.

Taber, K. (1991). Gender Differences in Science Preferences on Starting Secondary School. *Research in Science and Technological Education*, 9, 245-252.

Tajmel, T. (2010). DaZ-Förderung im naturwissenschaftlichen Fachunterricht. In B. Ahrenholz (Hrsg.). *Fachunterricht und Deutsch als Zweitsprache* (S. 167-184), Tübingen: Narr-Verlag.

Taylor, A. F., Kuo, F. E. & Sullivan, W. C. (2001). Coping with ADD. The surprising connection to green play settings. *Environment and Behavior*, 33(1), 54-77.

Teichmann, J. (1985). *Wandel des Weltbildes. Astronomie, Physik und Meßtechnik in der Kulturgeschichte*. Reinbek bei Hamburg: Rowohlt.
Tepner, O., Borowski, A., Dollny, S., Fischer, H. E., Jüttner, M., Kirschner, S. et al. (2012). Modell zur Entwicklung von Testitems zur Erfassung von Professionswissen von Lehrkräften in den Naturwissenschaften. *Zeitschrift für Didaktik der Naturwissenschaften*, 18, 7-28.
Todt, E. (1978): *Das Interesse*. Bern: Huber.
Todt, E. (1990). Entwicklung des Interesses. In H. Hetzer et al. (Hrsg.). *Angewandte Entwicklungspsychologie des Kindes- und Jugendalter* (S. 213-264). Heidelberg: Quelle & Meyer.
Travers, R. M. W. (1978). *Children's interests*. Kalamazoo, MI: Michigan University, College of Education.
Treagust, D. F. & Duit, R. (2008a). Compatibility between cultural studies and conceptual change in science education: There is more to acknowledge than to fight straw men! *Cultural Studies of Science Education*, 3(2), 387-395.
Treagust, D. & Duit, R. (2008b). Conceptual Change: a discussion of theoretical, methodological and practical challenges for science education. *Cultural Studies of Science Education*, 3(2), 297-328.
Urhahne, D. (2006). Die Bedeutung domänenspezifischer epistemologischer Überzeugungen für Motivation, Selbstkonzept und Lernstrategien von Studierenden. *Zeitschrift für Pädagogische Psychologie*, 20(3), 189-198.
Vieluf, U. (Hrsg.).(2011). *KESS 10/11 – Kompetenzen und Einstellungen von Schülerinnen und Schülern an Hamburger Schulen am Ende der Sekundarstufe I und zu Beginn der gymnasialen Oberstufe*. Münster: Waxmann.
Vogt, H. (2007). Theorie des Interesses und Nicht-Interesses. In D. Krüger & H. Vogt (Hrsg.). *Theorien in der biologiedidaktischen Forschung* (S. 9-20). Berlin: Springer.
Vogt, H., Upmeier zu Belzen, A., Schröer, T. & Hoek, I. (1999). Unterrichtliche Aspekte im Fach Biologie, durch die Unterricht aus Schülersicht als interessant erachtet wird. *Zeitschrift für Didaktik der Naturwissenschaften*, 5(3), 75-85.
Völker, S. (2016). Natur, Landschaft und mentale Gesundheit. In U. Gebhard, & T. Kistemann (Hrsg.). *Landschaft – Identität – Gesundheit. Zum Konzept der Therapeutischen Landschaften* (S. 109 – 122). Wiesbaden: Springer-VS.
Vollmer, G. (2002). *Evolutionäre Erkenntnistheorie*. Stuttgart: Hirzel (8. Auflage).
Vollmer, H.J. & Thürmann E. (2010). Zur Sprachlichkeit des Fachlernens: Modellierung eines Referenzrahmens für Deutsch als Zweitsprache. In B. Ahrenholz, *Fachunterricht und Deutsch als Zweitsprache* (S. 107-132). Tübingen: Narr.
Vollmer, H.J. & Thürmann, E. (2013). Sprachbildung und Bildungssprache als Aufgabe aller Fächer der Regelschule. In M. Becker-Mrotzek, K. Schramm, E. Thürmann, E., & H.J. Vollmer (Hrsg.), *Sprache im Fach. Sprachlichkeit und fachliches Lernen* (S. 41-57). Münster: Waxmann.
Vosniadu, S. (1994). Conceptual change in the physical science. *Learning and Instruction*, 4, 45-69.
Vosniadu, S., Brewer, W. F. (1992). Mental models of the earth: A study of conceptual change in childhood. *Cognitive Psychology*, 24, 535-585.
Vygotskij, L. S. (1994). *Denken und Sprechen*. Stuttgart: Fischer.
Wacker, A., Maier, U. & Wissinger, J. (2012). *Schul- und Unterrichtsreform durch ergebnisorientierte Steuerung. Empirische Befunde und forschungsmethodische Implikationen*. (SpringerLink : Bücher, Bd. 9). Wiesbaden: VS Verlag für Sozialwissenschaften.
Wagenschein, M. (1965). *Die pädagogische Dimension der Physik*. Braunschweig: Westermann.

Wagenschein, M. (1978). Die Sprache im Physikunterricht. In W. Bleichroth (Hrsg.). *Didaktische Probleme der Physik* (S. 313-336). Darmstadt: WBG. Erstmals erschienen in *Zeitschrift für Pädagogik, Beiheft Sprache und Erziehung* 1968, 125-142.

Wagenschein, M. (1983). Die beiden Monde. Zum Frieden zwischen zwei Weltauffassungen. In ders., *Erinnerungen für Morgen*. Weinheim, Basel: Beltz.

Wagenschein, M. (1988). *Naturphänomene sehen und verstehen. Genetische Lehrgänge* (hrg. von H. C. Berg). Stuttgart: Klett.

Wagenschein, M. (1999). *Verstehen lehren. Genetisch – sokratisch – exemplarisch* (Beltz-Taschenbuch, 22 : Essay). Weinheim: Beltz.

Waldenfels, B. (2002). *Bruchlinien der Erfahrung. Phänomenologie, Psychoanalyse, Phänomenotechnik* (Suhrkamp Taschenbuch Wissenschaft, Bd. 1590, 1. Aufl., Originalausg). Frankfurt am Main: Suhrkamp.

Walter, O. & Taskinen, P. (2008). Naturwissenschaftsbezogene Motivationen und Kompetenzen von Schülerinnen und Schülern mit Migrationshintergrund in Deutschland: der Einfluss der Generation, der Herkunft und des Elternhauses. *Zeitschrift für Erziehungswissenschaft*, Sonderheft 10, 185-203.

Weinert, F. E. (Hrsg.). (2014). *Leistungsmessungen in Schulen*. Weinheim: Beltz.

Weingart, P. (2003). Von Menschenzüchtern, Weltbeherrschern und skrupellosen Genies – Das Bild der Wissenschaft im Spielfilm. In S. Iglhaut & T. Spring, *Zwischen Nanowelt und globaler Kultur. Science + Fiction. Texte und Interviews* (S. 211-228). Berlin: Jovis-Verlag.

Weingart, P., Engels, A. & Pansegrau, P. unter Mitarbeit von Hornschuh, T. (2002). *Von der Hypothese zur Katastrophe. Der anthropogene Klimawandel im Diskurs zwischen Wissenschaft, Politik und Massenmedien*. Opladen: Leske und Budrich.

Weizäcker, V. von (1930). Soziale Krankheit und soziale Gesundung. In D. Janz, W. Schindler (Bearbeiter), *Viktor von Weizsäcker: Gesammelte Schriften in zehn Bänden, Bd. 8: Soziale Krankheit und soziale Gesundung. Soziale Medizin* (S. 31-94). Frankfurt am Main, 1986.

Weizsäcker, C. F. von (1971). *Die Einheit der Natur*. München: Hanser.

Widodo, A. & Duit, R. (2004). Konstruktivistische Sichtweisen vom Lehren und Lernen und die Praxis des Physikunterrichts. *Zeitschrift für Didaktik der Naturwissenschaften*, 10, 232-254.

Widodo, A. & R. Duit (2005). Konstruktivistische Lehr-Lern-Sequenzen und die Praxis des Physikunterrichts. *Zeitschrift für Didaktik der Naturwissenschaften*, 11,131-144.

Wigfield, A., & Eccles, J. S. (2000). Expectancy–Value Theory of Achievement Motivation. *Contemporary Educational Psychology, 25*(1), 68–81.

Wilhelm, M., Wespi, C., Luthiger, H. & Rehm, M. (2015). Mit Aufgaben Kompetenzen und Vorstellungen erfassen. Ein Kategoriensystem und ein Prozessmodell zur Planung von Aufgaben. Basisartikel. Unterricht Chemie Mit Aufgaben Kompetenzen und Vorstellungen erfassen. Ein Kategoriensystem und ein Prozessmodell zur Planung von Aufgaben. Basisartikel. *Unterricht Chemie* (149), 9-15.

Willems, K. (2007). *Schulische Fachkulturen und Geschlecht. Physik und Deutsch – natürliche Gegenpole?* Bielefeld: Transcript.

Wilson, E. O. (1984). *Biophilia*. Harvard, Cambridge, MA.

Winkler, C. (2014). Das Projekt Gender-MINT – Verbesserung der Unterrichtsqualität in den MINT-Fächern. Professionalisierung als selbst-reflexive Kompetenz. In V. Eisenbraun & S. Uhl (Hrsg.). *Geschlecht und Vielfalt in Schule und Lehrerbildung*. Münster: Waxmann.

Witzleben, F. (2002). Helfen wissenschaftstheoretische Fragen beim Verständnis der Naturwissenschaften? *MNU* 55/8, 452-458.

Wodzinski, R. & Werkmeister, N. (2013). Nach Erfurt mit dem Zug oder mit dem Bus? Entscheiden lernen im Sachunterricht. *Unterricht Physik*, 23(134), 19-21.

Wodzinski, R. (2013). Bewertungskompetenz im Unterricht anbahnen. Ein Überblick über geeignete Methoden. *Unterricht Physik*, 23(134), 13-16.

Woortmann, H. & Höttecke, D. (2010). Optische Black-Boxes zur Reflexion auf die Natur der Naturwissenschaften. *Naturwissenschaften im Unterricht – Physik*, 21(116), 51.

Wüthrich, B., Frei, P.C., Bircher, A., Hauser, C., Pichler, W., Schmid-Grendelmeier, P., Spertini, F., Olgiati, D. & Müller, U. (2006). Bioresonanz – diagnostischer und therapeutischer Unsinn. Stellungnahme der Fachkommission der Schweizerischen Gesellschaft für Allergologie und Immunologie (SGAI) zu den Bioresonanz- und Elektroakupunkturgeräten zur Diagnostik und Therapie von (vermeintlichen) Allergien. *Schweizerische Ärztezeitung*, 87(2), 50-54, http://www.saez.ch/docs/saez/archiv/de/2006/2006-02/2006-02-1346.pdf (05.10.2016).

Yarrow, L. J., Rubinstein, J. L. & Pedersen, F. A. (1975). *Infant and Environment: Early Cognitive and Motivational Development*. New York.

Zahavi, D. (2007): Phänomenologie für Einsteiger. Paderborn: Wilhelm Fink Verlag.

Zeidler, D. (2015). Socioscientific Issues. In R. Gunstone (ed.), *Encyclopedia of Science Education* (pp. 998-1003). Dordrecht [u. a.]: Springer.

Zeyer, A. (2005). Szientismus im Naturwissenschaftlichen Unterricht? Konsequenzen aus der politischen Philosophie John Rawls. *Zeitschrift für Didaktik der Naturwissenschaften*, 11, 193-206.

Ziegler, A., Dresel, M. & Schober, B. (2000). Prädiktoren des Selbstvertrauens von Mädchen und Jungen vor dem erstmaligen Chemieunterricht am Gymnasium. *Psychologie in Erziehung Unterricht*, 47, 66-75.

Ziehe, T. (1996). Vom Preis selbstbezüglichen Wissens. In Combe, A. / Helsper, W. (Hrsg.). *Pädagogische Professionalität. Untersuchungen zum Typus pädagogischen Handelns* (S. 924-942). Frankfurt a. M.: Suhrkamp.

Ziman, J. (2000). *Real Science. What it is, and What it means*. Cambridge: Cambridge University PressAllchin, D. (2011). Evaluating Knowledge of the Nature of (Whole) Science. *Science Education*, 95(3), 518-542.

Zohar, A., Ginossar, S. (1998). Lifting the taboo regarding teleology and anthropomorphism in biological education – Heretical suggestions. *Science Education* 82(6), 679-697.

Zohar, A., Sela, D. (2003). Her physics, his physics: gender issues in Israel advanced placement physics classes. *International Journal of Science Education*, 25(2), 245-268.

Zwick, M. & Renn, O. (1998). *Wahrnehmung und Bewertung von Technik in Baden-Württemberg*. Stuttgart: Akademie für Technikfolgenabschätzung.

Die Autoren

Die drei Autoren haben sich die Federführung bei den einzelnen Kapiteln wie folgt aufgeteilt:

Was ist Naturwissenschaft?
   Dietmar Höttecke

Naturwissenschaft und Bildung
   Ulrich Gebhard und Markus Rehm

Bildungsstandards und Kompetenzorientierung
   Markus Rehm

Die politische Dimension der Naturwissenschaft im Unterricht – Bewerten, Urteilen und Entscheiden
   Dietmar Höttecke

Die Natur der Naturwissenschaft
   Dietmar Höttecke

Naturwissenschaft und Sprache
   Dietmar Höttecke

Interesse an Naturwissenschaft
   Ulrich Gebhard

Schülerperspektiven auf die Naturwissenschaften
   Ulrich Gebhard

Naturbeziehung und Naturerfahrung
Ulrich Gebhard

Verstehen im naturwissenschaftlichen Unterricht
Ulrich Gebhard und Markus Rehm

Die Naturwissenschaften disziplinär oder integriert unterrichten?
Markus Rehm

The manufacturer's authorised representative in the EU is Springer
Nature Customer Service Centre GmbH, Europaplatz 3, 69115 Heidelberg,
Germany. If you have any concerns regarding our products, please
contact ProductSafety@springernature.com

Printed and bound by CPI Group (UK) Ltd, Croydon, CR0 4YY
25/03/2026
02078212-0003